·数智化转型系列丛书·

数智化

数字政府、数字经济与数字社会

大融合

张建锋　肖利华　许诗军◎著

何艳玲◎学术顾问

電子工業出版社
Publishing House of Electronics Industry
北京•BEIJING

内容简介

本书立足于技术与社会发展，从大趋势、大命题、大融合的角度切入，探讨与想象面向未来的信息化、数字化、数智化的发展浪潮、时代挑战与价值实现，并深入阐明什么是数智化转型、为什么要进行数智化转型和如何开展数智化转型。在此基础上，从数智化的观念、技术、方法、特征指引等方面全面且深入地解构数智化浪潮的驱动机制，为政企数智化转型提供省、市、县3级与八大行业领域的理论探索与实践分析，创新性地提出了数字政府“政府即平台”的理念。

本书适用于准备或正在实施数字化或数智化转型的企业，也适用于关注数字化或数智化转型与社会发展的政府、高校、智库及企事业单位的领导，还适用于关注数字政府、数字经济与数字社会建设的广大读者。

图书在版编目（CIP）数据

数智化：数字政府、数字经济与数字社会大融合 / 张建锋，肖利华，许诗军著 . —北京：电子工业出版社，2022.2

ISBN 978-7-121-43011-4

Ⅰ . ①数… Ⅱ . ①张… ②肖… ③许… Ⅲ . ①电子政务－研究－中国 Ⅳ . ① D63-39

中国版本图书馆 CIP 数据核字（2022）第 031242 号

责任编辑：李淑丽　　　　特约编辑：田学清
印　　刷：天津图文方嘉印刷有限公司
装　　订：天津图文方嘉印刷有限公司
出版发行：电子工业出版社
　　　　　北京市海淀区万寿路 173 信箱　　邮编：100036
开　　本：880×1230　1/32　印张：17.375　字数：467 千字
版　　次：2022 年 2 月第 1 版
印　　次：2022 年 2 月第 1 次印刷
印　　数：3500 册　　定价：119.00 元

凡所购买电子工业出版社图书有缺损问题，请向购买书店调换。若书店售缺，请与本社发行部联系，联系及邮购电话：（010）88254888，88258888。

质量投诉请发邮件至 zlts@phei.com.cn，盗版侵权举报请发邮件至 dbqq@phei.com.cn。

本书咨询联系方式：（010）51260888-819，faq@phei.com.cn。

本书编委会

写作组：

总 执 行：刘建强　杜胜海

阿里巴巴：张建锋　肖利华　许诗军　杜胜海　刘建强

皮文凯　王晓波　雷　莹　余学文　王惠琨

薛　真　李方平　邓梨梨　荣　冲　王晓东

崔岸雍

中国人民大学国家发展与战略研究院社会治理创新研究中心：

何艳玲　杨学敏　徐乐琴　阳　静

学术支持单位：

阿里云研究院

中国人民大学国家发展与战略研究院社会治理创新研究中心

推荐语

RECOMMENDATION

制造业是国民经济之本。目前，制造业正向数字化、网络化和智能化方向发展，数字技术、智能技术与制造技术深度融合，给企业转型升级提供了强劲动力。《数智化：数字政府、数字经济与数字社会大融合》一书阐述了数智化技术与方法，介绍了在产品的研发设计、生产制造与管理营销等环节中，如何应用数字孪生、数据挖掘、人工智能等技术，解决绿色低碳、批量化与个性化、供需匹配等问题，从而帮助企业数智化转型与创新发展，值得企业管理人员和技术人员参考，也可供广大关注制造业数字化或智能制造的读者阅读。

谭建荣

中国工程院院士，浙江大学求是特聘教授、博士生导师

数字政府、数字经济与数字社会的大融合，是数智化的前进方向，更是当前国内外经济社会高质量发展、构建良好数字生态的必然趋势。数智化的一小步，很可能是推动民众福祉、企业兴旺、政府优政和社会前进的一大步。如何迈出这一步，迈实这一步，迈好这一步，既是决策者的关切点，又是实务操作者的困惑点，还是专家学者的兴趣点。《数智化：数字政府、数字经济与数字社会大融合》一书从全球技术变革的历史脉络出发，将数智化的理论、技术与实践相结合，整合了众多地区和行业的数智化发展经验与案例，兼具系统性、前瞻性与落地性。希望本书能让每一位读者开卷有益。

张平文

北京大学副校长，中国科学院院士，发展中国家科学院院士

当前，我国已加速迈入以数字政府为推动、以数字经济为支撑、以数字社会为牵引的数字化时代。本书从信息通信引发的认知革命出发，站在政企实践的视角，面向技术发展的前沿，分析和阐述了数智化的驱动机制，全景式展示了一幅数字政府、数字经济与数字社会大融合、大发展的画卷。安全应急是一个包含多层面、多要素的大领域，涉及跨区域、跨部门、跨层级的“人、事、物”高效联动和精准调配，数智化的技术和平台将会在其中起到更为扎实的支撑推动作用。本书将理论与实践相结合，坚持技术、大众和社会视角，值得阅读参考。

范维澄

中国工程院院士，清华大学公共安全研究院院长

本书从信息化、数字化、数智化的信息通信技术浪潮切入，深入探讨了浪潮背后的观念、技术、方法、特征指引等驱动机制，又分析了新时代数字政府建设的理念，阐述了数字经济与实体经济的融合发展，还介绍了大量的政企数智化转型实践案例，可以说视野宏大、内容丰富，值得广大企业家朋友阅读和参考。

范玉顺

清华大学长聘教授，国家 CIMS 工程技术研究中心副主任

数字政府建设是国家“十四五”期间的重点规划任务。如何建设数字政府，构建理论体系，有效地回应当下及未来公共治理需求，提升公共治理能力，是很多人都在思考的问题。本书从企业的视角出发，认为“政府即平台”理念有利于推动数字政府的建设和落地，并提出了连接性治理与双中台（数据中台和业务中台）的理念与架构。同时，其还介绍部分省、市、县域的数字化或数智化转型发展案例，分析政务服务行业实践，为读者提供较好的参考。本书既有理论框架，又有实施方法和案例实践，值得政策决策者和企业管理者阅读。

魏炜

北京大学汇丰商学院教授

数字政府、数字经济与数字社会关系到我们每一个人，我们都能看到，也都不同程度或以不同身份参与其中。而技术的发展往往是阶梯式的，影响是潜移默化的。本书关注数智化技术前沿的发展，为数字政府和数字经济的发展建言献策，也关注关系国计民生的数字社会。尤其是为了响应国家政策，在行业探索实践部分重点分析了经济与金融的融通发展，对金融支持实体经济、小微企业、大农业做了重点阐述，本书可以为经济金融从业者提供较好的视角，值得大家阅读参考。

赵红

中国科学院大学中丹学院院长，国科大教育基金会副理事长，

教授、博士生导师

当前，全球技术、经济、社会都面临急剧变化，企业也面临转型发展的方向和路径问题。阿里巴巴作为一家由商业和产业双轮驱动的全球化科技企业，也是全球数智化转型的引领者，有责任引领技术和行业的发展。数智化的商业时代，大部分人已经看见，也正在拥抱并开展数智化转型。

本书介绍了大量的数智化政企实践，我相信，数智化的产业时代即将到来。特此推荐。

杨海仁教授

香港中文大学亚洲供应链与物流研究所专家顾问，中通国际顾问，
香港中文大学前商学EMBA（中文班）课程主任、资讯与科技管理
理学硕士课程主任

数智化，从概念到落地，无论是对政府还是对企业来说，都面临着理论、技术、方法等各个层面的问题。本书从技术的大趋势、融合的大命题、发展的大融合开始，带领读者领略大的数智化浪潮，再深入数智化的观念、技术、方法和特征指引，娓娓道来，最后落笔到地方和各行各业的先行探索与最佳实践，希望读者能享受到数智化的饕餮盛宴。

刘渊

浙江大学管理学院数据科学与管理工程学系教授、博士生导师，
浙江数字化发展与治理研究中心主任、首席专家

数智化是新概念，也是大概念，很多人都在探索与实践，尤其是互联网企业和经济金融领域。数字政府、数字经济、数字社会有不同点，也有共同点，还有交叉融合的部分。在数智化转型过程中，最关键的是要有数智化的观念和思维，即系统思维、数据思维、平台思维与变革思维，并敢于拥抱变化，推动变革。同时，本书对数智化的驱动机制做了重要阐述，具有高度的启发性，值得阅读。

黄运成

中国证监会政策研究室原副主任，同济大学教授、博士生导师

本书全面分析了数智化的发展趋势、驱动机制、融合动态、新格局构建，以及行业解决方案，对阿里巴巴、阿里云及各行各业在政企数智化转型方面积累和沉淀的理论、技术、方法与探索实践等进行了详细阐述，具有高度的实践性。这些行业探索和实践案例有助于加速全社会的政企数智化转型和发展，值得研读。

张杰

中国人民大学中国经济改革与发展研究院教授，青年长江学者，
博士生导师，中国人民大学首都发展与战略研究院常务副院长

人类最初的认知革命是从语言、文字和印刷技术的发明开始的。迄今为止，每一次信息通信技术的突破、每一次重大技术的变革都在改变我们的生产方式，重塑生产力与生产关系，并由此推动经济社会的巨大进步。本书从数智化的“技术－经济”范式出发，对关系国计民生的政务管理、金融服务、交通出行、医疗养老、安全应急、农业农村建设等相关领域进行了全面且深入的分析和阐述，相信对关注数字经济、数字政府与数字社会的从业人员一定大有裨益。

史占中

上海交通大学安泰经济与管理学院教授

数智时代是继农耕时代、工业时代之后一种全新的社会发展形态，随着云计算、大数据、人工智能、物联网、区块链等新一代信息通信技术的发展和广泛应用，数智化正以不可逆转的趋势改变着人类社会，包括社会治理、经济发展、政府服务等方方面面，本书从理论、方法、实践角度，详细阐述了数智化驱动融合发展的路径，值得推荐！

曹先彬

北京航空航天大学电子信息工程学院教授、院长

新一代信息通信技术发展带来的变化，相信每一个人都有切身体会，数智技术的发展更是为未来创造了更多可能性。本书从信息通信技术浪潮切入，由浅入深，从宏观到微观阐述数智化浪潮下的政府、经济与社会的融合发展。本书在政企行业探索和实践方面的场景案例非常丰富，不失为一本可读的佳作。

刘荣科

北京航空航天大学未来通信与网络推进组组长，深圳北航新兴产业技术研究院院长

如今是一个数据爆炸的时代，数字政府、数字经济、数字社会的发展日新月异。本书从“政府即平台”的角度阐述数字政府的理念和建设，具有高度的启发性和参考价值。无论你是关注前沿理念和技术还是关注实践，都可以从本书中找到结合点、切入点和价值点。

滕斌圣

长江商学院副院长、战略学教授

认真拜读过肖利华博士等人的力作《数智驱动新增长》，深受启发。很高兴获悉肖博士及其合作者的另一部力作《数智化：数字政府、数字经济与数字社会大融合》行将出版。这是一本非常全面且深入的著作，既有宏观的视野，又有技术的探讨；既有业务的创新，又有案例的实践，更是思维和思想的一种碰撞和融合。相信本书的出版将引发更多人对数智化的思考，也将推动对数字政府、数字经济、数字社会发展与建设更多的探索与实践。本书还创新性地提出了数字政府“政府即平台”的理念，介绍了大量政企数智化转型案例与解决方案，值得广大企业家参考借鉴。

周春生

长江商学院金融教授，长江教育发展基金会理事长

加快建设数字政府、数字经济与数字社会是国家“十四五”规划提出的重大方向，更是建设数字中国的重要内容。如何将其融合发展、相辅相成是一个重大研究课题。本书以信息化、数字化和数智化的技术发展创新趋势为切入点，在数智技术大融合的背景下，结合阿里巴巴在多个行业、多个领域的探索实践，指明融合发展道路，有理有据有节，值得从事政府和企业数字化转型工作的相关人员去学习、研究和思考，值得推荐！

陈瑛

中国安全产业协会秘书长

本书围绕数智化在政府、经济与社会等领域的具体应用和融合发展，由浅入深、由表及里，挖掘数智化的新理念、新挑战和新可能，兼具时代感、场景性和想象力。以数智化建构未来的高质量发展与美好生活，需要平衡好机遇与风险之间的张力，使技术创新与人文关怀并举、工具理性与价值理性并重，从而实现造福人类的初心与目标。本书落脚于社会民生，在实践与探索方面很好地做到了这一点，值得推荐。

曾建平

国家制造强国建设战略咨询委员会副秘书长

数智化是伴随着数字化时代来临出现的新概念，对政府和企业而言，无论是在内涵特征还是在实现举措方面，都面临着理论、技术、方法等各个层面的问题。本书从大趋势、大命题、大融合立意起笔，带领读者领略大的数智化浪潮，再将观念、技术、方法娓娓道来，最后落笔到业内的创新实践，希望读者能有所共鸣、有所启发。

刘兵

浙江省工业和信息化研究院院长

数智化时代正悄然来临，新一代信息技术正引领全球数字变革，数字政府、数字经济与数字社会融合发展正成为时代的主旋律。《数智化：数字政府、数字经济与数字社会大融合》一书以理论与实践相结合的方式，对经济和社会的数智化发展进行全方位解读，值得大家深入阅读。

姚磊

中国电子信息产业发展研究院信息化与软件产业研究所所长

这是一部非常厚重、非常全面的著作，能看出这是有着不同专业背景的研究者聚合到一起打造的产物，代表了技术和思想的一种碰撞和融合。更难能可贵的是，这种跨专业、跨领域碰撞出来的东西是“有血有肉”的，并不因为其技术的广度而枯燥乏味，而是通过具体的案例和故事让理论性的东西更生动、更具体，把大融合的范围之大、技术之深有机地结合起来。

张彦国

中国通信工业协会副会长，智能制造万里行理事长

数智技术致力于以数据和技术解决、分析、决策和执行不确定性问题，正是对时代的回应和思考。《数智化：数字政府、数字经济与数字社会大融合》一书中大趋势、大命题和大融合都呼唤着崭新的理论、技术和方法。本书对数字政府建设提出了“政府即平台”的理念，敢于尝试新的观念、技术和方法，并落脚于业内案例实践，理论和实践结合，有理有据、“有血有肉”，值得细读。

李晓东

中国互联网协会副理事长，伏羲智库创始人、主任，清华大学互联网治理研究中心主任

当前，全球政治经济形势更加复杂，国家宏观经济增长的不确定性加大，企业也面临转型发展的方向和路径问题。得益于当前的全球经济体系，中国制造业已深度融入全球产业链，成为世界经济发展的主要引擎之一。国家提出制造强国与网络强国战略，数智化融合发展正当其时。阿里巴巴作为一家全球化的中国科技企业，在政企数智化转型领域的经验和能力都非常丰富。本书阐述了数字经济与实体经济的融合发展之道，提出了“政府即平台”的理念，助力数字政府建设落地，介绍了丰富的政企数智化转型实践案例，内容丰富，观点新颖，值得政策决策者和企业管理者阅读。特此推荐。

焦新望

中制智库理事长

数智化浪潮滚滚而来，我们每一个人都不可避免地被卷入其中。智能的产品、多元的终端、创新的应用，我们无时无刻不身处各个平台、组织和网络之中，这是一个多中心、多节点、多媒体和多场域的“新世界”。什么是数智化？要不要数智化？如何开展数智化转型？这既是决策者的关切点，又是实务操作者的困惑点。《数智化：数字政府、数字经济与数字社会大融合》一书将理论与实践相结合，集各地区、各行业数智化之大成，兼具前瞻性与落地性，对数智化的技术、方法和特征指引也做了系统的梳理和分析，可为广大政企在向数智化迁徙和转型的过程中提供方向指标和路径指引。

闫同柱

北京信息化和工业化融合服务联盟理事长

推荐序

RECOMMENDATION

《周易》曰："上古结绳而治，后世圣人易之以书契。"《九家易》也说："古者无文字，其为约誓之事，事大大其绳，事小小其绳。结之多少随物众寡，各执以相考，亦足以相治也。"

在人类漫长的文明史上，从刀耕火种到声光化电，从工业化到信息化、数据化，每一次技术变革都会带来人类的组织方式、治理方式和制度体系的变革。技术变革与制度变革之间永恒的互动，塑造了人类社会的发展史，也书写着如今激动人心的变革故事。

中国是一个文明古国，历史悠久，文化底蕴深厚。其国家治理的核心智慧就是坚持走适应中国历史、社会、文化、国情发展的治理道路。

2013年，党的十八届三中全会基于全面深化改革的总布局，首次提出"全面深化改革的总目标是完善和发展中国特色社会主义制度，推进国家治理体系和治理能力现代化。"现代化也是一个与时代相适应的过程和状态。国家治理体系、治理能力的现代化，首先是政府治理体系、治理能力的现代化。2020年，《中共中央关于制定国民经济和社会发展第十四个五年规划和二〇三五年远景目标的建议》提出"加强数字社会、数字政府建设，提升公共服务、社会治理等数字化智能化水平。"推进国家治理体系和治理能力现代化，从方向到目标，从原则到路径，从抓手到举措，都更加确定和可预期。其中，数字政府、数字经济与数字社会建设成为不少地方和政府推动全面深化改革发展的抓手，从而支撑推进和实现国家治理体系和治理能力的现代化。

我国已加速迈入以数字政府为推动、以数字经济为支撑、以数字社会为牵引的数字化时代。《中国互联网发展报告 2021》显示，截至 2021 年 6 月，我国网民规模达到 10.11 亿人，互联网普及率达到 71.6%。根据中国信息通信研究院发布的《中国数字经济发展白皮书（2021）》，2020 年，我国数字经济规模达到 39.2 万亿元，占 GDP 的比例为 38.6%。数字经济成为稳定经济增长的关键动力。

从全球来看，尽管烟囱林立的工业经济还占据着经济的大舞台，资本的舞台却正在拥抱数字经济。以苹果公司为例，2021 年 12 月，其市值已经接近 3 万亿美元。我国是一个人口和区域大国，数字经济潜力巨大，超大城市是我国特有国情和未来的必然趋势。在各地积极推进超大城市治理现代化的实践探索中，我国必然会在监督、管理和服务上面临时空的挑战。例如，在交通管理、公共卫生、安全应急、低碳环保等方面，我国普遍面临跨区域难协同、跨层级难联动、跨部门难共享和数据信息安全等挑战，国家的组织执行和社会动员能力受到影响。

早在 1998 年，时任美国副总统的阿尔·戈尔就提出了“数字地球”这一概念。他在题为《数字地球：对 21 世纪我们星球的理解》的演讲中提出：“以近乎科幻小说的语言表述，向世人描绘了‘数字地球’的虚幻轮廓。”这种“充满‘幻想’的创意”，把人们带入了一个“融计算机、数字化、网络化和虚拟化为一体的广阔的‘赛博空间’”。

智慧城市就是那个“赛博空间”，是数字政府在深度、宽度、广度上的全面扩展。如今，数字社会加快推进，数字化连接全球，城市成为一个数据不断生成、存储、流转和分享的“无形而在”的特定空间和场。在某种意义上，数字化的本质就是二进制的 0 和 1，指令和数据的结合，在终端之间流动交互，形成不间断的数据流。未来，全球一体化互联网将进一步大幅扩展时空间的连接，压缩时空，这也是未来“赛博空间”的魅力所在。

当今世界，全球化进入战略调整期，大国竞争也迈入战略竞争再平衡的新阶段，全球经济在疫情中艰难复苏。全球政治经济形势更加复杂，国家宏观经济增长的不确定性增大。从全球来看，新加坡作为发达国家，与中国文化相近，高度重视发展规划，积极推进电子政务和电子政府建设，在全球智慧城市建设中走在全球前列。

根据埃森哲 2014 年的研究，新加坡在电子政务方面排名世界第一。早在 2006 年，新加坡就制订了以经济和产业为重点的“智能城市 2015”计划。2016 年 6 月，新加坡发布了《新加坡电子政务总体规划（2011—2015）》，以建立一个与国民互动、共同创新的合作型政府，以及一个无缝流畅、以民众为中心的整体型政府。2014 年，新加坡制定了全球首个智慧国家蓝图“智慧国家 2025”。新加坡智慧国家计划认为“社会公众始终是智慧政府建设中的核心”，坚持“以人为本”。围绕连接（Connect）、收集（Collect）和理解（Comprehend）的 3C 核心理念，新加坡政府成立了直属总理公署的智慧国咨询与行政办公室，负责统筹及推动各部门、研究机构和民间研发智慧型器材及应用程序，全面通过科技改善生活。

新加坡作为发达国家，在全球智慧城市建设上经验丰富，其不少做法具有一定的参考意义。从新加坡的经验来看，治理能力现代化，不仅需要推动国家治理体系现代化，通过系列的制度安排和宏观顶层设计，创新制度供给，推动组织变革；还需要根据时代和技术的变化，将治理能力建立在治理体系上，把制度优势不断转化为治理效能，不断获取并逐渐强化治理服务能力。

诺斯认为：“制度是一系列被制定出来的规则、守法程序和行为的道德伦理规范，提供了人类相互影响的框架，建立了构成一个社会，或更确切地说一种经济秩序的合作与竞争关系。”从这个定义来看，平台也是制度的一种。它提供规则和程序，匹配供需，撮合交易，促进分工、交换和资源优化配置，也是一个要素合作与产品竞争的载体。

在疫情防控中，我们看到一批科技企业发挥平台和技术优势，积极抗疫，快速响应，在人员管理、大数据排查、应急指挥、物资调度、智能会诊、健康申报、病毒检测、疫苗/药物研发等方面积极研究并推出产品和解决方案，在疫情管控和复工复产中发挥了重要作用。

当前，智能终端的普及促进了移动互联网和产业互联网的发展及深化。端口、数据和信息呈现几何级增长。数据的采集、存储、交互和应用越来越普遍和高频，数据成为生产要素和战略资源。数据已经跨过了采集使用的入口，云计算、人工智能、物联网、量子技术及卫星互联网等新一代信息通信技术正在带领我们突破存储、计算与智能的瓶颈。物理世界正在加快走向数字化、智能化和智慧化，迈入数智时代。这让数据、信息和人口可以快速积累、交互与集聚，也对国家治理体系和治理能力提出了新的要求。一方面，国家和政府需要建立与数字时代相适应的数字平台与数字能力；另一方面，地方与城市也在构建数字化、便利化的营商环境，经济增长面临更加激烈的竞争。

浙江是我国省域层面最早整体推动数字政府建设的省份：从“四张清单一张网”政务淘宝模式，到“最多跑一次”改革，再到推动“浙政钉”“浙里办”等平台建设，建成“掌上办公”和“办事之省”。以数据智能为治理现代化赋能，让群众得到实惠、让企业得到便利、让治理得到优化，一个“整体智治、唯实惟先”的现代政府正在向浙江走来，数字政府的“浙江模式”正在形成。

回顾早期阶段，浙江是从办公自动化、政务公开、信息发布，向政府业务流程的改革和整合方向发展的：2003 年，在国内较早建成了以省政府门户网站为龙头，以省级各部门、各市、县（市、区）子网站为基础的全省统一政府网站体系；2005 年，在全国率先建成全省统一的政务网络平台，为全省各级党政机关提供支撑基础保障；2008 年，在全国率先建成全省一体化的行政审批电子监察系统；2010 年，在全国率先建成省级部门全覆盖、事项全覆盖的省政府网上办事大厅。浙江早期的政府信息化转型，适应了互联网发展的大趋势，探索运用互联网优化政府治理，为以后的政府数字化转型奠定了基础。

2013 年，浙江谋划启动政务服务“一张网”建设。2014 年 6 月，浙江政务服务网上线运行，成为全国第一个构建在云平台上、实现省市县一体化建设与管理的“互联网 + 政务服务”平台。同时，以“一张网”为载体，晒出政府权力清单、政府责任清单、企业投资项目负面清单、政府部门财政专项资金管理清单“四张清单”，依法厘清政府治理边界，将权力关进制度的笼子，实现“法定职责必须为、法无授权不可为”。2017 年，浙江启动实施“最多跑一次”改革，全省“最多跑一次”实现率达到 87.9%，办事群众满意率达到 94.7%，真正实现了“让群众少跑腿，让数据多跑路”，用数字化转型实现了以部门为中心向以人民为中心的转变。

2018 年，浙江推动“最多跑一次”改革向纵深发展，启动实施“政府数字化转型”，政务服务网成为全国有影响力的公共数据平台，全面推行“一窗受理、一网通办、一证通办、一次办成”模式，推广应用掌上办事“浙里办”、掌上办公“浙政钉”，建设“掌上办事之省”和“掌上办公之省”。当前，立足新发展阶段、贯彻新发展理念、构建新发展格局，浙江全省正在深入实施数字化改革。这说明浙江的数字政府建设已经从地方的自发尝试阶段进入自觉的统筹推进阶段。

浙江的经验说明，政府可能天然适合数据中台和业务中台。中台是互联网企业在实践中不断解决问题而探索出的一种数据和业务交互模式，对于业务板块复杂、流量为王的互联网业务，在一定的阶段有力地提升了组织效率，拉通了数据和业务，推动了组合式创新。

但是，随着市场环境和市场格局的发展变化，企业中台可能越来越重，人才、思维和业务被中台惯性捆绑，难以产生颠覆性创新业务。也就是说，对竞争激烈的市场环境和业务产品来说，中台不支持业务的颠覆性创新。对企业来说，中台也可能只适合一定的生命周期阶段和成熟稳定的某些业务。

而政府是横纵向部门业务和数据的中枢，不存在颠覆性技术和产品创新的竞争压力。政府具有公共属性，产生大量信息——从政府自身来看，政府是各类组织中最大的数据源和信息源，政府在治理过程中每时每刻都在源源不断地产生信息。尤其是对强调发展规划与顶层设计的大政府而言，数据和业务需求刚性，应用场景丰富，沉淀了大量真实数据，天然适合数据中台和业务中台建设。以数字化和智能化建立与数字时代相适应的国家治理体系和治理能力，数据中台、业务中台等已成为推动各地数字政府建设的重要基础和抓手。

在此，笔者要特别强调要素自由流动的重要性。要素的自由流动是统一大市场构建与社会融合发展的重要基础。在现实中，因为各种条件的限制，存在很多资源错配现象，如劳动力错配、资源错位、资金空转等。在市场经济中，劳动力等要素的自由流动是至关重要的，尤其是户籍、编制、住房、社保、医疗等体制机制或公共服务的条块分割和流动障碍，大幅降低了人才的自由流动。这不利于社会资源优化配置与企业创新。目前，人脸识别和语音识别技术已经成熟，政务、金融等领域的传统的面对面办理的各种柜台服务正在被移动远程在线办理替代，各地也将推进政府数字化转型作为打造最优营商环境的重要竞争方法，很多数据也就此得以沉淀，成为地方开展重大应用创新与构建便利营商环境的重要工具。

回到《数智化：数字政府、数字经济与数字社会大融合》一书，作者试图从企业和实践的视角回答关于技术、经济与社会发展的问题。如何建设数字政府、发展数字经济、构建数字社会，以便更有效地回应当下及未来的公共治理需求、提升公共治理能力，这是很多人都在思考的问题。作为导读，我愿意就该书关于数字政府的新理念“政府即平台”做一个简单介绍。“政府即平台”不是一个新概念，但是该书创新性地将“政府即平台”作为数字政府建设的新理念，与连接性治理和双中台（数据中台和业务中台）的思路和架构相结合，并从政府组织目标和公共治理需求出发，将连接性治理具化为基础设施级连接、数据与业务级连接、服务级连接。在数智化的技术趋势和驱动机制的基础上，结合“融合发展”理念，可以将政府本身视为一种平台架构者。以政府为中心构建一个解决公共事务并促进多边协同的多元治理网络，有利于激活政府的居间职能和架构师角色，释放其强大的政策和制度资源，助推政府与经济、社会的融合发展。

同时，《数智化：数字政府、数字经济与数字社会大融合》介绍了部分省、市、县域的数字化或数智化转型发展案例，分析了政务服务、经济金融、生态环境、能源制造、交通出行、医疗养老、安全应急、农业农村等重点领域与行业的实践，可以为读者提供较好的参考。我们看到，数字政府、数字经济与数字社会的融合发展，将有利于我们构建和提高数据治理能力、治理数据能力、科学决策能力、公共服务能力、高效执行能力、资源配置能力。

具体来说，数字化带来的挑战首先是组织架构的挑战，其次是治理数据能力的挑战。数据定义的标准化，数据的沉淀、联通、交互和共享，可以推动建立覆盖跨区域、跨部门、跨层级的全国一体化无缝隙的信息服务基础体系和指挥管理联动体系。数字政府建设从全面数字化向深度数智化转变，在政务服务端和治理端沉淀形成全域统一的大数据、人类第一次建立起跨越大陆和海洋的全球性联系。各大洲之间相对孤立的状态被打破，世界开始连为一个整体。欧洲的船队出现在世界各地的海洋上，东西方的文化和贸易交流开始大量增加，自由贸易主义也开始出现，一个全球化的市场正在快速形成。一个基于专业化和分工的工业革命随之到来。

工业革命极大地降低了产品的成本，在工业革命极高的效率和极低的成本面前，自给自足和独立自主不再是一种选择，传统的小农和个体化体系被逐渐瓦解或融入市场体系。

为什么市场如此重要？分工的结果是不确定性，是库存，是对他人、订单和产业链的依赖，而专业化的深度分工会对市场高度依赖。事实上，分工的前提是交换与市场。基于组织内的分工与交换产生了企业，基于产权与组织之间的分工与交换产生了市场。如今，我们谈订单、谈库存、谈供应链和产业链、谈标准化的交付，都是企业深度参与市场专业化分工的结果。

跨国企业和互联网龙头企业的崛起是信息时代最显著的标志。它从组织管理和生产营销上极大地扩展了全球有效市场的广度和深度，大幅降低了企业内部管理的成本，提升了组织的稳定性。科斯有个著名的企业边界理论，即企业有扩张的边界。他认为，当企业内部组织交易的费用低于市场交易费用时，企业配置资源的机制就会代替市场机制。科斯定理还认为，交易成本决定了企业是否愿意采取分工方式来完成某项任务。换句话说，市场的深度和广度决定了企业的边界。

如今的分工已经不是亚当•斯密看到的工厂内和企业内的简单分工，而是变成行业、城乡、地区，甚至细化到产品内的分工，并基于分工产生了很多专业化的部门、组织、岗位与职责。

如今，我们的分工如此广泛、深入、细致，“一亩三分地”的思维在部门和岗位上如此固化，以至于创新和战略成为一个重大问题。尤其是在制造业领域，有限空间内的单调重复的工作极大地降低了工作的乐趣和成就感。分工的结果是效率代替了体验。而在竞争激烈的服务业尤其是互联网领域，创新与战略更是分化成为一个职业。

然而，人不是机械。实际上，越分工，越融合，大分工需要大融合。产业链越长，分工与融合的需求就越大。分工需要交换，需要协作，需要与不同的人和主体沟通交流，以了解自己在市场中的专业与份额是否稳定，以免被市场淘汰。

盐与水的融合，一般叫作物理融合；碳和氧气生成二氧化碳，叫作化学融合，因为产生了新物质；大分工促进大融合，信息技术革命与工业革命的融合也产生了许多新技术和新物种，如以前的电台、广播、电话，现在的笔记本电脑、智能手机、新能源汽车等。

互联网的发展是现代信息通信技术融合的典型代表。它催生了一个新生的服务市场，也催生了一批互联网服务企业。曾经，我们见证了新浪、网易、搜狐、腾讯等第一代互联网企业的崛起。可是，互联网没有改变传统的服务市场。过去，传统的服务市场一直是一个本地市场，我们需要走进餐馆去吃饭，走进剧院看戏剧，走到大街上去打车。

然而，随着移动互联网的发展，传统的服务业也在快速地发生改变，电商、直播、滴滴出行等新产品、新服务层出不穷，平台企业更是异军突起。从国外的 Meta 到亚马逊、苹果、特斯拉，从国内的搜狐、腾讯到抖音、华为、阿里巴巴，这是一个商业价值快速膨胀的时代。

如今，在物联网、云计算、大数据、区块链、人工智能等数智化技术的促进下，我们正在加速迈入数智化的时代。从“企业上云”到“云上企业”，企业已经开始看到云上智能的红利，构建以云为核心、数据为基础的技术、产品、管理和服务的创新体系。从商品到要素，从产品到服务，从技术到人才，线上线下加快融合，全球化、数智化正在互相融合、互相促进，一个更加强大统一的市场、更加开放多元的数智社会正向我们走来。

与工业的规模经济不同，互联网不仅呈现范围经济效应，在加深分工深度和广度的同时，还创造了新的节点。根据梅特卡夫定律，网络的价值与网络节点数的平方成正比。通俗地说，网络价值与用户数的平方成正比。在具备网络效应的市场中，用户规模比产品本身更重要，而产品和平台价值由其用户规模决定。我们看到，不仅消费者在消费和生产数据，每一个可通信的智能产品也在生产与消费数据，它们都是网络节点。

数智时代是一个智能的时代。新一代信息技术革命与制造业加快融合，催生了一系列智能产品，打破了手机、电视机、汽车等传统行业的天花板，也让数据开始成为生产要素，让数据资源开始成为资产。这也是一个智慧的时代。数据正在定义我们每一个人，定义我们的产品，定义我们的企业，定义我们的行业，数字经济与实体经济互相碰撞，物理空间与数字空间加快融合。这是一个全要素、全渠道、全平台、全融合的时代。数智技术推动并进一步压缩时空，"地球村"进一步浓缩，全球产业链深度融合创新，企业也基于全球化的平台开展竞争与合作。这也是一个消费者（用户）主权崛起的时代，数十亿消费者在各种平台上实现连接互动、互联互通，消费者对商品、服务和平台的选择范围大幅扩大，个性化的需求更加多样，产品和服务的供给与需求弹性大幅提升。

具体来说，制造业企业如何面对一个拥有数十亿消费者的在线市场？互联网企业如何管理分散在全球的数十万员工？政府如何做好对数以千万计的企业的监管和对广大人民群众的服务？

针对这些问题，《数智化：数字政府、数字经济与数字社会大融合》

一书提出了数智化与融合发展的命题，从技术发展的角度切入，从宏观、中观、微观层面对数智化与融合发展做出了全面深入的分析与阐述。数智化是技术融合创新的结果，也将继续促进技术、经济与社会的融合创新。毫无疑问，在政企领域，很多先行者已经意识到身处数智化浪潮中并正在积极拥抱数智化。对很多企业来说，数智化首先是一个发展方向和发展目标，其次才是一个发展过程。看到变化并积极拥抱变化，这本身就是一种非常重要的数智化思维和观念。同时，企业具备数据思维、系统思维和平台思维在数智化转型过程中也非常重要。

数智化是一个久久为功的过程。《数智化：数字政府、数字经济与数字社会大融合》一书对数智化的技术、方法和特征指引做了系统的梳理和分析，为广大政企向数智化的迁徙转型提供方向指标和路径指引。尤其难能可贵的是，结合阿里巴巴及阿里云在政企领域的实践经验和技术能力，《数智化：数字政府、数字经济与数字社会大融合》一书为数字政府、数字经济与数字社会建设提供了新的理念、观察和思考，并为省、市、县域的数智化发展提供了参考。

此外，《数智化：数字政府、数字经济与数字社会大融合》一书还介绍了社会各行业、各领域正在开展的数智化探索和实践，可以为广大关心政企数智化转型发展升级的读者提供很好的参考。在大融合的催化下，相信我们会遇见更多数智化的同路人，遇见更多基于分工与专业化的“专精特新”企业，遇见更多本地化的数智化的科技创新与产品方案，遇见更多的新模式、新业态、新物种，从而帮助更多的人实现高品质的生活。

张建锋（行癫）
阿里云智能总裁、阿里巴巴达摩院院长

前言 PREFACE

20多年前，著名社会学者曼纽尔·卡斯特便敏锐地洞察到，在信息主义、全球化和网络化浪潮下，基于信息流、资本流、技术流等各种要素流动而构建的“流动空间”（Space of Flows）开始拓展并突破“场所的空间”（Space of Places）所容纳的地方性物质组织与关系。一个广泛联结的、时空压缩的网络化社会正在崛起，并通过激活各种“流”的交互作用，驱动经济社会结构发生重大变革，成为21世纪一个非常重要的发展趋势。其中，信息技术成为重要媒介，成为促进释放要素价值、重塑社会认知与交往形式、改变组织形态的核心驱动力之一。

当前，物联网、大数据、云计算、人工智能等新一代信息通信技术加快发展演进，人类开始全时空迈入数据智能的数智时代。技术的发展从来不以个人的意志为转移，数智化浪潮滚滚而来，我们每一个人都不可避免地被卷入其中。智能的产品、多元的终端、创新的应用，我们无时无刻不身处各个平台、组织和网络之中。新兴的、多元的沟通工具与组织形式也开始模糊公共、私营和第三方部门之间的传统边界。这是一个多中心、多节点、多媒体和多场域的“新世界”，充满了不确定性、模糊性和动态性。

数字化加速了数据、要素、产品与服务的流动，公众需要更多的生活闲暇与工作空间，企业需要面对不确定性下更激烈的竞争，政府需要提供更高效的服务和监管，以应对更趋复杂的全球性挑战与国家治理风险。如今的消费者（用户）已经在互联网上实现了自组织，不再是信息不对称下的弱势群体，其选择权已经得以大幅提升。

面向未来，数字化、智能化正成为大变局时代高质量发展的重大命题。地方、企业和其他社会主体又该如何理解自身的角色、活动与作用，并尝试为何、如何通过寻求更广泛的共识与合作来促进资源整合、问题解决与价值创造？

国家“十四五”规划第五篇就是“加快数字化发展　建设数字中国”，并在第十五章、第十六章、第十七章专门谈到“打造数字经济新优势”“加快数字社会建设步伐”“提高数字政府建设水平”，可见国家对数字化的重视。

这是一个多元融合的目标。创新、协调、绿色、开放、共享的发展是新时代高质量发展的红绿灯和指挥棒。这个多元发展目标的实现，有赖于数智化的技术、工具和平台。数字经济是实现高质量发展的需要，也是推进数字社会和数字政府建设的重要保障。

有人可能会有疑惑，之前大多数人提“数字化”，我们为什么要创造“数智化”这个词？这二者到底有何联系和不同？

下面我们先厘清信息化、数字化、IT、DT、数据、信息、智能、知识、智慧、数据智能、人工智能、数字化转型、数智化转型等既有联系又有区别的概念。

一般认为，信息化的核心是 IT 技术驱动信息资源的高度共享，而数字化是“将许多复杂多变的信息转变为可以度量的数字和数据”。在波特的企业价值链模型中，IT 被认为是生产辅助部门，产品和市场才是企业实现利润的核心。但是，环境变化越来越快，数据正在定义产品、赋能行业、连接组织，业务需求与系统供给能力面临失衡，技术需要升级。

2014 年 3 月，马云在北京举行的一场大数据产业推介会上提出，人类已经从 IT 时代走向 DT（Data Technology，数据处理技术）时代，IT 时代以自我控制、自我管理为主，而 DT 时代是以服务大众、激发生产力为主的技术。这二者之间看起来似乎是一种技术的差异，但实际上是思想观念层面的差异。

我们认为，信息化侧重于事后记录系统，数字化侧重于事前、实时决策支持系统；前者的颗粒度较粗，后者则更加精细；前者有较多的孤岛烟囱，后者要上下内外连接打通；前者侧重于管控和流程驱动，后者强调数据驱动 + 算力驱动 + 算法驱动。信息化 IT 与数字化 DT 的区别如下表所示。

信息化 IT 与数字化 DT 的区别

信息化 IT（以 ERP 为代表）	数字化 DT（以中台为代表）
事后记录系统	决策支持系统
静态系统（10 年）	动态系统（1月/天/小时/毫秒）
有边界系统（通用功能）	无边界系统（客户需求）
开环系统（无优化）	闭环系统（优化过程）
大颗粒系统（到店）	小颗粒系统（到人、货、场）
孤立系统（主要是内部）	整合系统（消费者-内部-供应商，上下内外生态伙伴全整合）
管控系统、流程经验驱动	协作系统、流程经验 + 数据/算力/算法驱动
机械系统（确定性）	生物系统（不确定性）
博弈关系（一次交易）	价值共生关系（持续交易）

在管理活动中，数据是各种事实和交易的客观记录；数据被加工处理赋予意义后才能成为信息（Information）；信息被消化理解后成为智能（Intelligence）；智能加上行业和岗位相关技能解决业务问题才能成为知识（Knowledge）；知识在遇到各种决策的场景中需要被用于做

出选择，做出选择需要智慧（Wisdom）；在做出重大决策后要采取行动，行动又会产生新的交易和数据，形成一个新的循环。

如下图所示，数据、信息、智能、知识、智慧的结构化程度由高到低，不确定性越来越大。我们特别强调：

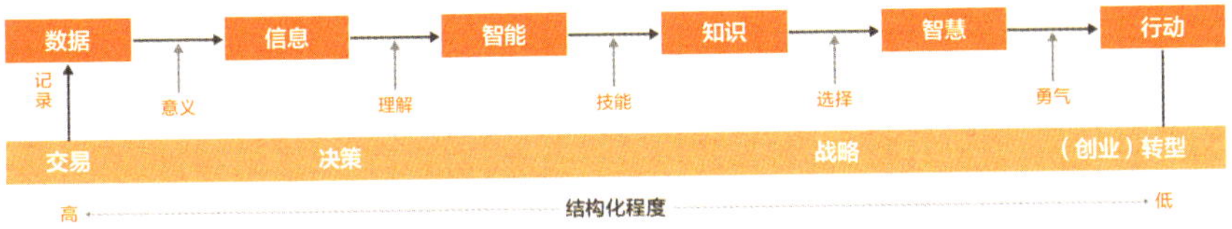

管理活动与IT/DT应用的循环

分享的智能才是组织智能，否则只是个人智能。

具有解决问题的技巧才被称为知识，否则只是信息或智能。

智慧是相当个人化的，内隐性知识成分居多。

掌握未来需要两种能力：前瞻 + 勇气。

我们不仅需要把能力建立在强个体上，还需要建立在组织上，要持续推进：隐性知识显性化，显性知识标准化，标准知识系统化，系统知识智能化，这样才能打造一个有持续竞争力的组织。

2014 年，百度首次提出数据智能，即“基于大数据引擎，通过大规模机器学习和深度学习等技术，对海量数据进行处理、分析和挖掘，提取数据中所包含的有价值的信息和知识，使数据具有‘智能’，并通过建立模型寻求现有问题的解决方案以及实现预测等。”

曾鸣教授在其《智能商业》一书中探讨了未来的商业模式。他认为，网络协同和数据智能共同构成了新商业生态系统的 DNA，而数据智能是未来商业的核心。数据智能强调的是运营决策直接由机器分析数据后做决定，机器决定的前提是云计算、大数据和算法。数据化、算法化和产品化是通向数据智能的3个步骤。第一步，数据化。没有数据的积累就没有后面一切。第二步，算法化。计算机要有机器智能必须经历3个阶段：一是建立模型；二是这个模型要用某种数学方法解决，能够得到一个可以收敛的结果；三是计算机的程序，也就是算法。第三步，产品化，即建立产品与客户的直接连接。基于产品，通过数据算法和反馈闭环，机器就能学习、就能进步、就能拥有智能，而商业就能实现智能化升维。要实现数据智能，就要做到数据化、算法化和产品化“三位一体”。

在大数据时代，谷歌内部遵循一个规则：在没有数据之前，不给出任何结论。准确地说，应该是在没有完整且准确的数据之前，不给出任何结论。“数学的美，是简单的美。”谷歌前资深研究员吴军在《数学之美》一书中谈到数学与信息技术时，将“简单即是美”的思想贯穿始终。人类在一开始让计算机处理自然语言时，想让计算机学会人类的语法，然而即使语法最规范的法语，也会有口音与方言。最后，在统计学工具的帮助下，通过计算句子出现的概率，从概率的大小来判断正确与否，解决了这个难题。理论上，只要人类语言数据库足够丰富、搜索算法足够强大，我们所说的每一句话都可以从数据库中被及时找到并翻译出来。就像在滴滴出行平台上，可能没有哪一条路和哪一个时段只有一个人走过。基于大数据与人工智能分析，路线规划及价格预估就可以不断优化。

当前，人工智能的主要基础技术包括图像搜索、图像识别、全息空间、智能语音交互、自然语言处理、智能对话机器人、机器学习平台PAI（Personal Application Integration，个人应用集成）、机器学习、深度学习等。“无行业，不人工智能”，不能空谈人工智能，必须深入各行业，结合各种应用场景解决实际业务问题，如智能预测、智能多语种翻译、智能图像识别、智能机器人、智能自动驾驶等。在 2021 年计算机视觉与模式识别大会上，特斯拉介绍了其将推出的新超级计算机 Dojo 的“先行版”，并表示将依靠纯摄像头视觉系统和神经网络处理来实现“Autopilot、全自动驾驶和某些主动安全功能”。机器视觉、图像识别、语音识别等技术的进步让人工智能走入了大众生活，让我们进入了一个数据爆炸的时代。我们已经可以很清楚地看到，未来的世界一定是数据驱动 + 算力驱动 + 算法驱动的世界。

我们认为，数字化和在线化只是第一步，智能化和智慧化才是未来。移动互联网的普及让中国快速完成了 10 亿人的数字化和在线化，可高效精准连接“90 后”“95 后”等互联网原住民。消费者的数字化和在线化倒逼政企加速数字化转型，并在云计算、大数据、人工智能等推动下进一步智能化，从而改善用户体验、提升整个社会和商业运营的效率。我们已经看到，部分数智化转型做得比较好的组织在疫情中体现出强大的“免疫力”和“恢复力”。中国改革开放 40 多年走过了西方发达国家二三百年的历史，是一个压缩式、并行式的发展过程，数字化和智能化也是一个压缩式和并行式发展的过程：

数智化 = 数字化 + 智能化

数：全链路、全要素、全场景、全触点、全网全渠道、全生命周期持续的数字化、在线化。

智：

- AI：人工智能，算法 +，多用新方式和新方法，无行业不 AI，无场景不 AI，无数据不 AI；
- BI：商业智能，经验和规则 +，得心存敬畏，尊重规律；
- DI：数据智能，知识图谱，机器学习，深度学习 +，迎接未来；

- MI：心智智能，心智占领，形成指名购买，为什么选择你而不是选择别人。

“化”是一个过程，数字化和智能化都是一个有起点没有终点的持续过程，全链路、全场景、全要素、全生命周期等的数字化会持续进行，智能化（包括传统的专家经验和规则与机器学习、深度学习等各种智能）的比例一定会越来越高，数智化能更精确地表达整个转型过程。我们在《数智驱动新增长》一书中提出数智化这一概念之后，迅速引起社会共识，得到越来越多组织的接受和认可，并把数智化转型作为未来 5 ～ 10 年最重要的战略。

如今，我们的组织、产品、店铺、服务、生态等也在加快在线化，各行各业、平台、组织、场景中的数字化和智能化水平越来越高，数智化的时代正在开启。从技术表达上，数智化也不再只是物联网、云计算、大数据、人工智能等工具与手段，而是一种面向智能、智慧的技术演进、融合过程和方向指引，是我们建设数字政府、发展数字经济、构建数字社会的一种技术路径。在数字政府、数字经济、数字社会的定义中，数字化是一种形态，揭示的是这种形态中的技术底层逻辑和数据的核心要素支撑。

数智化也是一个观念和思维的问题。要推动实现数智化转型，必须有系统思维、数据思维、平台思维与变革思维。认知决定一切动作。数智化转型是一个顶层设计的问题，必须是“一把手”工程，系统推动。数据是人工智能的核心要素，数据思维要求我们基于数据去分析、决策与执行，这也是数智化转型的关键。平台思维则要求我们坚持开放、创新与多元的平台建设。我们只有看到变化，才能拥抱变化，进而推动变革。

数智化有大量的技术供给支撑，我们有系统仿真、数字孪生、虚拟车间、元宇宙，决策成本和试错成本大幅降低。这就要求有数智化的技术，如基础强大的智能算力、多元创新的智能技术、一体智能的数据平台，以及全面开放的应用平台。

为响应政企对数智化转型的需求，我们也总结了数智化“五部曲”的方法步骤。首先，要构建云原生的基础设施，夯实数字化的基础。其次，要建立数字化的触点，实现数据的上传下达、互联互通和沉淀积累。最后，基于各种端和平台的数智融合，融合各种应用，组织业务的在线化、业务运营的数据化、决策的全面智能化也就水到渠成。

那么，什么是数智融合呢？怎么判断我们是否实现了融合发展呢？首先是技术的融合、数据的融合、场景的融合、生态的融合、产业的融合，融合推动创新，创新推动转型，转型推动发展。融合发展着眼于理解、连接、赋能的进阶式核心理念，强调基于数字中国多元治理场景，广泛利用数智化技术，驱动数字政府、数字经济与数字社会大融合大发展，从而有效回应数智时代形成的新议题、新阶层和新社群。

本书的基本思路是拉长历史镜头，放眼于全球技术变革的历史脉络，探讨与想象面向未来的数智化发展趋势和价值理念。本书将数智化作为新的技术、生产力和生产工具，推动城乡区域一体化融合创新，拉动数字经济和实体经济融合升级，促进数字空间和社会实体融合发展，支撑数字政府和数字治理融合互动等，构建数智化驱动全社会融合发展的全新格局。

具体而言，本书主要分为 4 篇，对数智化与融合发展的驱动因素与机制、发展动态、实现路径及行业实践案例进行了深入阐述。本书的整体架构如下所示。

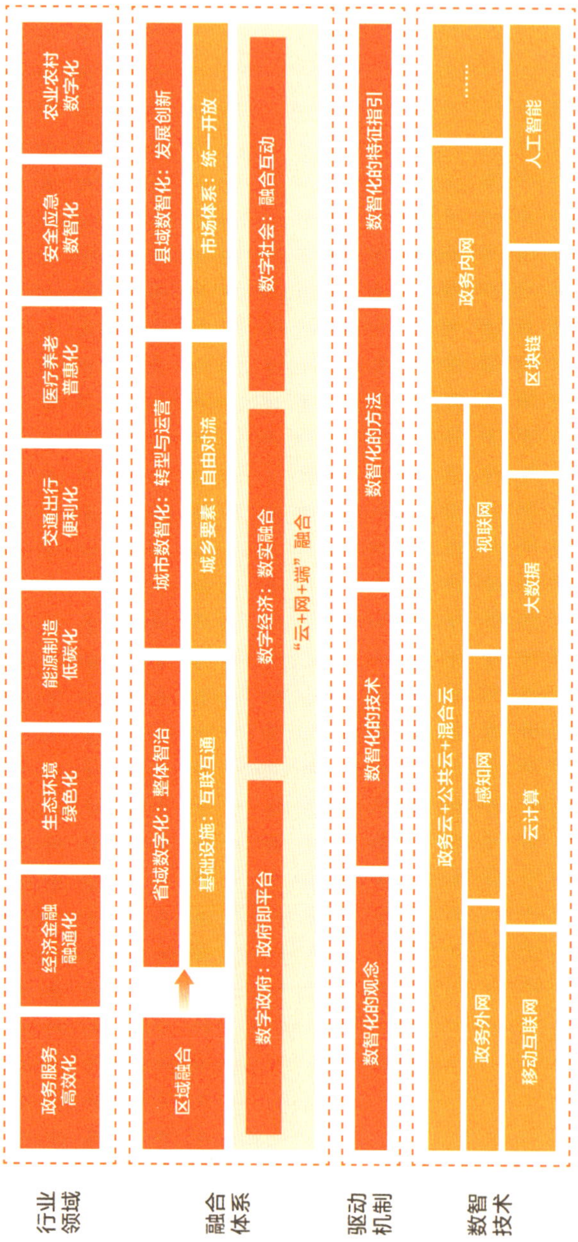
行业领域
政务服务高效化
经济金融融通化
生态环境绿色化
能源制造低碳化
交通出行便利化
医疗养老普惠化
安全应急数智化
农业农村数字化
融合体系
区域融合
省域数字化：整体智治
城市数智化：转型与运营
县域数智化：发展创新
基础设施：互联互通
城乡要素：自由对流
市场体系：统一开放
数字政府：政府即平台
数字经济：数实融合
数字社会：融合互动
“云+网+端”融合
驱动机制
数智化的观念
数智化的技术
数智化的方法
数智化的特征指引
数智技术
政务云+公共云+混合云
政务内网
……
政务外网
感知网
视联网
移动互联网
云计算
大数据
区块链
人工智能

本书的整体架构

第 1 篇（第 1～7 章）：本篇主要拉长历史镜头，从大趋势、大命题、大融合的角度切入全球技术变革，尤其是信息通信技术发展的历史脉络，探讨与想象面向未来的信息化、数字化、数智化发展浪潮，时代挑战与价值实现，并深入阐明我们为什么要进行数智化转型，数智化的本质和核心要义，以及其可能产生的社会影响。在此基础上，本篇继续深入解构数智化浪潮的驱动机制，从数智化的观念、技术、方法和特征指引等方面，为政企数智化转型提供充分、必要的论证。

第 2 篇（第 8～10 章）：本篇主要聚焦于数字政府、数字经济、数字社会的建设与融合发展。对于数字政府建设，“政府即平台”理念认为政府也是一个组织，通过将数字政府抽象成一个平台，可以更好地理解和构建数字政府的本质和内核。从权力来源、公共服务、制度监管、秩序维护和社会治理的层面上，政府对数据有天然需求和自然垄断的倾向，不像企业需要面对激烈的市场竞争并承担创新压力，在实际操作中比较适合进行数据中台的结构设计和布局。“政府即平台”的理论和实践，首先由发达国家提出并付诸实践，结合国内实际、实践和现实需求，我们提出了连接性治理与双中台（数据中台和业务中台）的理念与架构。从学理角度，“整体性政府”也是数字政府的应有之义，因此我们提出了强基础、优服务的建设要求，并对平台推动组织数智化转型的价值做了深入阐述。对于数字经济，我们认为数智化有利于数实经济融合发展，其核心关键词是“渗透”“重组”“引领”，数字产业化发展将驱动消费互联网释放新动能，产业数字化转型将全面提升全要素生产率。对于数字社会，数智化将驱动数字空间与社会实体融合互动，在融合消费服务边界、弥合“数字鸿沟”、整合新旧媒体、构建和维护网络空间方面，都有重要的作用。

第 3 篇（第 11～14 章）：本篇主要介绍数智化驱动城乡区域融合与一体化发展，从基础设施互联、要素自由流动、统一市场开放等多个维度进行了分析。在此基础上，从省域、城市、县域的不同角度，对省域数字化、城市数智化转型与运营、县域数智化发展创新给出发展历程分析与案例实践介绍，以期为更多地方的数智化转型、创新与发展提供参考和借鉴。其中，浙江省是全国数字化改革的先行者，上海市是一个国际多元的超大城市，嘉善县位于长三角一体化融合发展的关键区域，其发展都具有一定的代表性。

第 4 篇（第 15～22 章）：本篇主要介绍政企在数智化上的一些探索与实践。具体来说，对政务服务、经济金融、生态环境、能源制造、交通出行、医疗养老、安全应急、农业农村等关系社会民生的行业领域的发展现状、技术应用、场景方案等进行了全面介绍，以分享各行业、各领域数智化先行者的经验实践，共同探讨行业解决方案。

总之，本书旨在从技术与社会发展的角度，分享并透传我们对数智化时代和融合发展的新认识、新理解和新思考，并从数智化的观念、技术、方法、特征指引等维度深入解构数智化驱动融合发展的核心机制。在此基础上，我们认为，数智化以融合发展作为发展目标和方向路径，将推动城乡区域一体化融合创新，推进数字经济和实体经济融合升级，促进数字空间和社会实体融合互动，并支撑以数字政府为核心的数字治理和公共服务高效融合。另外，本书还详细介绍和剖析了省、市、县域的数智化转型探索和行业发展实践，为政企数智化转型发展提供系统解决方案和路径指引选择，助力实现政治、经济、社会等领域的高质量发展和广大人民群众的高品质生活。

本书适用于准备或正在实施数字化或数智化转型的企业，也适用于关注数字化或数智化转型与社会发展的政府、高校、智库及企事业单位领导，还适用于关注数字政府、数字经济与数字社会建设的广大读者。目前，数智化转型才刚刚开始，本书是一本理论与实践相结合的实操读本，有技术、有方法、有案例，笔者希望本书对地方政企开展数智化转型有所启发、有所裨益。让我们共同迈向机遇与挑战并存的数智时代。

肖利华
阿里巴巴集团副总裁、阿里云研究院院长

目录

CONTENTS

第1篇　数智化浪潮与驱动机制

第1篇

数智化浪潮与驱动机制

第1章
大趋势：信息化、数字化与数智化

历史长河奔流不息，信息化、数字化浪潮滚滚而来。在这场既波澜壮阔又充满风险的数字新大陆航海中，人类面临的最大确定性是如何应对巨变时代的不确定性。自认知革命伊始，信息技术和工业变革就引领着人类不断进入“快车道”。新一波数字化浪潮——数智化为人类带来无限可能，人类正在开启一场向数字大陆迁徙的伟大旅程。

1.1 全球技术革命的历史脉络

在全球范围内，信息技术和工业变革经历了多次承前启后、接续迭代的过程。从认知革命不断迈向新一代信息技术革命，从第一次工业革命不断发展至第四次工业革命，时代不断被赋予新的可能性和创造性。我们需要延续技术革命的历史脉络来窥探新一波数字化浪潮。

1.1.1 信息技术引领人类认知革命

基于语言的沟通交流是大协作、大协同、大合作的基础。第一次广义的信息技术革命到来，这一场认知革命让历史正式启动[①]。

语言储存的短暂性和零散性难以适应农业革命后的社会，于是文字逐渐登上历史舞台。文字的创造带来了第二次信息技术革命，区域文明开始出现。

文化演化步入“快车道”，印刷术的发明使得人类文化得以大规模发展和传承，促进了第三次信息技术革命。

在认知革命和农业革命之后，无论是人类对自己“无知”的探索还是信息技术的发展，都还在踽踽前行。

电报、电话、广播和电视机的发明和普及应用带来了第四次信息技术革命。1844 年，美国人莫尔斯成功拍发了世界上第一份电报。1876 年，美国人贝尔发明了电话，声电开始实现互换。1906 年，美国匹兹堡大学的教授费森登通过 128 米高的无线电塔成功地进行了人类历史上第一次正式的无线电广播。1924 年，英国人贝尔德发明了电视机，实现了图像画面和音频信号的融合连接。这些创造性的技术为未来信息技术的发展夯实了基础。

现代信息技术革命始于 20 世纪 60 年代，其标志是计算机的普及应用及计算机与现代通信技术的有机结合，这一场革命让世界的发展进入“高速赛道”。1946 年，美国军方定制的世界上第一台计算机“电子数字积分计算机”在美国宾夕法尼亚大学诞生。计算机从出现至今，经历了机器语言，程序语言，简单操作系统和 Linux、macOS、BSD、Windows 等现代操作系统 4 代，其运行速度也得到了极大的提升。

伴随着科技的进步，各种计算机技术、网络技术飞速发展，计算机的发展已经进入一个快速而又崭新的时代。分子计算机、纳米计算机、

---

① 尤瓦尔•赫拉利．人类简史：从动物到上帝 [M]．林俊宏，译．北京：中信出版社，2014.

量子计算机、光子计算机、生物计算机等未来计算机亮点纷呈，微型化、网络化和智能化将定义未来数字化的计算机发展方向。

如图 1-1 所示，一次次信息技术革命的发生推动着人类社会一步步向前迈进。依循技术革命发展的脉络，我们感受到数字化浪潮扑面而来。

图 1-1　信息技术革命

1.1.2　工业变革探寻打开未知世界

在技术革命如火如荼地进行时，工业革命也悄然出现在历史篇章中。

文艺复兴时期，新教伦理和资本主义精神在欧洲萌芽并成长，贸易的增长使得英国纺织业率先出现一系列技术创新，蒸汽机的使用开创了机器代替劳动的时代。水力和蒸汽动力带来生产领域的工业化，引发了第一次工业革命。自此，世界进入“蒸汽时代”，英国亦成为工业革命引发的生产方式变革的“社会实验场”[①]。

发电机的诞生和内燃机的问世共同带来了新的动力系统，第二次工业革命应运而生。电力和内燃机的使用推动了生产能力的提升，生产规模得以不断扩大，社会分工得以进一步分化，并且伴随着全球化的深入发展，全球各国获取工业革命成果，人类进入“电气时代”。

---

① 米加宁，章昌平，李大宇，等.“数字空间”政府及其研究纲领——第四次工业革命引致的政府形态变革 [J]. 公共管理学报，2020，17（01）：1-17，168.

技术发展不断加速，并在20世纪四五十年代以后，在原子能、计算机、微电子技术、航天技术、分子生物学和遗传工程等领域取得重大突破，以计算机和信息通信技术为标志的第三次工业革命在美国兴起。其中最具划时代意义的是计算机的迅速发展和广泛运用，以计算机为载体的信息技术和社交网络的繁荣促进了新业态的产生，开辟了信息时代。

如今，世界正以突破人类想象的速度不断发展，以大数据和人工智能（Artificial Intelligence，AI）技术为代表的第四次工业革命来临，以Web 3.0万物互联和数据融合为契机，社会组织和社会形态正悄然发生革命性的变化。截至2019年年底，全球互联网渗透率已经超过50%，其中有一半用户使用智能手机上网；超过30亿人使用社交媒体彼此联系，每天人均花费在互联网上的时间超过6小时；到2025年，年产生数据量将达到175ZB。在移动互联网、智能传感器、纳米技术、脑科学研究、3D打印技术、材料科学、计算机信息处理等领域，大数据与AI的相互作用和辅助效用产生的组合态势将在本次工业革命中产生强大的力量，促使整个系统的创新。

正如施瓦布认为的那样，当今世界正处于第四次工业革命的初期，本次革命极具颠覆性。我们正在进入一个“超连接世界”和“万物联网、万物皆数、万物智能”的世界，数据空间的泛在化不断加强。第四次工业革命带来的是从农业社会的“畜力”到工业社会的“机械力”，再到信息社会的“算力”核心能力的变化，世界进入利用信息化促进产业变革的时代，正在促进人类社会快速且全面地进入信息社会5.0阶段，人类生活和社会发展逐渐进入数字空间。

从图1-2中可以看到，工业革命的递进发生不断促使人类社会实现质的突破和飞跃。正如钉钉事业部负责人叶军所言，科技肯定不是用来“内卷”的，而是用来升维的。尤其是随着第四次工业革命的到来，中国成为最大的“社会实验场”，数字空间的出现和扩大使得时代发展具有更多可能性。

图 1-2　工业革命

1.1.3　新一波数字化浪潮涌向大陆

信息技术革命和工业革命紧密关联、融合甚至交融，工业革命建立在经济与产业结构变革的基础上，主要决定于技术革命是否导致一系列产品在技术与设计等方面广泛地创新，从而诞生一系列发明与新产品，乃至新的行业。

在逻辑顺序上，信息技术革命的发生在一定的社会经济条件下有可能导致工业革命，二者存在一定的先后关系，彼此紧密关联。而在本质上，信息技术革命能够直接影响或推动生产力的发展，进而工业革命变革人类的生产方式和生产关系。

信息技术革命与工业革命实现深度融合，推动新的社会发展趋势和发展形态出现。在如今这个时代，信息技术的运用与数字空间的融洽呼唤着数智时代的到来！

1. 移动互联网让消费者在线

近年来，数字化和智能化的终端不断普及和升级，计算机视觉与机器视觉、自然语言理解与语音识别、计算机图形学与数字图像处理及 AI 技术发展迅猛，极大地丰富了数据来源和数据结构，并成为数字经济快速发展的最大技术驱动力。时空大数据、深度学习、3D 计算机视觉、自然语言处理、智能芯片、传感技术、边缘计算、共识算法等一系列前沿科技和服务也成为数字时代的共同期待，将进一步引发爆发式的存储计算需求。

云太空、云城市、云社区、云家庭、云政府、云金融、云交通、云能源、云游戏、云教育，一场全领域、全产业链条的数字化变革正在开启全新的数字时代，并推动包括金融服务业在内的现代服务业的数智化升级，让每一个小微企业都可以共享数字红利，让每一个个体都能享受到政府数字化的触手可及的服务。

这是一个一切可通信即可云化的数字时代。数字化云消费正在从企业走向政府、走向社区、走向家庭和个人，数字政府、数字经济和数字社会的全面发展将引领我们走入万物互联、数字智能的数智时代。

2. 云网融合与数字创新演进

计算是心脏，AI 是大脑，物联网（Internet of Things，IoT）是神经网网络。未来，在线用户的指数级增长和 5G 人均流量的倍数增长，高清视频、VR（Virtual Reality，虚拟现实）、云游戏、工业互联网、智能驾驶等丰富的应用场景，5G 边缘网络上的数据采集、存储、计算与使用将直接带来服务需求的高速增长。

5G 的兴起也让云和 AI 有了更大的市场想象空间。在工业制造场景中，以 5G 为牵引、结合“云 + 边缘计算 +AI”的整体解决方案打开了产品质检、融合定位、AR（Augmented Reality，增强实现）辅助等数十个细分场景，多个行业的龙头企业已开始规模部署此类方案。

5G、AR、AIoT（人工智能物联网）等场景在推动新一代云架构的演进，而容器重塑了云的使用方式。IDC 的报告 *Future Space 2020* 显示，到 2025 年，85% 的企业新建数字基础设施将部署在云上，智能云网将云端算力和智能源源不断地输送给千行百业，让企业生产效率再次得到飞跃，从而为数字经济提供新动能。IPv6+ 作为 IPv6 的创新演进，是面向云时代的智能 IP 网络技术。IPv6+ 构建云、端智联的技术底座，实现好上云、上多云、上好云，即便捷上云、多云连接和灵活云网自助服务。

AlphaGo 带动的深度学习技术浪潮，以及 AI 服务器从前期的模型训练、原型探索等技术研发阶段发展到商业化应用场景，都意味着应用用户的规模增长将直接反映在对服务器的需求规模上。

从云到边、从公共云到混合云、从在线业务到离线计算、从 AI 到大数据……容器和云原生已成为千行百业数字创新背后的技术力量。

3．空天地一体化互联网潮起

Google、亚马逊、微软、雅虎深谙云计算的价值，都致力于建立能够实现高效、便捷和泛在的云数据、云存储、云计算能力。

在卫星网络领域，开展星地异构网络互联、大容量多信关站协同组网、星地网络融合、链路覆盖增强等关键技术攻关，推动卫星网络与 5G 网络、地面设备和运营服务的全链条互联互通及互为补充进程。“星”“云”一体、云端互联、空天地一体化互联网的小浪潮正在潮起，可能会引领下一代信息通信网络的大变化。

云计算和卫星互联网正在加快融合。微软发布新计划——Azure Space，与马斯克旗下的 SpaceX 合作，把云服务推向太空。通过创建集成式、安全的网络，将各种云、空间和地面能力连接起来，云上太空正在成为现实。

将云服务推向太空的行动将是互联网的一次巨大飞跃，它覆盖全球的高速互联网接入服务，有助于激发石油天然气、航空等领域巨量的数据传输、存储和计算需求。未来，云计算与卫星互联网相融合，将整合和分析大量数据，支持空间碎片观察和警告等任务，并帮助控制商业卫星的轨道。

亚马逊推出了基于 AWS 的卫星地面站，通过亚马逊的云平台，使用 Amazon Kinesis Data Streams 管理从卫星接收的数据，使用 Amazon SageMaker 构建自定义机器学习应用程序。用户按天线实际使用时间付费，依靠地面站的全球覆盖，可以随时随地下载数据。

毫无疑问，网络空间正在进行“一场竞赛”。而“星链”是抢占太空制高点的强大武器。美国有关部门将新的数据管理战略命名为“数据即服务”。该管理战略以技术为重点，将数据视为战略资产，即把存储在独立系统中的大量数据转换为联通的数字架构，整合到云平台中，开展大数据和 AI 数据分析，并将结果更快速地交付给使用者（包括分散在各个区域、部门和岗位上的工作人员）。

可以想象，数据和信息就是工业时代的“石油”，时间就是生命。安全可靠、低延迟、广覆盖的数据将是后台中枢和一线前沿协同合作取得胜利的关键。

云计算是资本和技术密集型产业，其资源投入大、资产专用性强、回报周期长，具有天然的进入门槛和壁垒。目前，亚马逊的 AWS 是全球云计算服务最大的提供商，已形成高壁垒、大投入、高增速模式，是全球 IaaS（Infrastructure as a Service，基础设施即服务）市场的领导者。从全球 IaaS 市场来看，寡头时代已至，马太效应凸显，强者愈强，弱者愈弱。

1.2　数智化的新潮流

现代信息技术革命和第四次工业革命促进数字时代的到来，随着移动互联网、AI、大数据、云计算等数字技术在全球范围内的迭代升级和广泛应用，人类正式步入数字时代。随着信息化革命的进一步推进，数字空间在经济、政治、文化等领域渗透和扩散，数智化俨然成为数字时代的新潮流和新趋势。

1.2.1 数字化与智能化协同

数字化的概念在生活中并不陌生，狭义的数字化主要是指利用数字技术，对具体业务、场景的数字化改造，更关注数字技术本身对业务的降本增效作用。广义的数字化则是利用数字技术，对企业、政府等各类组织的业务模式和运营方式进行系统化、整体性的变革，更关注数字技术对组织的整个体系的赋能和重塑。但无论是狭义的还是广义的，数字化均呈现为一个过程，数字化的发展表现出阶段化。

数字化发展主要包括 3 个方面：信息化、网络化和智能化。信息化是数字化和智慧化的基础，智能化是数字化发展的必然趋势。数字化转型是由信息化向网络化、智能化转变的过程，最终实现智慧化。

信息化的核心是通过数据反映和记录企业运营管理的全过程，通过信息系统固化业务流程，实现业务从线下到线上的转变。

网络化的核心是通过物联网、移动互联网等技术实现万物互联，通过工业互联网等平台对实体产业赋能，实现产业链网络化协同。

智能化的核心是通过 AI、大数据等技术对海量数据进行广泛且深度的开发与利用，实现与物理世界和现实业务的在线闭环，最终向具有自学习、自调节、自主、自治能力的智慧化方向演进。

正如图 1-3 所呈现的，数智化是数字化发展的高级阶段，以数字化和智能化协同来实现。在信息化的基础上，数字化首先实现数据的记录与存储，使业务全面线上化。数智化则是在此基础之上，将各种数据信息通过算法的形式呈现，以实现数字化，进而运用数字技术将人的智慧管理和运用起来，通过 AI、大数据等技术对数据资源进行广泛、深度的开发与利用，打通物理世界、现实业务和数字空间，以实现在线闭环。

图 1-3　数字化的发展阶段

数字化与智能化结合，贯通多维空间，使得数据信息得以自由且有序地流动，并在各领域、行业、产业、业务中均可实现最大价值，达到最佳效率，创造最佳生态。

1.2.2　数智化链路——数据、智能与智慧纵深融合

数智化作为一种新潮流和新趋势，经历了一个演变的过程（见图 1-4），有着丰富的内涵和逻辑。数智化涵盖了数据融合、机器智能和人文智慧三重内容，数智化的实现则是使三者结合起来引爆全链路数字化，实现智联万物和万物生长。

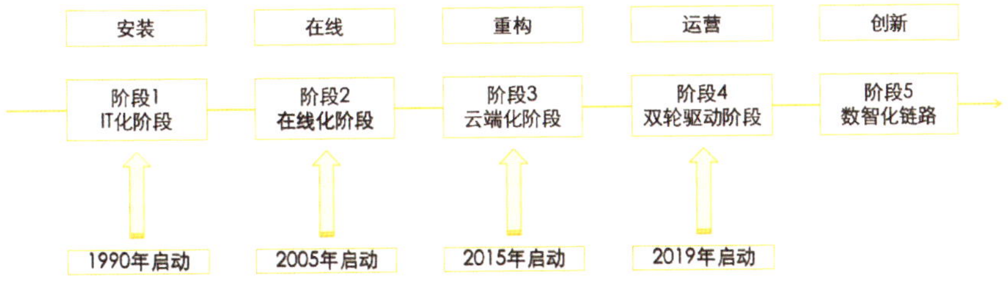

图 1-4　数智化的演变过程

数据融合正是算料的融合，其中包括对各种信息源中有用信息的采集、传输、综合、过滤及合成，以便辅助人们进行态势判定、规划、探测、验证、诊断。数据的融合是将来自多种源头的信息进行融合，并且提取前兆信息，将信息与知识库相匹配，以实现有效融合。

根据融合的层次，数据融合可被分为数据层融合、特征层融合和决策层融合。数据层融合强调直接在采集到的原始数据层上进行融合，一般采用集中式融合体系进行融合处理，属于低层次的融合。

特征层融合属于中间层次的融合，对特征信息进行综合分析和处理。特征层融合所提取的特征直接与决策分析相关，因而融合结果能最大限度地给出决策分析所需要的特征信息。特征层融合一般采用分布式或集中式的融合体系。特征层融合可分为两大类：一类是目标状态融合；另一类是目标特性融合。

决策层融合通过不同类型的传感器观测同一个目标，每个传感器都在本地完成基本的处理（其中包括预处理、特征抽取、识别或判决），以建立对所观察目标的初步结论，之后通过关联处理进行决策层融合判决，最终获得联合推断结果。

数据融合既受信息提取程度需求的影响，又需要机器智能来支撑不同层次的数据融合和数据利用。机器智能即包括 AI、大数据等技术在内的智能系统。从实际应用层面来理解，机器智能是研究如何用计算机软件和硬件去实现感知、决策与智能行为的一种技术。就其本质而言，机器智能是对人处理和利用信息思维过程的模拟。因此，运用机器智能能够具备模拟人类思维处理和利用信息的能力和可能性，从而提炼数据价值。

由于机器智能具备“拟人化”的能力，因此它使得先行满足人民的需求和后续实现人文智慧有的放矢。数智化的核心在于更为灵巧和智能地满足人民的需求和解决公众问题。机器智能能够以人民的需求为导向进行数据的采集、分析、处理和决策，从根本上满足个性化和服务化的要求。同时，精准化的智能系统可以提高价值和效率，赋能和赋益各领域、行业、产业、个人，最终实现数智化过程和结果的双重智慧化。

如今，医疗、教育、制造、新零售、互联网、交通运输等各行各业都在进行数字化变革，即先完成数字化采集、数字化处理，然后从个人到组织再到业务，覆盖全链路，通过数据融合、机器智能和人文智慧 3 个层次纵深实现数智化。图 1-5 是对数智化概念的呈现。

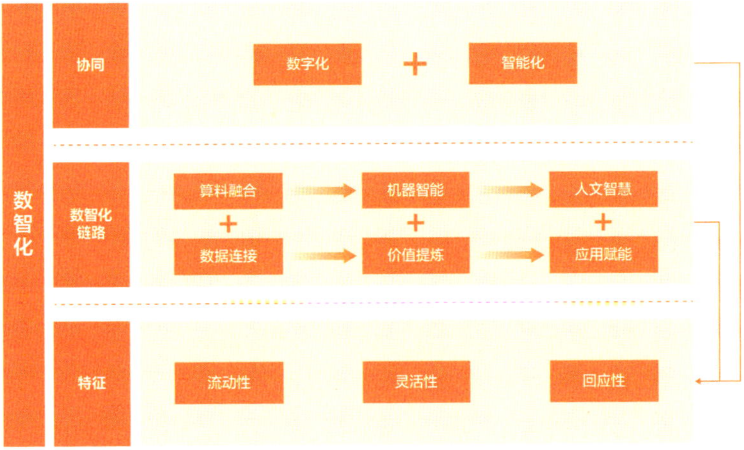

图 1-5　数智化的概念

1.2.3　数智化的特征

数智化具有流动性、灵活性和回应性的特征，如图 1-6 所示。数智化能够通过数据和数字技术的应用实现对未来和风险的预知和防范，并基于已有的数据和信息来眺望更长远的时代。

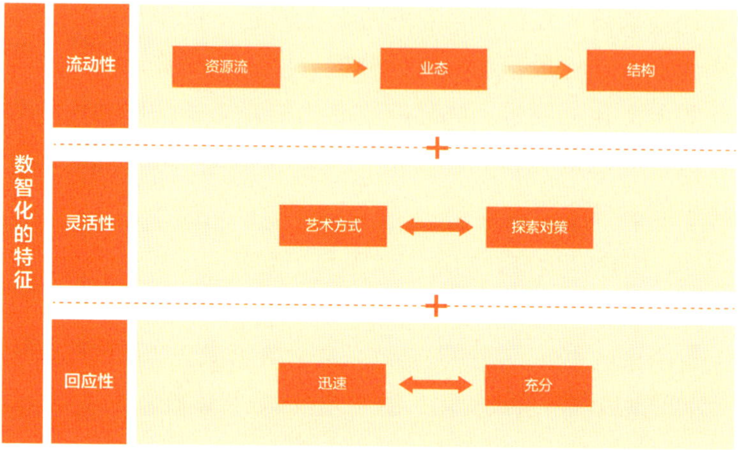

图 1-6 数智化的特征

数智化在面向对象和应用落地方面能够横跨生产链，突破生产壁垒，实现信息流、技术流、资金流、人才流、物资流等资源的流动配置，提高资源的使用效率。在资源流动的同时，我们可以加强不同产业、不同行业的交叉融合，在数智化的支持下实现不同业态的优势互补，增强数字技术的应用和推广。业态的交叉使得结构更加扁平化，数智化使得资源和要素同时实现平向流动和跨级流动，从单向度发展转变为全方位升级。数智化作为动力泵，具备极强的流动性。

数智化的出现也是对当下面临的问题和障碍的回应。数智化的重点在于通过数智化手段更为智慧和轻便地超越体制和利益格局，克服障碍，提供新的方法和路径。在现有的规定之下，数智化提供了更合适的方法来解决新问题。上海市利用大数据实现了精准抗疫，既完成了抗疫任务，又维持了城市的正常运转。而在遇到现有规定难以适用的新情况时，数智化能够探索新的对策和路径，并更具创造性地解决当下的问题和未来的问题。相较于之前的发展形态，数智化更具灵活性。

数智化的根本在于对公众需求的识别和满足，它通过数据中台和数字技术迅速和充分地回应公众的需求。数智化以数据平台为基础，依托机器智能能够迅速区分出不同年龄人群、不同行业人群等的需求，并且通过大数据、云计算等实现精准识别，进而明确不同人群甚至个人需求的诉求点和当前的需求满足情况，形成有针对性的"痛点"、堵点解决方案，充分回应公众的需求，提高公众的幸福感和获得感。数智化在回应性的特征下实现了人文智慧。

1.3　数智化的新价值

数智时代的全面到来，给社会、国家和全球带来了全新的价值并指出了全新的发展方向。

1.3.1　数智化扩展组织的边界

全球化可能有波折和回潮，但依然是大趋势。技术的进步不可阻挡，全球化及其发展历程对当今时代的重要性和价值更甚。

数字化企业是全球化和数智化的主要驱动者和参与者。投资者根据企业盈利、有效用户和市场预期给出了定价，数字化显然扩大了市场的容量和半径、扩展了企业的边界、提升了企业的稳定性。

数智化让价值互连。数智化通过技术和思维的升级影响资源和信息流动方式的转变，使得资源和信息在主体之间的流动从链式连接转变为全向连接。主体能够直接面向资源和信息，极大地减少中间过程，无论是个人还是组织，都可以实现价值的直接连接。价值互连使得价值和资源使用的组合多元化，通过不同主体、不同连接方式创造多样化的价值。

数智化让个体被看见。数智化依托数据融合和机器智能落脚于个体的活动和数据，更加具有针对性和独特性。数智化直面个体的需求，更加全面地揭示个体价值和满足个体需求，差异化地解决个体问题和满足个体需求。数智化更好地协同个体与企业、政府的关系，让个体被组织看见并重视，从而提升个体的价值和获得感。

数智化实现组织利益协同，扩展组织的边界，联通全球范围内的组织。反而言之，数智化在一定程度上也在模糊组织的边界，使组织具有交叉和融合的可能性。数智化基于组织交叉之处来实现合作和良性竞争，从组织的互补业务、共同利益等角度出发来实现资源的共享。组织在资源共享的基础上实现合作和良性竞争，从而促使组织的发展和利益具有可持续性。

数字科技与传统组织的加速融合，在促进组织结构、商业模式、供应链模式和生产模式创新的同时，也促使传统的封闭式、单线程、流程化、标准化的产业组织模式向开放化、智能化、柔性化、差异化转变，从而形成推动组织数字化转型和产业转型升级的新动能。

新一代信息通信和数智化技术促进全球化纵深发展，人的交往和交易更能突破时空限制。组织的边界日益扩展和模糊，尤其是企业，更是如此。

这种数智化和全球化的力量，在美国市场尤其明显，并催生了一批科技企业巨头。2021 年，特斯拉的市值冲破万亿美元。苹果、微软更是坐拥 2 万亿美元的市值。而从 1000 亿美元到 10 000 亿美元，特斯拉只用了 21 个月。截至 2020 年 12 月 31 日，亚马逊在全球拥有 798 000 名全职和兼职员工，这在传统企业是不可想象的。从市场和购买力来看，美国坐拥全球最大的单一市场，但是其仍然致力于推动数智化和全球化。

1.3.2 数智化推动价值共生、社会和谐

数智化趋势的出现不仅为社会和国家带来新的发展动力，还在移动互联网的加持之下连接个人和组织，并基于此推动政治、经济、社

会的融合发展，AI 和新一代互联网掀起新的发展浪潮。

1. 移动互联网促进个人和组织在线互联

移动互联网将移动通信和互联网融为一体。移动互联网具备传统互联网不具备的新特性，其中最突出的便是交互性、强关联性和身份统一性。移动互联网的新特性使得个人和组织实现在线互联互动，实现点到点、点到面、面到面的多维网络。其中在线消费方式作为特殊的表现形式之一，直接改变公众的生活方式和企业的发展方式。公众的消费习惯被改变，产生了新的消费需求和消费形式，倒逼企业实现线上业务的迁移，于是企业发展方式开始转变。移动互联网为个人和组织提供线上联结的平台，个人和组织的联系方式、生存方式均可实现线上和线下互通。

2. 数智化推动政治、经济、社会一体化

数智化推动数字经济加速发展，为线上业务整合提供路径和方法。数字政府作为组织的一种形态，也实现了自我发展方式的创新和再造。

浙江省的“最多跑一次”改革通过“一窗受理、集成服务、一次办结”的服务模式创新，实现让企业和公众到政府办事“最多跑一次”的行政目标。政务钉钉、“浙政钉”等打造政务协同总平台，以技术创新为政府数字化转型赋能，整合了政务通讯录、千人千面工作台、智能会议、移动办公等功能，改变了公务员传统的工作方式，助力政府数字化转型。数字技术的使用和流程的优化使得政府提供公共服务的方式发生转变，政务处理方式也随之发生转变。

科学技术的发展与社会内部需求的内外推力使得治理方式和治理工具不断升级，数字社会建设进一步推动社会治理机制和治理能力的变化。人类通过数智化的方式和手段将经济、政治、社会等均嵌入数智化浪潮，最终实现整个国家和社会的一体化。

3. AI 和新一代互联网引领新浪潮

第 49 次《中国互联网络发展状况统计报告》显示，截至 2021 年 12 月，我国网民规模达 10.32 亿，较 2020 年 12 月增长 4296 万，互联网普及率达 73.0%；60 岁及以上老年网民规模达 1.19 亿，互联网普及率达 43.2%，老年群体加速融入网络社会，并开始影响众多移动应用的开发运营；网民人均每周上网时长更是达到 28.5 个小时，较 2020 年 12 月增加 2.3 个小时，手机仍是上网的主要设备。互联网已经深度融入人民日常生活，市场期待新一代互联网的到来。

现代信息技术革命和第四次工业革命交互融合，推动数智化的到来。数智化的新内涵和新特征直接影响着生产力和生产方式。数字和数据成为富有价值的资源，对数据的利用和挖掘不断实现创新和突破。对于新型数据资源的开发与利用也在改变其他资源的原有特征。在数智化的引领下，云计算、大数据等技术推动更深层次的数据使用和应用开发，AI 和新一代互联网将提供新载体和新平台，引领新浪潮。

【本章小结】

（1）在探寻世界新大陆的过程中，信息技术革命和工业革命的双重演进与融合引领着新一波数字化浪潮——数智化。数字技术和技术前沿呈现在社会的方方面面，世界呈现从工业化到信息化再到数智化的大趋势。

（2）对于这一新兴趋势，我们进行了多维的界定和内涵特征的延伸。新时代的数智化定义了全链路的变革，数据、智能与智慧的融合促进数字化和智能化的协同，最终实现智联万物和万物生长。

（3）数智化趋势的出现给社会、国家和全球带来了全新的价值。数智化成为社会和国家的新引擎，使个人和组织实现在线连接，并基于此不断推动政治、经济、社会一体化。AI 和新一代互联网引领着新浪潮。同时，数智化也是世界发展的大趋势，数智化不断扩展组织的边界，推动价值共生、社会和谐，协同个人、组织甚至国家的利益。

第 2 章 大命题：中国融合发展面临的时代挑战

当下，发展不充分、不均衡、不深入的现象仍然存在，并且随着技术发展、社会前进，融合发展成为新时代的大命题。同时，现有的观念错位、历史发展阶段的限制和先进技术的发展渗透，使得我国在融合发展上面临着不同层次和不同内容的时代挑战。将视野不断放大和微缩，中国在宏观、中观和微观层面均面临着融合发展的新时代任务。

2.1 宏观层面：政府、经济与社会融合需要更充分

政府、经济与社会构成了中国发展和治理的大环境和大场景，但各领域还存在实现更加充分融合发展的空间。政府、经济与社会的融合以表面和浅层融合为主，而深度结构化融合尚未在全领域实现，各领域的供需匹配未实现优化。政府、经济与社会的要素需要更加联通、资源流动需要更加自由，以便实现各领域和跨领域的供需精准匹配，从而推动协同治理和融合发展。

与此同时，继劳动力、资本、土地、知识、技术、管理要素之后，数据成为新的关键生产要素（见图 2-2），数字经济正式成为重要的经济形态。而数字经济作为新型的经济形态，通过信息技术的扩展和应用渗透在生产和生活的方方面面。实体经济作为国家发展的基础，与数字经济互相碰撞，数字经济和实体经济的交叉融合成为经济发展的重要命题和目标要求。

图 2-2　关键生产要素

在当下，我国的数字经济和实体经济融合以产业内部成立信息技术部门和产业与信息技术企业进行合作两种方式为主，更多地集中于技术层面和局部领域，还未将数字经济和数字技术贯穿至实体经济的产业领域。从根本技术的融合、企业的跨界融合到共同平台的建设，数字经济和实体经济的融合发展还存在纵深结合的发展空间。

数字技术是数字经济发展的重要引擎，实体经济中的工业技术是经济发展的核心要义。在实际的产业发展中，两种经济形态的技术分隔还未实现良好的结合与变革。在实体经济中，大部分制造企业依然偏重于劳动力和资本要素，并且存在重硬件轻软件、重规模轻质量、重制造轻服务的观念，尚未完全吸收数字技术的特征和性质。

依托数字经济和实体经济，企业呈现出不同的形态，互联网企业和工业企业正共同成为经济发展中重要的企业主体。近年来，互联网企业和工业企业更多地实现合作与创新，形成新的产业形态和产业发展方式。在良好的趋势之下，互联网企业和工业企业的合作既要突破实现新的境界，又要寻找两类企业之间的契合点，实现两类企业的优势互补，而非零和博弈。

在社会信息和社会资源逐渐数字化的大环境中，大量的信息涌现但缺少有序的处理和储存，数字经济和实体经济在发展过程中时常出现信息壁垒和信息不对称的情况，经济发展难以实现最优状态，因此统筹建设共同平台迫在眉睫，行业共性问题和跨行业问题有待数字经济和实体经济共同解决。

数字经济和实体经济作为经济领域最为重要的两大经济形态，其融合发展具有深刻的经济意义和社会意义。如图 2-3 所示，数字经济和实体经济融合的逻辑是突破现有体制机制的限制，通过产业融合的方式来实现数据要素市场的建立，既打造数字产业集群，又推动实体经济数字化转型，致力于形成数字生态发展模式。数字经济和实体经济“虚实”结合，把握产业和数字经济的本质功能，以数字产业化和产业数字化来释放新的发展动能。数字经济和实体经济的融合赋能经济的纵深发展。

图 2-3 数字经济和实体经济融合的逻辑

2.1.3 和谐共生，社会融合需要更协调

社会是社会实体的活动场域，在数字空间不断扩大的背景下，社

会呈现出新的面貌，社会实体具有了新的活动场景和活动方式。数智化技术改变了社会实体的活动方式，社会实体的在线化逐渐形成了网络空间的共同体、塑造了新型网络治理空间，社会实体的权利和义务的内涵出现延伸和拓展。但由于个体禀赋、社会发展等原因，地区之间、社会实体之间、社区之间出现差距化，社会融合尚处于浅层次，社会融合还需更协调。

数字时代带来了超越性的技术体验和应用，通过数智化技术能够实现社会实体和公共服务的普及性。社会实体和公共服务通过数字技术实现连接，并且将数智化技术应用到相应的服务领域中，克服固有障碍，对不同社会实体实现社会包容。但在数智化技术的实际扩展和应用中，由于对信息网络技术的拥有程度、应用程度及创新能力的差别而造成的信息落差和贫富差距，数字鸿沟随之而来。

面向新时代的需求，新型基础设施的建设（以下简称新基建）被提上日程。新基建以新发展为理念，以技术创新为驱动，以信息网络为基础，面向高质量发展需要，提供数字化转型、智能升级、融合创新等服务的基础设施体系。新基建的落实还需多个产业的合作融合，打破数据壁垒，推动公共服务领域数据的有序开放，协同基础设施的建设，方能发挥出最大的价值。

社会实体在基础设施和数字技术的应用上逐渐全面线上化，个人和组织的活动空间从现实空间拓展至网络空间，形成新的网络社区和网络治理空间，个体和组织的权利和义务也相应地得以拓展和延伸。“人人有需要、人人要参与、人人在分享”是网络空间治理的理想状态，但在网络治理共同体中，数字空间和现实空间的浅层次融合难以调和社会主体尤其是社会个体的行为，导致社会个体的权利难以得到保障、义务也未得到落实。

在数字空间中，社会的融合发展需要多方主体和多维空间的和谐共生。如图 2-4 所示，社会融合的逻辑是通过数据资源的普及共享和数字能力的均衡赋予，打破数字鸿沟和数字落差；联通社会公共服务领域，推动数据的有序开放，协同新基建，建立全要素和全领域式的治理云服务体系，将社会治理资源赋能落地，落实社会个体和社会组织的权利；以数字治理和人民权利落实深化社会融合，促进社会和谐发展。

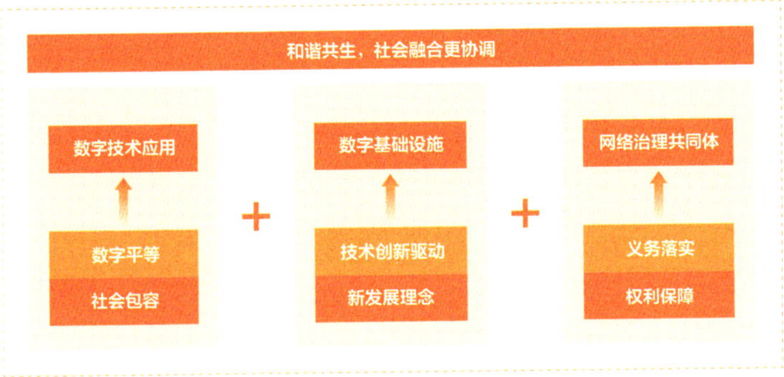

图 2-4　社会融合的逻辑

2.2　中观层面：城乡、区域和产业融合发展需要更均衡

城乡、区域和产业作为我国发展和治理的切实载体，真切地反映了我国融合发展比较具体的面貌。城乡、区域和产业的发展已经效果显著，特别是信息时代的到来加速了融合发展的过程。但在融合发展的过程中，国家这一中观层面仍有诸多需要优化和进步之处——从浅层的、不均衡的融合状态向高层次的深度融合过渡，促进城乡、区域和产业各领域的信息和资源流通。

2.2.1　城乡整体性统筹发展

城乡二元结构体制由来已久，城乡二元将城市和农村人为分割，带来了城乡二元经济结构和社会结构，对国家的经济和社会的发展造成严重阻碍。目前，城乡二元局面仍然存在，即便在国家经济发展和社会政策的影响下，城乡发展仍表现出巨大的差距和不协调，城乡一体化还需进一步发展。

户籍制度是城乡分割的根本制度所在，户籍制度不仅带来了空间上的阻隔，还从身份界定上区分了个人所享有的权利和所拥有的福利范围。城市居民和农村居民没有完全实现享受同等的权利，城市居民和农村居民享有不同的福利政策。农村居民在城市地区尚未享受同等的权利，个人可以突破地域空间，但难以突破政策制度的空间。

如图 2-5 所示，自改革开放以来，户籍制度逐步放开，户籍制度的松动加速了城乡之间的人口流动，取消了城乡之间的空间限制，越来越多的农村居民进入城市，但农村居民融入城市的过程仍然很漫长。农村居民和城市居民拥有不同的生活习惯和生活体验，农村居民在融入城市的过程中难以获得同等的生活体验。同时，农村居民在大多数城市中并未享有与城市居民同等的权利，对城市的认同感和归属感较弱。人口融合难以达到物质满足感和社区归属感。

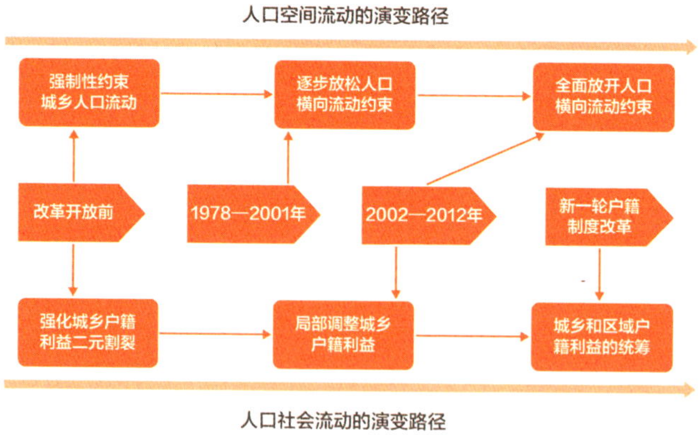

图 2-5 人口空间流动和社会流动的演变路径[①]

① 赵军洁，张晓旭．中国户籍制度改革：历程回顾、改革估价和趋势判断 [J]．宏观经济研究，2021（09）：125-132，160．

城乡分割也是对城乡经济发展的分割，农村发展农业、城市发展工业的传统仍然在当今时代得以延续。大量的生产要素集中在城市，资本、技术和数据等高生产力要素被不均衡地分配在农村和城市地区。高生产力要素在农村地区的适用范围小，难以高效率地促进经济发展。城市的虹吸效应也带来了要素的不均衡流动，要素更多向城市地区流动，要素流动尚未自由均衡。

在信息时代的背景下，城乡二元结构体制依然对城乡发展产生着不可忽视的影响。如图 2-6 所示，以户籍制度为主的制度体制限定了城乡发展的权利和合法性，影响到城乡公共服务的提供和经济要素的流动与使用。而数字时代要求普及化和同质性，在时代发展的号召和推动下，城乡需要统筹发展，形成整体性的发展局面。

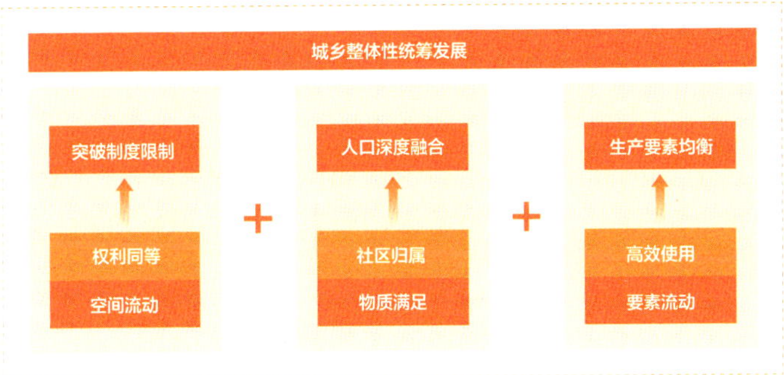

图 2-6　城乡发展的逻辑

2.2.2　区域高质量跨越式发展

区域由多个同质或不同质地区组成，是中国经济发展的重要形式。长三角地区、珠三角地区等诸多区域促进了国家整体的经济发展和社会进步。中国的区域发展正处于高速度发展阶段，多个区域发挥自身优势促进本区域的优质发展。但区域之间的交流和合作尚未形成良好的局面，区域向高质量发展阶段的跨越还需要更加协同。

区域与区域之间天然地存在着资源禀赋的差异，部分区域拥有丰富的自然资源，如矿产、森林、水等资源，这些区域通过自然资源来实现本区域的发展；部分区域拥有丰富的交通资源、人口资源和技术资源，通过发展技术产业和服务业实现本区域的发展。不同区域拥有不同的资源优势，区域独立发展难以实现资源的最大化利用。要实现区域的高质量发展，各区域还需要从本区域的特性出发，找准本区域的需求点，实现与其他区域的高效合作，以创造更大的社会价值和经济利益。

不同区域形成了不同的市场范围和市场体系，存在一定程度的排外和地方主义，并未实现全方位的跨区域市场流通。由于经济发展状况和经济发展产业不同，发达地区与欠发达地区、传统经济优势地区与现代经济领先地区难以打通流动市场。要实现区域的统一发展，促进统一市场体系的建立必不可少，统一市场让市场要素和市场资源快速流动，打破了现有的区域发展格局，以市场交换促进区域之间的融合发展，提升区域发展的质量。

行政区划影响和塑造了不同区域的政府机制和利益分配，不同区域各有其利益诉求，并且不同区域面临着不同的考核机制，区域内和区域之间存在多元利益博弈，区域之间难以真正形成一体化发展。但信息时代对于数据和信息的快速流动和共享需求与区域利益分割产生矛盾，区域之间还需要通过进一步的国土空间规划和政府机制变革来促进融合发展；通过完善区域经济利益补偿和分享机制，促进区域合作的公平；通过完善区域经济利益辐射扩散机制，更大范围地带动周边地区发展，从而由点到线再到面地形成区域整体发展格局。

在呼唤一体化和体系化的信息时代，区域发展的资源禀赋差距、市场和利益机制分化影响到区域之间的市场要素流动和资源配置（见图 2-7），区域发展从高速度阶段向高质量阶段的跨越还需要更多的协同机制。

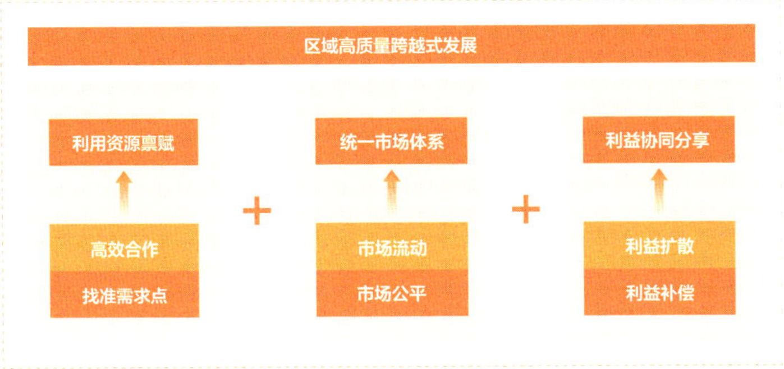

图 2-7　区域发展的逻辑

2.2.3　产业业态智慧融合发展

产业构成我国国民经济的行业和部门，是经济活动的集合，农业、工业和服务业在国民经济中发挥着重要的作用：农业是我国经济发展的基础；工业的发展促进我国实体经济的发展，工业是我国经济的核心；服务业在自身发展的同时带动农业和工业发展。我国三大产业的发展态势良好，但产业之间的合作发展还未形成常态。产业之间的融合程度偏低，三大产业还未形成体系化发展格局。

过去，农业、工业和服务业之间的区隔明显，交叉合作的领域少，产业之间的渗透不足；技术合作程度低，农业的发展基本上保持传统状态，工业尚未实现全产业链技术更新。在数字技术和信息技术的普及之下，农业的工业化、规模化程度加深，生产性服务业加快发展，经济发展将会要求更高水平的技术融合和数字融合，由内而外地进行产业融合，模糊产业与产业之间的边界，提高产业渗透的程度。

正如前文所言，我国产业之间的融合发展还需经历一个较长的过程，从产业的技术融合到达产业的产品融合，最后实现产业的业务融合，并逐步实现产业的高层次和高质量融合。目前，产业融合尚处于初期阶段，产业之间的合作难以创造和实现最大化的经济价值，与高速发展的信息时代脱节。

产业之间的初期融合阻隔了与产业相关的机构和企业的合作与交流。产业之间缺少合作和利益分享阻碍了企业之间的合作与交流，企业之间的合作领域少、企业合作利益诉求低、企业之间的边界清晰，难以促成合作与交流。尤其是互联网企业和工业企业之间缺少合作机制和合作诉求，难以推动技术的融合和业务的融合，企业独立运作难以应对新时代的发展要求，无法确保本企业的长久发展。

在现阶段，产业渗透、产业交叉和产业融合均未呈现良好的状态，如图 2-8 所示，技术的区隔带来产品的独立化和单一化，产品合作诉求低，进而区隔业务领域，最终导致产业融合程度低。但在新时代的发展之下，产业之间的合作与交流是大势所趋，产业应充分利用数字时代的技术优势和发展环境，实现产业融合的智慧发展。

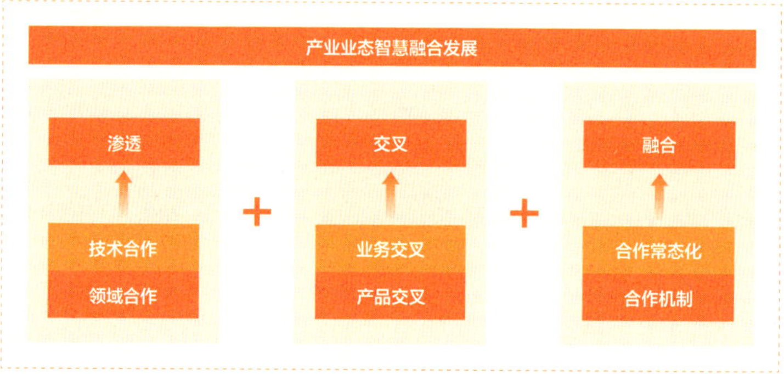

图 2-8 产业融合发展的逻辑

2.3 微观层面：数据、技术与业务融合需要更深入

数据、技术与业务作为国家发展和治理的基础和底层，直接影响中观层面和宏观层面的融合发展。在微观和直接的层面，数据、技术与业务的相互配合已经取得了较大的进步。但自进入数智时代以来，

数据的巨量化和复杂化使得技术的运用与业务的完成出现了脱节问题，国家还需要从顶层设计和具体实践来进一步促进数据、技术与业务的融合。

2.3.1 对标标准化建设

顶层设计是统领事物发展的方向性要求，而对于数据、技术与业务的标准化建设便是促进融合发展的顶层设计。数据、技术与业务经常出现“几张皮”的现象，究其根本原因是存在多套话语体系，数据、技术与业务都有自己专属的领域语言，但与其他领域无法实现有效对话。因此，标准化建设首先面向的就是破除多套话语体系的现状，使得数据、技术与业务能够在同一频道对话，从而实现有效交流和沟通。

进行标准化建设，要遵循服务应用原则，使得标准面向最终的结果和应用，明确各领域的共同目标，以共同目标为基础来扩展各自的标准话语体系；要从总体出发，以解决基础性问题和框架性问题为出发点，建立标准并且明确这些标准的作用和标准之间的关系；要以业务为支撑来确保监理验收、评估方法和运行保障的标准和规范，将标准构建在基础设施和信息安全的基础之上。

数据是业务之间交流的主要载体。在任何业务领域中，数据都是稳定的，而业务都是多变的。在信息交换和业务理解这个过程中，我们需要确定数据交换格式标准，支持按照商定的数据结构进行数据交换。技术也需要明确的标准体系，其中包括物联感知、网络通信、计算与存储、领域知识模型、数据融合、服务融合、业务流程协调、公共应用支撑平台、公共运营中心 9 个子标准。

同图 2-9 呈现的一样，对数据、技术与业务的标准化建设实现彼此之间有意义的传递，可以提高数据和技术的对话水平、优化业务流程、提高业务效率。

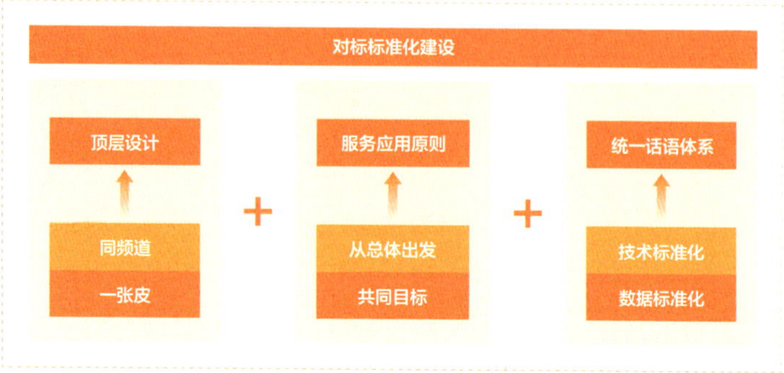

图 2-9 对标标准化建设

2.3.2 精准应用，寻求一致性导向

数据、技术与业务的深入融合还需要深化一致性导向，使得 3 个领域能够具备共同的目标指引和发展程度。数据、技术与业务在实际应用中总会存在各自的目标导向和利益诉求，但正是这样的区隔影响了三者的优势互补，削弱了最终的应用效果，因此要实现数据、技术与业务的深入融合，还需要促进一致性的建设。

对于标准的建设和编制需要与国家和国际标准接轨，需要与大背景统一、协调。而且标准化建设需要紧密结合有关数字和网络的政策，结合国家和国际数字化标准的现状与发展趋势。

数据、技术与业务各自的实际发展程度并不一致，尤其是在技术飞速发展的今天，高新技术层出不穷。数据也在技术发展的过程中实现大爆炸，大数据、云计算等使得万事万物得以数字化和在线化，数字空间和数字外场的形成使得个人、组织、国家和世界都因数字而被连接。但实际的业务经营却因为改革成本过高、组织人员的惯性等并未及时实现业务的转型，导致数据和技术难以被精准地运用于业务。我们需要逐步提升业务发展层次，保持数据、技术与业务发展的一致性。

三者的实际配合过程中也存在目标偏差的现象：数据由于来源和承载信息的缘故，不可避免地带有特定部门或者特定领域的痕迹，更多地面向本部门或本领域的事物，甚至缺少共享和公平；技术更多地寻求创新和应用，实现技术自身的突破和发展，更具有工具理性取向；业务同样具有边界，业务是为了实现组织目标的分解动作。因此，我们需要寻求更高层次的一致性取向，将数据、技术与业务统合起来，面向统一的综合目标。

由图 2-10 可以看到，只有逐步实现数据、技术与业务之间的标准一致、发展层次一致和发展目标一致，提升融合的深度，才能赋予三者融合更多的现实意义。

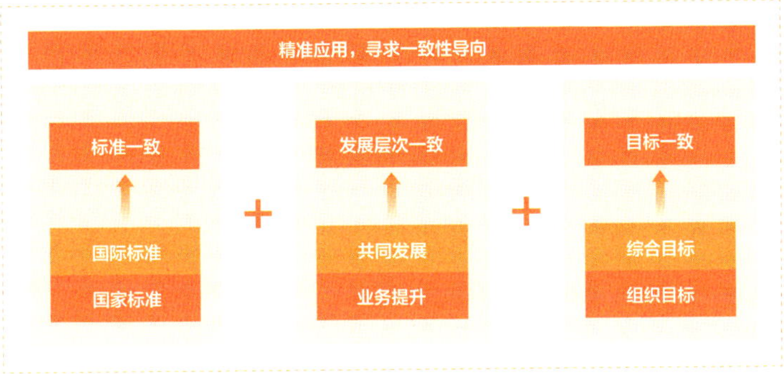

图 2-10 一致性导向的逻辑

2.3.3 环境变化需要适应性转变

事物处于不断变化之中。当下，技术高速发展、社会高速运行，国家政策的频繁出台预示着时代的瞬息万变。环境和背景不会永恒不变，持续的变化才是常态。对于环境的变化，各领域都需要及时地做出转变，变被动为主动，提前识别变化方向，掌握变化规律。

国家和国际标准并不是一成不变的，标准化建设需要随着数智化技术和相关国家国际标准的发展而不断完善，以顺应更大范围的变化，同时扩大自身的适用范围。

当环境发生变化时，各领域都需要及时地做出反应，技术对于环境变化的灵敏度高，很多时候是技术引领着社会的发展，但也不乏技术是在社会变化和出现新情况之后才出现的情况。数据是对环境变化的写照，不同的社会环境会产生不同的数据，以表现不同社会的特征。

而数据背后的获取技术和利用技术是直接面向环境的变化的。当环境出现大规模变化、涌现出大量数据时，低级的获取技术难以满足社会的需求，而技术必须回应环境的变化，以实现自身的升级和跨越。业务的结果直接反作用于环境，无论是企业组织还是政府组织，其业务都既受环境的影响，又作用于环境。

数据、技术与业务既需要回应环境的变化，面向变动做出及时的反应，又需要各领域之间实现适应——当某个领域出现新发展和新趋势时，其他领域应当及时做出回应来保持三者之间动态的平衡。

灵活和多样的转变是应对变化莫测的环境的需要。数据、技术与业务是个体更是整体，需要实现各自的适应，也需要实现面向大环境变化的适应（见图 2-11）。

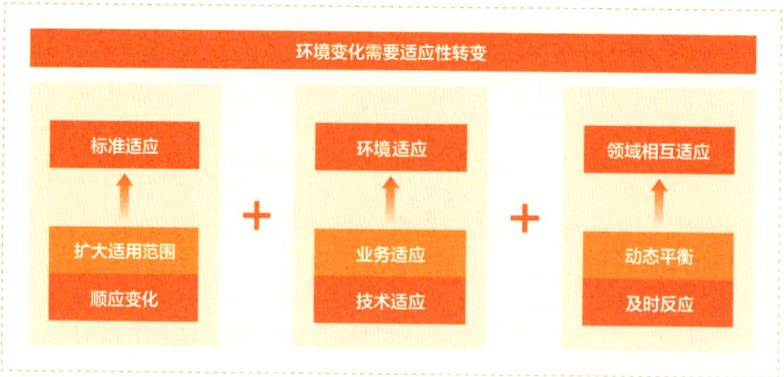

图 2-11　适应性转变的逻辑

【本章小结】

（1）不同时代面临着不同的时代任务和时代难题，如今，本章从宏观、中观和微观多个层面介绍我国面临的具体的时代命题。

（2）在宏观层面，作为我国发展和治理的大环境和大场景，政府、经济与社会融合发展需要更充分，最终实现多领域供需匹配、要素联通和资源自由流动的理想状态。

（3）在中观层面，城乡、区域与产业作为我国发展和治理的切实载体，其融合发展还需要更均衡。

（4）在微观层面，数据、技术与业务作为我国发展和治理的基础底层，其融合发展需要更深入。

（5）将视野不断微缩，每个层面对其面临的时代命题都需要做出回应。

第 3 章
大融合：数智时代的重要目标和发展路径

新的时代任务和时代难题出现，现有的制度、方式、发展路径难以克服已有的障碍，现代化治理需要寻求新方式和新发展路径，并塑造新的治理格局、形成新的治理面貌。在融合发展的时代命题之下，数智化给出了新的目标和发展路径。

3.1 大融合之问

面对新的时代命题，传统方式和发展路径难以行之有效，我们需要新的发展形态和发展路径来解答时代之问。大科学、大技术、大产业、大社会已经进入“大交叉”时代，融合发展成为必然趋势。融合发展是新时代的新方式和新发展路径，旨在实现各层面、各领域融为一体、合而为一，解决不平衡、不协同、不流动等问题，形成多维的融合局面。

3.1.1　时代命题呼吁新发展路径

在信息技术革命和工业革命的高歌之下，世界已经进入数字时代。新一轮信息技术革命和工业革命实现“大交叉”，我们正面对着一个前所未有、规模庞大的发展前景。在科技创新、产业变革齐头并进的时代，这二者与社会运行之间的交叉将产生前所未有的效果：新兴信息技术与科学产生奇妙而又惊人的化学反应。它们创新科学研究的方法，减少繁重的计算和验证工作，为科学研究留出更多思考与创见的“脑力”，让科学研究的边界可以像宇宙一样无限拓展。

同时，科学中存在的大尺度、深层次的问题迫使技术领域必须不断地创新、迭代，甚至颠覆自我，在解决问题的过程中不断催生新技术。而科学与技术不断相互促进，形成科技创新的强劲势能，也为新产业、新业态、新模式的生长创造了条件。科技创新驱动产业变革，也将深刻地改变社会的运营模式和发展机制。

科技创新的能力边界不断被拓展，也在持续解决着人类面临的一个又一个关键课题。产业界既能获得技术的赋能，又可以改变生产规则，重塑生产流程，换一种方式实现创新发展。正因为如此，科技创新和产业变革必然会深刻影响经济和社会的运行方式，进而影响国家治理现代化的进程。最终，就如图 3-1 所示，科技创新、产业变革和社会运行正呈现出“大交叉”的态势，带来的则是人类社会全方位的发展与进步。

但在当下，在“大交叉”[①] 的态势之下，仍然存在发展不充分、不均衡、不深入的现象，并且在时代呼吁新方式和新发展路径的背景下，宏观、中观和微观层面面临的时代发展任务愈发紧迫。

---

① 张建锋. 数字政府 2.0：数据智能助力治理现代化 [M]. 北京：中信出版集团，2019：6-7.

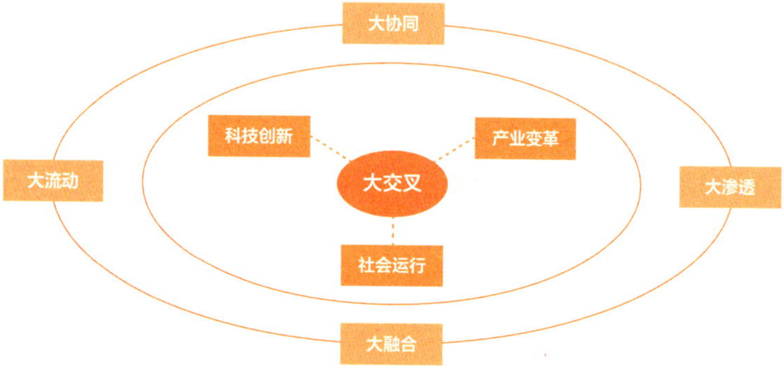

图 3-1　大科学、大技术、大产业、大社会进入“大交叉”时代

多个层次均面临着不同内容的时代命题，并且形成新的时代发展背景和时代发展难题。现有的制度、方法、路径无法克服已有的障碍，现有体制和利益格局面临的障碍需要通过新的发展形态和发展路径来克服，需要新方式和新发展路径来完成新时代任务和塑造现代化治理，而融合发展是题中应有之义。

3.1.2　融为一体，合而为一

融合发展是新时代的新方式和新发展路径，宏观、中观和微观层面的发展需要融合，以克服现有的障碍、解决现有的难题，从而实现各层面、各领域的融为一体、合而为一。

融合发展多次出现在国家政策文件中，旨在提出一种新的发展思路和发展路径。

各层次、各领域之间均存在一定的边界，许多障碍和难题的出现便是因为边界过于清晰而难以实现合作与调和，从而提高了发展成本，耗费了许多时间成本和物质成本。而融合发展是指边界弥合和边界模糊及其过程，解决不平衡、不协同、不流动等问题，形成多维的融合局面。

融合发展强调内部融合，理顺领域内部和事物内部的逻辑和顺序，形成内部的和谐、有序发展，如各产业内部实现行业的协调与平衡，团结内部秩序形成可操作的均衡的整体。各领域和各事物在实现内部融合之后，还应在横向上继续实现与其他领域和其他事物的融合，突破内部融合，向外发展以实现更大范围的融合，从而促进内部融合与外部融合。融合发展便是横向涵盖内部融合与外部融合的全范围融合。

融合发展的关键在于融为一体、合而为一，并且表现为体系建设，突出纵深的整体建设来实现全深度融合。融合发展面向体系建设的实现、面向多目标的综合体系，综合体系包括多要素、多环节、多主体和多层次。融合发展需要协调经济要素和社会要素等实现要素的自由流动，理顺不同环节和不同层次的关系实现过程的衔接和过渡，协同不同主体、明确不同需求来精准实现各主体的利益，通过对综合体系内涵的把握并综合各种方式来实现多目标。

在整合实现多目标的过程中，融合发展应综合使用多样化的融合方式（包括虚实融合、规模与多样融合、多类主体融合等），充分利用信息技术的优势实现线上和线下的整合，扩大融合范围；通过精准化识别来放大各领域和各事物的优势，既多样化发展又规模化发展，实现效率和效益的并重。融合发展通过使用多种融合方式来实现多目标整合程度的提升，并且逐步实现由表层到内部再到深层次的协调，最终实现发展形态的创新和整体融合发展层次的提高。融合发展从纵向维度来达到多要素、多环节、多主体和多层次的融合，最终实现表层、内部和深层的协调，实现体系内多目标整合并达到创新发展的状态。

如图 3-2 所示，融合发展是横向和纵向并重的立体式发展形态，形成了循环且可持续的发展局面。

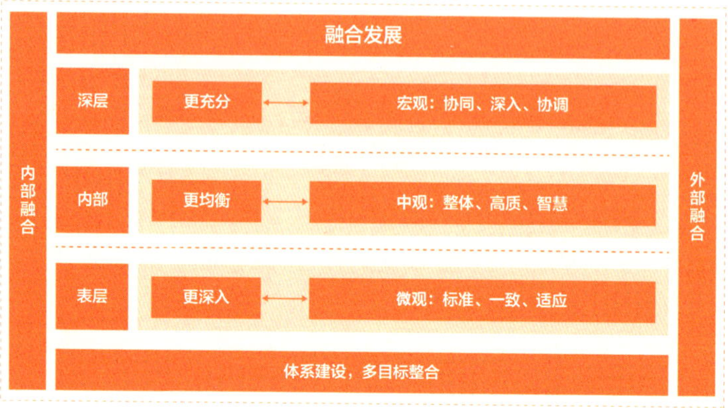

图 3-2　融合发展的框架

我国是一个大国，也一直强调融合发展，只是融合发展有其进行步骤和发展过程。融合发展旨在更加灵巧、轻便地超越体制和利益格局，通过新方式和新发展路径来克服此前的障碍。而现在的任务便是要尽快从相“加”阶段迈向相“融”阶段，从区分变成相融，进而变成一体。

3.1.3　融合发展的多层次特征

基于宏观、中观和微观多个层次来讨论的融合发展，在不同层面均表现出具有代表性意义的特征。面向宏观层面、中观层面和微观层面，融合发展表现为更充分、更均衡和更深入，在不同层面实现不同的融合发展效果和状态。

融合发展在不同层面实现横向与纵向双重融合状态时，表现出不同的特征，面向不同的对象事物。

在国家发展和治理的宏观层面，政府在数字时代肩负着新的使命和新的任务，在生产方式和生活方式大转变、个人和组织需求愈发个性化和多样化的情况下，传统管理型政府已经无法满足社会治理的需要，平台型政府、服务型政府、敏捷型政府和高效型政府的建设迫在眉睫。国家应通过制度协同来实现上下级政府的联通，提高信息传递速度和资源共享程度，推动统一数据库的建设；在理念协同和制度协同的生态土壤之上运用信息技术来打通各业务部门，实现横向业务部门之间的协同。

经济领域出现数字经济等新的经济形态，国家应在以实体经济为根基的基础之上，促进数字经济和实体经济的结合。两种经济形态的结合可以实现数字产业化和产业数字化，并释放新的动能，从而促进经济的纵深发展。

在数字空间中，社会和社会实体还存在差异化发展情况，数字鸿沟和数字落差越发明显，不同社会实体之间的发展并不协调，社会个体之间的权利和义务并不是完全平等和对等的。要实现社会空间的和谐共生，国家还需要借助数字治理来落实社会治理，实现不同社会主体之间的协调。

将视野转向我国发展治理的承接载体之上，在中观层面，城乡、区域与产业的融合发展需要更均衡。城乡二元结构体制自确立以来便影响着城市和乡村的发展，即便城乡二元结构体制在改革开放后有所松动，但其带来的历史痕迹依然存在。城乡经济发展依然各有偏重，但乡村一直以来以农业为主，工业基础薄弱，难以短时间实现跨越式发展。城乡发展还需更加整体和统筹的安排，乡村振兴战略实践便体现了这一思路。

分区域发展是大国经常使用的策略。我国存在多个区域，各区域凭借自身的优势来实现发展，区域之间的合作与交流较少。各自独立的市场体系和不同的利益诉求均阻碍了区域之间的融合发展，区域发展还需要更高质。

产业是我国经济活动的集合，构成了我国国民经济的行业和部门。

我国是制造业大国，产业门类齐全，产业链完整，但产业之间的融合与交叉有待深入，产业渗透、产业交叉和产业融合引发的原始创新还不够深化，生产产品单一化和独立化，产业之间的融合发展还需要更加智慧且高效的方式。

数据、技术与业务作为我国发展和治理的基础，从微观层面体现数字时代对融合发展的要求，即实现数据、技术与业务发展的标准化，实现一体化数字平台；提高数据、技术与业务发展的一致性，增强适应性。

如图 3-2 所示，融合发展在宏观层面表现出协同、深入和协调的特征；在中观层面表现出整体、高质和智慧的特征；在微观层面表现出标准、一致和适应的特征。融合发展的多层次特征指向了融合发展的多形态。

3.2 融合发展为高质量发展和高品质生活服务

融合发展的思想贯穿国家的政策，成为解答时代命题的关键钥匙。融合发展的思想在实践中落脚于服务高质量发展和高品质生活。经济决策的智能化和工作协同的平台化构成了高质量发展的核心内涵，公共服务的便民化和社会治理精准化促进高品质生活。

3.2.1 融合发展贯穿国家的政策

融合发展作为重要的发展思路和发展方式，贯穿国家的政策。自从进入新时代，融合发展就成为解答时代命题的关键钥匙。

党的十八大是我国迈入新时代的开端。党的十八大召开于全面建设小康社会的决定性阶段，我国处于深化改革开放、加快转变经济发展方式的关键时期，经济转轨不断加快、利益调整难度加大、社会矛盾多发且频发，改革发展稳定的任务更为繁重，潜在挑战和困难凸显。

融合发展被提到新高度，并且我国做出了一系列重大决策：将生态文明建设放在突出地位，融入经济建设、政治建设、文化建设和社会建设的全过程；促进农业转移人口居民化，推动城乡发展一体化；坚持推进政治体制改革；推进经济结构战略性调整，统筹经济开放发展。至此，我国已经形成了融合发展思想和政策的完整体系，从生态到城乡再到政治经济，融合发展已经渗透到我国发展的方方面面。

在党的十八大之后，党提出了“四个全面”战略布局和“五位一体”建设总体布局。“四个全面”战略布局完整地展现了治国理政的总体框架，全面建设社会主义现代化国家、全面深化改革、全面依法治国、全面从严治党，从发展动力、发展目标和发展重点有机地容纳时代和实践发展对党和国家工作的新要求。“五位一体”建设总体布局高屋建瓴地从经济建设、政治建设、文化建设、社会建设、生态文明建设 5 个方面制定了新时代统筹推进的战略目标，旨在实现以人为本、全面协调可持续的科学发展。

“四个全面”战略布局是根本性的战略部署和顶层设计。它紧密联系于“五位一体”建设总体布局，并且来自这个总体布局。因此，“四个全面”战略布局是融合发展的纲领，“五位一体”建设总体布局是融合发展的任务。在将两大布局付诸实践的过程中，大力推进新型城镇化是实现城乡融合发展的战略。我们应确定城市群一体化发展、长江经济带等区域经济是实现城市和区域融合发展的创举；坚持以经济为首的全面转型发展，以创新驱动国家进步，“大众创业、万众创新”，在新时代引领“互联网 +”，将数智化的趋势和价值融入国家发展的方方面面；放眼于更广阔的范围，通过“一带一路”倡议来促成相关各国融合发展，为全球化提供“中国方案”；极力倡导“人类命运共同体”，以融合发展来构建世界新秩序，展现“中国智慧”。

自进入新时代以来，面向新的时代特征和时代命题，党中央和国家在各领域、各方面、各层次制定的战略、策略、方针、政策，无不贯穿融合发展的重要思想并基本形成了完整的体系。这是反映新时代的基本特征、适应新时代的基本要求之必然。

3.2.2 高质量发展——智能化与平台化

融合发展的思想贯穿国家的政策文件，并且落实于服务高质量发展和高品质生活。在融合发展的新思路之下，我国的发展由高速增长逐步向高质量转变，追求更充分、更均衡的发展：在宏观层面实现增长的稳定性、发展的均衡性、环境的可持续性和社会公平性；在产业层面不断扩大产业规模、优化产业结构、提升质量效益，从而驱动发展转型和升级。融合发展使经济、社会等领域的发展更具活力、创新力和竞争力，突破了传统的发展形态。

经济决策的智能化和工作协同的平台化构成了高质量发展的核心内涵（见图 3-3），在融合发展的推动之下，城乡、经济、组织等多领域的新型发展得以实现。

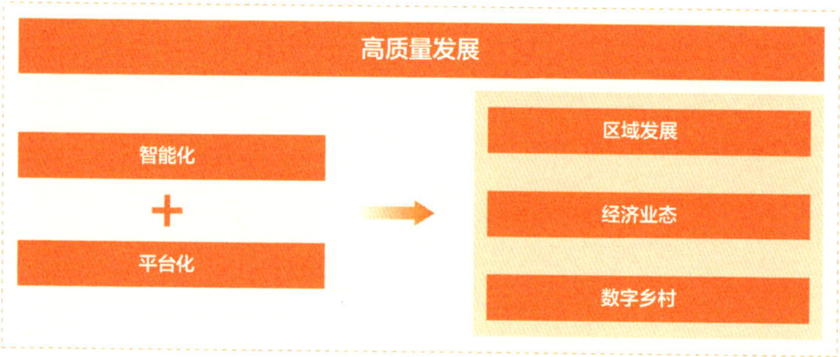

图 3-3 高质量发展的关键要素

区域发展是我国重要的发展策略，加速整个区域的一体化发展是重点任务。数智化与融合发展协同作用，通过区域内部和区域之间的数据智能匹配来进行区域优势互补，帮助区域形成稳定的网络结构，搭建共建共享的新模式。浙江省联手阿里巴巴加速数智化转型，以城市大脑深化应用为突破口，深化落实“春雷计划”，在浙江省知名产业带建立产地直播基地，精准扶持各区域的中小型企业，通过中小型企业的活跃带动区域一体化发展。

实体经济和数字经济的融合一直是国家强调的重点，而融合发展可以让这两种经济形态产生结构化的交叉，进而形成新的经济发展优势。工业互联网通过人、机、物的全面互联，打造一种新的应用模式和应用平台。在光伏产品供应商天合光能遭遇生产质量瓶颈时，它借助阿里云 ET 工业大脑平台对光伏电池片生产过程的数据进行全面采集，通过深入挖掘和关联性分析来识别关键环节和关键问题，为设备参数优化提供具体方案，最终促进产品整体质量提升。

乡村是国家发展的重要阵地，农业、农村、农民问题是关系国计民生的根本性问题，乡村振兴战略的提出从国家的高度来引领乡村的发展。在数智时代，乡村也需要顺应时代趋势，融合数字技术打造数字乡村，将数智化与农业相融合，整合信用贷款、电商平台等资源，联合本地农企，协助地方政府开展科技产业扶贫活动，提供从生产、营销、物流到金融的一体化的智能协同服务，进而形成农业数据上云、智能入地、普惠到户的新型农业生产模式。

乡村的发展不仅限于农业，还需要从治理着手。钉钉“百姓通”技术方案直接面向乡村治理，浙江省建德市松口村通过钉钉搭建起“自助图书馆”，解决了村内公共图书馆无人管理的问题。数字技术可以用于解决多种乡村治理问题。

经济决策的智能化离不开组织的支撑，高效协同的组织大大优化了工作流程、提高了工作效率。“浙政钉”实现了百万余公职人员在线办公。浙江省通过“浙政钉”进一步深化“最多跑一次”改革，清除了“信息孤岛”，实现了省、市、县、乡、村 5 级机构的组织在线，完成了 5 级行政区划的移动联络系统建设，这在国内属于首例。

融合发展为思路，数智化为手段，为高质量发展赋予智能化和平台化的优势。

3.2.3　高品质生活——便民化与精准化

高品质生活是人民的美好向往，其蕴含高质量发展的价值旨归。在融合发展的思维指引下，高品质生活是全方面的、多领域的，旨在使民生福祉达到新水平，并提高公众的幸福感和获得感。改善人民的生活品质，不能仅满足于让人民实现温饱，还要给人民提供更加丰富的生活方式和生活活动，实现人民的物质和精神的双重富足。国家应推动高质量发展与创造高品质生活有机结合，在高质量发展的基础上支撑人民的高品质生活。

数智化与融合发展的双重作用可实现公共服务的便民化和社会治理的精准化（见图 3-4），从公众最关切的问题和最迫切的需求上着手，打造高品质生活。

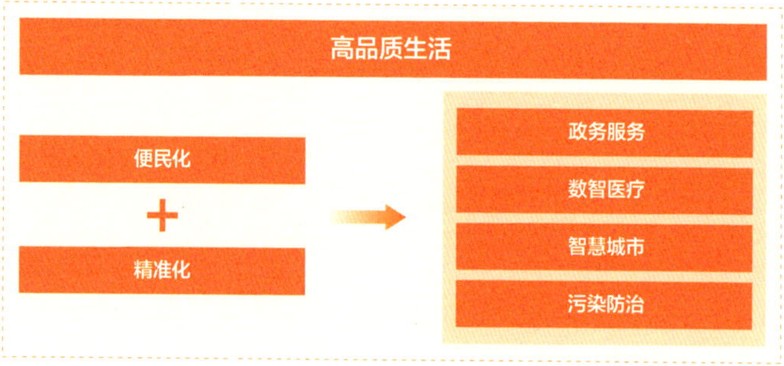

图 3-4　高品质生活的关键要素

政府作为公众接触的主要对象，能够最直接地改变公众的政务生活感受。我国的“互联网 + 政务服务”进入高质量发展阶段，全国各省各部门的“互联网 + 政务服务”工作表现出积极的创新态势，广西省、江西省、云南省、广东省、浙江省、西安市等省市均发布了“一网通”和“一体化服务平台”工作计划。江苏省政府和支付宝合作推出“江苏政务服务”小程序，将权力清单和办事指南统筹管理在政务服务网上，使得公众可以在线上完成大部分政务活动，并将自己的感受即时反馈到网站上，这极大地提高了办事效率、增强了公众的主体感受。

对健康生活的需求是高品质生活的重要保障和重要组成部分。全国卫生与健康大会强调，树立大卫生、大健康的观念，把以治病为中心转变为以人民健康为中心，建立健全健康教育体系。数智化使得医疗数字化——医疗设备网络化、医院管理信息化和医疗服务个性化，可以更好地满足公众的医疗需求。海口市基于全市范围的市属医疗机构、基层医疗、公共卫生数据实现全市服务的统一监管。医疗服务质检在 2019 年上线后，将市属医疗机构的病理合格率从 50% 提升到 80%，将用药合格率从 80% 提升到 90%。

面对更大的生存和生活空间，社会治理更加精准化。城市承载着公众的基本生活，数智化与融合发展让城市得以实现精细化管理。北京市西城区通过城市大脑构建全区风险地图，以金融街区域智慧停车试点为抓手，促进服务能力的升级，实现了“重塑感知、重塑管理、重塑服务”。杭州市亦通过城市大脑实现“指挥”交通，帮助交通管理从简单的空间管理走向时间和空间双重的综合管理。

生态环境直接关系着公众的生存空间和生活质量，自党的十八大以来，我国高度重视生态环保工作，将“生态文明建设”纳入“五位一体”建设总体布局。数智化与融合发展在打好污染防治攻坚战中发挥了重要作用。北京市通州区于 2019 年 3 月正式引入城市大脑，用实时数据和算法来防控环境污染，联通融合北京市城市管理委员会、住房和城乡建设部、环境保护局等多个部门的信息平台，实时对区域内的环境进行监测。

融合发展与数智化紧密结合，以高质量发展为基石，实现便民化与精准化的高品质生活。

3.3 数智化让融合发展成为可能

融合发展的落地得益于数智化趋势的到来。数智化赋予时代新的发展可能性和发展潜力，同时数智化与融合发展具有高度匹配的内核，彼此相辅相成。

数智化的推动使得融合发展得以运转，组织数字化和业务数字化作为数字基因的双螺旋，观念、技术、方法和特征指引作为多轮驱动机制，使得各种资源、要素运转起来，推动融合发展不断迈向高层次。

3.3.1 数智化赋予时代新意义

在信息技术革命和工业革命的共同作用之下，数智时代已经叩开了世界的大门。数智化给予世界新的发展可能性和发展趋势，并且在社会、国家和全球都彰显出全新的价值。

信息技术革命的蓬勃进行，推动着新一代信息技术的发展。计算机和通信的革命性发展为当今时代奠定了重要基础，围绕互联网和数据，新一代的技术得以形成。大数据、物联网、移动互联网、云计算和 AI 等新兴技术正在重新塑造时代的面貌。移动互联网实现了终端的自由，极大地拓展了数据来源，实现了万物互联。云计算作为重要的网络计算模式和关键应用基础设施，以信息流带动技术流、资金流、人才流、物资流，促进了资源配置优化，加速了信息技术与各行业的融合。

基于上述信息技术，各领域、各行业、各事物得以实现数字化和云化。通过信息和数字的表达方式，新的数字空间得以形成。在这样的环境中，生产、生活方式和生产关系正在发生深刻的变化：一方面，生产资料已经不再只是传统的物理材料，而是大量的数据；另一方面，基于流程的传统生产关系被打破，形成了基于网络和数据的、不再受限于时空的新型模式。无论是强联系还是弱连接，个体、组织和国家都已经被卷入大数据的浪潮之中，数字空间既是大机遇，又是大风险。迄今为止，全球联网设备超过百亿台，这将构成一个更广大的数字空间。人与人之间、人与物之间、物与物之间，将形成天无不覆、地无不载的连接。

数字化和在线化也使得个人、组织和国家的需求被精确地表达出来，社会个体的诉求和利益被看见。数智化技术能够更加精准地识别问题和需求，并且提出具有人文智慧的解决思路和满足方式，从而实现人文关怀。

也正是由于数智时代人文智慧的发展，个人和组织实现了数字化、在线化，社会个体可以被重视和看见，这为社会治理和社会发展开辟了新的思路和方式。同时，数智化技术使得政治、经济和社会逐渐融合，国家在把握整体情景时又满足具体需求，从宏观和微观层面实现国家的整合。组织边界随着技术发展在不断扩展，全球范围的组织得以联通，组织之间实现了合作和交融，业务交叉、技术共享等使得组织利益不断实现协同，尤其是企业引领着数智化的新浪潮。

数智化的到来给世界、给国家、给社会、给个人带来了新的发展趋势，新兴技术的应用塑造了新的数字空间，并传达着人文智慧和人文关怀的内涵。数智化赋予了时代崭新的意义，也使时代有了新的发展可能性和发展潜力。

3.3.2　数智化与融合发展相得益彰

数智化与融合发展都有着丰富的内涵和发展过程。如图3-5所示，数智化自身信息化、数字化和智能化的过程与融合发展的内部融合和外部融合的阶段相辅相成：数智化的进阶离不开融合发展思维，而融合发展也正是因为数智化得以实现。数智化与融合发展均旨在实现新的发展形态和治理面貌：数智化通过数据融合、机器智能和人文智慧的纵深结合来实现新的技术局面；融合发展通过体系建设，从宏观层面、中观层面和微观层面综合实现多目标，由表层到内部再到深层实现融合。数智化与融合发展在纵深实现创新的过程中相得益彰，通过共享思维和技术实现自身的层次跨越。

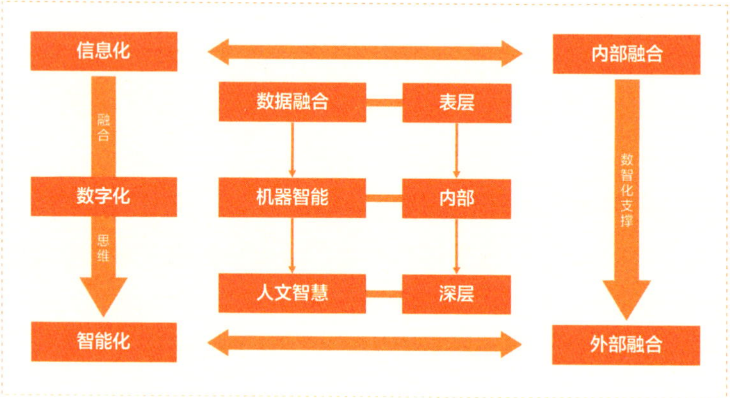

图 3-5 数智化融合

数智化在自身发展过程中，从信息化到数字化和智能化的跨越就是对融合发展思维的运用，信息化让所有信息得以数字化和线上化，使得各业务、各领域都能实现数据的在线化。数智化则先在信息化的基础之上融合不同领域、不同行业的数据，通过物联网等技术实现万物互联和数据共享，深化信息化的价值，实现全产业链的协同；再通过 AI 等挖掘性技术对数据资源进行广泛且深度的开发和利用，联通线上和线下，形成业务的闭环。融合发展的逐步实现离不开数智化的支撑——数智化使得部门、组织之间得以连接，通过信息的数字化打破了信息不对称和“信息孤岛”现状，使得组织内部得以融合。在更高阶的数智化技术的支撑下，扩大可融合的范围，沟通不同组织、不同行业、不同领域的资源和利益，通过利益的协同来促进外部大融合。数智化与融合发展在横向发展的过程中相辅相成，相互支撑彼此进一步发展。

寻求新的发展方式和新的发展思路是数智化与融合发展共同的旨归，二者在纵深实现创新时同样彼此相融。

数智化能够突破此前的数字化而带有新的特征和时代属性，便在于它是数据融合、机器智能和人文智慧的三重融合。它不仅限于对信息的数据化和数字化，还进一步运用机器智能来支撑不同层次的数据融合和数据利用。机器智能的"拟人化"特征使得满足公众需求、实现人文关怀成为可能，精准化识别和智慧化处理使得冰冷的数字和有温度的关怀融洽。融合发展以体系建设为着力点，从宏观、中观和微观 3 个层面实现多环节、多要素和多主体的融合，借助数智化技术实现流程优化和业务重组，使得不同环节、不同主体之间的利益协同、诉求一致，并在此基础上推动综合目标的实现。数智化与融合发展在实现创新上相得益彰，共同推进发展和治理的变革。

数智化与融合发展有着高度匹配的内核，这样的特征使得融合发展在数智时代成为可能路径，也使得数智化在融合发展之下得到最佳的发挥。

3.3.3　使融合发展运转起来——双螺旋升维、多轮驱动

融合发展一直是国家强调的重点和方向，只是囿于观念认知和技术发展，还未找到良好的突破路径和运转方式。数智时代的到来使得融合发展不再只是纸上谈兵，融合发展在数智化的驱动下成为可能路径。

在数智化的环境中，组织数字化和业务数字化作为数字基因的双

螺旋，让组织保持敏捷，实现自涌现组织和扁平透明管理；进而从组织协同层面延伸至业务场景，支撑起全链路数字化，使得融合发展具有可能性和落地性。

数智化驱动融合发展有其必要的驱动机制，在观念、技术、方法和特征指引的多轮驱动之下（见图 3-6），各种资源和要素得以运转，从而使融合发展不断迈向更高层次。

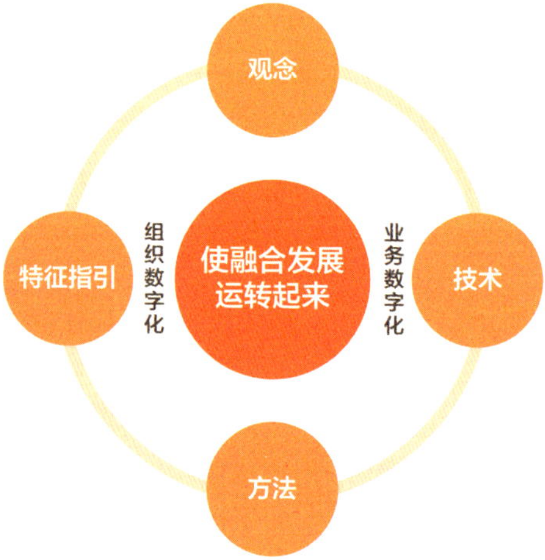

图 3-6　数智化的驱动机制

观念是事物变化的先导，数智化从思维模式开始驱动融合发展的观念转变，进而通过多重的技术来赋予观念实践的力量，通过多样化的方法来切实实现融合发展，在驱动过程中形成机制的特征指引。因此，数智化驱动融合发展的机制涵盖观念、技术、方法和特征指引 4 个维度，并通过 4 个维度的共同作用促进融合发展的实现。

数智化的观念便是面对不确定性秉持的态度和应对方法，其中涉及系统思维、数据思维、平台思维与变革思维，明确变革的方向与驱动力，并且从整体和全局把握问题，形成数据战略并提高数据能力，确立数据思维和平台思维来助力实践。

基础层思维模式的确立为技术的应用创造了良好的生态：运用智能算力进行新基建，利用云计算搭建多元化场景，在其中融入智能技术，发挥 AI 的作用；同时构建数据平台和应用平台，针对数据进行分析应用和安全流通的管理，面向国家和社会建设数字政府平台、城市大脑平台、科技产业平台和互联网平台；将技术融汇在数据及其应用之上，增强数智化机制解决问题的能力。

在观念落实和技术的运用上，可以采用多种数智化方法，通过基础设施云原生为数智化转型和云环境中的应用提供更好的基础支撑和生态环境；提供更加自动化的基础设施，打造“云边一体”的架构共识；在云环境中逐步实现部门组织的数字化，解决线下“信息孤岛”、条块分割等问题，形成数字化协同办公平台，倒逼部门组织高效协同；同时实现公共服务的在线化，无论是公共产品还是公共服务都可以打通部门内部、跨部门之间和跨区划之间的业务运行机制。业务在运营过程中数字化，使得业务运营创新化，使得数据价值得以被充分挖掘。数字化和数据化的信息为决策者提供更加智慧和直观的决策依据，助力和推动区域、产业、行业发展和企业监管等政策规划的科学化、智能化。

在数智化驱动融合发展的整个过程中，驱动机制表现出特有的属性，在技术上实现了全栈技术融合，对多源数据和复杂场景进行融合，构造丰富的实践场景；推动数字产业融合，加快数字经济和实体经济的渗透融合；最终促进基础层、技术层和应用层的结构化融合，形成全链生态融合，打造多种生态模式。

在数智化驱动融合发展中，驱动机制是要义，在观念、技术、方法和特征指引的共同作用之下使得融合发展运转起来。

【本章小结】

（1）在“大交叉”时代，发展不充分、不均衡、不深入的现象仍然存在，传统方式和路径难以行之有效，我们需要新的发展形态和发展路径来克服体制和制度障碍，新的时代命题呼唤着新的解决路径。

（2）融合发展是新时代的新方式和新发展路径，旨在实现各层面、各领域融为一体、合而为一，解决不平衡、不协同、不流动等问题，形成多维的融合局面。融合发展在不同层面表现出具有代表意义的特征，整体上表现为更充分、更均衡和更深入。

（3）自从进入新时代，融合发展就成为解答时代命题的关键钥匙。融合发展促进了智能化与平台化的高质量发展，提供了便民化与精准化的高品质生活，融合发展践行在整个社会。

（4）数智化的大趋势赋予了融合发展崭新的意义和全新的方式，通过双螺旋升维和多轮驱动，融合发展具有了可能性和落地性。

第 4 章
数智化的观念

思维模式是人类采用某种视角或思维框架，观察事物、看待世界和思考问题的本质方法。查理·芒格指出："思维模式是你大脑中用于做决策的工具箱。你拥有的工具箱越多，就越能够做出正确的决策"。

世界是多元的，思维模式也是。对于数智化，不同的人会有不同的观点和迥异的结论，其原因在很大程度上是人与人之间思维模式的差异。

数智化转型的本质是利用数智化技术驱动业务变革与模式创新，以应对不确定性。数智化转型可被解构为 3 个方面的问题：一是为什么要转型，即面对内外部的不确定性，我们存在哪些问题、是否要改变；二是从哪些方面进行转型和创新，即我们要实现的目标和蓝图是什么、需要什么能力、应该做哪些改变；三是应该如何转型，即针对业务创新、模式转型和数字技术应用等具体事项，我们应该采用什么样的步骤和推进路线、会面临哪些困难、该如何解决这些困难。

针对上述问题，数智化转型成功的关键是要解决思维模式的问题。

结合领先的数智化转型方法论，以及众多政府成功经验和企业数智化转型最佳实践，数智化转型需要创新性地采用系统思维、数据思维、平台思维和变革思维，如图 4-1 所示。

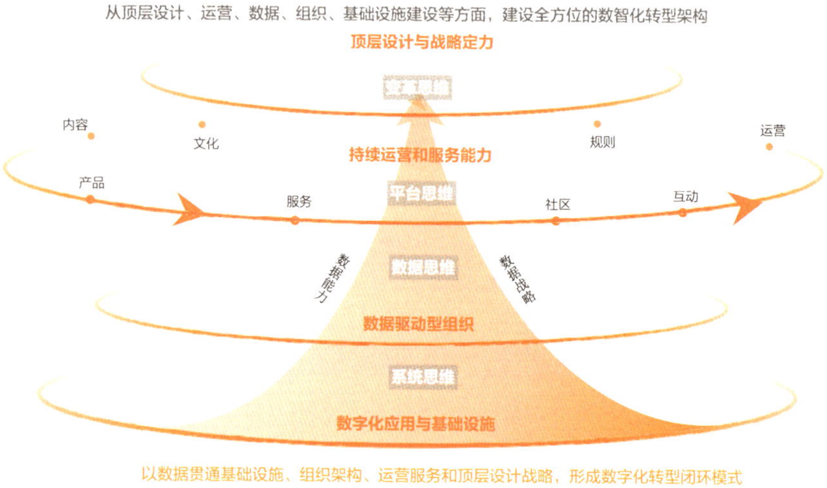

图 4-1 数智化转型的思维模式

4.1 系统思维

系统思维是以系统论为基础，从整体和全局上把握问题，从而看透事物相关结构之间关系的思维方式，是迄今为止人类所掌握的最高级的思维方式。

对系统思维来说，最基本的事情就是对系统因素的结构化。如何通过一个视角进行结构化？这是个难题。以淘宝女装为例，其分类维度包括上装、女裙、女裤、外套、特色女装、套装等，不同的分类维度还涉及不同品牌、不同价格区间等，不同的分类维度之间又会相互交叉。金字塔原理和 MECE 分析法是解决结构化问题的有效工具，MECE 分析法是指相互独立（Mutually Exclusive）、完全穷尽（Collectively

Exhaustive），对于一个系统的描述，相互独立意味着问题的细分是在同一维度上并有明确区分、不可重叠的；完全穷尽则意味着全面、周密而没有遗漏。

数智化转型是对组织的核心要素及要素关系的重构。在政府或企业数字化建设过程中，普遍存在条块分割、重复建设等问题，其根源有两个方面——顶层设计缺失和数字治理框架不清晰。架构蓝图设计和数字治理体系设计是顶层设计重要解决的两大问题，数智化驱动融合发展的系统思维致力于解决两个重要的问题——顶层设计问题和数字治理问题。

4.1.1　顶层设计

数智化转型是一个庞大而复杂的系统工程，其核心是业务和数字化的相互融合。数智化转型需要顶层设计，这个观点越来越得到政界、学界、企业和 IT 行业的一致认可。

浙江省政府提出，数字化改革是一项复杂的系统工程，是重大集成创新的硬核改革，是运用系统观念、系统方法推动重大改革的生动实践，我们要加强战略谋划和顶层设计。

浙江省对于其数字化改革，提出采用 V 字理论以持续迭代的方式，将业务协同模型和数据集成模型贯穿于数字化改革的各领域、各方面、全过程（见图 4-2）。V 字理论由业务协同模型和数据集成模型构成，是将一项复杂工作按照系统工程方法进行分解，实现从宏观到微观、从复杂到简单、从不确定到确定、从定性到定量、从人工操作到机器操作的迭代深化过程。

浙江省数字化改革的 V 字模式是企业架构（Enterprise Architecture，EA）方法的变形。企业架构方法是国际主流的，用于业务和 IT 对齐的战略执行工具，是一种设计、管理、沟通的工具。

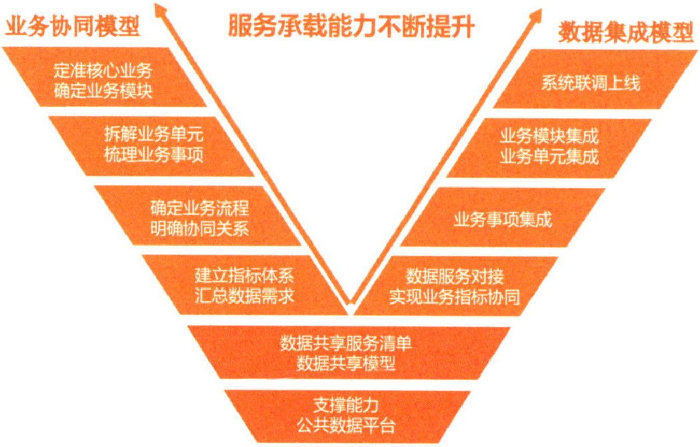

图 4-2 浙江省数字化改革的 V 字模式

企业架构方法源自 20 世纪 70 年代美国军方的 C4ISR 计划，扎克曼于 1987 年在《信息系统架构框架》中提出了信息参考模型的理念。其后，美国联邦 CIO（Chief Information Officer，首席信息官）委员会引入扎克曼框架，在 1999 年出版了联邦企业架构框架，该框架于 2002 年演化为联邦企业架构，并被美国白宫行政管理与预算办公室用于管理和控制政府信息化投资。

在企业架构从美国联邦政府兴起后，企业、咨询公司、研究机构及厂商不断进入，从而催生了标准的企业架构方法框架，由 Open Group 创立的 TOGAF（The Open Group Architecture Framework，开放组织架构）便是其中的佼佼者。

企业架构是一个自顶向下、业务战略驱动的过程，它整合了并行的、内在的、一致的业务架构、数据架构、应用架构和技术架构的开发，以业务驱动为出发点，采用结构化、直观化的方法，从宏观和整体角度描绘中长期的信息化远景目标（见图 4-3）。企业架构要解决 3 个关系问题。

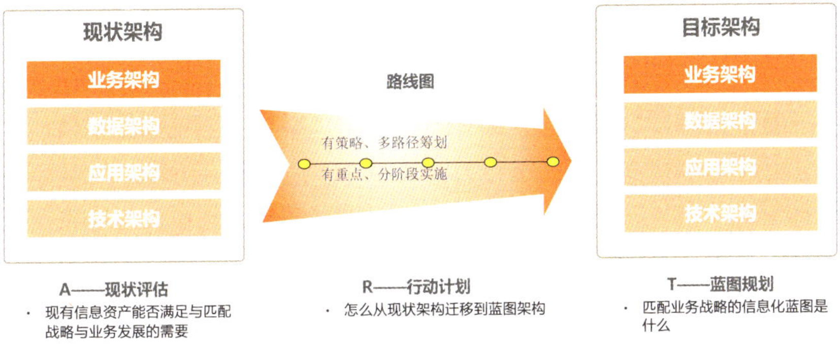

图 4-3　顶层设计与企业架构

一是业务与 IT 的关系——业务驱动 IT，IT 赋能业务。企业架构的一个重要作用就是确保信息化战略与业务战略、信息架构与业务架构的动态一致性，确保顶层设计具有前瞻性和计划性。

二是现状与未来的关系——从现状向目标迁移。企业架构的另一个重要作用就是对现状和目标进行精确描述，使业务人员和技术人员建立对目标的共识、认清现状与目标的差距，从而制定明确的迁移路线。

三是简单与复杂的关系。对大多数人而言，业务和 IT 都太复杂了，因此企业架构还有一个作用——通过系统化、条理性的方法，建立框架，只描述核心的、主要的、关键的东西，剔除附属的、次要的、无关痛痒的东西，从而把复杂的事情简单化。

4.1.2　数字治理

政府或企业在数字化过程中，经常遇到“这事谁说了算”“这事该谁负责”等诸多问题，其本质就是数字治理的问题。数字治理是指组织数字治理与决策事宜，对各相关方的关系和流程进行制度性安排，旨在平衡数字化过程的风险和收益，以实现组织目标。

简单地说，数字治理就是针对数字化的关键事项，“谁说了算”的问题。数字化是一项涉及组织方方面面的专项业务，“谁说了算”，取决于数字化对组织的价值。

数字治理不同于信息化管理，数字治理聚焦于做正确的事情，其重点是在组织较高层面解决相关方的职责边界问题，以确保 IT 战略与业务目标一致；而信息化管理聚焦于正确地做事，其重点是信息部门如何通过技术、流程与工具实现战略目标。

通常来说，数字治理可助力业务实现三重价值。一是运营数字化，即聚焦于内部业务运营，以流程为核心，重点是提升组织运营效率、降低运营成本。这是支撑业务的工具。二是客户体验数字化，即聚焦于客户连接和互动，以体验与数据为核心，重点是提升组织触达终端、服务客户的能力。这是根植于互联网企业的基因，也是传统组织所欠缺且正在努力的方向。三是业务模式数字化创新，即聚焦于新型产品与服务，以数字化平台与商业模式为核心，提升组织的价值创造能力。

在互联网企业中，技术与业务深度融合，技术就是业务，其地位自然就高，在很大程度上能“说了算”。而在传统企业中，信息技术更多地起支撑作用，一般处于从属地位。

数字治理如此重要，因此国内和国外均有许多专业机构专门研究相关理论体系。COBIT（Control Objectives for Information and related Technology，信息及相关技术控制目标）就是国际通行的企业 IT 治理和 IT 管理的业务框架。COBIT 由美国信息系统审计与控制协会于 1996 年发布，是一个用于数字治理的管理框架。

2019 年，美国信息系统审计与控制协会发布了 COBIT 2019 框架。这是一个更加全面的信息和技术治理管理框架，明确了数字治理的方法、原则、评估与实施指南。COBIT 是目前国际上权威的 IT 控制框架，已被运用于世界 100 多个国家的重要组织与企业中。学习 COBIT 的理论与方法是组织建立数字治理体系的重要基础。

4.2　数据思维

大数据应在社会中扮演什么样的角色？有人说数据是一种资源，大数据是新时代的“石油”；也有人认为数据是类似于土地的资产，其更多的价值来自所带来业务的指数级增长。而互联网之父蒂姆•伯纳斯•李提出的观点是“数据是一种公共基础设施”，强调数据作为基础将支撑起一个城市的创新体系。

数据思维是指数据战略驱动组织科学地使用数据，创新社会服务的属性、能力和过程。数据思维代表组织对数据驱动力的承诺程度，即组织是否真正理解数据的价值、接受数据对企业战略的作用并承诺为建立数据能力而投入人力和财力资源。

对数据价值的认知在持续演进，但并不是所有人都能真正接受或理解数据的价值。“在我们公司里，数据的使用和带来的价值可并不明显”，持有这种观点的人绝非少数。这种观点其实很正常，数据治理是一个非常庞大、复杂的系统和工程，没有科学的体系，因此要实现数据价值绝非易事。

英国数据开放研发院提出的“数据光谱”理论，把国家、企业或个人的相关数据分为封闭、共享和开放 3 种状态（见图 4-4）。国家机密数据、企业机密数据和个人隐私数据需要封闭保护；国家、企业或个人的部分数据可以依据法律或授权许可，以共享的方式开放给那些具有相应资格的人；部分公共数据可以依据开放授权声明开放给社会所有人，这一类数据允许每个人自由地使用和分发，以公平地激发更多的人创造社会价值。

把数据作为创新社会服务的基础，让数据由封闭走向开放，实现数据在安全、伦理框架下的自由流动，是当前国家数据治理的重要内容。《中国政务数据治理发展报告（2020 年）》显示，我国的政务数据治理取得了显著的进步，但多数地方政务数据治理指数仍存在较大的差距。在政务数据治理领域，我国正面临着数据开放整体法律框架缺失、数据战略顶层设计不足、数据治理与运营缺乏统筹、数据开放共享执行不到位、数据价值创新有待加强、数据专业人才与能力稀缺等挑战。

图 4-4　数据价值与数据光谱

看一个组织是否为数据驱动型组织，不要看领导讲得有多好，而要看组织为数据的采集、存储、计算、开发、利用投入的人力和金钱资源。

当前，无论是政府各部门之间，还是企业各部门之间，以权力、安全为借口，导致数据封闭的现象绝非个例。数智化转型不仅是技术基础设施建设，还是站在战略的角度，构建以数据为基础设施的组织运营体系、数据资产能力体系，并在组织中树立数据思维。

数据思维最终还是要致力于解决两个重要的问题——数据战略问题和数据能力问题，才能最终实现真正的业务价值。

4.2.1　数据战略

基于大数据在社会治理、公共服务与产业转型等方面的颠覆作用，世界各国都视大数据为重要的战略资源，把发展大数据上升到国家战略的高度，并制定了数据战略。

美国政府的数据战略起源于 2012 年的《大数据研发倡议》。2019 年 12 月 23 日，美国白宫行政管理与预算办公室发布了《联邦数据战略与 2020 行动计划》。美国政府数据战略由 3 个部分构成：数据原则，确立了政府范围内使用数据的十大框架原则，长期指导其数据建设与利用；数据实践，确立了美国政府在数据文化、数据管理和数据利用等方面的 40 项具体数据管理举措；行动计划，确立了 2020 年美国政府在数据方面的 20 项具体行动方案，包括政府全局的共享行动、跨部门协作的行动及单个部门的行动。

2020 年 9 月 9 日，英国发布《国家数据战略》，阐明了在英国如何释放数据的力量，为处理和投资数据以促进经济发展建立了框架。《国家数据战略》包括 3 个方面的内容：五大机遇，明确了英国政府大数据在经济增长、就业、公共服务、研发与社会治理 5 个方面的发展方向；5 个优先行动任务，阐述了英国在数据领域的 5 个优先行动任务，即释放整个经济中数据的价值、确保促进增长和可信赖的数据机制、转变政府对数据的使用以提高效率和改善公共服务、确保数据所依赖的基础架构的安全性和弹性、倡导国际数据流动；四大支柱，针对英国在数据使用中遇到的诸多障碍，提出了数据基础、数据技能、数据可用性、数据责任四大支柱，以解决问题。

我国政府高度重视数据战略，在 2015 年国务院印发了《促进大数据发展行动纲要》，部署 3 个方面的主要任务，明确 7 个方面的政策机制。

数智化驱动融合发展，无论是政府还是企业，都需要以数据战略开发框架制定组织的数据战略。数据战略开发框架描述了将组织转变为由数据驱动的方法，如图 4-5 所示。

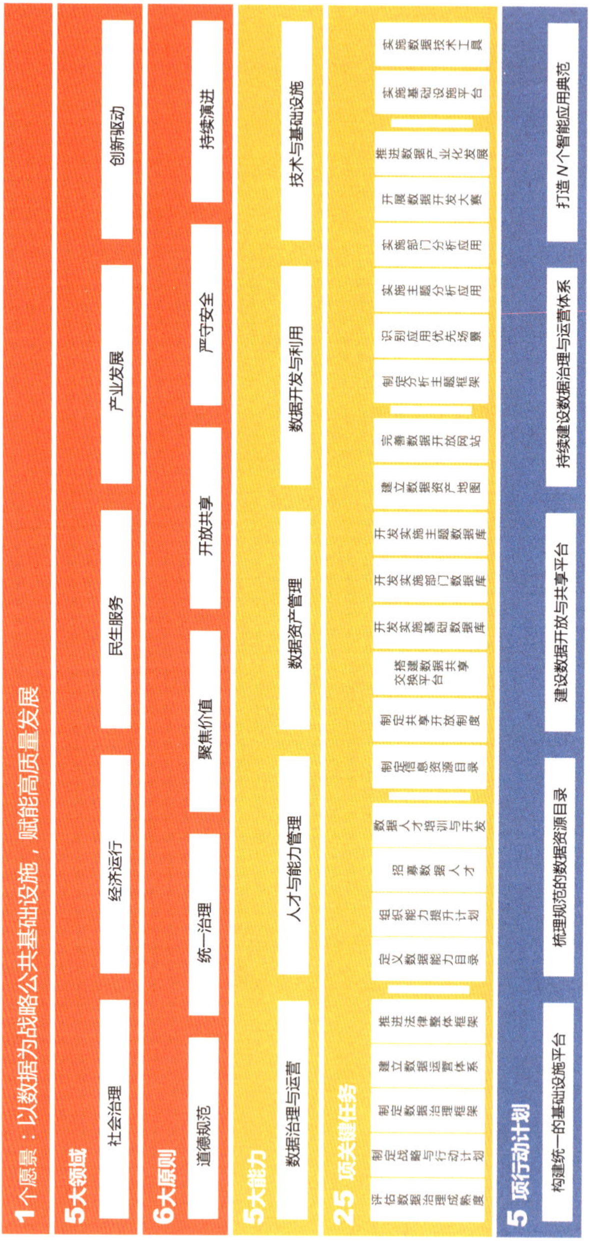

图 4-5 数据战略开发框架

愿景规划是对组织数据前景和方向进行高度概括的描述，以明确组织未来 10 年数据发展的定位、期望与目标。

原则规划明确组织实施数据战略所必须遵循的基础准则，制定组织在治理、投资、数据、技术、运营等方面的指导思想。

能力体系设计明确组织在数据治理与运营、人才能力管理、数据资产管理、数据开发与利用、技术与基础设施方面的能力框架。

关键任务设计识别组织为构建和提升数据能力连续与通用的任务组合，使相关方能广泛、持续地采取相关行动。

行动计划设计明确组织在短期内（如 1～3 年），在数据方面必须采取的行动与时间安排。

4.2.2　数据能力

数据能力是实施数据战略、任务与行动所必需的行为、技能与知识的总和。数据能力从数据管理的指导目标开始，使组织能够像从其他资产中获取价值那样，从数据资产中获得价值。

组织的数据治理是极其复杂的，实现数据战略目标需要如下 4 个方面的核心能力（见图 4-6）。

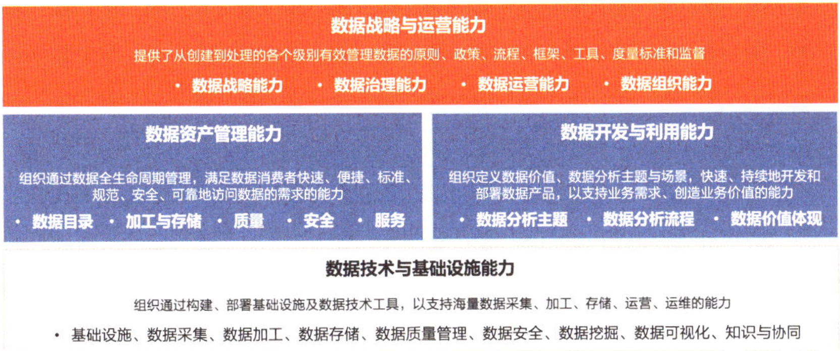

图 4-6　数据能力体系

数据战略与运营能力重点解决的是“谁”“如何”管理与运营数据战略的问题，是组织关于数据战略、数据价值、数据原则及数据管理策略，以及数据管理部门全面治理与运营数据的能力。数据战略与运营能力把数据战略提升到组织战略的高度来构建，是实现数据能力的基础。

数据资产管理能力重点解决的是数据如何存储、计算与访问的问题，是组织通过数据全生命周期管理，满足数据消费者快速、便捷、标准、规范、安全、可靠地访问数据的需求的能力。数据资产管理是一个非常成熟的领域，如《DAMA 数据管理知识体系指南》把数据管理分成数据架构、数据建模和设计、数据存储和操作、数据集成和互操作、主数据、数据仓库和智能、数据安全、大数据和数据科学、文件和内容管理、元数据管理、数据质量 11 个方面。

数据开发与利用能力重点解决的是数据分析的价值与场景问题，是组织定义数据价值、数据分析主题与场景，快速、持续地开发和部署数据产品，以支持业务需求、创造业务价值的能力。数据开发与利用能力包括数据分析主题、数据分析流程与数据价值体现。

数据技术与基础设施能力重点解决的是采用什么产品和工具的问题，是组织通过构建、部署基础设施及数据技术工具，以支持海量数据采集、加工、存储、运营、运维的能力。数据技术与基础设施工具包括基础设施、数据采集、数据加工、数据存储、数据质量管理、数据安全、数据挖掘、数据可视化、知识与协同。

数据能力可以通过数据成熟度模型进行评价。国际上把组织数据治理成熟度分成 5 个等级：起步级，缺乏数据应用的基础条件，主要通过报表了解业务运营状况；职能级，组织内存在分散的、自发的关注职能业务的分析，缺乏业务协同；成型级，组织有分散或集中的数据资产平台，设有一定的组织体系，如专门的岗位和专项分析；领先级，组织具有统一的数据资产管理平台，具有专门的人力和技术资源进行广泛的分析，但数据分析是职能活动而不是核心竞争力；卓越级，具有完善的战略、组织、数据、技术与运营闭环能力，通过数据智能实现组织商业模式或产品创新。数据能力通过与数据相关的组织、流程、技术（工具）和绩效指标来落地。

4.3　平台思维

在移动互联网时代，人与手机合一，手机与移动互联合一，实现了个人身份的数字化。数亿人聚集在互联网上，形成了一个个巨大的平台。平台经济已经成为共识，无论是政府还是企业，都提出要构建平台。然而，什么是平台？平台的本质属性和基本特征又是什么？

平台的本质是基于多边市场的经济社会现象。平台将两个或更多独立但相互依存的用户群体连接在一起，平台对于某一用户群体的价值在于平台中其他用户群体的存在。通过不同用户群体间的互动而创造价值，这种模式已经存在很长时间（如政务服务、银行金融等），并因互联网的崛起而急速扩张。

传统政府与企业的数字化是封闭的，主要服务于内部的业务流程，是中心化的、线性的，价值链的各相关方主要依靠信息差来获取利润，价值链的各环节会互相屏蔽。数智化驱动融合发展，政府与企业的平台化需要形成开放的网状结构，这并不是一件容易的事。我们需要深度思考几个问题：我们能够为平台的各用户群体提供什么样的价值？平台能否吸引到足够数量的用户群体吗？我们通过什么策略吸引对价值或价格敏感的用户群体？平台与各相关方应该如何通过网络协作进行价值创造？

以上问题的解答，离不开平台思维。所谓平台思维，是一种开放、共享、共赢的思维，即对平台核心要素及平台关键机制进行系统思考、设计和构建的思维模式。数智化驱动融合发展的平台思维，致力于解决两个重要的问题——平台价值定位问题和平台用户黏性问题。

4.3.1 平台价值定位

平台具有三重价值：平台参与者的价值、平台自身的价值和平台的社会价值。平台价值的实现依赖于用户数量的增加及用户活跃度，这就是平台的网络效应。因此，平台不仅要实现自身的价值，还要给平台参与者提供生存之处和可持续性发展的价值。

平台的关键在于价值定位。4PRC 模型是对平台思维的系统化、模型化呈现，用于深入解释平台的基本逻辑。4PRC 模型由 4 个要素（4P）和两个机制（R+C）构成，如图 4-7 所示。

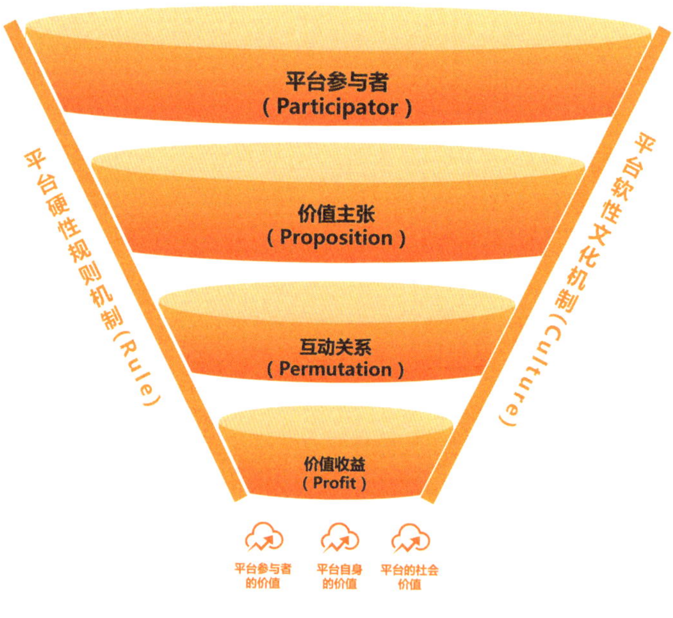

图 4-7 4PRC 模型[①]

① 资料来源：汉哲管理研究院的《平台思维——平台化战略背后的逻辑》。

平台参与者是指具有提供服务能力与资源的外部主体，代表流量引入过程。对政府和企业来说，重要之处都在于识别和满足相关方的需求，通过吸引相关方进入平台形成流量，这也是平台存在与价值实现的关键。

价值主张是指平台为实现平台参与者的价值所提供的功能与服务，代表价值发现过程。平台构建需要识别平台参与者双边或多边的价值诉求，是对平台参与者的需求、资源和能力进行识别、理解和挖潜的过程。

互动关系是指平台各参与者之间的互动与交易，代表价值创造过程。平台内的各主体基于自身的资源和能力，通过平台所提供的功能与服务，进行互动与交易，为其他主体提供价值。

价值收益是指平台参与者通过平台所带来的收益，代表平台盈利过程。针对不同的平台参与者，平台会在不同的环节、不同的互动关系中设计盈利模式和盈利点，获得因平台繁荣而带来的收益，从而达到建设平台的目的。

两个机制（R+C）：一是平台硬性规则机制，包括外部主体进入平台的准入规则，平台内主体互动、交易规则，以及退出规则；二是平台软性文化机制，用于降低平台内主体的互动风险和成本，同时增强平台生态圈与外界的竞争力。

无论是政府还是企业构建平台均可以借鉴 4PRC 模型，对平台参与者进行分类、分层次，对平台内的各种需求、资源、能力进行分类、分层次，对平台互动模式进行分类、分层次，对平台可能的盈利点进行分类、分层次，最后沉淀在底层的就是平台自身价值的实现。

4.3.2　平台用户黏性

鉴于用户规模与用户活跃度对平台的价值，流量和用户黏性是平台自身价值实现的基础。用户黏性是指平台各参与者使用平台产品的频次和频率，在互联网上通常用 DAU（Daily Active User，日活跃用户人数）和 MAU（Monthly Active User，月活跃用户人数）两个数据来表征。

在互联网领域，当某个风口流行时，会有很多企业和技术团队跳进来开发多个功能类似的产品，其中不乏技术出众、功能强大的产品。然而，这些产品在经过一番“厮杀”后，能否活到最后，取决于运营所获取的用户黏性，而非纯技术。

对平台而言，最重要的是如何提升用户黏性，因而开放和运营是关键。基于政府对外提供的管理和服务，以及社会公众连接政府的中高频次，政府应用对社会公众具有天然的黏性，是刚性需求。数字政府走向更高的阶段，需要以“整体智治”为价值驱动力，加快场景和平台建设；以众治、共治和智治为主线，构建一体化、平台化与生态化的新型互动模式。政府需要思考的是如何通过对政府数据的开放，引入更多的第三方，从而为社会提供更多的创新服务，也进一步提升政府平台的价值与黏性。

1. 开放与生态

企查查、天眼查、启信宝是政府数据开放的获益者，满足了众多用户的需求。政府可以沿着这样的思路，针对企业信用或个人信用，在自己的平台上构建开放平台和小程序生态，让更多的第三方参与进来，并为其匹配相应的商业模式，从而开发各种社会化服务。

浙江省作为数字化改革的先行者，积累了丰富的公共数据：一方面，通过公共数据开放系统，向社会直接开放近 2 万个数据集、近 10 万个数据项、近 58 亿条数据，以数据开放式创新应用大赛等形式，鼓励企业、社会组织和个人开展数据开放式创新应用；另一方面，由政府主导、市场运作推动建立由国有企业、互联网平台、行业龙头等单位共同参与，兼具公共属性和市场活力的产业大脑合资公司，联合细分行业，融合企业侧和政府侧数据，为地方政府和广大企业统一提供防范和化解企业重大风险、物资联储联备、产业链招商、供应链金融等创新应用。

2. 数智化运营

互联网平台，“三分技术、七分运营”。政府平台可以借鉴运营思维，构建基于相应商业模式的运营团队，以数据智能、千人千面、AI 等技术，特别是对社会公众的标签化，洞察社会公众的需求，通过内容运营、活动运营、社区运营，提供各种社会化服务。

4.4　变革思维

曾经，手机行业是功能机的天下，诺基亚十几年来稳居行业霸主地位。而后，苹果以颠覆性思维，开创性地以“智能”重新定义了手机，并在短短几年内迅速俘获消费者，领先于市场。

诺基亚的前 CEO（Chief Executive Officer，首席执行官）约玛•奥利拉在《排除万难》一书中写道：“当 2007 年第一代 iPhone 手机发布时，我们已经意识到了苹果公司带来的威胁。但我们以往的模式太过成功，以至于我们看到了威胁也不以为然，错过了变革的最佳时机。”

变革思维是苹果和诺基亚手机业务现状的分水岭。变革思维，就是要打破固有思维惯性，接受不确定性，拥抱变化，推动变革，做难而正确的事情，让实践来证明其对错与否。

Paypal、SpaceX、SolarCity、Hyperloop、TESLA，这一系列开创性、颠覆性的产品都是埃隆•马斯克的杰作。这些划时代产品的诞生，根源于变革思维，“打破一切知识的藩篱，回归到事物本源去思考基础性的问题，在不参照经验或其他的情况下，从物质/世界的最本源出发思考事物/系统”。

数智化转型，其本质是变革与创新，其最重要的思维模式就是变革思维。变革思维需要“以人为本”和“以客户为中心”，致力于解决两个重要的问题领域——变革驱动力问题和变革方向问题。

4.4.1 变革驱动力

追求确定性是大多数人的天性，但如今，由于消费升级、技术革命、疫情冲击，世界正面临“百年未有之大变局”，整个社会和组织都面临着诸多挑战。

从国际形势来看，当今世界正处于“百年未有之大变局”中，在城市化趋势下，人口的高度集中加剧了老龄化、气候变化等问题，给社会治理带来日趋严峻的种种挑战。当前，我国已转向高质量发展阶段，其中产业呈现结构调整、赛道分化的趋势，产业数字化已经成为各地发展经济的主攻方向，也预示着每年万亿级增量的新商业机遇浪潮正在加速到来；消费互联网与产业互联网融合，促进细分行业的加速变轨，呈现万场升级之势；政府治理强调融合服务、协同治理；强化自主安全，重点关注数据、产业链、环境与能源等场景。

政府的重要职能之一是为社会公众提供优质的公共产品和公共服务。提升公共服务的供给质量和服务效率是全世界共同面临的课题。当前，新一轮科技革命和产业变革方兴未艾，《中华人民共和国国民经济和社会发展第十四个五年规划和2035年远景目标纲要》，将“加快数字化发展 建设数字中国”单独成篇，强调“迎接数字时代，激活数据要素潜能，推进网络强国建设，加快建设数字经济、数字社会、数字政府，以数字化转型整体驱动生产方式、生活方式和治理方式变革。”

企业变革亦是当今重点课题。詹姆斯•柯林斯、杰里•波拉斯选取了18家卓越非凡、长盛不衰的企业，经过为期6年的研究，出版了《基业长青》一书。该书对基业长青企业针对世界发生急剧变化的应对经验进行了总结。而更有意思的是，2019 年晨稳投资的一项研究表明，在 1994 年后的 20 年中，这 18 家企业中有 8 家确认基业长青，有 2 家不确定，有 8 家确认并没有基业长青，而比对对标的“普通企业”，只有 7 家仍然领先，有 3 家确认跑输。企业也有生命周期，兴败存亡乃是常态，唯有不断进行新陈代谢才能保证整体充满活力。

如今，对大多数组织而言，数智化转型不是因为喜欢变化，而是不得不变化，因为很多时候，不转型的风险是确定的，转型的收益是不确定的；很多时候，数智化转型的动力不是收益可以预期，而是不转型的成本难以承受；很多时候，转型的发动机不是组织的领导者，而是市场、客户和竞争对手的需求与行为。

如今，“以人为本”和“以客户为中心”的变革将演变为领先者与落伍者的分水岭。

4.4.2　变革方向

完善和发展中国特色社会主义制度，推进国家治理体系和治理能力现代化，是政府变革的方向。

《中共中央关于制定国民经济和社会发展第十四个五年规划和二〇三五年远景目标的建议》提出“全面深化改革，构建高水平社会主义市场经济体制”和“坚持和完善社会主义基本经济制度，充分发挥市场在资源配置中的决定性作用，更好发挥政府作用，推动有效市场和有为政府更好结合。”

从“十四五”规划看，政府的变革方向是“以人为本”、从管理型转向服务型，政府数字化的重点是构建政府、企业、社会公众共同参与和共同治理的平台型政府。

2017 年，浙江省启动实施“最多跑一次”改革。浙江省践行“以人民为中心”的发展思想，从群众的角度确定改革目标、评估改革效果，实现了“群众和企业到政府办事最多跑一次”的理念和目标。

2018 年，浙江省启动实施政府数字化转型，推动“最多跑一次”改革向纵深发展。浙江省全面推行“一窗受理、一网通办、一证通办、一次办成”模式，推广应用“浙里办”和“浙政钉”，政务服务网成为全国有影响力的公共数据平台。浙江省的政府数字化转型不仅大大简化了办事手续、增强了群众的获得感，还提升了企业的市场活力。

2021 年年初，浙江省政府召开全省数字化改革大会，全面部署数字化改革工作，并提出统筹运用数字化技术、数字化思维、数字化认知，将数字化、一体化、现代化贯穿于党的领导和经济、政治、文化、社会、生态文明建设全过程的各方面。

浙江省政府的数字化改革正是沿着这一方向在实践。以数据共享共治的平台为撮合，一方面让老百姓能够在办事和生活中通过数字化无感地获取服务和体验；另一方面让不同的企业在产业领域、行业场景的数字经济中获取机会和增长。

对企业的变革来说，重要的是企业始终能找到正确的定位并匹配相应的核心竞争力与管理基石。

著名的管理咨询公司埃森哲提出了 S 发展曲线理论：市场和产品的发展轨迹并不是沿平滑直线上升的，而是呈 S 形、跳跃式的，从平稳开端，快速增长并达到高峰，然后增长缓慢、停滞，最后下滑，形成一个周期，直至被新的产品取代，开始另一个新周期。绩效卓越的企业需要通过不断地调整市场定位、提升竞争能力、凝聚优秀人才，持续地跨越 S 曲线，实现持续卓越。

企业变革有 4 个方向，从完全地复制已有的成功开始，对企业价值主张的改变程度由浅入深，最终改变自身的商业模式，完成颠覆性创新，如图 4-8 所示。

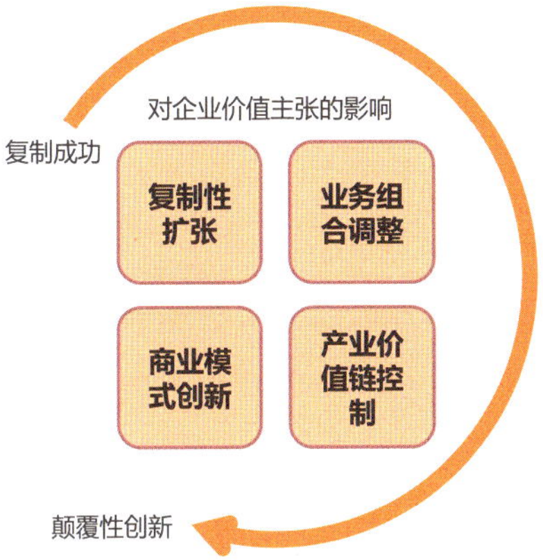

图 4-8　企业变革的方向

资料来源：埃森哲，《从“扬帆起航”到“动力远航”中国企业开启转型新历程》

一是复制性扩张，本质是复制已有的成功，即企业按照原有的价值定位和成熟实践，将成功的模式复制到新的地理区域或新的客户细分市场，使企业参与更广阔地域的市场竞争。二是业务组合调整，本质是企业将自身在原有运营领域的核心能力成功复制到新领域的过程，通过不同的产品为社会提供更多的服务，即通常所说的多元化，这是孵化新增长曲线的最佳途径。三是产业价值链控制，即通过产业链上下游的扩张，增强各环节之间的协同作用，从而重塑核心竞争力。产业价值链控制的方式包括前向一体化扩展和后向一体化扩展。四是商业模式创新，即基于市场洞察，改变企业价值创造的基本逻辑，以提升客户价值和企业竞争力的活动。商业模式创新包括多个商业模式构成要素的变化，也包括要素间关系或者动力机制的变化。

【本章小结】

桥水基金的创始人雷•达里奥在《原则》一书中提出了两种不同的思维模式：开放思维，渴望学习、愿意犯错；封闭思维，停滞不前、宁死也不肯犯错。

关于数智化思维，我们需要警惕的是，“思维封闭的人永远不会觉得自己思维封闭、保守，事实上，他们将开放的思维视为一种冒险”。数智化转型尤其需要4种思维。

系统思维是以系统论为基础，从整体和全局上把握问题，从而看透事物相关结构之间关系的思维方式。系统思维需要解决顶层设计和数字治理两大问题。

数据思维是指数据战略驱动组织科学地使用数据，创新社会服务的属性、能力和过程。数据思维需要解决数据战略和数据能力两大问题。

平台思维是一种开放、共享、共赢的思维，即对平台核心要素及平台关键机制进行系统思考、设计和构建的思维方式。平台思维需要解决平台价值定位和平台用户黏性两大问题。

变革思维即积极拥抱变化，打破固有思维的思维方式。变革思维需要解决变革驱动力和变革方向两大问题。

第 5 章 数智化的技术

以数字技术为代表的新一轮产业革命和技术变革正全方位影响人们的生产和生活方式，也深刻推动政府、经济、社会转型的发展。在新一代信息通信技术蓬勃兴起的大势下，在数字经济的迅猛发展牵引下，数字化、智能化技术正在不断融合、迭代。由于基础强大、多元创新、一体智能、全面开放，数智化将全链条、全周期融入社会发展。

5.1 基础强大的智能算力

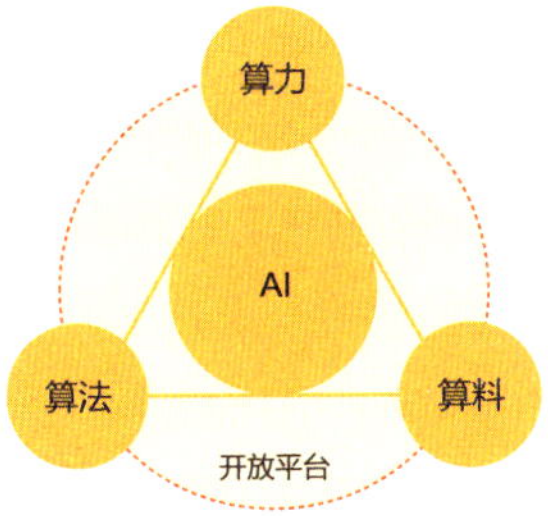

图 5-1 AI 的关键要素

AI 概念的提出已经 60 多年了，但直到近几年才呈现爆发的趋势，不单单是因为算法改进、数据积累，更重要的是计算能力的变革。目前，计算能力整体呈现多样化的供给模式，云、边、端成为算力供给的主要形态，算力、算法、算料（数据）则成为 AI 的关键要素（见图 5-1）。云侧仍以 GPU（Graphics Processing Unit，图形处理器）为主，算力效率与成本在不断降低；边缘和端侧涌现出面向不同场景的芯片架构，各主要厂商面向 AI 的软、硬件工具生态日益完善。

5.1.1 智能算力呈现多样化供给模式

目前，云、边、端 3 个层级共同构成算力供给的主要形态。其中，云侧算力以公共云、专有云和混合云 3 类供给模式为主，阿里云、腾讯、华为等云计算企业以云服务模式向政府、企业及个人提供算力资源和技术服务，是目前主要的算力供给模式。与此同时，边缘与端侧的计算模式逐步成为热点，用于解决云端计算传输速率低、反馈不及时的问题。目前，已有众多企业通过无人机、可穿戴设备、智能摄像头等智能终端提供面向工业制造领域、安全防控领域、交通出行领域等云边协同场景的解决方案（见图 5-2）。

图 5-2 云、边、端算力供给

5.1.2 云计算是数智社会的新基建

云是数智社会的基础，为数智社会提供集约、安全、稳定的云计算、大数据、视觉智能、物联网、安全保障等基础服务。很多人错误地认为对最终用户而言，云不重要，应用才重要。在目前算力要求不高的情况下，二者似乎没有差别，但是在未来发展趋势下，核心算力支撑才是各类社会组织的核心竞争力。

“双 11”每秒 14 万笔的订单创建峰值、春运期间 12306 网站每秒 200 万次的点击量，全部依靠阿里云提供的稳定、可靠的弹性算力支撑。实践证明，基础算力最佳的供给方式无疑是云，以可靠、易用的云为基础，通过高速通信网络，实现 IT 基础设施端到端的公共服务化，就像当年工厂从自主发电切换到电网统一供电的变革一样，让大多数政府与企业不需要自己去构建数字经济时代最重要的算力基础设施。

随着云计算技术的不断成熟，阿里云在 2017 年 2 月发布了 GN4（M40）显卡的 GPU，但企业级 GPU 对大多数创业公司来说使用成本偏高，直到 2017 年 9 月，阿里云发布了桌面卡 1080 Ti，云上 GPU 的使用成本大幅下降，才成为创业公司上云的拐点。

5.1.3　多元化场景在边缘与端侧催生大量创新探索

在 AI 热潮下，越来越多的 AIoT 设备开始普及，但大部分人对现有 AI 设备的智能化程度依旧感到不满。其中，设备过度依赖云端算力，导致响应较慢、反馈不及时的问题是主要原因，尤其在自动驾驶、工业生产、城市应急管理等领域。

边缘计算是一种用于优化云计算，在更靠近数据源头的网络边缘提供计算和存储资源的方案。Gartner Group 公司的报告显示，边缘计算位列 2019 年十大技术趋势中。边缘计算弥补了传统云计算的不足。作为一种计算拓扑，边缘计算使信息处理、内容收集和传递的场所更靠近需求侧，并试图保持流量和处理更接近本地化，从而减少流量损耗和降低延迟。

边缘计算的应用场景非常复杂。边缘设备并不是传统意义上的只负责数据采集和转发的网关。更重要的是，边缘设备需要提供智能化运算能力，而且能产生可操作的决策反馈，用于反向控制设备端。大多数端侧设备都是封闭的固定功能设备，通常都具备计算能力，有功能固定、低功耗等特点。因此，我们需要依据不同业务场景，进行边缘设备与端侧设备的选择部署，并与云端计算中心进行良好的计算协同。

5.2 多元创新的智能技术

5.2.1 以深度学习为主特点的算法演进

算法是对重复出现的现象进行抽象，从而得出体现事物变化的特点的模型，是针对某一特定问题的解决方案。并且，算法要遵循最小化原则，还要在使用最少量资源解决问题的同时，不丢失其高效性和灵活性。如今，随着 AI 的广泛应用，人们更多地把算法与数据项关联，形成以数据为核心的抽象应用。

英国的 AI 先驱阿兰·图灵提出了深度学习的概念，他认为设计一个具备成人智商和思维能力的机器系统是非常困难的，不如制造一个简单的系统，就像儿童一样，通过不断地训练与自我学习，逐步成长为智能系统（见图 5-3）。这一理念目前已被广泛接受与应用。

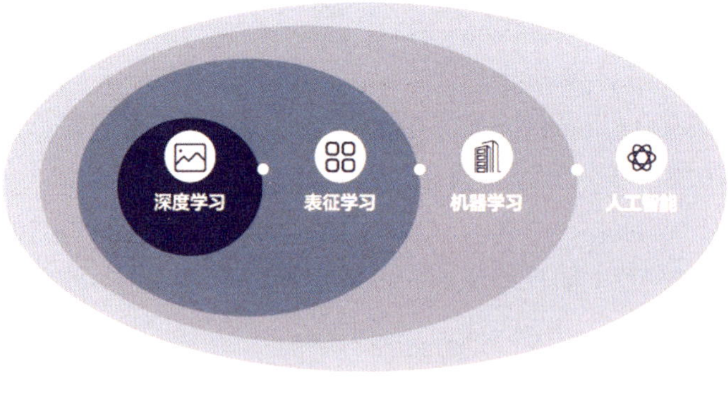

图 5-3 AI 的演进

深度学习推动了机器视觉、语音识别、机器翻译和强化学习等 AI 技术的发展。并且，在数智化浪潮的推动下，技术与应用相互融合创新，呈现出多点开花的蓬勃态势。

5.2.2　多点开花、精彩纷呈的 AI 技术

1. 智能语音交互

智能语音交互技术应用于音频文件识别与语音合成领域。音频文件识别可以将语音转写成文字，并且可以对音频流做实时转写，达到“边说边出文字”的效果。目前，音频文件识别在呼叫中心质检、法院庭审和医院病历录入等场景都有很多成功应用案例。语音合成是指通过文本数据自学习训练语音模型，将文本转成定制效果的语音。目前，语音合成在智能客服、智能家居、智能音箱、有声朗读等领域应用广泛。

2. 人脸识别

人脸识别是基于图像或视频中的人脸检测、分析和比对技术，实现人脸检测定位、人脸属性识别和人脸比对等功能，广泛应用于人脸 AR、人脸识别和认证、大规模人脸检索、照片管理等场景。例如，在身份验证刷脸识别场景中，基于图像或视频输入进行检测，与注册库进行比对，实现 1 ∶ N 的人脸注册库比对，或与证件进行比对，实现 1 ∶ 1 的人脸证件比对。

3. 图像识别服务

图像识别服务基于大数据和深度学习，精准识别图像中的视觉内容，可以应用于智能相册管理、图片分类和检索、图片安全监测、鉴黄等业务场景。例如，在智能相册编辑和管理方面，图像识别服务可以根据职能标签将风景照细分为天空、沙滩、夕阳等子类别，也可以

将人物事件分为聚餐、运动、演出等类别。

4. 图像搜索

图像搜索是以深度学习和机器视觉技术为核心，结合不同行业应用和业务场景，实现相同或相似图片搜索的以图搜图服务。例如，在电商场景中，消费者只需拍摄或者上传商品图片，就可以根据图片进行商品搜索，省去了烦琐的文字描述，大大改善了购物体验。

5. 自然语言处理

自然语言处理是文本分析及挖掘的核心工具，包括多语言分词、词性标注、命名实体识别、信息抽取、拼写检查/语法纠错、句法和语义分析、深度语言模型、语义表征及相似度、文本摘要等应用方向，已经广泛应用于电商、文娱、司法、公安、金融、医疗、电力等行业的多项业务中。

AI 技术的发展日新月异，已经形成一个庞大的技术体系，本书只列举了一些常见的技术，难免挂一漏万，更加先进的技术与应用有待读者进一步探索与实践。

5.3 一体智能的数据平台

政府与企业进行数智化转型，不仅仅是解决计算、存储的问题，更要很好地解决用数据的问题，让数据能够被充分利用。在数智时代，无论是港口智能装配、政务事项一网通办还是工业提升设备产能，都需要高价值的数据来驱动数智化转型。大数据技术与相关的平台也在根据应用侧的需求不断演进，目前数、视、智一体化数据平台（见图 5-4）在支撑数智化转型和实现“一切业务数据化、一切数据业务化”方面发挥着至关重要的作用。

图 5-4　数、视、智一体化数据平台

5.3.1　数据资产管理平台

最初，政府与企业在进行大数据应用时面临的首要难题是内部的大量数据缺少有效的管理，数据质量差、共享难、无统一标准等问题非常突出。数据资产管理平台是对数据资产进行定义、加工、管理、服务的全流程平台，提供数据同步、数据标准、数据建模、数据开发、智能标签、统一服务、质量评估、资产目录等功能，为政府、交通、金融等多行业的客户提供数据治理、智能应用构建和数字化资产的管理能力。

以政务服务为例。政务服务部门众多，业务系统复杂、流程长，数据来源多且更新快；数据口径标准、数据准确性难以保障，传统政务服务需要老百姓多次递交多份纸质材料给不同的服务部门，服务效率低。

政府数据管理部门可基于数据资产管理平台，快速构建数据仓库，有效治理数据质量问题，实现政企客户各部门数据的业务协同和共享：首先，通过数据同步，将不同委办局的业务系统数据汇聚到统一的存储计算引擎，实现数据的初步融合；其次，建立数据标准和数据模型，将散乱的多源异构数据加工成标准、干净的数据资产，确保数据的完整性、一致性、准确性和可用性；最后，实现资产的注册、编目、上架，从而方便各部门的使用人员搜索数据资源并申请数据权限。

专栏 阿里云数据管理产品——数据工厂

数据工厂（Dataworks）具备海量数据的离线加工分析、数据挖掘的能力，并且集成了数据集成、数据开发、监控运维、实时分析、数据资产管理、数据质量、数据安全、数据服务等核心数据工艺，同时提供了数据服务、机器学习在线研发平台，承上启下，让数据从采集到展现、从分析到驱动应用得以一站式解决（见图 5-5）。

数据工厂以数据为基础，以数据全链路加工流程为核心，提供数据汇聚、数据研发、数据治理、开放共享等多种功能，既能满足平台用户的数据需求，又能为上层应用提供各种行业解决方案。

数据工厂提供以下八大服务模块。

（1）数据集成：异构数据集成，将海量的数据从各种源系统汇集到大数据平台。

（2）数据开发：数据仓库设计和 ETL（Extract、Transform、Load，抽取、转换、加载）开发过程。

（3）监控运维：ETL 线上作业的运维监控。

（4）实时分析：实时探查和分析数据。

（5）数据资产管理：元数据管理、数据地图、数据血缘、数据资产大图等。

（6）数据质量：数据质量探查、管理、校验和评分体系。

（7）数据安全：数据权限管理，数据的分级打标、脱敏，以及数据审计。

（8）数据服务：数据共享和数据交换、数据 API（Application Programming Interface，应用程序接口）服务。

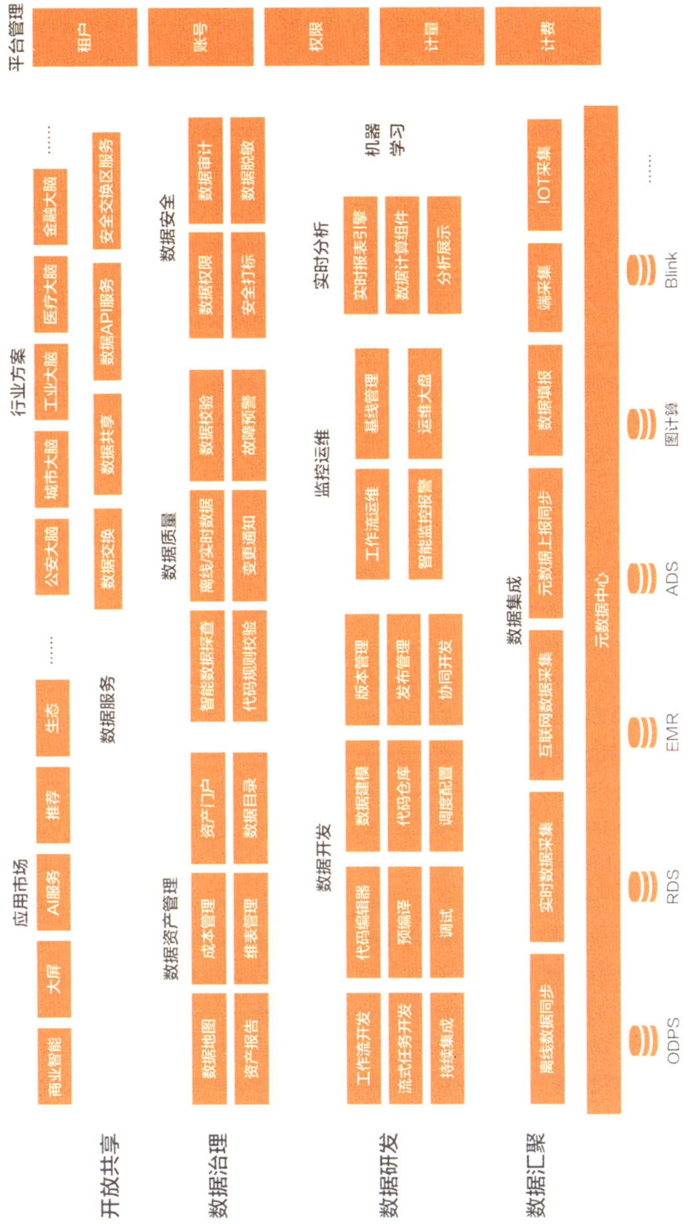

平台管理
租户
账号
权限
计量
计费
开放共享
应用市场
商业智能
大屏
AI服务
推荐
生态
……
行业方案
公安大脑
城市大脑
工业大脑
医疗大脑
金融大脑
……
数据服务
数据交换
数据共享
数据API服务
安全交换区服务
数据治理
数据资产管理
数据地图
资产报告
成本管理
维表管理
资产门户
数据目录
数据质量
智能数据探查
代码规则校验
离线/实时数据
变更通知
数据校验
故障预警
数据安全
数据权限
安全打标
数据审计
数据脱敏
数据研发
数据开发
工作流开发
流式任务开发
持续集成
代码编辑器
预编译
调试
数据建模
代码仓库
调度配置
版本管理
发布管理
协同开发
监控运维
工作流运维
智能监控报警
基线管理
运维大盘
实时分析
实时报表引擎
数据计算组件
分析展示
机器学习
数据汇聚
数据集成
离线数据同步
实时数据采集
互联网数据采集
元数据上报同步
数据填报
端采集
IOT采集
……
元数据中心
ODPS
RDS
EMR
ADS
图计算
Blink
……

图 5-5　数据工厂

5.3.2 数据智能分析

从海量数据中挖掘数据价值和业务价值，是数据智能分析的主要目标，但是目前大部分数据智能分析工具都存在重技术、轻应用的问题。只有数据智能分析工具与业务领域深度融合，才能真正实现数智化转型，否则就只能是坐而论道，无法产生实际的价值。

在数据智能分析工具和数据智能分析平台中置入业务专家模型，可以帮助最终用户解决各自领域内的具体问题，实现技术与业务的融合。例如，在城市治理领域，政府借助 IOC（Intelligent Operations Center，智慧城市智能运行中心）平台，内置各类事件与流程模型，针对感知到的事件进行智能化识别、合并，并通过算法分配处置流程，同时提供 0 代码的操作界面，让办事人员进行流程调整和事件审核，实现了城市事件的快速且高效的处置。在智能制造领域，低代码的生产决策控制优化系统让业务专家的宝贵经验通过系统得以传承。该系统内置大量的工业控制算法，并提供时序分析和统计分析算法模型能力，通过机器学习，针对特定场景给出最佳控制策略模型。在锅炉温控这个方向，原有模式是由业务操作专家盯着每个锅炉设备，所有温控的经验模型都存储在业务操作专家的大脑里，数据智能分析平台完全改变了这个模式，实现了温控自动调节，业务操作专家只进行局部优化。

5.3.3 数据可视化分析

数据管理和分析的技术主要服务于相关的专业技术人员，但是最终的成果需要被以简洁明了的形式呈现给最终的数据消费者，而这些数据消费者大部分都不是技术领域的专业人士，所以他们需要借助数据可视化工具来实现对数据的最终解读。

数据可视化是使用可视化应用的方式来分析并展示庞杂数据的技术，目的在于帮助非专业人士通过图形化的界面轻松搭建具有专业水准的可视化应用，以满足业务监控、风险预警、空间分析等多方面的需求。相比于传统图表与数据仪表盘，如今的数据可视化致力于用更生动、友好的形式，即时呈现隐藏在瞬息万变且庞杂数据背后的业务洞察。无论是在零售、物流、电力、水利、环保领域，还是在交通领域，通过交互式实时数据可视化应用来帮助业务人员发现并诊断业务问题，越来越成为大数据解决方案中不可或缺的一环。

数据可视化分析的难点并不在于图表类型的多样化，而在于如何能在简单的一页之内呈现数据之间的层次与关联，这就涉及色彩、布局、图表的综合运用。目前的数据可视化平台都在朝着“去设计师化”的方向发展，内置了多种场景模板与大量图表模型，让业务人员通过拖动即可创造出专业的可视化应用。此外，可视化分析工具后端的分析型数据库和关系型数据库相连，可满足使用者的各类大数据实时计算、监控的需求，并充分发挥大数据计算的能力。

5.4　全面开放的应用平台

在数智时代，开放将成为一个鲜明的标识。随着万物互联、万物上云的逐渐实现，社会中的每个个体（无论是人还是物品，又或者是企业、政府部门或社会组织）都将广泛地连接起来，产生密切的信息交互。这在客观上造成了一个边界模糊、接近于无限开放的社会。万物相互开放，神奇的事情就会发生。例如，政府数据开放会极大地促进数字经济的创新，互联网平台开放可以更快地扩大用户规模、建立生态体系。这些都说明数智社会必须形成开放式创新的体系。

5.4.1　平台是开放与创新的载体

开放与创新是平台的天然属性，平台也是数字时代开放式创新的重要基础设施。平台通过开放合作的方式，最大范围地连接各类生产要素、不同主体，构建一个创新的生态体系。平台已经成为当前的经济发展、科技创新、政务服务、人民生活最重要的载体。

在平台经济方面，在全球市值前 10 的企业中，有 7 家是互联网科技企业，其中 6 家是典型的平台型企业，它们聚集了全球主要的创新资源。2020 年 6 月，波士顿咨询公司发布了《2020 年全球最具创新力公司：连续创新势在必行》报告，上述平台型企业全部入选榜单，代表了全球最优秀的创新能力。在数字治理方面，政府也日益建设城市大脑和政务服务平台，城市大脑和政务服务平台日益成为政府治理与服务创新平台。在科技创新方面，既有企业主导的各类技术开源社区开放平台，又有政府扶持的科技创新平台，推动数字经济不断创新。

5.4.2 基于数字政府平台的开放式创新体系

数字政府建设是构建数字治理体系的重要抓手，也是实现治理现代化的重要手段。数字政府本身就是一个平台，汇聚了各方资源、赋能各行各业。当前，全国各地推进的数字政府建设就体现着平台化的思维，这与过去的电子政务项目有很大区别。

传统的电子政务主要是信息化项目推进，由某个企业分期承建，如由国家部委层面建设的十二金工程。过去，电子政务项目对于提升政府智能效率和信息化水平具有重大作用，却产生了一个个“数据烟囱”，导致数据共享与业务协同难、业务创新也不够。

如今，各地推进的数字政府是一个系统性工程，由政府统一规划顶层设计，通过与技术企业深度合作，搭建一体化的数字政府平台，建设数字治理创新生态。政府通过数据共享开放平台，将公共数据安全且有序地开放，以激发市场的创新活力，引入市场主体力量解决经济社会发展中的“痛点”与难点问题。

专栏　浙政钉——掌上办公平台

“浙政钉”是浙江省委办公厅、省政府办公厅与阿里巴巴集团，合力打造的数字化协同管理平台。浙江省通过平台建设，探索强协同、提效能、促公开的政务新模式，建设“掌上办公之省”，推进治理体系和治理能力现代化。

浙江省充分利用“浙政钉”的安全可靠、沟通高效、信息必达等特点，分阶段逐步推进“8+13”重点项目、10 个防范化解重大风险项目、6 个新启动重点项目的应用上钉，助力经济调节、市场监管、公共服务、社会管理、生态环境保护等政府职能数字化转型重点领域应用整合，加快微应用接入，建立钉钉应用集群。“浙政钉”的应用如图 5-6 所示。

图 5-6　“浙政钉”的应用

“浙政钉”的创新亮点突出。

（1）创新政务沟通方式。基于全省政务通讯录在线，支撑实现通信从层级化向扁平化转变、沟通由点对点向工作群多点对多点转变，以及在权限范围内快速找组织、找人，极大地提升了政务沟通和协作效率，使全省级的任务下发和反馈时间由以往的几天级迅速压缩为分钟级。

（2）创新政务协同方式。“浙江钉”通过数据中台和业务中台的能力，汇聚各地、各部门之间的业务流、数据流、审批流，完成从省到村、组的6级纵向大联动，实现全省各级党政机关、人民团体、企事业单位、基层组织的业务协同，消除了“信息孤岛”。

（3）创新移动办公模式。“浙政钉”将现有计算机上的邮件收发、公文阅处、文件签批等应用功能整合接入其工作平台中，实现随时、随地、全天候移动办公、掌上办公，打破了时间、地域限制，极大地提高了办公效率。

（4）创新应用建设模式。“浙政钉”通过充分结合的集约化建设模式，有效解决了政务信息化长期存在的分散并各自为政的“烟囱式”建设弊端；建设统一的基础支撑平台，有效实现各上层应用的统一接入、统一监管，打通了数据流和业务流。

5.4.3 基于城市大脑平台的开放式创新体系

城市大脑是指基于云计算、大数据、物联网、AI等新一代信息技术构建的，支撑政府、经济、社会数字化转型的开放式智能运营平台，是数字城市建设的重要基础设施和综合应用工具。城市大脑是城市治理的操作系统，通过数据资源整合共享，推动政治、经济、文化、社会、生态等领域的数字化建设应用，实现城市运行态势监测、公共资源配置、宏观决策指挥的数字治理。

当前，在各地建设的城市大脑中，已经涌现出一批城市治理的创新实践。杭州市已经建立了市区（县）纵向全贯通、横向全覆盖，以及全市统一、多级互联的政务数据共享体系，搭建了杭州市公共数据工作平台，实现了全市66个单位、2000余个接口、千亿条数据汇聚，支持城市治理的各类创新应用。杭州市是第一个实现“用一部手机治理一座城市”的城市、第一个实施“无杆停车场”的城市、第一个实现“急救车不必闯红灯”的城市、第一个利用数据计算后有序放宽“限行措施”的城市、第一个利用“延误指数”辅助交警工作的城市、第一个创设“数字公园卡”的城市、第一个实现“入园入住无须排队”的城市、第一个实施“医后最多付一次”的城市等，基于城市大脑可以衍生出很多治理的创新，也能促进社会创新活力迸发。

5.4.4　基于科技及产业创新平台的开放式创新体系

科技及产业创新是建设创新型国家的核心所在，也是国际竞争的制高点。我国正处于经济发展动能转换期，实现创新驱动、通过科技创新提升全要素生产率，是实现高质量发展的题中之义。从当前已有的科技创新开放平台来看，既有市场主导的各类技术开放社区平台，又有政府打造的各类科技及产业创新平台。市场主导的技术开放社区平台和政府打造的科技及产业创新平台，发展重点各不相同。

市场主导的技术开放社区平台一般由行业龙头企业主导，并具有较强的生态构建能力和创新活力。例如，全球最大开源社区 Apache 软件基金会（Apache Software Foundation，ASF）目前拥有 300 多个开源项目，涵盖 AI 和深度学习、大数据、云计算、物联网和边缘计算等众多领域。政府也越来越多地选择支持一些企业建立的开放式创新平台，以支持行业发展。

2019 中国（杭州）工业互联网大会在杭州市召开。在大会上，浙江省宣布中国工业互联网小镇正式落户余杭区。阿里云 supET 工业互联网创新中心作为工业互联网小镇的核心也同步启动。

该特色小镇将在国家深入实施工业互联网创新发展战略等政策利好下，致力于打造工业互联网的示范区。在功能定位上，小镇致力于拓展“智能+”，为制造业转型升级赋能。以阿里云 supET 工业互联网创新中心为引擎，小镇集聚 5G 技术、信息软件、工业 App、AI、云计算、大数据、物联网等领域的服务商，打造面向长三角地区的工业互联网产业聚集区。

专栏 阿里云 supET 工业互联网平台推动区域产业创新发展

在国内外大环境与背景驱动下，2018 年，阿里云计算有限公司联合浙江中控技术股份有限公司、之江实验室等共建了 supET 工业互联网平台试验测试环境。

2018 年 11 月 7 日，在第五届世界互联网大会上，supET 工业互联网平台获选本届世界互联网大会领先科技成果奖，也是唯一获奖的工业互联网平台。浙江省围绕 supET 工业互联网平台率先提出打造“1+*N*”工业互联网平台体系，即建设 1 个具有国际水准的跨行业、跨领域的基础性工业互联网平台，培育一批行业级、区域级、企业级工业互联网平台。2018 年 12 月，阿里云计算有限公司获得中华人民共和国工业和信息化部工业互联网试点示范企业的称号，supET 工业互联网平台接入制造业企业 3 万家、设备 46 万台、工业 App 累计 1.3 万个；打造了 10 个垂直行业级平台。

5.4.5 基于互联网平台的开放式创新体系

在互联网刚刚兴起时，人们把它当作一种连接世界的工具。如今，在云计算、大数据、AI 等技术的支撑下，互联网已经成为数智社会的重要载体，现实与网络之间的边界日渐消融。从搜索引擎、电子商务到众包众筹、平台经济，从众包众筹、虚拟现实到工业互联网、元宇宙，基于互联网平台的技术创新和模式创新也层出不穷。

互联网平台极大地改善了参与者之间的信息不对称情况，对产业链上下游的各要素进行重塑，政、产、学、研、资各方的合作愈发密切，合作的范围也日益宽广。例如，微博、豆瓣、知乎、小红书等均是基于用户自创的内容分享社区，并以此衍生出不同的商业模式；纺织服装行业已成为一个高度互联网化的产业，C2M（Customer-to-Manufacturer，用户直连制造）、柔性制造推动生产设备和生产模式的转变。

专栏　天猫新品数字系统

2019 年 9 月，天猫正式发布战略级产品——天猫新品数字系统。该系统将助力天猫品牌孵化新品和新品牌，并将新品研发的时间从 2 年缩短到 6 个月。天猫平台上有 7500 万重度新品消费人群，他们一半的消费额与新品相关，全年每人仅在服饰以外的品类中就消费了 17.3 单新品。此外，新品对商家的重要度也不言而喻：2019 年天猫上的新品销售额占到所有商品的 31%。一款超级新品带来的销售额可以占到店铺整体销售额的 30%。

天猫新品数字系统将商家孵化新品的时间大大缩短。例如，2018 年强生集团旗下以辛辣闻名的漱口水品牌李施德林和天猫新品创新中心一起定制了两款花香漱口水，一举拿下原本缺失的女性市场。因大数据精准定位了目标消费人群，所以这款新品的推出从以往的 18～24 个月缩短到 9 个月。天猫新品创新中心是在 2017 年 9 月上线的产品，其前身是天猫的试用调研团队，以“人肉”采集、调取、分析数据的方式服务品牌商。截至 2019 年 9 月，天猫新品创新中心签约了 37 个集团，覆盖近 300 家一线品牌。

截至 2019 年 9 月，全球有亿滋、立白、高露洁等国内外 7 个集团 30 家品牌和天猫合作开了“创新工厂”，用来孵化新品，即商家开辟了新生产线，目的是小批量制造新品，加速产品的更新迭代。以往，一个新品的投入生产需要 4 万件才能起步，在通过大数据指导决策后，“创新工厂”使用新的原材料、设计、仪器，一款新品只要 2000 件就能生产。

【本章小结】

本章主要介绍了数智化的技术。

基础强大的智能算力需要构建提供多样化供给的智能算力，夯实数智社会的新基建——云计算，从而支撑数字政府、数字经济与数字社会全面融合发展下的多元化跨场景需求。

在多元创新的智能技术中，AI 是关键。算力、算法、算料（数据）构成了 AI 的关键要素。数据是 AI 的基石，算法需要大的数据来训练优化，而好的算法可以提高生产力和资源要素效率。

数智化的技术也离不开一体智能的数据平台建设和各类应用平台的开放。从早期的开放数据到后来的开放算法、开源框架，再到现在的应用平台开放，高质量的开放、开源将继续推动社会融合创新。

第 6 章 数智化的方法

在《管子·地员篇》中，古人采用数学运算方法获得“宫、商、角、徵、羽”5 个音，定义了“五部曲”。全链路数智化也定义了 5 个一级能力（数智化“五部曲”），即基础设施云原生、触点全面数字化、组织业务在线化、业务运营数据化和决策全面智能化。数智化“五部曲”站在端到端的视角，基于生态全链路对各环节进行价值重构，将基础技术支撑、用户需求捕获、组织协同和信息流进行有机融合，达成全生态要素的价值共振，推动存量的数智化转型，实现增量式数字创新发展。

6.1 基础设施云原生

6.1.1 基础设施云原生的内涵

云计算技术提供了强大的计算能力，使政府各职能部门的业务得以上云、得以连接、得以提供整体的对企业和群众服务的能力。政府业务上云即新基础设施的云化，可助力政务服务升级和政务管理精细化，实现“一网通办”和“一网统管”场景的落地，在客观上促进内外网的融合，使政务云进入 2.0 时代。云原生架构为新基础设施云化提供了更为敏捷的 IT 架构，无论是从政府 IT 架构还是从运营角度来看，云原生架构都为新基础设施云化指明了下一步的方向。

云原生架构是基于云原生技术的一组架构原则和设计模式的集合，主要将云应用中的非业务代码部分进行最大化的剥离，以便云设施接管应用中原有的大量非功能特性（如韧性、弹性、安全性、可观测性、灰度等），使业务不再被非功能性业务的中断困扰，同时具备轻量、敏捷、高度自动化的特点。

云原生成为云计算使用的新方式，可最大化释放云价值。基础设施云原生不但意味着可编程、动态的基础设施，而且意味着与生俱来的分布式应用架构和创新的软件开发和交付方式支持，如图 6-1 所示。

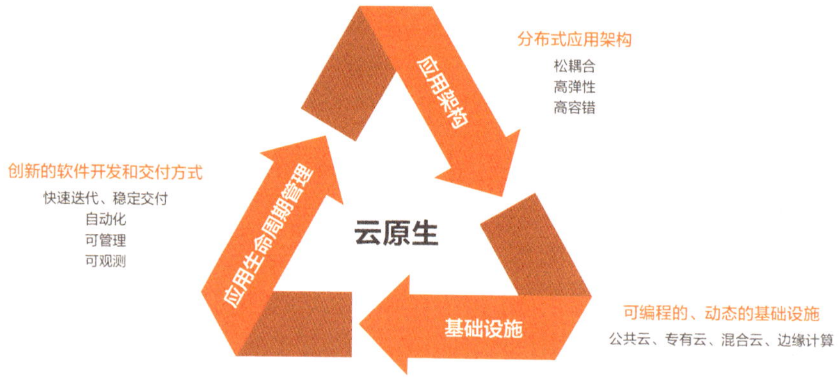

图 6-1　云原生

基础设施云原生是指在原有的云环境中增加支持云原生架构的多元技术栈，使得云环境中的应用开发能够在资源编排技术、分布式部署、高可用架构等方面得到更好的基础支撑。

云原生将科技创新与商业元素不断融合、重构，重新定义了新业态下的增长极。随着云原生在中国各行业广泛深入，云原生新技术不断演进、优秀开源项目大量涌现，云原生架构实践进入“火箭式”发展阶段。云原生通过方法论、工具集和最佳实践改变着整个软件技术栈和生命周期。云原生架构对云计算服务方式与互联网架构进行整体性升级，这让企业和开发者更加聚焦于业务本身并借助云原生技术与产品实现更多业务创新，从而有效提升企业增长效率，使企业爆发出前所未有的生产力与创造力。

“百年未有之大变局”、新型冠状病毒肺炎疫情（以下简称新冠肺炎疫情），特殊的环境让企业的生存和发展充满着不确定性。在持续应对由变化带来的挑战过程中，数智化创新能力对企业来说似乎比以往任何时候都重要。越来越多的企业坚定了上云和实现数智化转型的信念和步伐，并且积极探索云原生架构转型落地。基础设施云原生能够给客户更多的支持：基于云原生架构，企业可以最大化使用云的能力，聚焦于自身业务发展；开发者也可以基于云原生的技术和产品，提升开发效率，将精力更多地聚焦于业务逻辑的实现。

6.1.2　基础设施云原生架构的发展趋势

1. 围绕云原生，如何提供更加自动化的基础设施是一个重要方向

得益于 Kubernetes 面向终态的理念，云原生架构天然具备高度自动化的能力。在应用云原生化的过程中，我们会充分享受到自动化带来的优势，如副本数的维持、版本一致性、错误重试、异步事件驱动等能力，这相比过去面向过程的运维模式而言是一次新理念、新技术带来的进步。

如何围绕云原生为应用打造更加自动化的基础设施是探索的重点方向之一，这包括 3 个方面。

一是应用部署运维更加自动化。云原生业务类型极其多样化，不管是传统 IT、互联网，还是 Web 服务、搜索、游戏、AI、边缘等细分领域，每个领域都有自身特殊的应用场景，而抽象、提炼出其中核心

通用的部署运维诉求并将其转化为更加自动化的能力是深耕云原生的必经之路。

二是风险防控能力更加自动化。面向终态的自动化既为应用带来了声明式的部署能力，又潜在地将一些误操作行为放大。因此，通过防护、拦截、限流、熔断等防控自动化能力来抑制其他功能性自动化能力的缺陷和副作用，是伴随着云原生规模急剧扩大的必要防护措施。

三是运行时更加自动化。Kubernetes 能成为容器集群调度管理引擎的事实标准，其强大而又灵活的扩展能力功不可没。Operator 既是一种特殊的应用，又是不少有状态应用的自动化管理者，未来 Operator 的运行时将会在水平扩展、灰度升级、租户隔离、安全防护、可观测性等方面获得充分的自动化增强。

2. “云边一体”快速发展引来基础设施云原生的新发展

随着 5G、物联网、直播等行业和业务的发展，越来越多的算力和业务开始下沉到距离数据源或者终端用户更近的位置，以期获得很好的响应时间和成本。这是一种明显区别于传统中心模式的计算方式——边缘计算。

未来，边缘计算将存在 3 个非常明显的发展趋势：一是 AI、物联网与边缘计算的融合，边缘计算场景中业务的种类会越来越多、规模会越来越大、复杂度会越来越高；二是边缘计算作为云计算的延伸，将被广泛地应用于混合云场景，这就需要未来的基础设施能够具备去中心化、边缘设施自治、边缘云端托管能力；三是 5G、物联网等基础设施的发展将会引爆边缘计算的增长。边缘计算的规模、复杂度正逐日攀升，而短缺的运维手段和运维能力也终于开始不堪重负。

在上述背景下，云、边、端一体化运维协同已经开始成为一种架构共识。通过云原生，云边融合的进程正在被急剧加速：一是在云层，我们保留了原汁原味的云原生管控和丰富的产品能力，并通过云边管控通道将之下沉到边缘，使海量边缘节点和边缘业务摇身一变，成为云原生体系的工作负载；二是在边侧，我们通过流量管理和服务治理使边侧更好地和端进行交互，获得和云上一致的运维体验，以及更好的隔离性、安全性及效率，从而完成业务、运维、生态的一体化。边缘计算云原生即云原生的新边界，也是边缘计算的新未来。

3. 基础设施云原生驱动数据变革大发展

数据是企业的核心资产。为了更好地支撑企业 IT 数字化和智能化转型，云原生应将拥抱数据驱动应用作为其未来几年中最重要的使命之一。除了生在 Docker 里、长在 Kubernetes 下的云原生 AI，如何能让传统的大数据和 HPC（High Performance Computing，高性能计算）应用也平滑地迁移到 Kubernetes 平台上，实际上也是云原生需要回答的问题。

在驱动数据变革方面，我们看到以下 4 种趋势。

一是任务调度器在多资源调度方面走向成熟。Kubernetes 关注资源调度，但是其对大数据和 HPC 的调度功能与 Yarn 等离线传统调度器还有一些差距。在 Kubernetes 的 Scheduler Plugin Framework 的灵活框架下，适配于大数据和 HPC 场景的批量调度——Capacity 调度正在逐步落地。

二是容器化资源精细调度。Kubernetes 利用容器特性和插件化调度策略，可以原生地支持 GPU 资源共享调度，并且可以进行 GPU 资源隔离，NVIDIA Ampere 的调度也在 Kubernetes 上做了 MIG 原生支持。这也是 Kubernetes 独特的能力。而资源共享不仅仅限于 GPU，对于 RDMA（Remote Direct Memory Access，远程直接数据存取）、NPU（Neural-network Processing Unit，嵌入式神经网络处理器）甚至存储设备，这种调度能力都是必不可少的。

三是弹性数据任务全新场景。随着大数据和AI应用的弹性化越来越普及，如何让数据具有弹性的能力、让数据像流体一样，在HDFS（Hadoop Distributed File System，Hadoop分布式文件系统）、OSS（Operation Support System，操作支撑系统）、Ceph等存储源和Kubernetes上层云原生应用之间，灵活且高效地移动、复制、驱逐、转换和管理，推动广阔云服务场景中的大数据、AI落地新应用。

四是AI与大数据的统一云原生底座。基于作业调度、资源利用率优化和数据编排这些原子能力，越来越多AI、机器学习平台和大数据分析平台构建在容器集群之上。而AI与大数据对数据的依赖度，如对计算、网络和存储资源的需求特点，工作负载特征，运行策略，对在线服务的重要性，甚至对企业IT成本因素的影响，都有很多相似之处。因此，如何以统一的云原生底座同时支持AI和大数据作业，将成为企业CTO、CIO思考的主题之一。

6.1.3 云原生架构对客户的价值

1. 从IT架构角度看基础设施云原生的价值

云原生架构最大限度地继承了云的强大功能和设计思想，并极大地释放了云计算的红利。云环境中的应用开发由于基于原生架构，因此能够在资源编排机制、分布式部署、高可用架构等方面得到较好的基础支撑。通过新的架构和技术保障，应用系统变得更加健壮，云原生最大限度地发挥了云的优势。

云原生架构具有更加极致的弹性能力，可以有效解决异构环境的部署一致性问题，促进资源的标准化，为服务化、自动化提供基础。云原生技术体系以容器为基本的调度单元，资源的切分颗粒度相较虚拟机细化到了进程级，而共享内核的轻量化设计进一步提升了资源的弹性效率。

云原生架构能够兼容应用和开发多元的技术栈。与传统架构下的单体应用强行绑定语言和技术栈相比，云原生架构下的应用在业务域划分上是相互独立的，这使得不同业务域有不同的技术选择权。

云原生架构实现了使用多元技术栈做应用开发的兼容统一，业务团队能够根据实际需求灵活地选择最佳技术路线。

云原生架构能够更好地提升业务稳定性。由于自动化程度高、自愈性高，云原生使得应用本身具有韧性，即具有面对强大压力的缓解能力及压力过后的恢复能力。

2. 从 IT 运营角度看云原生的价值

云原生架构大幅降低了客户的 IT 成本。客户应对峰值业务所产生的预资源浪费可以通过云原生极致的弹性得以免除，客户可以提高资源的复合利用率，从而降低资源成本。同时，传统 IT 架构下的应用捆绑了大量的非业务功能，重复造“轮子”现象严重，因此研发成本居高不下。

云原生架构带来更快速的业务交付速度。在数智化转型的紧迫需求下，客户越来越多的业务演变成数字化业务，数字化对业务渠道、竞争格局、用户体验等诸多方面都有更加严苛的要求。数智化企业的核心竞争优势体现在面对用户需求时更加快捷的响应能力。云原生采用“微服务”化开发，服务之间使用标准接口进行通信，实现了应用的敏捷开发，降低了业务试错成本，大幅提升了交付速度，可快速响应用户需求、改善用户体验、加速业务创新。

云原生架构带给用户更小负担的使用体验。传统架构下的中间件通常与业务捆绑，不能实现通用中间件的有效复用，用户在应用部署过程中需要投入大量的精力重复构建且极易出错，因此其用户体验较差。基于云搭建的云原生架构，其基础设施层烦琐的运维工作大部分由云服务商承担，用户可一键部署云原生集群，同时搭配平台提供的各种标准化中间件服务，实现应用的快速上线部署，减少其使用过程中的心智负担，从而能够聚焦价值更高的业务逻辑，以提升研发整体效能。

6.2 触点全面数字化

触点全面数字化是政府及企业数字化的前提条件，包括用户触点数字化、交易触点数字化、服务/商品触点数字化、物流触点数字化、生产触点数字化，如图 6-2 所示。触点数字化反映政府及企业在数智化转型的过程中，与各方交互触点数智化水平的成熟度。触点数字化主要通过各触点的移动化、智能化达到多维度的用户感知、员工感知、组织感知、服务状态感知、商品状态感知、合作伙伴感知、生态系统感知，使得政府及企业在全链路保持连接和数据获取能力。以用户需求为核心，实现触点全面数字化还能倒逼供给侧的改革升级，提高供给侧的灵活性，更全面地满足用户的各种需求。

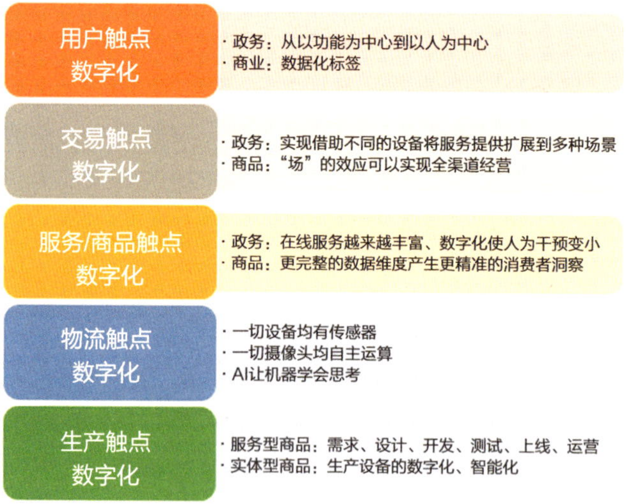

图 6-2 触点全面数字化

在数智时代，数据是政府及企业的重要资产之一，数据的质量和数据产生的价值有着重要的关联，如何利用数字化触点采集大量的、丰富的、安全的、高质量的数据是当下政府及企业需要思考的核心问题。保持数字化触点的轻量和敏捷是政府及企业推进数智化“小前台，大中台，强后台，富生态”策略的“排头兵”。

6.2.1　触点全面数字化的关键点

过去，政府及企业主要向用户单向推介商品和服务，现在逐步过渡到双向沟通甚至多向互动。多向互动是指政府及企业与用户、供应商、生产商、运营商等即时交流和互动，通过移动互联网、物联网、大数据、云计算等新技术了解其需求，以便更好地满足他们。因此，主动设计多向互动机制、实现用户个性化的体验是数智化创新工作的重点，这种机制可以激发各方的积极性、创造性和参与感。就政府一网通办服务业务而言，触点涉及线上触点（政务服务网或者 App）和线下触点（政务服务大厅）。

就零售业务而言，触点涉及线上触点（如天猫商城等）、线下触点（如智慧门店等）、商业触点（如广告等）、社交触点（如社交网络服务等）。单个触点或者多个触点组合形成多面、多角度的触点网络，构建连接政府、企业与用户的桥梁。各种形式不同、维度不同的触点形成一个真正数字化的智能网络，各网络节点之间相互关联并实时进行运算，根据用户消费触点的变化，进行智能决策调整。数智化是连接物理世界和数字世界的关键节点，组织业务在线化、业务运营数据化、决策全面智能化的数据基础就在于触点全面数字化这个关键环节。

6.2.2　用户触点数字化

在政务服务领域，传统的服务系统由城市中的各部门构建，这些系统按照各部门的职责形成对外的服务功能。一个城市拥有多个用户服务部门，用户要根据自己的需求选择不同的系统，我们称之为以功能为中心的服务组织，通俗地讲就是“以系统为中心，人围绕系统转”。用户触点数字化支持服务组织以人为中心，在信息资源层，打破应用系统边界，支持应用间的深度融合；在应用层，分析用户的偏好（Preference）和所处情境（Context），以及利用众包的方式快速构建满足用户需求的应用，通过个性服务、定制服务、主动服务做到“以人为中心，系统围绕人转”。

从宏观上说，用户触点数字化要汇聚全体用户需要的工作、生活服务内容，这就要求我们把涉及城市中各类人群的涵盖不同人生阶段的服务进行采集、整理，并根据每个用户的需求向其提供服务；从微观上说，针对某个特定的用户，我们应根据该用户的个性需求，汇聚单个用户需要的各类服务内容，如对于处于学习阶段的学生，我们不需要为其提供购房服务或者养老服务。

在商业领域，早期的会员卡模式对消费者的识别维度单一，消费者的信息只有姓名和电话，缺少数据化标签，消费数据也无法被分析、沉淀、反馈和触达，因此企业无法更深层次地进行消费数据价值的发掘。通过数字化会员的形式，企业可以对消费行为路径进行触达，消费者发现、研究、购买、付款、配送、售后每个行为环节都有触点；企业还可以对消费者的属性、所在地区、习惯、行为等多个维度的数据进行分析、统计、建模。通过手机淘宝 App、钉钉等即时商业沟通工具，企业可以与线上和线下的消费者进行实时在线沟通，实现服务直接触达消费者，培养和区分优质消费者，让消费者数据产生价值，从而提升企业的盈利能力。

6.2.3 交易触点数字化

在政务服务领域，针对用户的服务信息比较分散，提取的用户特征单一、维度不够丰富，难以准确理解用户特征与用户偏好。城市中存在种种功能、结构各异的信息系统，这些系统在运营的过程中均产生了大量历史数据，通过交易行为数字化，连接多个数据集，实现多源异构数据的综合分析利用，将多源异构数据融合，可以丰富用户特征维度和更加准确地刻画用户偏好，从而帮助用户实现借助不同的设备将服务提供扩展到多种场景。用户可以通过个人计算机（Personal Computer，PC）、移动设备、自助终端、电视机，在办公室、公共场所、家庭享受到全方位的城市服务。服务提供以人为中心，使得服务提供的场景不再受时间、地点等因素的限制，从而使得服务效率得到极大的提升。

在商业领域，交易受转型前的商业模式限制，百货类企业对交易行为只掌握大颗粒度的信息，关注的重点是收入而不是交易内容的本质，重要的数字资产处于无积累、无沉淀、无分析的状态。通过将交易行为数字化，零售百货“场”的效应可以在实现全渠道经营的基础上得到最大限度的发挥，还能摆脱商场受时间、空间影响的局限，让交易能够随时随地进行。通过识别消费者在线上和线下的购物品类和喜好，结合消费者的习惯和行为，进行全面的数字分析和预测，能够优化场内的进货品种和货品摆放。在消费数据被打通的前提下，交易触点数字化可以进一步改善消费体验。例如，消费者的消费情况可以和场内的停车优惠折扣自动关联，消费者不再需要到服务台兑换停车优惠券。

6.2.4　服务/商品触点数字化

过去，政府机构给企业和群众提供服务的形式通常以系统为辅，需要借助人工交互的方式来完成。随着互联网、AI 等技术的进步，政府机构、企业和社会团体以标准化在线服务的形式对外提供服务，需要人工干预的程度越来越低，这构成了服务触点数字化的基础。服务触点数字化的基本要求是提供服务资源描述的语义描述框架，如政府机构可以通过 IOPE（输入、输出、前置条件、后置条件）刻画服务的功能语义，根据服务水平协议的要求，可能还要提供服务的提供者、服务过程、服务质量等描述。这样，政府机构面对政务服务中不断涌现的新的服务需求和挑战，就可以按照标准有针对性地满足需求和提供服务。

在商业领域，商品数字化是百货类企业转型过程中需要克服的最大障碍，非标品经营和非直营的商业模式都会为商品数字化带来巨大的挑战。然而，商品数字化的意义不仅是实现线上销售，还是为数据驱动“人、货、场”的重构提供坚实的基础。商品数字化带来的数据增量可以构建以消费者为中心的、场景化的商品知识图谱，反向促进线下购物场景的翻新，进而更好地优化供应链；更完整的数据维度产生更精准的消费者洞察，配合数字化会员体系，为消费者带来更好的购物体验。

从入驻品牌的角度分析，商品数字化可以帮助品牌依托商场资源自动实现库存的同城、同域统一调配，提升门店的运营效率并改善消费者的体验。商品数字化可以让消费者通过扫码就能全面了解商品的信息，以往因为业务员对商品不够了解而使客户流失的情况将不复存在。线下的百货商场受空间限制能陈列的商品始终有限，通过商品数字化，百货商场基本可以做到无限扩大商品陈列，让消费者拥有更多款式、色彩、个性化的选择。消费者在离开百货商场后还可以继续与百货商场内的工作人员保持联系，从而享受更好的服务。

每件商品都有一个二维码，消费者可以通过溯源了解商品从生产制造、流通运输到上架销售的全部环节。以往消费者对商品的了解全靠业务员的讲解，业务员的水平参差不齐、商品更新换代的速度快且种类繁多，这些都加大了消费者清楚、透明地了解商品的难度。在商品数字化后，消费者可以清晰、高效、实时地了解商品的信息，包括商品价格调整、优惠促销信息，商家不必另行通知消费者。这些都是商品数字化带来的极大优势。

6.2.5　物流触点数字化

无论是在政务服务领域还是在商业流通领域，物流都承担着交易结束后的凭证或者商品到达用户手中的任务。

在物流这个环节，触点数字化首先要求一切设备均有传感器。菜鸟是我国首个使用 LoRa 物联网协议的物流园区。通过传感器，整个园区内的设备、设施被连接在一起，从而实现对园区内的电表、水表、温度、湿度，以及仓内的堆高情况、地下室浸水情况甚至井盖倾斜情况等的实时感知，一旦出现异常，可立即报警，减少了园区传统的依靠人工抄表、巡查的工作量，并且更加可靠。

其次，物流触点数字化要求一切摄像头均自主运算。未来园区里分布的摄像头和普通物流园区里分布的摄像头看似相似，却有着本质的不同，未来园区里的每个摄像头都能通过捕捉的影像进行实时计算和分析，可以实现车辆的智能调度、备货的科学管理及员工异常行为的预警，不需要人工在监视器前 24 小时值守。

同时，云计算的模式虽然提供了强大的计算能力，但对网络带宽提出了更高的要求，每个园区几十甚至上百个摄像头的视频全部上传到云端，没有哪个园区具备足够的带宽能力，而边缘计算很好地解决了这个问题。摄像头具备计算能力，所有的事件都能在本地被识别和判断，将结果上传到云端，极大地节省了带宽。另外，由于摄像头是在本地计算的，不用经过公网，因此它可以为园区本地的异常事件提供毫秒级的响应速度。

最后，AI 让机器学会思考。智能化仓储及分拣中心是未来园区的重要组成部分，包括智能存储、智能拣货、智能分拣三大模块。自动化流水线、AGV（Automated Guided Vehicle，自动导引车）和机械臂的使用，让仓储的拣选、分拨效率得以大幅提升。利用菜鸟物流园区自主研发的信息系统进行整体管理调度，有效解决了传统物流中心存储效能低、拣货效能低、分拣效能低的问题。物流园区内采用菜鸟独有的全机器人作业场景，所有作业员工的行走全部使用 AGV 进行替代，作业员工的行走距离减少了 90% 以上；柔性化 AGV 的运用打破了传统自动化以输送线、旋转货架、阁楼货架等为主的设备状态，在可复制性、模块化、调整柔性上更胜一筹。对比目前行业内流行的普通 AGV 货到人拣货模式，菜鸟物流园区进一步开发出 AGV 组车功能、AGV 车到人功能、AGV 货到人功能、AGV Rebin 功能、AGV 投线功能、AGV 盘点及商家功能六大功能模块；复杂的机器人及自动化应用场景依靠的是强大的系统作业控制及调度算法，菜鸟在 AGV 调度算法、补货智能算法、多区作业均衡算法、机器人多功能混用模式算法等方面从无到有，开发出行业内首例 AGV 全流程应用模型和算法系统。

6.2.6　生产触点数字化

随着信息技术的进步，线上服务也开始进行流水线生产，持续集成、在线开发等一系列技术的成熟使得物理商品和虚拟服务的生产都可以数字化。

服务型商品的生产触点数字化是指对需求、设计、开发、测试、上线、运营全过程的数字化管理。在 6.1 节，我们已经了解，更多的技术被发明和应用，使得服务型商品从创意到生产的周期大幅缩短，并且其中大部分不用受物流数字化的限制。

实体型商品的生产触点数字化是指生产设备的数字化、智能化。在工业时代，制造业的基础是机械设备和电动零件，而如今的制造业已经成为包括芯片、传感器、网络设备等硬件，以及数据库、生产管理软件等在内的复杂系统。生产设备的数字化、智能化已经在越来越多的行业和企业中成为现实。仅以机器人为例，类似机器人等智能化设备进入工厂车间的过程早已开始，机器人的应用场景也越来越广泛。索菲亚的数字化工厂就十分现代化，从接单到数据处理、生产，再到发货、安装，所有的环节都有系统，每个系统都有各种点数据。在生产触点数字化后，企业可以对生产的各环节进行控制。

在服务/商品从生产到销售，再到物流全链路的过程中，除用户触点数字化、交易触点数字化、服务/商品触点数字化、物流触点数字化、生产触点数字化这些常见的触点数字化外，企业还可以在营销、市场活动、售后等方面实现触点数字化。触点数字化是业务在线化的前提，有了一个个网状的触点数字，业务才能以数据的形式存在。

6.3　组织业务在线化

6.3.1　数据定义效率，组织业务在线化是大势所趋

在数字时代，数据充分流动，数据价值逐渐被激活，人和人、人和组织、组织和组织之间的关系都在不断被重塑，组织业务在线化充分支持了这个重塑的过程。

组织业务在线化构建组织生命力，通过组织在线、沟通在线、协同在线、业务在线和生态在线解决业务创新和应用连接的难题，如图 6-3 所示。

图 6-3 组织业务在线化

组织业务在线化体现为数据化、网络化和智能化对传统的社会组织结构和行为方式产生的影响。数据的流动让接入网络的任何两个个体的直接协作成为可能，实体组织和虚拟组织的边界也变得越来越模糊，其融合越来越深入。适应数字经济时代的组织形态呈现出无边界组织、网格化组织、液态组织等特征。当外部环境发生变化时，组织需要能够对不确定性做出及时、准确和高效的响应。互联网技术、大数据技术具备强大的信息传递能力，能够轻松穿透现有的行政架构，实现多向信息流动。这样一来，线下的“信息孤岛”、条块分割等问题，在线上就很容易通过数据的流动被解决，从而以线上的数据共享来倒逼政府部门线下的高效协同。

6.3.2 组织业务在线化的核心特征与新业务形态

数字化促进大组织、大协同趋势的形成，组织业务在线化的核心特征在于政府与服务对象的“服管融合”，通过数据流和信息网络，实现社会的自组织，在最宽泛的意义上实现协同治理。

在数字时代，技术赋权的特征越来越明显，各类组织和个人的个性化和对社会事务的参与度都空前高涨，公众参与的能力越来越强，依托数字技术的基层创新也将越来越活跃。各级政府可以充分利用数字技术精准的优势，建立自上而下的统一指挥调度体系：对内促进多条线的协作，对外可以将各类组织和个人分散化、多元化、碎片化的诉求与行动有机整合起来。

近来，随着政府的数字化转型，政府的内部业务流程逐步整合、优化，外部政务服务向一站式转变，管理和服务也开始出现交叉和融合。这一趋势带来政府整体化、一体化、集约化的建设，如浙江省的“最多跑一次”、上海市的“一网通办”、广州市的“一卡通行”，以集约式的服务实现了“让群众少跑路”。行政资源的统筹、政府数据的共享、条块部门的联动、统一平台的搭建，“四位一体”地推动跨部门实现横向大协同。

6.3.3 公共产品与公共服务的一体化、在线化

中国拥有全球最大的数字化生活群体，并且发展出先进的数字化体验。过去的几年是“互联网 + 政务服务”高质量发展的几年，浙江省、广州市等地构建了一体化网上政务服务体系，推动个人和企业往办事现场“最多跑一次”、线下“只进一扇门”、线上“一网通办”。同时我们也看到，政务服务的精准性和全量性，以及针对个人和企业服务的个性化和主动性还欠缺。作为政府数字化转型的“动车组车头”，政务服务要让企业和个人到政府办事像网购一样方便，就要尽可能实现社会服务在线化，而这对政府的数字化转型提出了更高的要求。

社会服务在线化，从使用者的角度体现为面向个人、企业等对象的服务全在线和面向管理者的管理全在线；在支撑层面则体现为以数字治理为核心的要素全在线支持和创新全在线的建设支持（见图 6-4）。

社会服务在线化必须坚持以人民为中心，体现在以贴近人民公共服务和数字治理的政府数字化改革先行上。社会服务在线化必须紧紧握住为人民服务这个总方向盘，以群众评价作为地方数字化改革工作的标尺。以浙江省为例，这个群众既包括“浙里办”的企业和老百姓，

又包括“浙政钉”的工作人员，还包括各级政府和各部门的领导干部、平台用户、平台开发建设者和运营商。

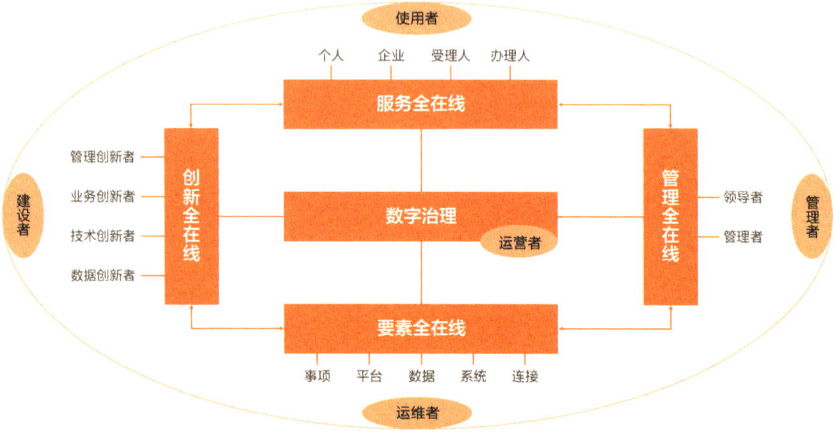

图 6-4　社会服务在线化的关键主体

社会服务在线化驱动各职能部门围绕自身业务、管理和对外服务的需要，基于云计算平台打通部门内部、跨部门之间和跨区划之间的业务运行机制，一方面实现了大政府视角下的公共产品与公共服务的一体化、全在线；另一方面实现了基于云平台的网络大协同。

信息和数据的积累是业务管理服务全在线的必然，但信息和数据的积累不会自动创造价值，我们必须通过云计算的处理，才能发现大数据背后隐藏的不为人知的“洞见”，这又反向验证了使用云平台模式是在业务管理服务全在线阶段的必然选择。只有这样，我们才能最大限度地利用数据资源，才能真正实现信息和数据的资源化。从数据中发现规律、挖掘价值，把大数据从一个静态存在转变为一个不断呈现新知识、新价值的能动过程，这正是公共产品与公共服务的一体化、在线化的本质。

6.3.4 社会服务在线化的不同特征

社会服务在线化在面向领导者、管理者、办公人员和面向个人、企业、受理者、办理者时，呈现明显的差异化特征：面向领导者、管理者，在服务数字化和在线化的基础上，一是通过整合政府端不同服务入口，并将各职能部门业务打通，以事项拆解和重组为手段，实现企业和群众办事“最多跑一次”，也就是“一网通办”；二是面向公务员等办公人员，在需求侧业务推动及政府监管和社会监督的有机结合下，实现企业和群众服务可以通过办公人员的一个办公端快速触达，实现“一网统管”；三是呈现出政府决策的科学化和社会治理的精准化，通过高效采集、有效整合、深化应用政府数据和社会数据，基于这些社会运行的鲜活数据开展科学施政，以满足社会经济发展的需要，实现“一网慧治”（见图 6-5）。

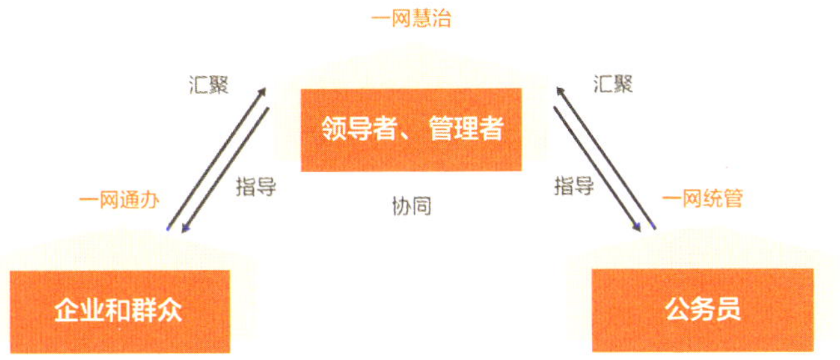

图 6-5　社会服务在线化的不同特征

扎实、深入的数据治理成为社会服务在线化的攻坚工程，“在线、活用、闭环”是将数据转换成更好的用户体验的 3 个关键点：“在线”是指数据随时可以被调用；“活用”是指数据越用越增值，将越多维、越多来源的数据融合在一起用，数据就越能“活”，并发挥出更大的价值；“闭环”是指用数据直接提供精准、个性化的服务，同时服务的结果数据也要被反馈到原来的数据中，数据需要不断更新，算法和模型需要不断改进。因此，社会服务在线化的重要任务是完成政务数据的供给侧改革，用更好的数据治理支撑社会服务在线化。

6.4 业务运营数据化

6.4.1 从 CIO 到 CDO，数据正成为业务运营中的新生产要素

在互联网经济时代，数据是新的生产要素，是基础性资源和战略性资源，也是重要生产力。数据生产力催生新的生产关系，为顺应数字经济快速发展趋势、充分发挥数据生产要素和生产力的作用、推进数智化转型，设立 CDO（Chief Data Officer，首席数据官）职位势在必行。2020 年 6 月，美国国防部在现有 CIO 架构的基础上，宣布任命戴夫 • 斯皮克为美国国防部的 CDO。他明确提出将“数据作为战略资产使用”，要确保“数据可见、可访问、可理解、可链接、可信赖、可互操作且安全”的能力。在实践中我们发现，小至一个企业经营，大到一个国家治理，数据都在业务运营中扮演着不可或缺的角色（见图 6-6）。

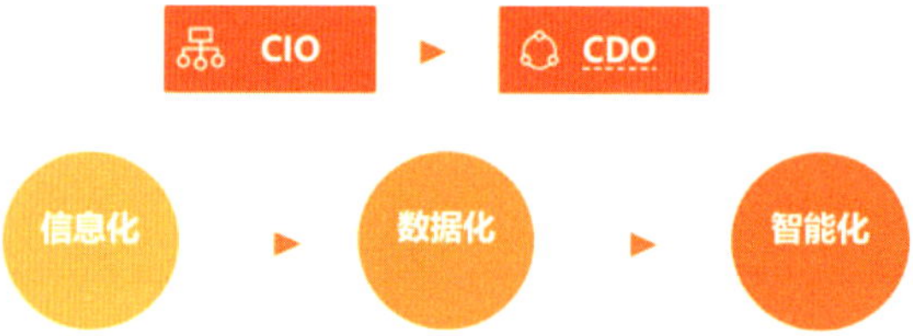

图 6-6 数据化的运营逻辑

构建数据化的运营逻辑，借助数据这个要素，让营销、研发、生产、仓储、终端管理等企业运营的各环节透明、可视，已经成为指导企业经营的重要手段。某白酒企业在每年 6 月都会召开“双 11”启动会，制定“双 11”活动的目标、产品策略、营销策略和实施时间表。该企业的财务经理和电商经理对于企业是采用高端瓷瓶还是低端玻璃瓶的

结论相反：财务经理通过数据分析，得出上半年由于主推低端产品造成毛利大跌的结论，因此建议下半年主推高端产品；电商经理则认为本企业高端产品的价格竞争力不强，主推高端产品将无法完成销售目标。该企业的现象反映企业现有的数据还没有完全联通，该企业必须打破“烟囱式”的架构才能发挥其生产要素的作用。数据既是起点，又是终点，更是在运营过程中控制运营结果的关键因素。

从我国数字政府的建设历程及未来的发展趋势看，其大致可分为 3 个阶段：一是信息化阶段，其主要特点是计算机算力利用、无纸化办公、政务信息化、系统上云、办公和服务上网；二是数据化阶段，其最大的特点便是数据资源化，以及围绕数据的多维度创新；三是智能化阶段，在这个阶段，数据和智能技术将全面重塑政府的决策、服务、治理模式。

当前，数字政府发展到新阶段，政府的各项业务运营开始数据化，并以数据化运营为核心，让创新更灵活。数字政府的建设需要充分发挥数据的价值，结合数据化运营形成网络化、平台化、数据化、智能化、生态化的政府治理模式。我国已经进行多年的电子政务和城市信息化建设，目前政府的信息化水平已经很高，那么如何把数据资源开发好、利用好，如何让数据“活”起来、让数据“说话”，将是“十四五”期间数字政府的工作重点。

6.4.2 数据中台支撑企业数字化运营的快速迭代

数据中台就像一座灯塔，照亮企业的整个运营过程。从企业级的运营行为到部门级的运营行为都以数据为核心来展开，企业通过分析数据，找到企业运营的问题并分析问题的成因，从而制定相应的策略和行动方案。新的行为产生新的数据，再针对新的数据发现问题，这样快速循环迭代业务流程、资源配置和管理方式，形成数字时代企业的运营基本逻辑。

数据中台支撑企业数字化运营的快速迭代。数据中台支撑企业数字化运营过程中的业务数据化和数据业务化。业务数据化是让与业务相关的环节和流程以数据的方式来运行，如盒马 App 支持客户买单并获取其商品偏好、价格偏好、事件和地域偏好的过程；数据业务化是数据对业务进行赋能的过程，如盒马 App 可以通过业务数据化记录的数据激活离店销售的过程。

业务数据化和数据业务化可以分为4个典型的过程，即数据源管理、数据资产化、资产服务化和服务业务化。首先，业务数据化让企业的大多数行为都可以在线完成，每个行为既有数据触点，又有数据记录。企业通过对这些数据的采集、记录，形成数据源并对其进行管理。其次，数据资产化对采集到的数据进行管理，通过数据清洗、归类和目录管理把原始数据变为可用的数据资产。再次，资产服务化对这些数据进行 API 封装，形成工具，让数据具备服务业务的能力。最后，服务业务化根据业务需要随时通过工具调取数据，对数据进行加工，以支撑业务的发展。

数据业务化是业务数据化的一体两面，采集数据的目的是将数据应用于业务本身。数据业务化即把数据作为应用来赋能旧业务和创新新业务。数据可视化是数据应用最常见的一种形式——通过数据分析形成可视化的业务看板（如销售业绩实时监控大屏），可以让管理者清晰、高效地监测业务情况。数据创新是数据应用的另一种形式，主要表现为数据能力的对外输出，对产业上下游和生态合作者进行数据赋能，如品牌商可以对代工厂开放销售数据，让代工厂提升供应链管理效率。

业务数据化和数据业务化是一个增量闭环，业务产生数据，数据赋能业务，形成良性循环。这个循环不仅仅是量的增加，因为数据被不断地加工和优化，量变会引起质变：不同业务载入的数据越多，整体价值就越大。

6.4.3 数据化运营让数字政府下的创新更灵活

在数字政府领域，政府要依托大数据管好数据、用好数据，最大限度地挖掘数据价值，就需要运用数据化治理的新理念。从目标来看，数据化运营最终要实现数据化服务、数据化治理和数据化支撑的科学决策；从数据化运营本身来看，政府需要做好数据治理、数据开放、数据创新 3 项重点工作。

1. 数据治理让数据资源看不到的价值被挖掘

数据治理是业务运营数据化过程中的新课题，在某种程度上决定了以数据为基础的业务建设成效，直接影响数据资源的开发和利用。数据治理是对数据资源进行操作、控制和管理的活动集合，通过对数据资源进行规划、设计、实施、监控的全生命周期管理，最终将数据资源转变为数据资产。在数据治理之前，数据源不同且数据标准不统一。如同不同水源地的水在进入自来水管网之前，必须经过过滤、消毒等各种工序，才能进入千家万户一样，只有经过数据治理，数据才能被进一步资产化、智能化和服务化。

2. 数据开放让数据资源的价值被最大限度地开发和利用

人们常说，数据是 DT 时代的“石油”。但是，数据与石油等传统资源相比有着明显的区别：一是数据具有非消耗性，它的价值不会在使用过程中消失；二是数据的价值与量强相关，数据资源的价值随着种类和数量的增加，可能呈指数级增长；三是数据的价值具有不确定性，同样的数据资源在不同场景、不同领域、不同模式下，其价值是不同的；四是复用性，数据资源可以同时被多个主体在同一时间使用；

五是自增强性，数据资源在被利用后，其价值不仅不会损失，反而还有可能增加；六是流动性，数据通过流动便可以创造价值；七是时效性，数据资源有类似放射性元素半衰期的特性，特定的数据在经过一段时间后，或在某个特定的时间节点后，其价值可能出现急剧的衰减，有些衰减曲线会十分陡峭。

由于政府是几乎所有经济活动、社会活动的监管者，因此相比企业和个人，政府所掌握的数据资源最多、数据价值也最大。在数据资源化之前，单是政务信息公开就给社会带来了不小的价值。在大数据时代，政府数据的价值远超简单的信息，因此政府数据在安全基础上的开放所带来的价值将呈指数级增长。

数据开放是政府数据化运营的一部分。数据开放是释放数字红利，让数据价值回归社会、造福社会的重要手段。同时，在安全基础上的数据开放可以激发社会创新活力，让数据资源的价值最大限度地被开发和利用。

3. 数据创新让数据资源以自我增强的方式创造价值

数据创新打造转换数据价值的“发动机”，能将数据蕴含的能量释放出来，从而实现资源的价值变现。利用数据资源同样需要“发动机”，只不过这个“发动机”的款式很多，其价值萃取和输出的模式也有所不同。与传统的发动机不同，数据资源的价值转换不仅仅依靠技术，还可以在连接、流动和共享中生成价值。例如，数据流动可产生价值，那么搭建一个渠道就可以释放价值；一个数据开放共享的机制可以让很多创新主体围绕同一组数据创新，从而让同一资源产生 N 倍的价值。正如前文所述，数据资源的价值不会随着使用而损失，反而可能在使用过程中增加。由此观之，政府打造转换数据价值的“发动机”，只需要提供初始的输入，数据“涌现”价值的过程就可以不断自我强化。对数字政府建设来说，只要设计一个合理的机制和架构，构筑一个符合创新需求的生态体系，数据资源便可以用自我增强的方式源源不断地创造价值。

6.4.4　推动业务运营数据化，需要加强 CDO 顶层设计和组织保障

1．业务运营数据化需要 CDO 统筹和领导

IDC 发布的《全球云 IT 基础设施市场预测报告》显示，2020 年第一季度，全球云基础设施投资高达 145 亿美元，占比超过传统工厂基础设施，达 55.13% 全球的数据中心正在向云转型。为适应全社会基础设施云化和数据安全保障需要，并加快政企数智化，国家在有关部委、重点部门和企业率先试点设立 CDO 职位已经是大势所趋，以便加强数智化转型统筹和领导，以及全面组织实施数智化转型的技术、文化和战略的变革。

2．促进从 CIO 到 CDO，加强数据资产运营能力

企业要加快传统 CIO 向 CDO 的组织架构升级。未来 CDO 要更多地聚焦于数据战略和生产力，链接数据消费者，实现数据、技术和业务的战略整合。省、市要依托大数据局，大胆整合政务服务、公共服务及物联网等资源和公共数据，融合云计算、大数据、AI、深度学习等工具的分析，实行数据实时智能处理，驱动数据由资源向资产转换，以数据资产运营释放数据生产力。

3．加强 CDO 资源保障，提高数据战略落地能力

数字经济是我国在新时代引领全球经济发展和治理的重要领域和优势机遇。我们要主动适应和拥抱数字时代，根据政企需求，建立健全以 CDO 为核心的数智化转型升级组织保障和推进机制，强化指导，分类推进。

6.5 决策全面智能化

6.5.1 决策智能化的内涵

1978 年，美国诺贝尔经济学奖的获得者赫伯特·亚历山大·西蒙提出：管理的本质是决策，而决策最优化原则成立的两个先决条件是理性的和效率的。决策的本质，通俗地说就是让合适的人，在合适的时间，以合适的方式做出决定。数据驱动决策就是让决策者先分析与决策对象有关的数据，挖掘出数据中隐含的与决策对象相关的偏好关系信息，再根据所得到的偏好关系信息对决策对象进行分类、分级或排序，最终做出选择的全过程。

决策智能化的数据基础如图 6-7 所示。

图 6-7 决策智能化的数据基础

决策智能化是指基于自动化和设备的智能化构建大数据分析的能力，将数据转化为洞察，进而由洞察产生行动，这不仅能在技术上提升洞察分析能力，还能使组织和管控能力得到同步提升，真正实现顺利运作“感知—洞察—评估—响应”闭环并且能够循环提升。

在企业经营管理上，决策智能化就是通过对深度学习、优化技术、预测技术等进行算法设计，在人力调度、货物分配、资源优化等场景中，对精确营销、计算资源、收益管理、风险控制、智慧物流、派送调度、工业制造、航空调度、电力市场等实现智能决策。

在经历了 40 多年的改革开放后，传统经验化、粗放式的社会管理模式已经无法适应国家治理体系和治理能力现代化的需求。无论是在城市管理、智慧交通、应急救灾、生态环保等社会治理领域，还是在区域发展、营商环境打造、精准扶贫等经济决策领域，决策智能化的作用都越来越突出。

6.5.2 实现决策智能化的重要步骤

1. 核心业务在线化是决策智能化的基础

无论是政府还是企业，其决策智能化都离不开数据，因此实现决策智能化首先要完成核心业务在线化，即所有的业务流程软件化，企业的流程和业务要做到有迹可循、可追溯。对绝大多数组织而言，实现决策智能化的第一步都是核心业务在线化，通过数字化和软件化将传统的服务迁移到线上。

2. 业务运营数据化是决策智能化的必要条件

核心业务在线化为数据的采集建立了基础，政府和企业下一步需要完成业务环节的自动化和业务运营数据化，也就是使用数据中台技术构建客户运营体系。在满足这个条件以后，政府和企业的核心业务就能构建在云上，再由软件驱动，就具备了往智能化方向演进的可能。

3. AI 技术持续推动决策智能化

政府和企业通过不断挖掘、汇聚、分析业务数据，基于“数据 + 算法”构建一套新的决策机制，不仅能实现自动决策，替代传统的经验决策，还可以通过学习的闭环使决策的效率和效果不断得到优化和改进。

6.5.3 决策智能化助力社会精细化治理

随着我国城市化进程的推进，各种“城市病”凸显。机动车的快速增长带来的交通问题、城市突发事件带来的应急联动问题、长期关注经济发展而忽略的生态环保问题等都给政府的执政能力带来巨大挑战。

在数字经济时代，大数据、云计算、AI 等数字技术成为支撑城市可持续发展的重要技术。决策智能化依赖大量数据，这些数据是人们日常活动所产生的城市“活数据”，人们再利用算法和算力，为社会精细化治理提供了物质基础、技术基础。

1. 数据支撑城市精细化管理

城市智能精细化管理通过构建统一的城市大脑，推动感知模式、管理模式、服务模式的数智化转型，实现全面感知、精准服务、高效协同的目标，打造城市精细化管理的数字引擎。

2. 城市大脑让城市交通会“思考”

基于“数据驱动 +AI”的云计算技术可用于构建大数据时代的城市智能交通系统：通过“感知—研判—指挥—处置”的全闭环流程实现道路交通管理的智能应用；通过平台进行统一指挥和调度，提高城市交通服务的承载力和运行效率，改善城市交通运行环境，提升整个城市交通管理服务的智能化水平。

3. 智慧消防联动响应实现“零延迟”

智慧消防以先进的物联网手段，实时监测消防系统的运行状态，及时发现火情信息并上传至云平台，智能分析火情并将报警信息推送至联网单位及消防主管部门，实现快速判断、决策，节省宝贵的救援时间，运用科技手段减少甚至避免火灾损失。

决策智能化的能力还被应用于生态环保、智慧安监、垃圾回收等社会精细化治理领域，新技术的应用推动了城市治理模式的改变，促进了共建共治共享的社会治理新格局。

6.5.4 决策智能化助力区域经济决策智能化

决策智能化不仅能够帮助企业提高生产效率、引领企业高速发展，还能在整个区域经济发展中起到关键的作用。数据智能化联通能加速区域发展一体化，通过数据的智能匹配，实现区域的优势互补，深化了实体经济产业分工与生产协同，帮助区域经济形成共享共建新模式。

现代社会已经形成非常复杂的发展机制，区域产业发展已经形成了网络结构，单纯的人工分析难以全面统筹区域经济发展，问题的梳理同样需要花费大量的人力和物力。而借助大数据、云计算、AI 等新一代信息技术，我们可以用强大的算力和大数据分析来实现区域间的精准对接和互补。

1. 决策智能化绘制区域经济全景图

通过构建区域产业景观、全景洞察、企业画像、风控雷达、招商雷达、智能监管等能力，决策智能化以经济产业高质量发展为核心目标，帮助地方政府在产业经济数据融合和多维展示、协助区域智能评估辖区企业、形成区域间“比学赶超”的发展氛围、围绕产业定位辅助精准招商、全面提升企业风险管控能力、创新提高政府产业服务能力 6 个方面进行全面提升。

2. 智慧旅游用数据改善游客体验

依托云计算、大数据、AI 方面的先进技术，政府通过构建全域旅游一体化平台，实现政府对全域旅游产业链的统一融合，并进行战略性规划与运用，实现数据资源的综合应用、深度应用和本地化应用，使数据资产成为政府全域旅游创新、服务和管理的核心资源，为政府、涉旅企业和游客提供决策和咨询服务。智慧旅游的决策智能化能有效提高旅游智能决策及精细化管理水平，全面提升全域旅游的核心竞争力。

3. 普惠金融：金融侧改革的“最后一公里”

传统模式下的普惠金融面临着地域发展不均衡、服务覆盖面不足、商业可持续难实现等诸多难题。决策智能化应用政府在行政行为和公共服务过程中产生的农户涉农数据，在有安全保障的环境中建立区域专属授信模型，为农民群体提供免担保、无抵押、无人工干预的数据化纯信用信贷服务，支持农户生产经营。

决策智能化的能力还被应用于工业互联网、智慧园区、营商环境、创新创业、精准扶贫、数字乡村等区域经济发展领域，助力政府经济决策转向数据驱动。

【本章小结】

本章主要介绍了数智化的方法论，即数智化“五部曲”。

基础设施云原生是数智化“五部曲”的起点和基础，通过云原生满足从算力、存储到应用开发更弹性和更便捷的环境支撑需求，并通过触点全面数字化、组织业务在线化、业务运营数据化和决策全面智能化，达到政府、企业智能运行的全闭环。

基础设施云原生无论是从政府或企业IT架构还是从运营角度，都为新基础设施云化指明了下一步方向，它不但意味着可编程、动态的基础设施，而且提供与生俱来的分布式应用架构和创新的软件开发和交付方式支持。

触点全面数字化的程度可以用于衡量政府或者企业数字化的能力，通过移动互联网、物联网、大数据、云计算等新技术了解用户的需求，以便更好地满足用户的个性化需求。从商品到服务，实现全面触点数字化是利用数据运营决策的关键。

组织和业务以各种在线的形式存在，组织和业务在线之后就呈现出业务中台化的搭建思维。业务中台让政府和企业的各项能力得以沉淀、让业务实现共享，同时让业务实时在线。

业务运营数据化可以更有效地协调政府和企业的各种资源，通过数据进行预判，对运营行为和要素的作用进行判断，从而实现快速迭代和调节。构建数据化的运营方式需要双中台的支撑，即数据中台和业务中台。

决策全面智能化是社会的发展方向。在实现决策智能化后，无论是政府还是企业，其战略决策都将从业务驱动转向数据驱动。政府和企业基于“数据 + 算法”构建一套新的决策机制，替代传统的经验决策。

第 7 章 数智融合的特征指引

数字智能越来越成为推动社会与经济发展的核心驱动力，不断地推动着大数据等新型生产要素与传统要素深度融合，以及传统数字城市的技术优势与政府治理的制度优势的深度融合。

随着新技术体系与传统产业和生产方式向高质量、可持续的数字经济新动能产业发展的深度融合，社会服务和治理的主体及模式从依赖单一政府力量向充分调动和激励社会各方力量转变，多样化、多渠道、多层次参与并形成人人有责、人人尽责、人人享有的融合社会治理模式，同时社会治理模式从单向管理转向双向互动，从线下转向线上和线下融合，从单纯的政府监管转向更加注重社会协同的治理。

7.1 全栈技术融合

数智社会的发展以技术引领为发展理念。技术推动了全社会的智能化、智慧化能力和水平，技术体系的价值体现不再是强调单一技术的先进性，而是在面对某一业务领域问题时，全栈技术融合产生的“1+1>2”的融合价值体现。

云计算与5G技术共同构建了端到端的算力基础设施，大数据与AI技术改变了社会服务形态与管理方式，物联网技术极大地扩展了城市治理与企业生产的边界与手段，移动协同平台优化了社会资源的调度与配置，低代码技术提升了城市在面对突发情况时的响应速度，区块链技术推动了社会信用的构建与发展，安全技术为社会数智化转型提供了坚实的底线保障。

在数智社会的建设中，依靠单一技术解决问题的情况少之又少，基本上都是通过多项技术的融合来满足业务需求的。例如，在基础计算领域，存算一体芯片突破了冯•诺依曼架构的性能瓶颈，可以满足AI等场景对高带宽、高容量内存和极致算力的需求；在无人驾驶领域，我们需要将视觉计算、机器学习、卫星导航定位等技术体系全栈融合；在“一网通办”的场景中，我们通过大数据技术对居民的基本信息和部门的服务事项规则进行分析和比对，并结合AI技术进行个性化的服务推荐，进而可以借助低代码开发技术，打造千人千面的多样化服务终端。

7.1.1 大数据与AI融合促进，共同提升业务价值

随着互联网时代的到来，城市和居民通过网络被连接在一起，并通过数据完成分工和协作，数据成为城市发展飞轮效应的新资源。以前的连接更多的是线下连接，只有面对面才能提供服务或者进行治理；而如今，很多连接可能来自线上、来自数据的流动，人们用指尖在手机屏幕上滑动、点击就可以办证、缴费、申领补贴等，其背后都是数据在连接。

大数据是原材料，机器学习是原材料加工厂，AI则是加工后的产品，被应用于越来越多的日常生活中。在过去几年间，基于大数据的AI已经在社会的多个领域崭露头角。

以AI智能客服为例，其依托政务知识库，具备咨询投诉举报、智

设备网络集群作为一个整体，会感知其所接传感器的种类，自动从云端下载该传感器的驱动，加载到设备上。如果该驱动在网络中某个节点已被加载，设备网络集群就会直接将驱动加载到新加入的节点设备上。这些传感器驱动会产生数据包，在端和云之间、端和端之间流动。

云端一体是信息技术融合发展的优秀范例。所谓云端一体，就是将云平台和端融为一个整体，阿里云提供像水、电、煤一样的算力基础设施；钉钉则像 Windows 操作系统那样，面向政府、企业、机构甚至个人，提供一整套数智化的“基础平台 + 应用程序开发体系”；用户可以按照自己的需求定制云计算服务，这在很大程度上通过聚焦不同行业用户的真实诉求，赋能用户，帮助用户去开创一个具备高度移动性、更加容易的应用开发环境和平台。从这个维度来说，“云钉一体”是有效帮助政府用户面向未来发展的数智化全新系统。

专栏　小蛮驴：“云 + 物联网”的新畅想

在云栖大会上亮相的物流机器人小蛮驴（见图 7-1），让人看到“云 + 物联网”的奇妙“化学反应”，这给许多行业带来了启示。

图 7-1　小蛮驴

小蛮驴的尺寸为 2100×900×1200（毫米）（加上激光雷达的高 1445 毫米），最高速度设定为 20 千米/时。重要的是它采用的是 L4 级自动驾驶技术，自动驾驶率已经达到 99.9999%。而且它可以在 0.01 秒内识别 100 个以上的行人和车辆的行动意图，在遇到紧急情况需要刹车时，能在 0.1 秒内完成决策、规划和控制指令下发。

这么小的个头、这么大的"能量"，除了离不开高精尖的各种终端的支持，也离不开云计算的支持。小蛮驴是一个标准的大中台、小前台的独特系统。

大中台指的是 AutoDrive 自动驾驶机器学习平台，AutoDrive 的一个明显优势在于背靠阿里云。阿里巴巴搭建了自己的自动驾驶云平台，海量的数据（场景数据、自动驾驶车数据、数据采集车数据）都被搬到了阿里云上，打通了数据采集、数据标注、仿真、模型训练、评价等一整套系统，让自动驾驶算法的研发效率更高。

小前台是指感知、定位、决策、控制这样的自动驾驶算法的模块，依靠 AutoDrive 后方中台可以找到效果更优、运算更快、模型更小的算法模型。

如果所有的计算都在本地运行，那么物联网的发展将被芯片、存储等硬件的物理极限深度束缚。"云＋物联网"的云端一体模式很好地解决了这个矛盾。

7.2　多源数据融合

7.2.1　数据是构建数智社会的基石

数据是构建数智社会的关键要素，在数字经济环境中，数据作为新的生产资料，孕育了全新的商业模式和管理范式。阿里云依托坚实的云计算与数据智能，正在探索建设数据融合的底座（见图 7-2）。它不仅是对原有数据体系的补充和融合，还给底层算力带来深刻的变革，进而重塑产业智能引擎和智能应用图景。

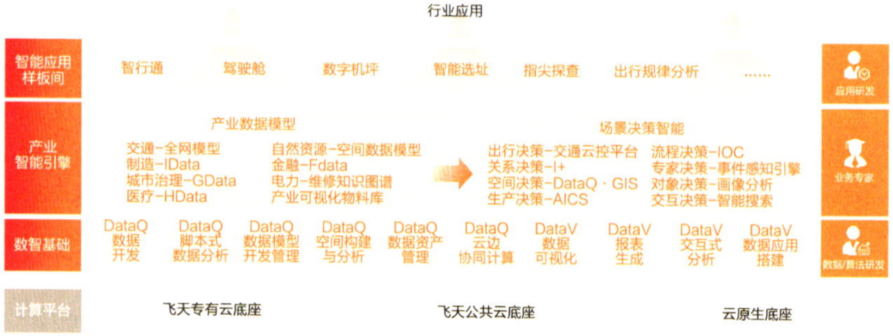

图 7-2 数据融合的底座

当前，全球正处于大数据变革的新时代，数据正逐渐成为推动经济转型和社会发展的新动能，以及实施社会治理的关键要素。以制造业为例，麦肯锡的研究报告称：制造企业在利用大数据技术后，其生产成本能够降低 10%～15%。可以预见，随着产业互联网的发展，市场对于数据资源的需求将愈发突出，数据也将发挥工业时代中石油和电力的作用，成为驱动各行各业发展的基础性动力。

2019 年，国家正式把数据与劳动、资本、土地、知识、技术、管理等并列，纳入生产要素范畴，并由市场评价其贡献，使其按贡献参与报酬分配。这不仅说明数据的价值已经在国家层面得到广泛认同，还体现出我国推动数字经济发展的坚定决心。将数据定位为生产要素意味着，最大限度地发掘和利用数据的内在价值将成为相关制度建设的首要目标。

7.2.2 数据融合能产生价值倍增效应

从物理属性上看，数据是以电子形式记录的信息。如果数据是相互孤立的，数据控制者对于数据的使用也只是为了获得其直接记载的信息内容，那么此类数据的使用价值与以非电子形式记录的信息并无本质区别，其也会因价值密度较低而不足以被上升为一项资源。

只有当数据聚集到一定规模，以至于数据控制者可以借助技术手段，在其直接记载的信息内容背后发掘出新的有价值的信息时，此种“数据集”才能作为资源发挥价值。以病历数据为例，如果医生对于电子病例的使用只是为了进行个案的诊断，那么电子病例与纸质病历在使用价值上并无本质区别，只不过更便于查询和存储而已。只有当医院收录的病例达到一定数量，以至于医生可以通过对大量样本的分析和汇总，对既有诊疗方法进行改良和创新时，电子病历数据才真正实现了“资源化”转变。这也是舍恩伯格教授在其开创性著作《大数据时代》中将规模性（Volume）作为大数据的四大特征之首的主要原因。

实物资源的价值通常会随着资源数量的增加而线性增长，但是，数据资源的价值往往会随着数据规模的扩大或数据类型的丰富，而在超过某一临界点后迅速发生“化学反应”，出现非线性增长乃至指数级增长的情况。特别是在将不同来源的数据进行融合后，融合后所得数据资源的整体价值往往明显大于融合前各部分数据资源价值的叠加，具有“1+1>2”的效果。这主要是因为，数据资源的价值是其所有可能用途的总和，而当数据总量达到一定规模或数据类型足够丰富时，数据资源的潜在用途将可能被极大地拓展，进而使数据资源的整体价值产生倍增效应。

以交通运输行业为例，如能打通路网物流上下游数据，联通第三方物流公司、互联网公司的数据，实现全网物流车辆数据汇聚（包括车辆的基本物流信息，车辆出发点、途经路线、终点，以及车辆所载货物基本属性等数据），便可形成全国高速路网物流热力图，由此可制作全国高速路网物流景气指数、区域经济热力图等，并把这些数据进一步开放给社会，吸引服务商、资本和人才汇聚，就有望形成全新的未来路网经济发展格局。

7.2.3 数据中台充分释放数据价值

在数智社会的建设过程中，通过数据中台协助政府与企业优化生产流程、创新服务方式、推进数据融合共享，被证明是行之有效的途径与方法。在政务领域，数据中台可以实现政务服务的标准化、精准化、便捷化；实现构建多渠道、多形式相结合、相统一的便民服务“一张网”；实现自然人和法人网上办事一次认证、多点互联、“一网通办”。在商业领域，数据中台可以实现全产业链、全流程、全场景、全触点、全生命周期的数据融合，直接、有效地帮助企业实现业务增长并推动企业内部的组织变革。

数据中台提供的各项功能可支撑数据管理的全部能力域和能力项，提供一站式数据资源管理服务，方便数据管理者完成数据架构、数据标准、数据质量、数据应用、数据生命周期管理等多项数据管理应用。

专栏　数据中台助力红蜻蜓实现逆势增长

在新冠肺炎疫情期间，红蜻蜓4000多家门店无法营业，却通过全员线上服务营销，在7天内新设立了500多个粉丝群，日均销售额突破百万元。

在逆势增长背后，红蜻蜓实际上完成了3件事：一是核心业务上云，利用阿里云数据中台、业务中台等平台进行数智化改造；二是利用淘宝直播、天猫轻店等工具推动销售增长；三是通过钉钉实现组织在线化。

基于与阿里巴巴商业系统的深度合作，全力打造数据中台，红蜻蜓开启了数智化经营的新时代。同时，红蜻蜓还把其数据中台的进程写入企业年报中。红蜻蜓对外披露的 2019 年年度报告显示：与阿里巴巴进一步深度战略合作，结合数据中台建设，围绕“新定位、新客群、新商品、新组织”主线，按照全域消费渠道群需求，以店铺为起点，实现全域全品类高效协同，构建企划研发与商品运营端到端配货制新能力，全面开启品牌的业态升级，实现跨区域核心业务整合能力，打造崭新红蜻蜓。

7.3　多场景融合

7.3.1　多场景融合成为数智时代的主要特征

数智社会建设是一个高度复杂的系统工程。其参与者包括政府企业、社会团体等；其物理空间包括天空、地面、地下各种空间；其目标包括数字产业化、产业数字化、服务智能化、发展绿色化等。彼此独立的单个场景只能解决某个局部的问题，而要想解决复杂的系统问题，则需要进行多场景融合。

多场景融合是全局观念、系统思维的体现。多场景融合有助于打破数字壁垒，如前文所述，数智社会建设涉及不同行业、不同领域、不同部门、不同需求，参与者必须协同作战。例如，在各行业的大数据应用上，要逐一打通数据干什么（目的）、数据要什么（内容）、数据从哪来（来源）、数据如何管（治理）、数据怎样用（应用）、效用怎么评（价值）等环节，而这在单一场景中是无法实现数据流顺畅运营并构建数据闭环的。

在制造业领域，国家大力推进智能制造，推行产业基础高级化、产业链协同创新和体系建设。而要应对产业链重构和供应链多元化挑战，产业链一体化、供应链弹性化、生态链国际化也需要以多场景融合为抓手。

7.3.2 城市运营管理方式向“城市一件事”演进

城市管理的高度复杂性主要体现在“系统嵌顿、条块纠缠、层级互扰”上。在过去的科层制管理体系下，分工明确、流程清晰，但是随着城市规模的扩张、市民需求的增加，越来越多的问题纠缠在一起，城市治理面对的不再是单一领域、单一条块、单一组织、单一性质的事件和问题，而是跨层级、跨地域、跨系统、跨部门、跨业务的错综复杂、横纵交错的复杂城市场景。

如今，城市运营管理不再是单一部门的事情（见图 7-3），而需要具有“城市一件事”思维，深化城市运营“一网统管”，高效协同处置“城市一件事”。“城市一件事”所需要的不仅有管理模式创新，还有技术手段创新。推进“城市一件事”，必须运用现代化科技手段，推动城市治理由人力密集型向人机交互型转变、由经验判断型向数据分析型转变、由被动处置型向主动发现型转变。

图 7-3 城市多场景融合

我们需要将城市事件标准化、归一化的处理能力，以场景和调度串联复杂事件处置过程，以数据中台、中枢建立跨层级、跨地域、跨系统、跨部门、跨业务的“横向到边”的数据互通和业务协同能力，以多端驾驶舱形成指挥端、执行端“纵向到底”的穿透能力，从而真正实现“以人为中心”、面向“城市一件事”的场景化驱动、智能化处置、动态化管理的城市治理能力，实现城市级公共资源高效调配、城市事件精准处置，全面提升城市治理精细化、智能化水平。

专栏　某市的“一网统管”推动市、县、区 3 级联动

某市不断完善数字城管平台的功能，逐步向智慧化升级，实现市县平台联网，推进地下管网安全运行监测系统的建设。此外，该市还积极推进公共基础设施建设，加快实施城市污水配套管网改造、内涝治理工程项目建设、机动车停车泊位建设、绿道建设、垃圾分类处理等重点建设任务，构建完善安全的城市生命线。

在现有数字城管平台的基础之上，该市建设业务指导系统、指挥协调系统、行业应用系统、公众服务系统、数据汇聚系统、数据交换系统六大标准系统，并根据实际需求和“一网统管”的最新要求，拓展领导决策系统，以及城市运行管理平台及渣土运输监管、城市防汛排涝、自治共治、城市出行 4 个多跨场景，实现了以下 3 个方面的价值。

（1）事件统一处置。综合运用移动互联网、视频智能识别/图像识别/文本挖掘/物联网等技术实时自动识别以文本、图片、视频等形式承载的事件类型，依托智能算法，根据责权清单和事件类型实现智能化派发与调度，实现去中心化的分布式管理，全过程都在数字城管平台上留痕，实现城市事件自动立案派发、权责到人、扁平化管理，以及自动结案，可提高时效性。

（2）队伍统一指挥。构建应急指挥调度体系，集约展示城市管理队伍、车辆、设施、事件等实时信息，合理调配人力和物资，辅助日常管理决策指挥，提高城市重大事件的应急处置和决策指挥能力。

（3）利用数字城管平台的统一入口打造城市治理的统一移动入口，连接城市管理局市政设施、环卫管理、园林绿化、综合执法、住房和城乡建设局、自然资源和规划局、交通运输局等城市治理相关部门的人员。

7.3.3 多场景融合是企业数智化转型的有效途径

在数智化转型之路上取得成功的企业，在转型初期都会不约而同地选择跨场景的业务创新，包括客户服务、交易管理、产品管理、物流调配、生产管理等多个业务场景的跨界融合。多场景融合主要通过多个场景的移动化、智能化达到多维度的客户感知、员工感知、组织感知、产品状态感知、合作伙伴感知、生态系统感知，使得企业在全链路保持连接和数据获取能力。

过去，企业主要向客户单向推介产品和服务，得益于多场景融合的推动，目前逐步过渡到双向沟通甚至多向互动。多向互动是指企业与客户、供应商、经销商、生产商等即时进行交流和互动，通过移动互联网、物联网、大数据、云计算等新技术了解客户的需求，以便更好地满足客户的需求。因此，主动设计多跨场景、实现客户个性化的体验是数智化创新工作的重点，这种机制可以激发各方的积极性、创造性和参与感。

各业务环节之间相互关联并实时进行数字化运算，根据外部环境的变化，进行智能决策调整，包括生产、物流，以及“人、货、场”的线上和线下全面协同。

专栏　银泰百货——数智化“人、货、场”场景融合

银泰百货将实践多年的新零售能力沉淀为新商场操作系统。该系统更像是阿里巴巴商业操作系统的一个子系统：核心服务运行在阿里云上；通过喵街 App、银泰天猫旗舰店、线下专柜，实现正品好货加线上和线下同款同价；通过云 POS 线下收银和线上的各销售渠道将产品卖往全国；利用物联网硬件基础设施，与手机淘宝、支付宝的会员连接，以及独立软件开发商的软硬件互联，形成新零售规模化能力。在数智化转型初步完成后，银泰百货更像是一家数据驱动货“找”人的商场。例如，银泰百货通过对客户动线的热力图分析发现，新客户、老客户和数字化会员的商场动线有很大差异。而基于阿里云的云 AP（Access Point，访问接入点）和物联网设备，银泰百货可以根据客户在商场内的动线轨迹和交易热度，对产品的呈现和品牌布局进行优化。原来基于位置建立的实体门店的价值，在数智时代已经被重新定义。

7.4 全链生态融合

数智社会本身就是一个复杂的生态系统，需要多元主体的协同创新，政府与企业、企业与企业、企业与客户之间在各个层面进行紧密合作，共同构建整体生态。在这个生态范畴内，不同主体的技术能力和领域专长不尽相同，大、中、小型组织与个人在其中各自发挥自身的优势。数智社会的建设需要跨部门、跨领域的融合，这就要求各主体在产品与技术方面进行融合，保证让专业的企业做专业的事情，进而形成一个大的生态体。例如，在城市运营管理中心的建设中，底层的支撑系统一般由平台型企业提供，上层的交通、环保、城管等各行业领域的系统则由相关的专业企业进行开发，一些具体的算法模型可能来自研究机构或者初创型企业。

7.4.1 生态融合支撑数字政府建设

在互联网技术飞速发展的今天，很多以前只在电影里出现的场景被相关生态企业联合创造出来而成为现实。萧山城市大脑中有一个场景应用叫“一键护航”，它呵护生命通道，跨交通、医疗、应急、城管

经济中的地位愈发突出。往年数字经济的增长率大概是 GDP 增长率的 2 倍，但是 2020 年数字经济在逆势中加速腾飞，其增长率达到了 GDP 增长率的 3 倍，在夺取疫情防控和经济社会发展双胜利中发挥着重要作用。数字经济已经成为国民经济的核心增长极之一。

截至 2020 年年底，在我国 34 个省（自治区、直辖市）中，除新疆维吾尔自治区、宁夏回族自治区之外，其余地区均出台了数字经济专项政策，包括数字经济发展行动计划、产业规划、补贴政策等，而新疆维吾尔自治区、宁夏回族自治区在其政府工作报告中也提到了支持数字经济发展。数字政府建设与产业数字化更是重中之重。

对数字政府建设来说，云计算、大数据、AI 等技术在政府各场景中的应用越发深入，在推动政府工作效率提升、服务质量优化等业务变革的同时，开始成为推动机制体制变革的关键要素。例如，上海市提出的一网通管理理念及浙江省提出的数字化改革，都是在数字化的基础上进行更深层次的改革。企业对数字化转型的认知和实践也在不断深入。数字化转型不仅仅是在提升企业现有业务的发展速度和发展质量，也在帮助企业在研发、生产、销售等多个环节重新定义自己的业务方向和发展战略。数智化技术在重新定位政府和企业及多元市场主体之间的关系，形成了新的发展格局。

7.5.2 产业数字化成为传统产业升级的有效途径

在消费升级的浪潮中，客户需求已经从传统的质优价廉、实用耐用等功能性诉求，转向追求优质服务、体现社交价值、注重参与过程等体验性诉求。这就要求企业积极拥抱数智化转型，建立自己的数智化分析工具，充分发掘、整理与分析客户的个性化需求，从而创新出更具个性化的产品与智能化的服务，为客户提供更好的使用体验。企业借助数智化技术可以拉近自己与客户之间的距离，降低信息的不透明度，使客户可以广泛参与企业的运作过程，培养个性化生产的新制造模式。

当前，以云计算、物联网、AI 等为代表的数智化技术在多个行业被广泛运用，部分先行企业已经在积极拥抱数智化转型，主动追求数智化技术与本行业交叉所产生的产品、服务、业务的创新。

与其他传统行业企业一样，飞鹤原先的数据分析以 ERP（Enterprise Resource Planning，企业资源计划）系统为核心，也上线了适用于具体业务场景的数据平台。但数据在各自的平台上运行，导致各职能部门分散运营，数据分析无法被整合，一体化、数字化改革进程缓慢。飞鹤的数智化转型之路从 2018 年开始酝酿，同年 8 月，飞鹤启动数据中台建设。数据中台打通了线上和线下的营销体系，建立起与客户的全域在线连接，把终端客户的数据反馈到后端，进而支持更多新产品的创新研发，实现以大数据驱动人、货、场全面数智化的战略目标。曾经 IT 部门需要花十几个小时跑出来的数据，现在只需花十几分钟即可跑出。数据中台使得业务数据得以以前所未有的维度呈现。因此，管理层能够重新检视业务，关键指标能够预测机会、预警风险，最终数据倒推业务促进业务裂变、探索新机会。

未来，传统企业需要加大数智化的研发投入，对自身的产品、服务、渠道、技术、商业模式进行全面重构，以便实现自身业务在数智时代的可持续发展。

【本章小结】

本章主要介绍了数智融合的特征指引。

数智融合推动数智化融合发展，需要关注五大特征指引：全栈技术融合、多源数据融合、多场景融合、全链生态融合、数字产业融合。从技术到数据，从场景到生态再到产业，这五大融合体系不是割裂和分而治之的，而是互相依存、共生共荣的（见图 7-4）。

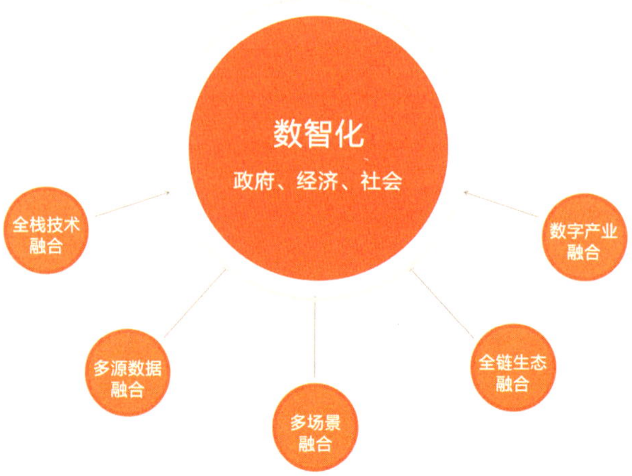

图 7-4 数智融合的特征指引

当面对不同的问题、不同的场景时，数智化往往呈现出多个甚至全部特征的深度融合与共生。从这个角度讲，五大融合体系既是数智融合的特征指引，又是数智化不断深化发展的全面保障。

第 2 篇

数字政府、数字经济与数字社会

第 8 章
数字政府的新理念："政府即平台"

自党的十八大以来，中国特色社会主义进入新时代。站在新时代，党从历史、全局、长远的角度对国家治理体系和治理能力提出了新的命题，擘画了新的蓝图。在党的十九届四中全会上通过的《中共中央关于坚持和完善中国特色社会主义制度 推进国家治理体系和治理能力现代化若干重大问题的决定》提出："完善公共服务体系，推进基本公共服务均等化、可及性。建立健全运用互联网、大数据、人工智能等技术手段进行行政管理的制度规则。推进数字政府建设，加强数据有序共享，依法保护个人信息。"

"政府即平台"理念的提出，一方面成为社会、产业、政府实现三方互动，推动实现国家治理能力和体系现代化的内在需求。数字政府的建设需要一揽子顶层设计和系列制度安排，以推动行政组织变革和国家整体的数字化转型。在这个转型过程中，政府也将面临越来越复杂的全球环境与治理风险，这对政府治理模式的理解、政府自身的角色定位、社会治理活动的实施实现"有为治理"，提出了更高的技术和能力要求。而以平台型组织为核心驱动的数字化大变革，为这些问题的解决提供了一个重要解题方向和可能。

另一方面，人们越来越认识到，新兴的、技术驱动的组织形式开始模糊公共、私营和第三部门之间的传统边界。"多中心、多节点、多部门、多层次、多参与者、多逻辑、多媒体、多场域"的"新世界"充满了复杂性、动态性、不确定性和模糊性①，广泛的参与者开始参与公共价值创造。而在公共领域内，开放、灵活的数字技术开始促使合作超越组织边界，这进一步推动了一体化、平台型数字政府的建设。

由此，内在需求和技术助推进一步促进了"政府即平台"理念的发展（见图 8-1）。其实质也正在于，依托海量的算料、强大的算力和精益的算法，平台化的公共数字基础设施正在形成，其通过灵活链接和吸纳多边用户、信息与资源，一方面引导政府部门走向融合协同，另一方面则通过平台基础设施广泛辐射和再分配特定的政策性资源与信息，靶向赋能数字经济与社会大融合。因此，我们认为，"政府即平台"理念体系不仅指向政府内部的整体智慧化治理，还是推动数字政府、数字经济与数字社会融合发展的"必需公共基础设施"。

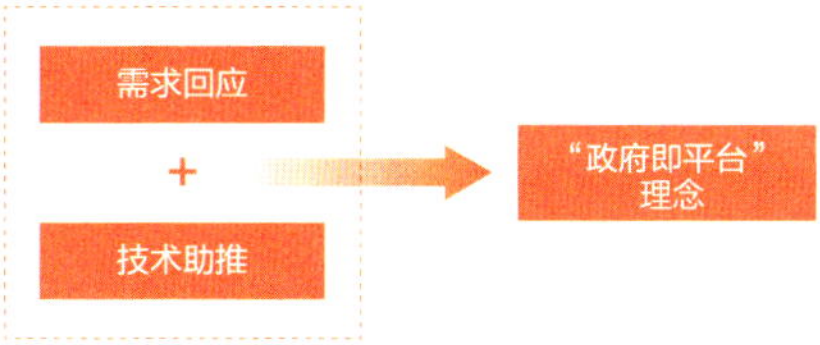

图 8-1　"政府即平台"理念的产生背景

① Kim S，Andersen K N，Lee J. Platform Government in the Era of Smart Technology[J]. Public Administration Review，2021. 10.11 11/13422.

①政府作为数据源平台（Government as Data Source Platform），政府承担向市场、社会开放数据的平台角色，平台在数据访问和使用方面是开放的；②政府平台生态系统（Government Platform Ecosystem），市场创造了一个政府生态系统并在整个生态系统中产生效益，促进标准化能力的利用，这是一个完全开放的生态，促进全社会受益。

2018 年 8 月，埃森哲发布了 2018“政府即平台”准备度指数，对新加坡、英国、美国、澳大利亚、法国、挪威、阿联酋、日本、德国、沙特阿拉伯 10 个国家的政府平台发展程度进行了评估。

埃森哲“政府即平台”准备度指数主要包括 4 个方面[①]。

（1）变革和创新心态。“政府即平台”理念认为政府处于网络化治理的中心位置，并基于开放式创新的思维来广泛利用数智化技术提升治理效能。

（2）公共服务供给创新。政府作为连接企业、非政府组织、公众等多元治理主体的核心驱动力，可以通过技术助推更有效地整合社会力量，建立一体化的在线公共服务平台，实现合作生产，以提升公共服务的质量，并促进价值共创。

（3）促进经济发展的程度。“政府即平台”理念的一个方面即在于利用拥有海量公共数据的数智化平台，基于数据挖掘与分析，有效辅助经济决策，并在政府的引导和监管下促进数字经济与实体经济融合发展，促进数字社会包容、公平和可达。

（4）基础坚实程度，包括数智化基础设施、数字化服务、劳动力技能和公众信任度等。评估结果显示，新加坡、英国和美国在“政府即平台”理念模式中发展最成熟。

---

① 杜超，赵雪娇．基于“政府即平台”发展趋势的政府大数据平台建设 [J]．中国行政管理，2018（12）：146-148．

8.1.1　新加坡：从“智能城市”到“智慧国家”

新加坡的数字政府建设先后经历了信息技术普及、国家科技计划、电子政务行动计划、智慧国家建设计划 4 个阶段，目前已打造了公众参政议政的网络数字平台、方便快捷的数字政务服务项目等。依托网络数字平台，数智时代的技术、工具、方法、模式和资源不断积累，帮助新加坡政府能够基于更敏捷的治理能力，以更灵活的方式响应、预测乃至引导公共治理与服务需求，从而更高效地实现政策目标，创造公共价值，推动智慧治理。

实际上，早在 2006 年新加坡就制订了“智能城市 2015”计划。当时的目标主要聚焦在经济和产业上，如到 2015 年，通信行业价值实现翻一番，达到 260 亿新加坡元等。在这期间，新加坡还实施了“电子政务 2015”发展蓝图计划，以建立一个以公众为中心，促进政民互动和共同创新的无缝隙的合作型政府。实际上，在这个过程中，数智化技术的快速迭代与创新加速了政府数字化转型，使得政府组织的能力能够更快地应对经济社会的多元化需求。

2014 年，新加坡制定了全球首个智慧国家蓝图“智慧国家 2025”。新加坡是全球第一个从国家层面去擘画智慧国家蓝图的国家。“智慧国家 2025”提出要建设全覆盖的数据采集、处理、分析、共享和开放的数智化基础设施与平台，响应、预测乃至引导公共治理需求，以提供更精准的公共服务。国家数字化转型的关键词从产业和机器层面的“智能”切换到更加聚焦于人的人文层面的“智慧”。“智慧国家 2025”认为“社会公众始终是智慧政府建设中的核心”，在强调数智化技术广泛应用的同时，更加突出连接（Connect）、收集（Collect）、理解（Comprehend）的 3C 核心理念[①]，凸显以人为本、以需求引导服务与治

① 赵勇，曹宇薇．“智慧政府”建设的路径选择——以上海“一网通办”改革为例 [J]．上海行政学院学报，2020，21（5）：8．

理的设计关怀，从而实现更为智慧且精准的主动服务、科学决策与有效治理。

总体来说，在“智慧国家”的理念下，新加坡政府旨在从单向的公共服务供给者转变为催化者、召集者和管理者，促进其内部运行系统和公共服务系统实现整体数智化转型，并依托数智化政府平台，在数字社会包容、公平和可达的原则下推动服务与治理开放式创新，提升政府履职效能。在这个过程中，以公民为中心始终是其推动智慧治理的根本关怀，而数智化平台成为新加坡政府提升自身数智化治理能力的重要抓手之一。

8.1.2 英国：占据“政府即平台”战略先发优势

英国在 2012 年发布《政府数字化战略》，该战略制定了详细的实施路线图和主要考核指标，具体包括构建一体化的数智化技术平台、推动政府数据开放行动、提供 API 开放接口、推动第三方机构开放创新性和增值性便民服务等。

2014 年，英国推行《政府数字包容战略》。2015 年，英国启动“数字政府即平台”计划，以平台为基础提供数据开放、数据分析、身份认证、网络支付和云计算等政府公共服务。在 2016 年的联合国全球电子政务调查评估中，英国位列第一名，英国在数字政府建设方面取得显著成绩。

正如研究者指出的，“在英国政府的数字化转型战略中，‘数字政府即平台’战略既是其指导思想，又是其核心内容”[①]。2017 年，英国继续发布《政府转型战略（2017—2020)》，进一步提出“首选数字化”（Digital by Default）和明确“政府即平台”的理念，提出政府数字服务

① 张晓，鲍静．数字政府即平台：英国政府数字化转型战略研究及其启示 [J]．中国行政管理，2018（3）：6.

的目标是要改变政府面向内部和面向公众的治理与服务转型。前者有效地推进跨政府部门业务的数字化和整体协同，使政府成为一个数字化组织，提升工作和组织运行效率；后者为公众和企业提供无缝隙的、“泛在化”的数字化服务，并与线下公共服务有效补充，在优化数字化公共服务供给水平的同时，也能提升数智化社会包容，弥合数字鸿沟，让每个小群体都能共享均等化的基本公共服务，最终有效提升政府形象和公共信任。

举例来说，英国政府开发并持续优化了一体化的政府门户网站GOV.UK，并在该网站上开放了许多源代码、模式、资源组件和数据，不断发挥平台型政府的网络协同和辐射作用，吸引众多治理主体共同参与政府公共服务开放式创新和提质增效。同时，英国政府通过平台提供标准化的数字服务和线上、线下多渠道的服务获取路径。此外，在政府内部，英国政府努力构建政府整体上数字化转型的方法论和跨部门协同的具体机制，总结最佳实践案例，旨在形成一套通用性的语言、技术工具和操作化体系。这些将促进英国政府在面对数字化大变革的过程中尽可能地减少部门间的壁垒，以更灵活、轻巧的方式来改善政府内部运行，有效满足公共治理需求，改善政府数智化服务和监管的体验与效能。

在数字化人才领导力方面，英国也不断依托数智化平台来提升政府雇员的数字素养和技能，培养政府内部既懂业务又通技术的交叉性人才，以更有效地支撑政府数字化变革。具体举措包括设立数据科学院校、实施数据科学加速培训计划、优化公务员数字化培训计划、选拔政府 CDO、设立数据咨询委员会等，依托数智化平台推动政府迈向整体性的数据治理新范式。

8.1.3 美国：全球率先开启《数字政府：构建一个21世纪平台以更好地服务美国人民》战略

美国依托开放政府数据行动（Open Government Data，OGD）推动建立21世纪更好服务公众的政府数字化平台。在“政府即平台”理念下，美国平台型政府建设主要以政府作为数据源平台（Government as Data Source Platform）为主要模式。政府扮演向市场、社会开放数据的平台角色，公众可访问和使用平台上的公共数据。其旨在通过数据开放行动，推动企业、公众和其他组织来共同进行数据挖掘、分析和利用，最大限度地释放数据价值，激发社会创新活力，让数字红利能够充分涌流。

早在2009年1月，美国就发布了《透明与公开政府备忘录》①，正式启动美国数据开放行动，并指出“政府及行政管理机构应当充分借助新的技术手段在线公开有关决策和运行的情况，以便公众随时获取”，随后就开通了Data.gov平台，率先推动政府开放数据行动在全球的发展。同年12月，美国总统办公室与预算办公室共同发布《开放政府指令》，明确了“透明、参与、协同”三大政府数据原则②，并要求在数据开放平台上传政府开放数据。而在2011年，巴西、印度尼西亚、墨西哥、挪威、菲律宾、南非、英国、美国成立了开放政府合作伙伴联盟，共同承诺提升政府信息公开度②。

2012年，美国相继发布了名为《数字政府：构建一个21世纪平台以更好地服务美国人民》的战略，确立了数字政府建设的三大目标：第一，使美国人民能够随时随地地通过任何设备访问高质量的数字政府信息和服务；第二，确保政府能够以智能、安全和合理的方式采购和管理设备、程序和数据；第三，释放政府数据的价值，激励创新，

① 王晶．美国政府数据开放政策最新进展及启示[J]．电信网技术，2019（009）：35-38.

② 胡税根，杨竞楠．发达国家数字政府建设的探索与经验借鉴[J]．探索，2021（1）：10.

提高公共服务质量。

进入 2014 年，美国相继发布《美国开放数据行动计划》，承诺以更高的标准和质量来开放公共数据。2016 年，美国通过《开放政府数据法案》，强调政府默认开放原则，明确开放范围、要求格式、机构责任等，并强调建立政府大数据平台来进一步推动数据开放。2018 年，美国通过《开放的、公开的、电子化的及必要的政府数据法》，传递了美国政府建设开放数据平台和展开政策实践的新方向，以便与快速发展的数智化技术相互适应，来提升政府数据开放的效能，进一步激发数据价值释放。

经过持续的政策实践与理念发展，"开放政府数据"标准和原则逐渐清晰，其主要指向开放完整、一手、及时、可获取、可机读、非歧视性、非私有、免于授权的政府数据[①]，由此开放对象将超越信息公开层面，而更深入地指向数据层面，以用户为中心，通过数据利用来释放数据要素的价值，实现经济与社会整体效益倍增。

围绕以"开放政府数据"为重要抓手的政府数字政府建设的系统工程，美国持续推动建立了一体化的政府数据开放平台，包括面向公众的数字化服务平台和面向机构的数字化专业平台，并在技术、机制、组织、人员与架构方面进行整合。

一方面，在政府数据开放平台上，美国政府建立联邦数据目录，打造标准化的数据维度、开放形式、分享内容等，具体由数据、主题、影响、应用程序、程序开发、联系六大板块构成。在 2010 年 9 月—2015 年 12 月，有 80 多个联邦政府举办了 640 场挑战赛，鼓励公众利用政府开放数据，促进围绕公共数据的开放式创新，促进政府和公众合作，提高问题解决能力。

---

① 郑磊. 开放政府数据研究：概念辨析、关键因素及其互动关系 [J]. 中国行政管理，2015（11）：6.

另一方面，在数据管理机制方面，各联邦机构设立CDO，由非政治任命的政府雇员担任，明确任职资格规定，不断提升政府数据管理人员进行数据全生命周期管理的数字化能力，并通过数据委员会等机构对政府数据开放平台的建设、数据开放的有效性进行评估和监督，以提升数据开放的质量和效能。麦肯锡的报告显示，开放数据能够带来3～5万亿美元的经济价值，数据资源增值性应用每年可为美国的医疗服务业节省3000亿美元。

8.1.4 “政府即平台”理念在我国的探索与本土化创新

2016年的《政府工作报告》提出：全面推行“双随机、一公开”，增强事中事后监管的有效性，推进“互联网+政务服务”。

2018年，国务院发布《国务院关于加快推进全国一体化在线政务服务平台建设的指导意见》明确全国一体化在线政务服务平台的建设任务。

2021年11月，国务院办公厅印发《全国一体化政务服务平台移动端建设指南》要求加快推进全国一体化服务平台规范化建设和互联互通，不断提升企业和群众的获得感和满足感。

第47次《中国互联网发展状况统计报告》显示，截至2020年12月，我国互联网政府服务用户规模达8.43亿人，较2020年3月增长1.50亿，占网民整体的85.3%。《2020年联合国电子政务调查报告》数据显示，我国电子政务发展指数为0.7948，排名从2018年的第65位提升至第45位，达到历史新高，位居全球电子政务发展“非常高”的水平。其中，在线服务指数由全球第34位跃升至第9位，迈入全球领先行列。

在“政府即平台”理念实践中，为及时且精准地回应公共服务需求，各类政府机构最先积极建设一体化政务服务平台，推进政务服务线上化、数字化，服务种类及人次均有显著提升；各地区各级政府的“一网通办""异地可办""跨区通办"渐成趋势，"掌上办""指尖办"逐渐成为政务服务标配，营商环境不断得到优化。

在此基础上，各地积极推动面向政府内部、公众和企业等多元化对象，支撑数字政府整体化变革和组织内部协同的平台载体集约化整合探索，并在此过程中形成一系列富有代表性的治理模式。例如，浙江省的"最多跑一次"改革致力于打造"小前端 + 大平台 + 富生态 + 共治理"的治理模式、政务钉钉助力政府内部高效协同办公；上海市推行政府服务"一网通办"、城市运行"一网通管"，围绕"高效处置一件事"，加快政府各系统整合；广东省全面推行数字政府改革等。

我们认为，"政府即平台"理念体系是指在政府内部协同整合、政务服务与治理等不同面向的内部外场景中，以打通和培育数据和业务双中台通用能力为核心，以底层基础设施和前台场景化应用为支撑的数字政府开放架构体系。其能有效地促进政府内部理顺关系和条块协同，在此基础上推动数字政府新阶段下的精准服务与高效治理，实现政府由电子化、数字化的基础性转型到内部流程整合与一体化，再到主动响应、预测乃至引导公共治理与服务需求的数智化大变革。

"政府即平台"理念体系助力支撑构建一个整体性、网络化与开放性的政府数字治理全新模式，其根本关怀在于一方面利用数智化的技术手段掌握公共治理与服务需求的信息；另一方面提高满足公共治理与服务需求的组织能力，由此促进内外部公共治理服务需求与供给得以高效匹配。

由此，"政府即平台"理念体系将以政府为中心构建一个解决公共事务并促进多边协同的多元治理网络，并进一步激活政府的居间职能和架构师角色，释放其强大的政策和制度资源来分别助推市场、社会的融合发展。

融合发展理念则将政府本身视为一种平台架构者。这个平台以数据融合为核心，通过数据的归集、共享和开放，形成互联互通的公共数据库，同时又能在技术的支持下，基于数据中台和业务中台的通用能力（模块），按需快速组合资源组件，迭代升级政府内部业务协同办公、政务服务“一网通办”、市场监管与社会治理“一网统管”等。在这个过程中，政府平台也为其他非政府组织和个体赋能并提供融合的制度性资源，从而形成一个强大的发展与治理共同体。

由此，政府可以从响应性服务与管理交付转向为针对政府内部协同、政府外部治理主体的服务诉求与监管需求等提供更具前瞻性的精准协同、主动服务和精益监管。政府本质上是一种集体行动机制，在这种机制中，政府是行动的召集人、催化者和助推者，而平台对于这种行动机制的建立极其重要。“政府即平台”理念体系实际上是借鉴平台经济和平台企业的理念、技术和方法，以平台技术为支撑，以平台思维为理念，以技术的手段撬动数字政府组织和制度层面的变革，从而构建技术驱动下的整体性、网络化与开放式创新的政府数字治理体系。

以平台型组织为核心的政府数智化变革，将是政府信息化转型、政务服务改革的迭代深化，是立足新发展阶段、贯彻新发展理念、构建新发展格局的重大战略举措。其将在技术的支持下，改变政府内部治理、对外服务与监管方式，并通过释放数据价值、推动组织重塑和推动生态融合 3 个梯度的发展来有效提升国家治理体系和治理能力的现代化程度（见图 8-2）。

图 8-2 “政府即平台”进阶式战略价值

8.2 "政府即平台"理念的主要特征与"政府即平台"理念体系的总体架构

在技术层面，"政府即平台"理念主要依托高度集成的技术得以实施，包括云计算、大数据分析、移动计算、物联网和 AI 等。而这些技术最大的公因子——数据，可以轻松地在政府平台内相互连接和流动，从而为政府内部高效治理、公共服务有效供给、市场监管有为执法等提供不可或缺的原料基础。

实际上，数字化、在线化只是政府数字化转型的第一步，智能化、人文化、智慧化才是未来。将数字化、智能化整合而形成的数智化将是数字政府建设的重要目标。

8.2.1 "政府即平台"理念的主要特征

"政府即平台"理念依托标准化办公、服务与治理模式，在数字政府内外部不同使用者间共享可以反复使用的业务模块、功能、能力、系统、模式、代码、人员、设备等，从而实现资源的集约化、响应的敏捷化、服务的标准化、效益的规模化[①]。

在本质上，"政府即平台"理念以集成性（Integration）、模块化（Modularity）和开放性（Openness）为主要特征（见图 8-3）。其能在平台上综合集成多源性的、专门性的数据和信息，并依托政府组织内部治理需求和外部服务监管诉求，分门别类地形成可以开放共享的业务能力模块，并在组织需要时快速调用或复用，实现敏捷开发和迭代升级，从而释放可以快速、有效地满足政府内部组织管理、公共服务、市场监管等不同诉求的平台价值，并提升整体治理供给与治理需求的精准匹配程度。

① 北京大学课题组，黄璜，曾渝，等．平台驱动的数字政府：能力、转型与现代化 [J]．电子政务，2020（7）：2-30．

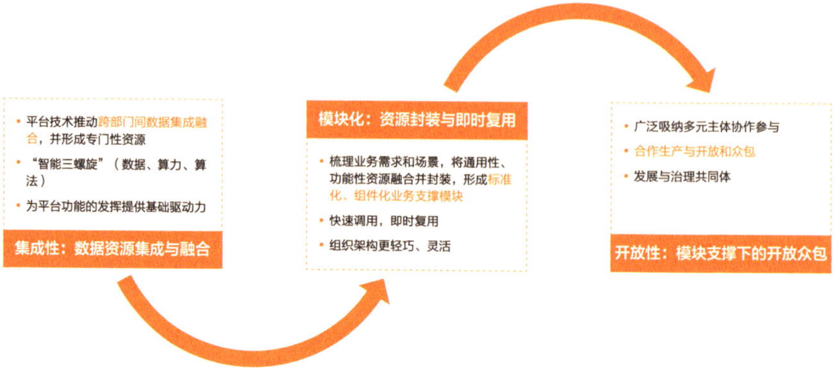

图 8-3 “政府即平台”理念的主要特征

1. 集成性：数据资源集成与融合

在平台上，作为核心资源的跨部门间的数据通过一系列平台技术实现集成与融合，沉淀为统一的公共数据大平台，实现由数据（机器学习需输入的生产资料）、算力（实现算法的能力）、算法（处理数据资源的方法）组成的“智能三螺旋”。数据通过集成、融合和共享，形成专门性资源，将极大地提高公共治理与服务所需的政府信息能力，降低信息不对称性和总体性的交易成本，并进一步依托数据开放来吸纳多元主体创新，推动数字孪生和要素价值释放，为平台功能的发挥提供基础动力。

2. 模块化：资源封装与即时复用

在数据集成与融合的基础上，平台可以推动梳理政府内部协同办公需求、公共治理与服务需求等不同面向的业务事项，并将其所需的通用性、功能性资源进行融合与封装，在此基础上形成标准化和组件化的内外部业务支撑模块[①]，并在内外部组织需要时快速调用执行某些

① Brown A，Fishenden J，Thompson M，et al. Appraising the impact and role of platform models and government as a platform（gaap）in uk government public service reform：towards a platform assessment framework（paf）[J]. Government Information Quarterly，2017，34（2）：167-182.

业务所需要的代码和其他资源的技术，推动内外部业务场景的快速开发，提升政府组织整体协同能力、主动响应和精准服务水平。这种模块化特征大大减少了资源重复建设，降低了人力成本和物质成本，推动政府形成更加扁平化的信息沟通机制、更通用性的治理能力、更加标准化和可共享的服务模式。

3. 开放性：模块支撑下的开放众包

"政府即平台"理念能广泛吸纳政府内外部不同治理主体协作参与。其通过调用平台上模块化的业务资源或能力，面向新问题、新需求、新场景，用跨部门、跨主体协作的方式来共同生产和快速迭代公共治理方案、公共政策与公共服务等，解决治理资源分散低效利用、治理响应迟缓、职能分割、信息不对称等问题[①]，从而推动形成业务模块支撑下的开放众包平台，打造治理网络下的多主体协作模式，实现真正意义上的发展与治理共同体。

在面对如今治理事务的多元性、异质性和复杂性挑战时，过去独自开发、运行或行动的分散化政府组织模式已不能适应内外部治理环境的挑战，平台型模式则依托跨界整合的治理网络，正在形成一种新型的政府形态。这种新型的政府形态在权力结构、政府职能、资源分配机制等维度都区别于已有的政府形态，是在当前治理情境下利用平台技术撬动政府运行理念、运行架构和运行模式的重塑和再造，是在借助平台技术激活平台功能，解决日益跨界的公共治理问题，以满足公众对美好生活的向往。对政府组织而言，平台化是必然的发展趋势。

---

① 宋锴业. 中国平台组织发展与政府组织转型——基于政务平台运作的分析 [J]. 管理世界，2020（11）：172-193.

8.2.2 “政府即平台”理念体系的总体架构

1. 连接性治理——“政府即平台”理念体系的主要机制

“政府即平台”理念体系并不是仅指政府数字业务组件或任何政府部门开发的一种技术，而是一系列可以供政府多个部门共同使用的共享组件、业务流程、技术平台和数据中心等。实际上，“政府即平台”理念体系是以连接性治理机制为主要抓手的数智化平台。

这种连接性治理的表现形式为“一体两翼”（见图 8-4）：“一体”主要是指围绕业务流程（包括面向政府内部的整体协同、公共治理与公共服务需求）所实现的数据与业务级连接；“两翼”则分别是面向政府内部的基础设施级连接和面向终端用户的服务级连接，其主要体现为政府组织的“云＋网＋端”组合。最终，这三大连接机制将促成以理顺政府内部关系、构建多元治理与服务网络、助推经济社会融合发展为核心特征的一体化数字治理平台。

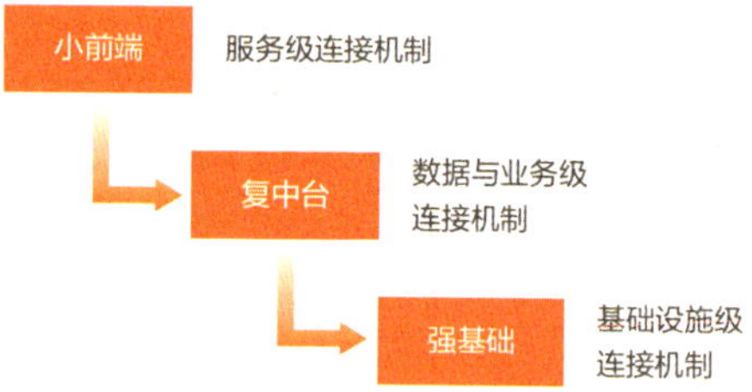

图 8-4 连接性治理机制的三阶层次

在平台环境中，基础设施、数据、业务和服务的连接构成政府连接性治理能力的四大呈现（见表 8-1），并通过共享的方式，在基础设施层、数据层、业务层和服务层打通政府内部，以及政府与市场、社会之间的信息沟通和治理与服务供给壁垒，真正实现基础设施通、数据通、协同通和服务通，最终形成跨层级、跨部门、跨业务、跨主体共享的数字政府总体架构。

表 8-1　数字化基础设施、数据、业务和服务的连接性治理能力的演变[①]

能力项	阶段		
	1.0 阶段	2.0 阶段	3.0 阶段
基础设施级连接能力	单个化：单个部门系统在线	分散化：部门信息化系统林立	平台化：统一的政务云平台
数据级连接能力	分散化：数据壁垒	归集化：数据集聚	融合化：数据共享、开放与价值生产
业务级连接能力	条块化：边界不清、互相扯皮	清单化：事项分割与列表	模块化：结构耦合、可复用
服务级连接能力	政府本位：履行职责与被动回应	公众本位：主动响应诉求	需求导向：预测与引导诉求

由此，政府数字化转型"从分散走向集中，从部分走向整体，从破碎走向整合"，并建立起纵横交错、内外连接的连接性治理机制，通过广泛利用数智化技术促进各种人、信息、事项、活动与能力的高效匹配，牵引各方围绕特定问题开展行动，形成多种治理诉求与治理能力的组合，最终实现政府组织内部整体协同，并在不同层面聚合多种社会力量，以便为面临的公共治理挑战与公共服务需求寻求整体性解决方案。

2. 基于双中台的"一体两翼"总体架构

数字政府的建设路径将主要从政府组织目标和公共治理需求出发，按照双中台体系形成"政府即平台"理念体系的总体框架。双中台即数据中台和业务中台。其中，数据中台是核心，业务中台是骨架，与"云 + 网 + 端"等共同形成基础设施级连接、数据与业务级连接、服务级连接（见图 8-5）。

① 北京大学课题组，黄璜，曾渝，等. 平台驱动的数字政府：能力、转型与现代化 [J]. 电子政务，2020（7）：29.

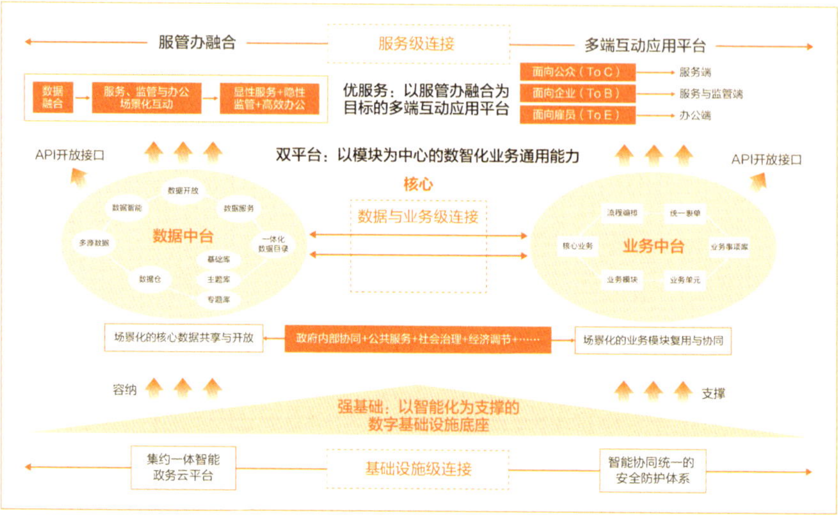

图 8-5　基于双中台的“一体两翼”总体架构

基础设施级连接包括主要以集约一体智能政务云平台和智能协同统一的安全防护体系为支撑，通过大数据、5G 等数字连接技术，开发组织底层的基础设施级能力共享，为数字政府提供集约、安全、稳定的大数据计算、视觉计算、物联网计算、安全保障等基础设施服务。云的核心算力支撑是数字政府体系的关键基础设施，其以高度虚拟、弹性和可靠的服务，为政务大中台和场景化应用提供平台基础。

双中台是数据与业务级连接的核心，是平台化过程的自然演进。其开发面向多元业务流程（包括面向政府内部的整体协同、公共治理与公共服务需求）的数据与业务能力共享，突出了数据能力与业务能力的复用。数据中台和业务中台成为“政府即平台”理念体系的核心与骨架。

一方面，数据中台建立在大数据计算存储平台的基础上，是整个组织的统一的数据资源池。其主要通过数据技术对政务数据、感知数据、视频数据、社会数据等多渠道多源海量数据进行采集，并采用一体化数据目录对数据进行清洗、加工和存储，从而提供包括数据服务、数据开放、数据智能等在内的数据综合大脑，并通过可兼容的通用性接口、数据交换共享协议和模块化组合打破数据交换壁垒，促进跨层级、跨部门、跨业务、跨主体间的数据共享。

另一方面，业务中台主要通过梳理政府内部整体运行、经济调节、市场监管、社会治理、公共服务、生态环保这六大领域核心业务域的共性需求、问题、任务和改革清单，逐次形成业务模块、业务单元，再到最小层次的业务事项库；并依托统一表单、流程编排等模块化的组件或资源包，以能力接口共享和开放的形式，将其在不同业务场景中实现排列组合和即时复用，以最大限度地减少政府数字化建设中的重复建设和资源浪费，让前端应用得以灵活地按需使用，从而实现快速迭代和创新。核心业务域的梳理逻辑如图 8-6 所示。

图 8-6 核心业务域的梳理逻辑

本质上，以数据中台和业务中台为核心的数字政府双中台开放架构以业务数字化和内部流程整合协同为基础，以模块资源的开放式创新为条件，以公共治理服务诉求与供给高效匹配为根本关怀，成为实质性推动政府实现数智化大变革的核心技术驱动力。

服务级连接主要面向前端，是针对政府内部核心业务域和外部重大治理与服务域的应用需求，以服管办融合为目标，按照“场景化”“一件事”目标，开发面向终端用户的服务级能力，并主要呈现面向公众的服务端应用、面向企业的服务与监管端应用、面向雇员的办公端应用。不同终端用户则通过使用和评价反馈促进场景化应用端升级，形成数字政府闭环，从而促进政府治理体系和治理能力的提升。

总体上，“政府即平台”理念体系应在不同维度、不同层次实现上下左右的互联互通（见图 8-7），以构成一体化的数智化平台，最大限度地发挥平台的网络效应，从而更为敏捷地响应政府内部、公众、企业与非政府组织等不同主体的差异性诉求。

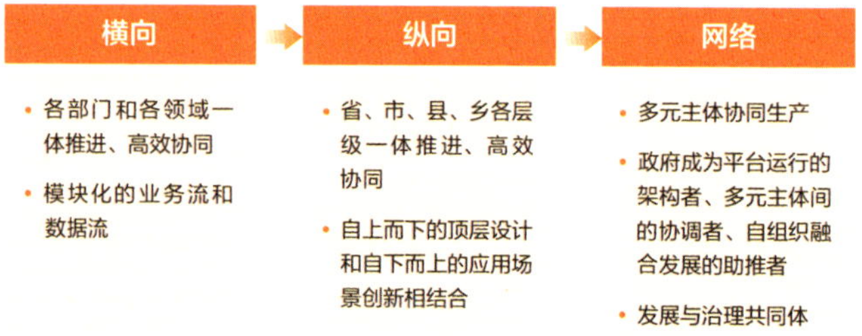

图 8-7 “政府即平台”理念体系的多向度互联互通

首先，在横向上，各部门和各领域一体推进，高效协同推进政府核心业务梳理，并将其分解为模块化的业务流和数据流，利用算法模型、代码等开发出可共享的组件或资源包，实现互联互通、融合集成。

其次，在纵向上，省、市、县、乡各层级一体推进、高效协同，实现自上而下的顶层设计和自下而上的应用场景创新相结合。

最后，在网络上，“政府即平台”理念体系能够推动多元主体协同生产。政府在平台治理范式下成为平台运行的架构者、多元主体间的协调者、自组织融合发展的助推者，以更加开放和包容的姿态制度化吸纳多元主体参与，构建一个生态、协同、开放的发展与治理共同体。

8.3 强基础：以智能化为支撑的数字基础设施底座

在“政府即平台”理念体系中，政府作为一个平台，需要强大且可靠的技术作为支撑。这包括信息化公共基础设施、物联网感知基础设施、网络基础设施、政务云平台等基础架构。而对政府而言，集约一体智能的政务云平台和智能协同统一的安全防护体系是至关重要的，它们构建并延伸了基础设施级连接能力。

8.3.1　集约一体智能的政务云平台

政务云平台是数字政府基础设施级连接能力的核心支撑，其通过统一的资源调度将分布式离散的数据中心统一起来，为"政府即平台"理念体系提供集约、安全、稳定的大数据计算、视觉智能计算、物联网计算、安全保障等基础服务，从而构建跨层级、跨地域、跨系统、跨部门、跨业务的协同管理和数据服务供给能力。

举例来说，浙江省的"一朵云"采用省、市两级架构，其通过政务云平台，促进了医疗、教育等公共服务行业的云基础设施建设，并逐渐开发和建成高并发、大容量、高性能、强一致的分布式关系型数据库（见图 8-8）。

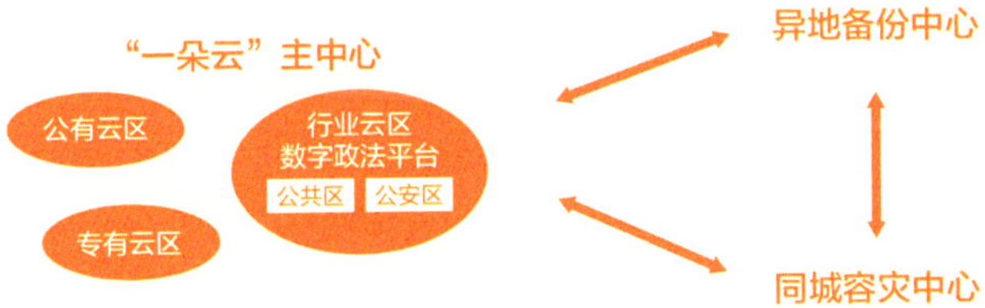

图 8-8　"两地三中心"网络安全三级等保

集约化政务云基础设施平台由部门主管单位主导，由专业技术服务机构规划、实施、运营，通过虚拟化、云原生、"微服务"、容器、分布式系统、软件定义网络、资源调度、服务编排等云计算技术，立足于电子政务实际应用和发展需求，以服务为中心来进行建设，从而为各级政府部门提供云服务。

一体化、智能化政务云基础设施平台包括服务器、网络、存储、虚拟化平台、安全服务及通信链路等，具备可扩展性，能满足用户的差异化容量需求。更重要的是，AI 智能化能力平台（见图 8-9）包括自然语言处理算法、语音技术算法、视觉技术算法、智能决策算法等 AI 原子能力，能结合业务应用封装出标准的智能服务产品、服务支撑产品、服务管理产品，并通过热线电话、在线咨询、视频客服、线下大厅等渠道进行接入，服务于政务服务热线、城市大脑、民政、公安等政务服务领域，从而提升政务服务的效率，并降低服务运营的管理成本。

其中，AI 智能化能力平台中的各算法能力具体如下。

（1）自然语言处理算法提供词法分析、文本相似度、命名实体、中心词抽取、情感检测、向量表达等相关功能。

（2）语音技术算法提供语音识别（将录音文件或者实时音频流转成文字）、语音合成（将文本信息转化为语音数据）等相关功能。

（3）视觉技术算法主要提供 OCR（Optical Character Recognition，光学字符识别）、人脸识别、人体属性识别、图像识别、内容安全、文件识别、活体检测、动作检测、手势识别等相关功能。

（4）智能决策算法主要提供时序预测、统筹优化、启发式搜索等相关功能。

实际上，云的核心算力支撑是“政府即平台”理念体系的核心竞争力之一。云架构为“政府即平台”理念体系的双中台架构、“互联网 + 政务服务”前端应用平台奠定基础。其中，云原生分布式数据库、大数据库、中间件和“微服务”框架能够对数据量大、用户并发多的应用进行改造，充分发挥云架构的优势和特性，完成数据资源的物理集中和虚拟集中，同时使数据资源拥有更高的安全性和可迁移性。

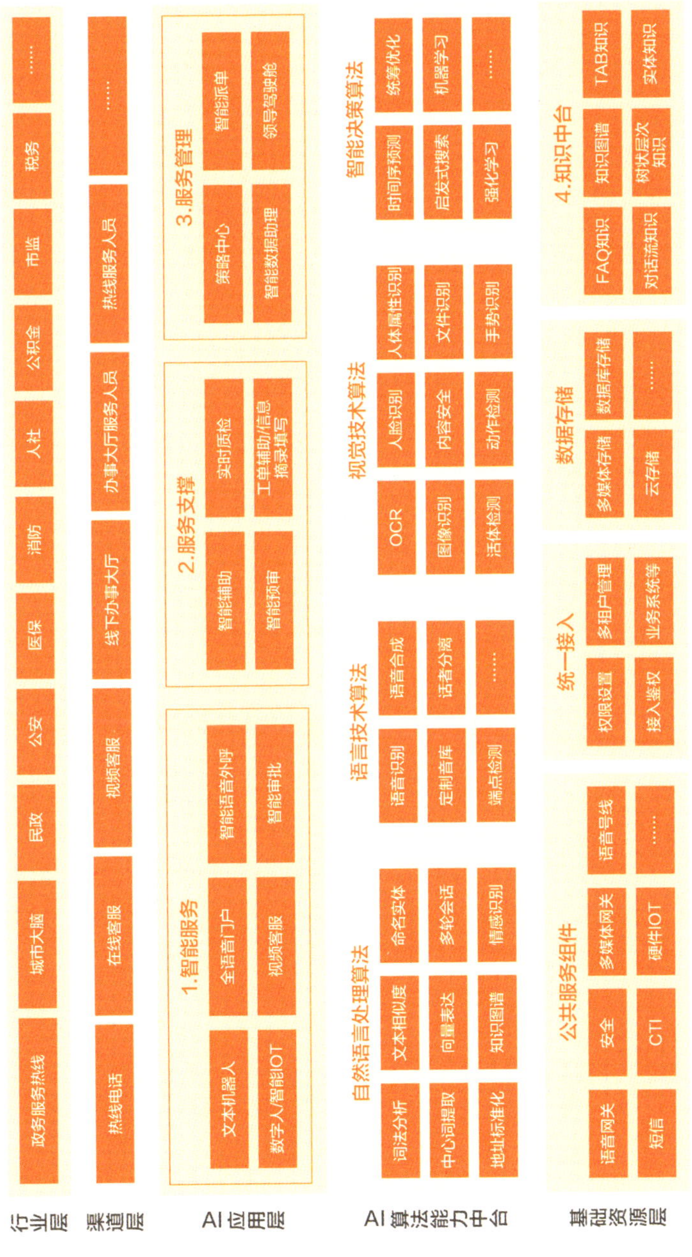

图 8-9　AI 智能化能力平台

8.3.2 智能协同统一的安全防护体系

在数字政府、数字经济与数字社会大融合的背景下，我们看到技术变化得越来越快，过去分散、独立的网络和应用变得高度关联、相互依赖，网络安全的威胁来源和攻击手段也在不断高速变化。传统边界安全防御的方法论和理念已不合时宜，这是因为在传统 IT 架构之下，安全响应往往是单点的、外挂式的，哪里有问题就给哪里打补丁，治标不治本。而数据泄露、网络诈骗、勒索病毒等网络安全威胁日益凸显，有组织、有目的的网络攻击日益增多，其中，数字基础设施将会成为攻击者攻击的主要目标。

因此，在当下及未来，在“政府即平台”理念体系的数字化基础设施的建设过程中，我们尤其需要树立以智能化安全、协同安全防护、统一安全运营为核心的总体安全策略（见图 8-10）。

首先，依托智能化建立的云原生的基础安全架构，其最大的优势是可实现与政务云基础设施的深度融合，通过精确的数据分析能力及模型能力识别高等级的安全威胁，提升“政府即平台”理念体系的整体安全防护水位。

基础 IT 设施云化大趋势已经没有争议，而云和安全是相辅相成的。可信计算技术是构建更稳固的安全基础的根本性措施之一。可信计算技术可以构建涵盖计算环境各层面的完整可信链，实现主动免疫。例如，云平台的硬件可信芯片和 ECS（Elastic Compute Service，云服务器）等上层环境中的虚拟可信芯片构建了涵盖用户计算环境各层面的完整可信链，强力保护操作系统和应用启动过程。

同时，云原生安全还可以结合云端丰富的威胁信息，与云安全产品能力达成联动，全网协同防御。相比外挂式安全，数智化的网络安全体系进行了多层次深度融合与分析。就像人体一样，只有同时拥有发达的大脑、强壮的身体和强大的免疫能力，才能更懂得如何防护，以应对各种威胁。

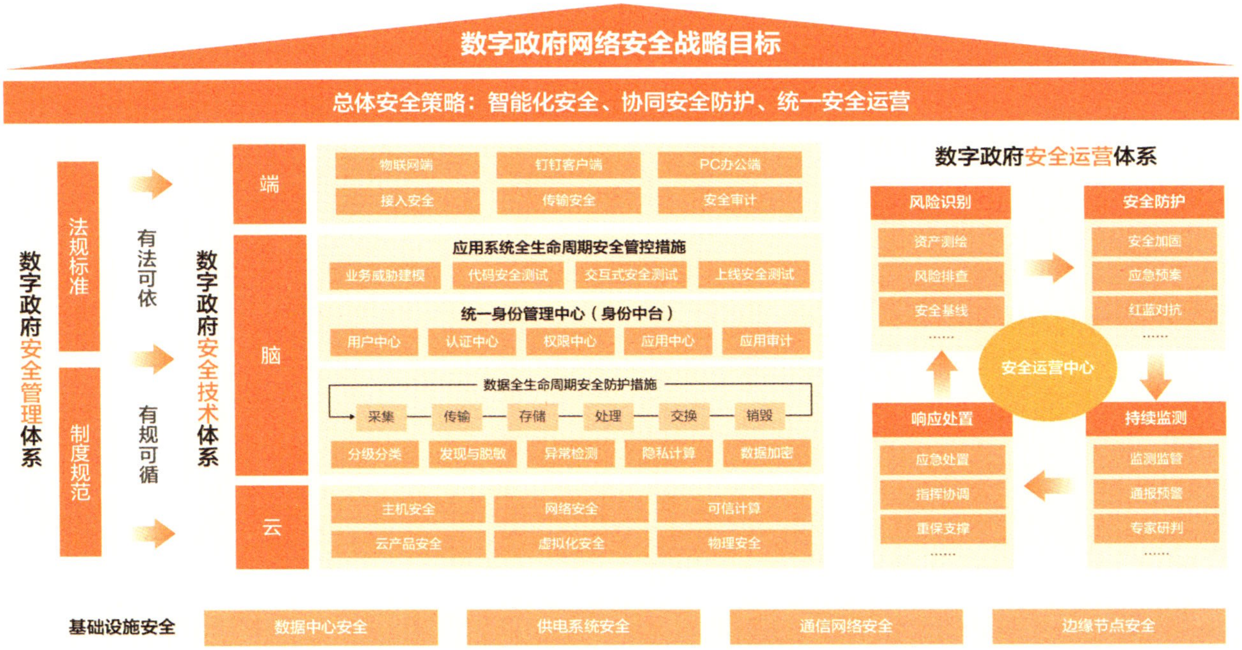

图 8-10 数智化的网络安全体系架构

基于此，将安全基因植入每个产品和组件中，云平台天然具有了威胁识别与检测能力，通过对活跃度、攻击手法、更新频率、隐蔽性等特点进行武力值评估并形成威胁画像，将碎片化安全能力与云平台进行有机组合，形成云平台默认的安全机制和能力。这样一来，无论是对抗外来风险还是防御内部威胁，云平台都能为“政府即平台”理念体系提供无感的极致安全防护。

其次，网络安全能力从数字化到数智化的转变，本质是从单点智能到全局智能的变化。这逐步节省了安全人员参与策略、规则优化等事务性工作的精力，最终实现网络安全系统的“无人驾驶”模式。过去，在算力不足的情况下，很多安全设备无法处理全量原始数据，只能先将全量原始数据变为汇总数据、摘要数据，再进行分析。建立数据化、智能化、平台化的安全能力中台，打造面向业务的安全运营中心，是进入数智时代的典型特征，可以不断提升实战对抗能力。

例如，传统安全设备在检测已知威胁上可以通过特征码的方式，在防御未知威胁时就需要先提取特征，再把特征下发到安全产品中才能生效。在没有形成特征码的期间就会形成一个防御空窗期，无法应对未知威胁或者组合攻击，而攻击者就可以利用0day、恶意代码变种等手段，入侵核心目标系统，窃取数据。

而如今，我们可以充分发挥云的天然优势，深度融合机器学习、深度学习等先进技术，形成一套基于机器学习技术的网络流量风险智能对抗体系，将第一轮复杂的流量分析和处置交给机器来做，从而降低处置成本，并提升应急响应效率。

数字政府对网络安全建设提出了更高的要求。“政府即平台”理念体系将基础设施、数据、业务、服务各层进行融合，属于典型的高价值攻击目标，因此我们要建立常态化、体系化、实战化协同的安全体系，而安全运营中心的建立是这套体系落地的重中之重。

安全运营中心建设的本质是建设基于兵力、装备、战术的协同“作战”体系，覆盖网络、主机、重点、服务、应用等 IT 架构中的不同层面，这些能力建设包括事件检测能力、攻击预防能力、防御加固能力、事件响应能力、关联分析能力、反制能力、安全运营能力等方面的建设（见图 8-11）。

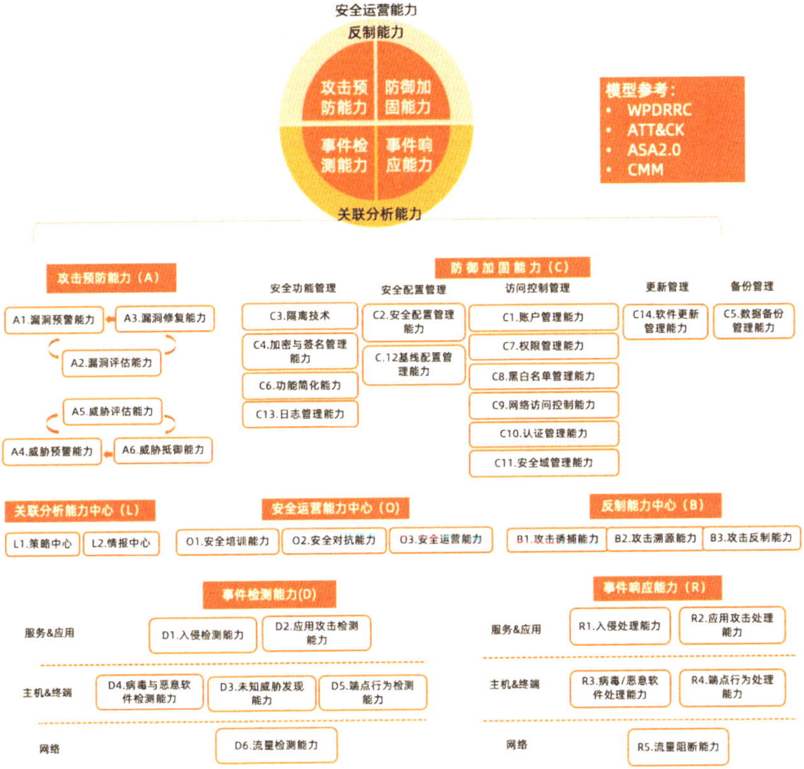

图 8-11　攻防能力成熟度评估模型

如今，数据被称为新时代的“石油”，正在成为政府、企业的核心资产。在数智化的新格局下，以数据为中心的安全体系是技术落地的重要基石。在大数据环境中，数据流通、共享是趋势，在聚焦于数据本身安全的同时，我们还需要聚焦产业上下游间的数据流通、共享带来的安全挑战。

从数据生命周期来看，数据有数据生产、数据采集、数据存储、数据传输、数据处理、数据交换、数据销毁等多个环节，数据泄露的发生和数据链路中的每个环节都息息相关，任何一个环节发生数据泄露都会导致全局数据的安全体系崩溃。这与木桶原理一致，数据的泄露与否取决于最薄弱环节的安全水位。但数据加密或防泄露不是数据安全的全部，解决数据安全问题要以更高层次的视角从组织、制度、技术和运营等层面统筹考虑，由高层管理者牵头，通过多层面的环环相扣，基于合理的数据安全组织、完善的数据安全制度、覆盖多维度风险防护的数据安全技术和动态优化的数据安全运营机制，形成符合数字政府自身特点的数据安全保障体系（见图 8-12）。

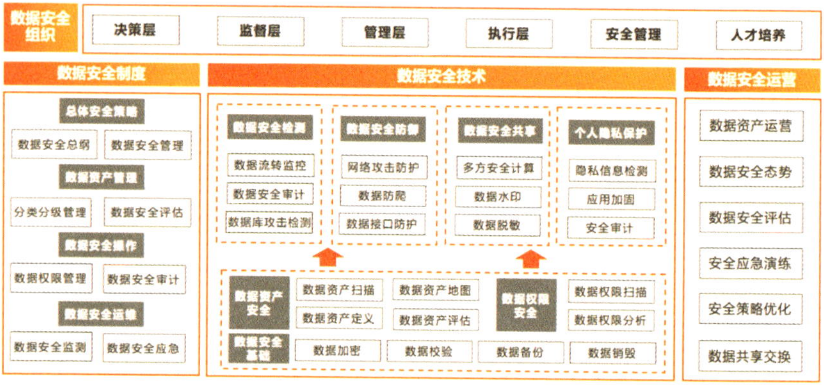

图 8-12　数据安全保障体系

总而言之，“政府即平台”理念体系的安全建设必须充分考虑组织保障、管理政策及流程的落地，从而实现“云 + 本地”的协同安全防御体系。具体而言，就是要将安全能力打碎重组，并融入基础设施，实现数字基础设施默认安全；通过智能化的安全能力建设，提升“政府即平台”理念体系的威胁检测能力；通过协同安全防护能力建设，发挥“政府即平台”理念体系联合作战的优势；通过统一安全运营能力建设，提升数字政府在“政府即平台”理念下的应急响应能力。

8.4　双中台：以模块为中心的数智化业务通用能力

中台是大型互联网企业在实践中探索出来的一种数据和业务交互模式，在政府从信息化向数字化、智能化转型的过程中，互联网企业的很多做法能够提供很多借鉴和启示，其中就包括中台。中台是互联网企业在 DT 时代实现跨越式发展的重大创新，是组织平台化的重要形式，也是未来智能化的主要承载。

在实际应用场景中，传统信息化建设通常根据需要独立开发某一应用软件，从而导致多头建设、重复建设、兼容性低。而以模块化为核心的业务双中台是为解决这些问题而出现的。中台实际上是对软件复用思想的创新。本质上，“政府即平台”理念体系的双中台架构是提炼业务有关信息系统的当前及未来共性需求，集约建设通用功能，并供各系统统一调用，从底层打破系统间数据不通、应用不协同的壁垒，为政府内部业务和流程优化，以及面向公众、企业的公共服务与治理需求提供强有力支撑的。

8.4.1　双中台架构：场景化的核心数据共享与业务模块协同

“政府即平台”理念体系的双中台架构主要包括数据中台和业务中台。它们主要是指在政府内部整体运行、公共服务与公共治理等多元治理场景中，通过提炼数字政府中各数据流和业务流的共同功能需求，打造组件化的资源包或能力，并通过对外提供开放的能力接口，允许政府及授权的第三方企业基于统一标准自主搭建业务流程，嵌入政府平台，最终构建并实现数据级与服务级能力连接，推动实现公共治理需求与供给有效匹配。这种中台模式也被称作乐高模式。基于中台的模块或组件共享机制将能促使数字技术、数据资源、业务流程和公务人员有效组合。

一方面，通过双中台架构，政府部门管理与服务中的数据和业务共性能够最大限度地得到挖掘，随之日常数据和业务被资源化，变成能够共享、复用的资源或能力模块；另一方面，这些资源或能力模块让组织拥有快速的系统开发能力，能够依照实际政府内部业务场景和社会服务诉求快速定位与组合，从而助推业务流程再造和业务融合，并为解决特定问题而快速建立应急性、适应性的应用平台，超越政府传统科层体制下的结构刚性，由此提高其适应性治理能力，以便能更有效地面对后疫情时代愈加复杂多变的社会风险（见图 8-13）。例如，面对突发的新冠肺炎疫情，浙江省利用政务钉钉和政务中台技术，在很短的时间内相继开发出疫情联防系统、健康码、复工平台、精准补贴退税等诸多应用，快速回应了现实诉求。

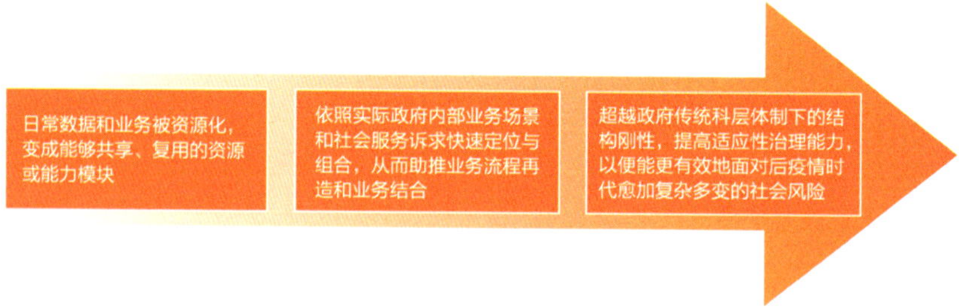

图 8-13 “政府即平台”理念体系的中台架构的运作逻辑

8.4.2 数据中台：公共数据集成共享，形成一体化数据资源体系

1. 总体逻辑

数据中台对海量数据、多源数据进行采集、计算、存储、加工，同时统一标准和口径，并根据业务流建立数据仓，构建公共数据基础域、共享域、开放域，依此开放不同权限的模块化、组件化的数据访

问和通用性接口，以促进跨层级、跨部门、跨领域间的数据交换与共享，实现对政务数据资源的利用与生产。

数据中台是数字政府提供可复用数据资源的重要支撑，也是资源化和价值化的载体。数据中台旨在重点解决不同系统间数据互联互通、统一治理、融合利用和大数据挖掘等问题，智能化构建数据、管理数据资产，并提供数据调用、数据监控、数据分析和数据呈现等多种服务，是建设智能数据和催生数据智能的引擎。

以浙江省为例，其最终推动形成一体化数据目录（见图 8-14）和相应的数据资源体系，做到目录之外无数据。这种一体化数据目录为各级各部门检索、定位、索取数据资源提供索引，其可以依托目录建立公共数据共享、开放和治理机制，实现跨层级、跨部门、跨领域数据资源高效配置，并在确保安全的前提下，推动公共数据和社会数据融合应用，形成数据开放式创新生态体系，以数据开放促进应用创新。

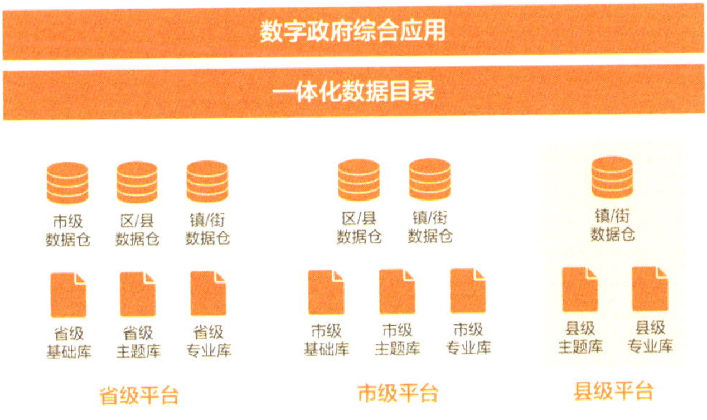

图 8-14　一体化数据目录

2. 数据级连接能力的培育路径

数据级连接能力的培育以“形成数据共享清单—完成数据服务对

接—实现业务指标协同—完成业务事项集成—完成业务单元集成—完成业务模块集成—形成业务系统”为路径，按照数据需求清单，逐项明确有什么数据、数据所在系统与所属部门（数据在哪里）、数据共享方式与对接接口（数据怎么用），加快业务单元、业务模块的数据定义和系统开发，开发支撑部门职责体系的业务系统（图 8-15）。

有什么数据					数据在哪里			数据怎么用			
数据目录	数据项（格式标准）	更新频率	区域范围	时间范围	数源单位	所在系统	是否归集	共享属性	开放属性	共享方式	……
中华人民共和国婚姻证	结婚证字号 持证人照片 男方姓名 女方姓名 ……	实时	全省	1993年婚姻集中登记至今	省民政厅	浙江省婚姻登记管理信息系统	是	受限共享	受限开放	接口调用 批量共享	……

图 8-15 “中华人民共和国婚姻证”数据目录

3. 通用性数据库

早期，政府各部门根据自身业务需要建设了多种平台与系统，并积累了大量互不连通的数据。数据中台可以消除各部门之间的数据壁垒，构建基础数据库、主题库、专题库等，形成通用性的数据知识体系。通过与第三方平台数据库的对接，数据中台更加丰富和开放。在此基础上，数据中台还可以提供数据采集与治理、多维数据智能分析、研判决策、数据可视化等大数据处理解决方案。

8.4.3 业务中台：梳理政府核心业务和公共服务需求，形成模块化资源组件

1. 总体逻辑

中台不仅是技术，还是一种新的创新范式，它的出现使得数字政府更加灵活、敏捷和更具回应性。业务中台的作用逻辑：首先，梳理各部门的核心业务和公共治理与服务需求；然后将相应业务与需求逐项分解至业务模块、业务单元和业务事项，以提炼业务中各业务系统线的共同功能需求，从而打造可复用、共享的组件化资源包或能力，

如统一表单、统一身份、统一应用系统调用、统一业务流程编排、统一开发平台、统一开放标准、统一应用服务注册等；最后依场景化的应用需求打通"数据孤岛"，实现信息共享，这样能够最大限度地减少政府数字化变革中的重复建设与资源浪费（见图 8-16）。

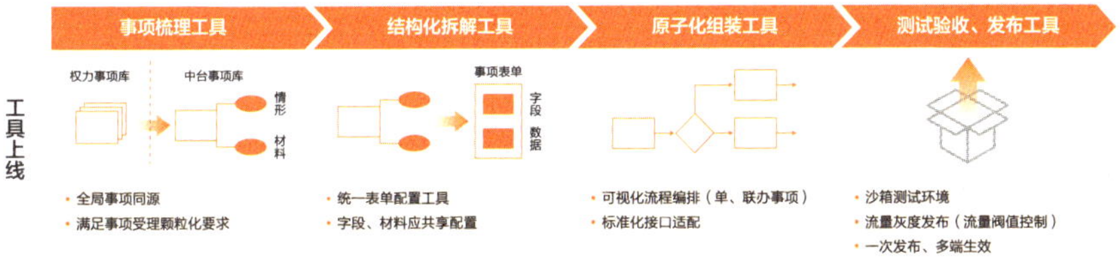

图 8-16　业务中台的作用逻辑

例如，浙江省致力于建立全省一体化智能组件模块和相应的目录，实现全省共建共享，确保组件可推广复用，避免重复建设与资源浪费，提高应用开发和迭代速度，促进服务快速升级创新。例如，针对"学子高考"这项应用，开发团队借用业务模块和技术组件，仅用两小时即完成快速搭建和发布。

2. 业务级连接能力的培育路径

业务级连接能力主要依托"定准核心业务与公共服务需求—确定业务模块—拆解业务单元—梳理业务事项—确定业务流程—明确协同关系—建立指标体系—汇总数据需求"路径。我们应从梳理政府核心业务和公共服务需求出发，按照任务分解、指标管理、政策集成等维度进行层层细化，逐层拆解到最基本、最具体的事项，并从内部运行、治理与服务 3 个维度加以标识，形成业务事项清单，以便逐一明确支持事项及业务路程的数据指标，实现事项的标准化、数字化，最终建立指标体系、工作体系、政策体系和评价体系模块，进而依托这四大模块的联动培育面向政府内外部的业务级连接能力。

3. 系列支撑性智能组件沉淀

智能组件是在针对业务流的应用系统开发过程中可重复利用的标准化软件模块、算法模型。充分利用公共组件可以提升应用系统的开发效率和质量，减少重复开发，节约投资。尤其建设重大任务、重点领域跨部门、跨系统、全业务协同应用的功能模块，有助于形成数字化的决策、执行、预警、监管、服务、督查、评价、反馈的闭环管理执行链，推动政府整体智治和高效协同。例如，浙江省建立了信用中心、空间中心、智能中心、业务中心等公共技术组件，能够有效地缩短各地区、各部门应用开发的周期，节约项目投资，支撑实现数字政府建设共建共享。

8.5 优服务：以服管办融合为目标的多端互动应用平台

8.5.1 服管办融合目标

服管办融合主要是指基于服务端、治理端和办公端在数据上形成融合互动，从而优化服务。面向终端用户的服务级能力共享包括面向公众的服务端（To C）、面向企业的服务与监管端（To B）、面向雇员的办公端（To E）。

"政府即平台"理念体系的前端应用就是建立以服管办融合为目标的"一网通办""一网统管""一键通达"的一站式政务服务、治理、监管与内部协同办公平台。它通过底层数据的融合来形成服务、监管与办公的场景化互动，最终"让群众少跑腿，让数据多跑路"，实现显性服务、隐性监管和高效办公三管齐下。

例如，浙江省立足于服务与监管的"场景化""一件事"协同应用需求，打造常态化疫情防控、科技创新、产业发展、双循环、营商环境市场活力、新型城镇化、乡村振兴、区域协调发展、生态文明、民生保障、安全生产、政府效能管理这 12 个面向不同重点用户的服务和监管集成应用（见图 8-17）。

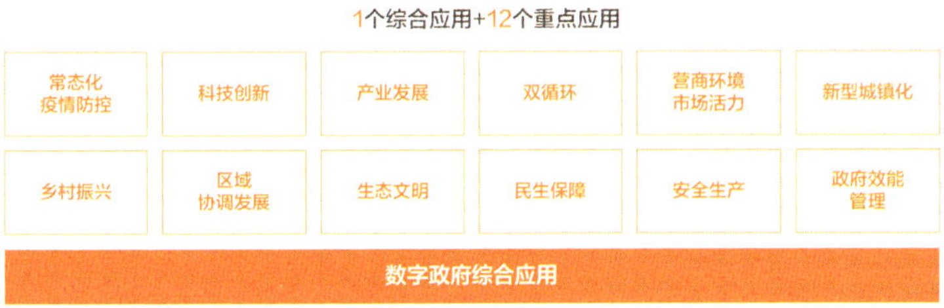

图 8-17　浙江省立足于服务与监管的“场景化”“一件事”的重点应用需求

8.5.2　服务级能力的培育路径

前端面向不同对象的服务级能力的培育通常需要梳理具体需求，而这种梳理需要回答 4 个问题，包括“为谁梳理”“为什么梳理”“梳理什么需求”“用什么方法梳理”（见图 8-18）。

图 8-18　服务级能力梳理逻辑

具体而言，在“政府即平台”理念体系中，“为谁梳理”由以政府为中心转向以公众、企业和雇员为中心，实现“让企业、公众和雇员办事或办公真方便，真能办成事”。

“为什么梳理”则由可视化的展示平台转变为方便公众、企业和雇员生活、生产和办公，提供提高生活品质、企业高质量发展和雇员高效协同办公的办事、服务与办公平台。

“梳理什么需求”需要梳理公众侧、企业侧和雇员侧的需求，梳理移动端、手机端的需求，梳理高频事项的需求，梳理高权重事项的需求。

“用什么方法梳理”需要聚焦小切口，将服务及其相关的业务流、数据流融合至一体化、智能化公共数据平台，以提炼系统化、可复用、模块化的服务级能力。

8.5.3 多端服务级应用

“政府即平台”理念体系的意义不仅仅在于作为一种技术架构来提升政府组织的整体效率，还在于推动政府治理方式发生基础性、全局性、根本性变革。而这种变革的最终落点之一即为公众、企业和雇员等终端用户提供更加优质、高效的服务和治理创新。

它依托政务大数据的互联互通、云计算平台基础设施的强大算力和先进算法，倒逼政府进行深层次、系统性的制度、结构、流程和规则重塑，助力政府内部协同、“放管服”改革和公共服务创新，并通过多元终端用户主体在服务使用与采纳后的行为数据和个人数据反馈，来帮助持续调适政府内部运行、公共服务和公共治理效能，最终改善政府内部、政府与市场、政府与社会三维互动界面，推动社会整体共享数字红利。

举例来说，依托集约化平台具备强大的信息传递能力，政府数字化协同办公平台能够突破现有的行政架构，促进多向信息流动，提升内部协同和沟通效率。例如，依托阿里巴巴的钉钉移动办公平台（见图 8-19），通过组织在线、沟通在线、协同在线、业务在线、生态在线这 5 个在线，政府建立起办公一张网，实现了跨部门之间的连接，促进了信息的互联互通：在纵向上，形成从省到市、县、乡的协同；在横向上，形成各部门间的协同，建立起协同高效、上下联动的政务办公流程，构建了全局一屏掌控、政令一键智达、执行一贯到底、服务一网通办、监督一览无余的政府数字化协同工作场景。

图 8-19　政务钉钉跨部门协同办公服务

又如，浙江省在婚育户"一件事"上，通过政务服务平台 2.0，实现了将原有的多件事、多部门、多材料、多窗口办理转变成一网通办、掌上办，从原来需要两天办理转变成当天办结（见图 8-20）。可以窥见，"政府即平台"理念体系以数据、算法和业务为驱动，不断沉淀数据，利用数据的智能化运用来优化流程、简化服务，创造性地探索了"一件事"集成协同场景，让服务好用、管用，构建了适应数智时代的公共服务创新供给体系。

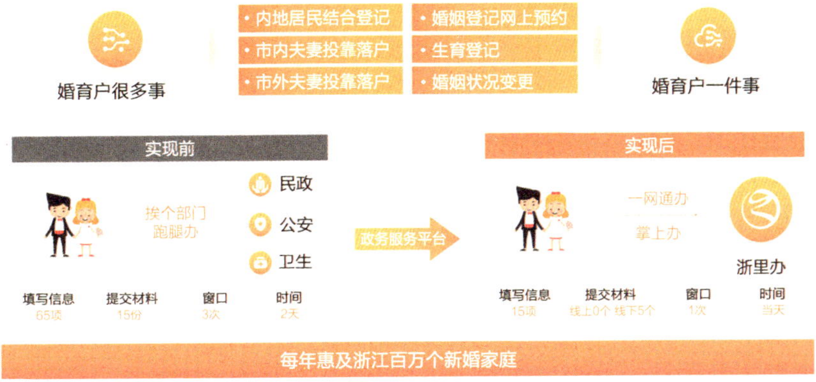

图 8-20　婚育户"一件事"服务

8.6 “政府即平台”理念体系整体推动组织实现数智化转型

“政府即平台”理念体系作为数字政府建设的技术抓手和系统支撑，将从政府组织效率提升、政民新型关系互动和生态系统开放式创新这3个相互依赖与递进的维度来加速推进政府组织整体实现数智化转型。

8.6.1 平台作为一种技术工具：提升政府组织整体效率

1. 推动数据驱动的部门业务数字化

平台作为一种集中式的、通用化的技术形态，将推动政府组织突破既有的“烟囱式”“孤岛式”信息系统和平台。在横向上，其通过业务流梳理能整合各部门分散的数据；在纵向上，其能促进各业务条线垂管系统数据共享，最终形成统一的数据中台，并在此基础上形成针对特定业务的数据需求清单，同时围绕“一件事”逻辑倒逼业务流程再造，删除冗余或合并同类型，从而提升业务数字化能力。

具体而言，在业务数字化的梳理过程中，数字技术赋能能够推动政府内部核心业务和公共治理与服务需求形成事件组，并以数字化形式映射各领域、各部门的年度重点工作和整体运行情况。首先，依据部门三定职责和“放管服”改革要求，找准各部门的核心业务和公共治理与服务需求，并在此基础上，梳理和确定业务模块；然后，向下层层分解业务单元、梳理业务事项、建立指标体系。

实际上，核心业务数字化的梳理是衡量一个部门数字能力治理的标志。如果能将一个核心业务中已有的模块、单元、事项、指标等全部梳理清晰（见图8-21），相应的治理体系的脉络也就随之清晰。需要指出的是，事项要按情形细分，细分到材料不可再减、再分，在事项精准的前提下，人机交互界面应被优化至最简，从而极大地提升组织效率。

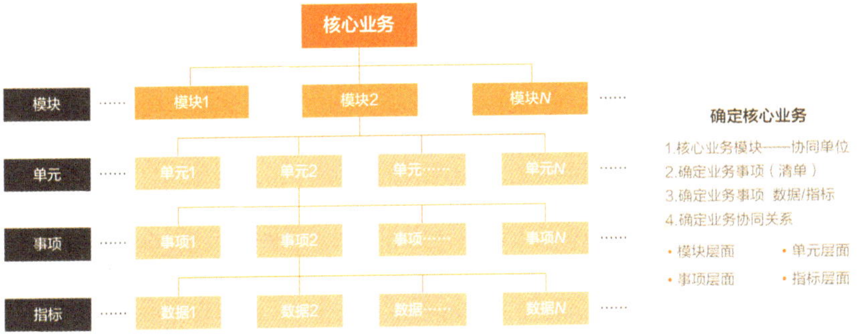

图 8-21　核心业务数字化

2. 促进跨部门间业务协同

在向“政府即平台”转型的过程中，数字平台的深层能力日渐超越当前的结构约束。在数字技术赋能的条件下，组织架构以模块化的方式进行重构和自由调适，并开始生成新的工作和任务模式，实现实时反馈，推动扁平化治理。

这种更深层次的数字化转型既包括政府内部业务流程的再造，又包括部门间关系的再造，即跨部门协同的变革。它不同于早期以物理空间为基础组织开展的分散化治理模式，也不同于政务服务办事领域以互联网为基础的集中性、一站式服务模式，而是强调连接性治理的理念，即依托政府履职的核心业务梳理和流程再造，推动组织跨部门协同，构建泛在化和无缝隙的内部流程，从而有效提升组织效率。

例如，各部门可以在“浙政钉”上快速建立工作群、派发任务、查询进度、一键催办督办等，提高工作效率。又如，防汛出现险情，在浙江省人民政府防汛防旱指挥部办公室发布应急预警后，相关单位可以迅速建立钉钉群，领导通过钉钉群能够迅速下达指令，为所有相关人员建立限时办结的任务，并在执行过程中通过上传图片到“浙政钉”、在“浙政钉”上签到等方式来确保责任到人，以提升应急效率。

目前，“浙政钉”政务协同总平台已覆盖省、市、县、乡、村、小组6级组织，服务全省100多万政务人员，集成1000多个应用，实现部门间的高效协同，提升了组织效率。

政务钉钉跨部门协同沟通如图8-22所示。

图8-22 政务钉钉跨部门协同沟通

3. 撬动数字化改革，全面构建数字领导力

“政府即平台”理念体系通过系统融合、综合集成，以场景化的多业务协同应用为抓手，实现了从点到面、从部门分割到整体协同的螺旋式上升，撬动了全方位、全过程、全领域的数字化改革跨越，对政府体制机制、组织架构、方式流程、手段工具进行全方位、系统性的重塑。

同时，通过全领域综合性的数字治理，预测并研判未来的风险，引领服务、治理与内部决策过程，这将全面构建数字领导力，使经济社会的运转及治理建立在网络化、信息化、智能化的基础之上，实现技术理性向制度理性的新跨越。

例如，在新冠肺炎疫情防控中，浙江省充分发挥数字化转型体系化优势，以“大数据分析＋网格化管理”为核心，建立“一库、一图、一码、一指数”的精密智控机制（见图8-23），有效实施疫情防控，同时率先快速实现复工复产，体现了“政府即平台”建设在风险社会中所具有的数字领导力潜力。

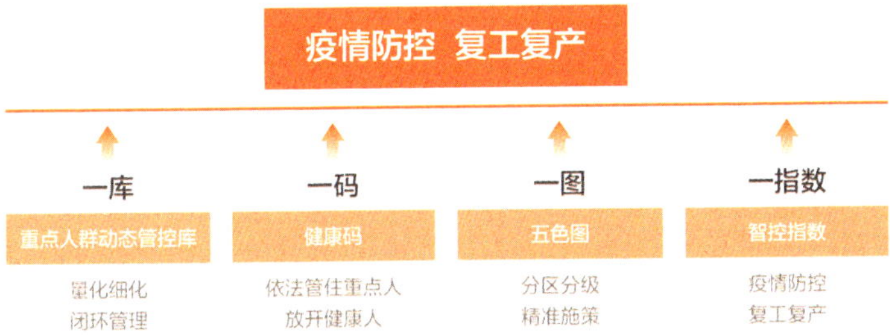

图 8-23 疫情防控路径

8.6.2 平台作为一种治理过程：促进政府与社会互动

数字时代治理（Digital-era Governance）关注再整合、基于公众的服务、数字化流程、信息和数据，突破了传统新公共管理范式。数字时代治理将政府置于一个新兴的数字经济场景中，政府充当开放式架构（Open Architecture）的助推者，即围绕标准化、平台式行为培育网络活动的生态系统。

其中，政府平台作为一种社会技术产物，可以改变参与者之间（如政府与政府、政府与公众）互动的方式，使政府和社会能够进行更便利的沟通和互动，进而满足公众需求。

更进一步，平台通过对科层体制的重塑及其治理效应，在一定程度上破除了科层体制等级严明、规则僵化、响应迟缓的弊端，使得其能够更顺畅地与公众、企业沟通，从而更好地回应社会诉求[①]。

更重要的是，"政府即平台"理念强调以服务为导向，突出为企业和公众提供服务的责任，并通过附着于平台上的政务服务网、移动 App、小程序等多种入口和渠道，促进新型政民互动。

---

① 宋锴业. 中国平台组织发展与政府组织转型——基于政务平台运作的分析 [J]. 管理世界，2020（11）：172-193.

8.6.3 平台作为一种组织生态系统：催化开放式创新

开放性是指允许使用者自由参与平台技术、产品和服务的创新。而在“政府即平台”理念体系中，依托基础设施级能力共享，数字政府构建了集约一体智能政务云平台和智能协同统一的安全防护体系，提供强大的计算能力和安全保障。依托数据与业务级能力共享，数字政府建设了数据中台和业务中台，能够共享基本模块和组件，在此基础上依托社会需求吸引多元主体敏捷开发。依托服务级能力共享，数字政府能够对内整合公共治理、服务与办公端口，实现“一网统管”“一网通办”“一键通达”；对外拓展公共服务接入和使用渠道，吸引社会资本和力量创新多元化公共治理与服务渠道，并在提供基础性治理与服务的条件下适度允许私人部门参与提供创新性和增值性治理与服务，实现公共价值与私人价值的全局最优解，最大限度地释放数据的价值。

对“政府即平台”理念体系来说，开放性为基于线上政府组织结构的智能生成提供了可能。一方面，政府数字化平台上的开放标准能够激发创新和增长，并通过积极反馈或网络效应构成平台生态系统，将内外部参与者有效连接起来，通过众包等方式汇聚集体智慧和协作创新，减弱公众与服务提供者间的锁定关系，增强服务提供者间的竞争性，从而创造一个选择相对自由的公共服务市场，以有效提升公共服务质量。

另一方面，政府数字化平台上的数据和信息具有集成性、可及性、开放性。例如，政府开放政府或公共数据 API，私人部门或公众可以真正参与进来，开发小程序、App 等，从而快速对接公众需求，并在政府平台上快速发展智慧公共服务。这种开放式创新下的集体参与意味着真正让公众等参与政府事务、合作设计政府项目。例如，白宫曾经在其开放政府平台上进行“开放政府头脑风暴”，旨在让公众真正参与决策，而不仅仅是在事后听取他们的意见。

实际上，当任何人都可以使用政府数据编写面向公众的应用程序时，软件开发人员就有机会为政府创建新的接口，从而有效激活政府或公共数据，推动更多面向公众的服务生产和价值创造。中国开放数林指数（2021）显示，截至 2021 年 4 月底，我国已有 174 个省级和城市的地方政府上线了数据开放平台（见图 8-24），整体呈现出从东南部地区向中西部地区不断延伸扩散的趋势，开放数据、蔚然成林已初步实现。

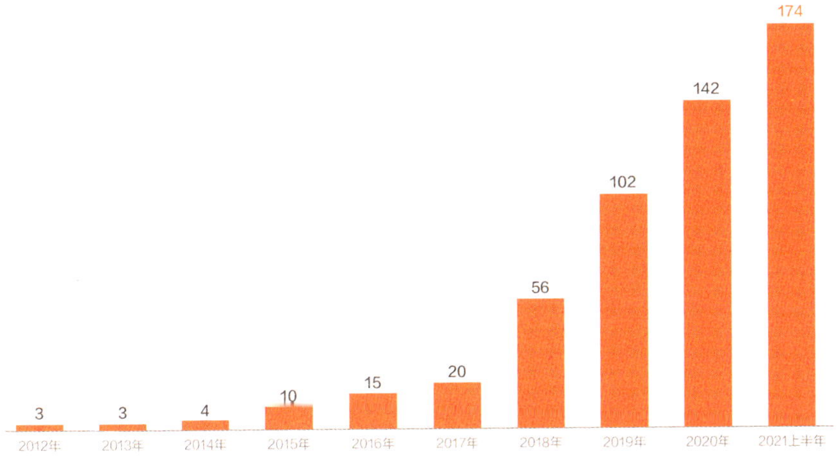

图 8-24　历年地级及以上平台数量增长情况

资料来源：复旦 DMG：2021 中国开放数林指数

总之，数字政府建设下的"政府即平台"理念体系能够整合来自政府、公众、企业、社区和非营利组织的数据、信息、知识，促进问题的合作性解决，而这种问题解决结果能够为创新过程中的所有合作者创造价值。政府也从响应性服务和管理交付转变为能针对更广泛的公共治理与服务需求、内部协同整合提供高效供给方案。

这种敏捷迭代和开放式创新促成了更扁平、更自主的政府组织结构，在既有的条块体制之下，通过强化纵向和横向的弹性交流机制来实现网络化互动，为政府组织内外之间的知识共享创造积极的环境，并通过增加共同创造公共价值来最终促进合作治理。

【本章小结】

本章主要介绍了大融合下的数字政府“政府即平台”理念体系与总体架构。

（1）平台起源于企业实践，并逐渐渗透至全球“政府即平台”的大变革浪潮之中，推动数字政府整体转型。新加坡、英国和美国在“政府即平台”理念模式中发展最成熟。

（2）以“政府即平台”理念体系为重要抓手的数字政府将通过广泛利用数智化技术，基于政府内部协同整合、政务服务与治理等不同面向的内外部场景，以打通和培育数据和业务双中台通用能力为核心，以底层基础设施和前台场景化应用为支撑，构建数字政府开放架构体系。本质上，以数据中台和业务中台为核心的数字政府双中台架构以业务数字化和内部流程整合协同为基础，以模块资源的开放式创新为条件，以公共治理服务诉求与供给高效匹配为根本关怀，成为实质性推动政府实现数智化大变革的核心技术驱动力。

（3）“政府即平台”理念的主要特征包括集成性、模块化和开放性，并形成以连接性治理机制为主要抓手的数智化平台，以及以双中台为核心的总体架构。前者主要包括基础设施级连接、数据与业务级连接、服务级连接这三大连接机制。在此基础上，后者相应地包括：以数智化为支撑的数字基础设施底座（强基础），包括集约一体智能政务云平台和智能协同统一的安全防护体系；以模块为中心的数智化业务通用能力（双中台），主要包括为以数据中台和业务中台为核心的双中台开放架构；以服管办融合为目标的多端互动应用平台（优服务），主要包括面向公众、企业和雇员的多端应用。

（4）"政府即平台"理念体系将支撑构建一个整体性、网络化与开放性的政府数字治理全新模式，其根本价值在于一方面利用数智化的技术手段掌握公共治理与服务需求的信息；另一方面提高满足公共治理与服务需求的组织能力，由此促进内外部公共治理服务需求与供给得以高效匹配。由此，"政府即平台"理念体系将最终致力于推动组织整体实现数智化转型：作为一种技术工具，提升政府组织整体效率；作为一种治理过程，促进政府与社会互动；作为一种组织生态系统，催化开放式创新。

"政府即平台"理念体系是数字政府建设的企业和技术视角，制度供给和政府监管依然是数字政府的重要组成和栋梁支柱。事实上，数字政府任何创新的出发点都是要解决实践中遇到的治理问题，但面对日益复杂的外部环境，政府可能难以以一己之力来有效应对，而企业基于生存和利润需求往往拥有最前沿的创新潜力和技术能力。但这些潜力或技术能力只有被实际应用于政府数智化转型的实际场景中，并经过不断检验、迭代与升级，才能真正地、快速地转换为生产能力，进而创造出巨大的价值。由此，在当下及未来，政府数字化变革需要政企合作，共同创造出本地导向的数智化解决方案。

人口、全球化、体制改革等红利的集中释放，资本、劳动、土地、技术等要素推动了我国经济的快速增长。数据显示，在1979—2009年间，资本和劳动对我国经济增长的贡献率合计为85%，是推动经济增长的核心动力。但近年来传统经济增长动力有所减弱，金融危机、人口老龄化、全球化风险蔓延等内外部环境变迁使资本积累和劳动供给增速放缓，在一定程度上成为经济增长的掣肘。

另一方面，结构性问题牵制了经济高质量增长的目标，加大了经济系统性风险。经济“脱实向虚”、实体经济增长艰难等问题严重困扰经济发展，导致增长速度与质量之间的矛盾难以化解，增加了经济发展的风险和不确定性，使我国经济长期陷入“稳增长”和“防风险”的两难之中。

另外，外部环境趋于复杂严峻。疫情的反复、逆全球化趋势等问题使外部环境更加复杂多变，各主要经济体之间的贸易摩擦或将呈现进一步加剧的态势。这些问题给我国经济发展带来了严峻挑战。

9.2.2　数智化赋能增长机制转型

推动增长机制转型要贯彻新发展理念、构建新发展格局。我国在当下和未来需要依靠数智化赋能，驱动数字经济与实体经济深度融合发展，这是激发我国新一轮经济增长的新动力。

数智化是对数字化、智能化的全面升级，其核心基础是数智化技术，包括物联网技术、智能传感技术、边缘计算技术等实时数据采集技术，互联网通信技术、网络安全技术等安全、高效的数据传输技术，数据存储技术、数据清洗技术等复杂数据运算技术，AI技术、深度学习技术等大数据分析技术，运营管理技术、生产工艺技术等业务相关技术，以及智能控制硬件技术等反向伺服技术，涵盖了信息感知、分析、行动、反馈等各个环节。

数智化赋能主要依托数智化技术解构原来的经济形态，然后通过算法、互联网重新连接，实现经济秩序的重组，进而推动数智化消费、数智化生产、数智化网链、数智化资源配置、数智化全球产业和创新合作等，实现我国经济运行模式的整体转型并创造出更多新的经济增长点。

因此，数智化技术的创新和扩散成为新增长机制的基础。数智化技术是推动我国经济数字化转型、虚实经济融合的根本性动力和机制。换言之，在通用的数智化技术获得关键性突破后，相互关联的“技术族群”将开始大规模涌现，以革命性的速度产业化、商业化并大规模地向各个产业渗透，从而引发生产方式、组织模式、商业模式等一系列变化，最终导致整个“社会-制度结构”的变迁。①

中国信息通信研究院发布的《中国数字经济发展白皮书（2021）》显示，2020 年，我国数字经济总规模达到 39.2 万亿元，较 2019 年增加 3.3 万亿元，占 GDP 的比例为 38.6%；数字经济增速高达 9.7%，是同期名义 GDP 增速的 3.2 倍多。数字经济带来的新型生产力正在推动社会生产方式向全新的数智化转型，释放出巨大的新增长动能。我国数字经济增长情况（2008—2020 年）如图 9-1 所示。

作为新兴基础设施的核心环境和 AI、大数据等新技术的关键底座，云计算极大地推动了数字经济发展，助推区域经济实现快速增长。测算结果显示，在我国，每 100 万元的云计算基础设施投入，可在传统基建对 GDP 拉动效果的基础上额外产生 6.46 万元的 GDP，即以云计算为代表的新基建对 GDP 的拉动效果比传统基建对 GDP 的拉动效果高 20%，如图 9-2 所示。

---

① 梁正，李瑞．数字时代的技术-经济新范式及全球竞争新格局 [J]．科技导报，2020，38（14）：142-147．

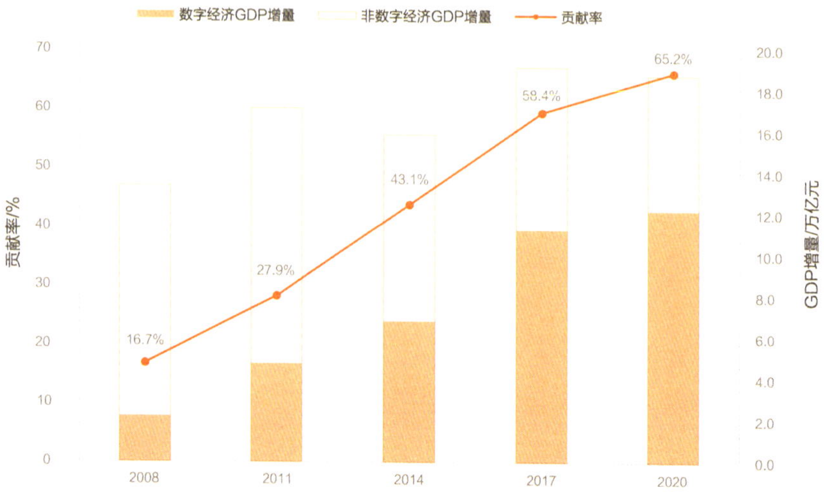

图 9-1　我国数字经济增长情况（2008—2020 年）

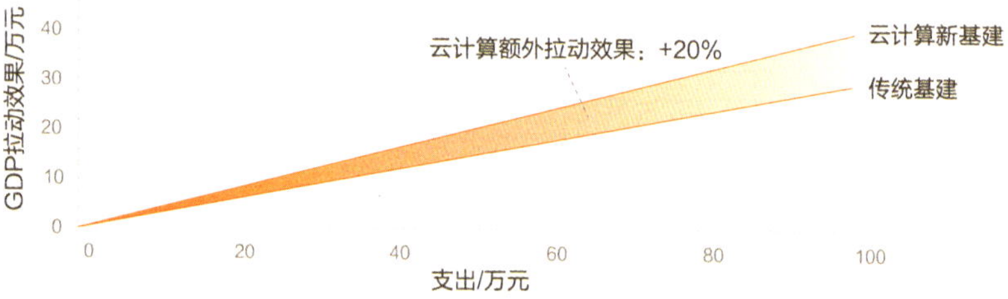

图 9-2　云计算新基建对 GDP 的拉动效果

云计算消费对实际 GDP 的拉动效果具有“门槛效应”：当某地区的云上数据存储量达到一定规模后，云计算对 GDP 的额外拉动效果可再提升 73%，实现从量变到质变的跨越。如图 9-3 所示，广东省、浙江省、上海市、北京市等 4 个行政区已经实现“门槛跨越”，云消费额每增加 1%，实际 GDP 额外增加 0.078%。为进一步提升云计算对 GDP 的额外拉动效果，我国需要持续加大对云计算的投入。

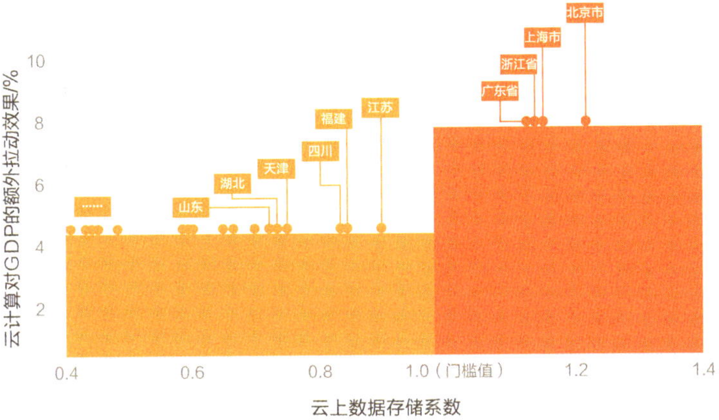

图 9-3　云计算对 GDP 额外拉动效果的门槛效应

从区域的角度来看：由深圳市、杭州市、北京市、广州市 4 个城市组成“云一线”梯队，发展水平遥遥领先；由成都市等 14 个城市组成二线梯队，呈现出加速追赶态势；由 80 个三线城市、101 个四线城市和 138 个五线城市组成的云计算中低线梯队，仍未充分享受到云计算红利。这表明我国云计算发展水平呈现东高西低、南强北弱的空间格局，区域集聚特征显著，已形成长三角、大湾区和京津冀三大高地，且城市群内中心城市的辐射带动效果突出。2019 年不同梯队城市云计算的广度指标得分如图 9-4 所示。

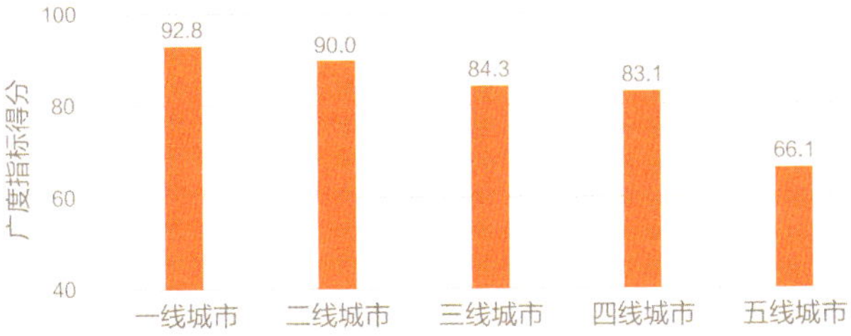

图 9-4　2019 年不同梯队城市云计算的广度指标得分

预计到 2025 年，云计算将至少带来 300 万个新增高质量就业岗位，采购云计算服务的消费额每增加 1 个百分点，第三产业的就业率将提高 0.009%。以阿里云大学为例，截至 2020 年 9 月，阿里云大学已为 285 家企业和 700 所高校提供了培训和认证服务，向社会培养并输送了 131 万名 AI、云计算、大数据等数智化人才，并带动整个云市场生态为社会提供了更多的就业机会。

9.2.3　数智化赋能的 3 个关键词：渗透、重组和引领

渗透、重组和引领是数智化驱动跨领域、跨行业、跨部门融合发展的 3 个关键词。数智化赋能是以数据要素为核心，基于数据的全行业遍历性渗透、重组和引领等方式，驱动资本、劳动、土地等传统生产要素重组、配置和融合，提高全要素生产率，从而促进经济发展数智化转型，实现数字经济与实体经济的融合升级。

首先，“渗透”指的是数智化技术日益渗透到各个组织之中，主要通过数据采集、传输、存储等技术实现全行业、全领域、全部门数据融合，如服务领域的新零售、消费互联网等收集和处理了消费者的信息，工业领域的数字孪生、智能制造、工业互联网平台等收集和处理了生产者的信息，二者将真实世界数字化，转化为数据。

数据是连接真实世界和虚拟世界的桥梁，创新链、产业链和价值链全过程的数字化是数智化赋能的应有之义。随着数字基础设施的发展，数据要素的流动性和可获得性日益增强，数据融合呈爆炸式增长态势，数据在各个部门和行业中呈现出前所未有的应用潜力。①

其次，“重组”指的是数智化技术通过对现实世界经济发展全过程中覆盖生产、消费、流通、管理等各个方面的现实数据在虚拟世界中进行建模运算，形成优化的知识、技术、工艺，推动数智化生产设备

① 梁正，李瑞．数字时代的技术 - 经济新范式及全球竞争新格局 [J]．科技导报，2020，38（14）：142-147.

创新、数智化业务流程创新和数智化生活转型，进而让生产、管理、消费等领域真正实现链式融合，成为推动经济增长的重要引擎。各行各业的数据运算将极大地活跃、融合创新活动，催生大量的新业态、新模式和新增长点，从而进一步提高数据在经济系统中的运算效率并进一步激活数据的要素属性。

最后，“引领”指的是在数据融合、数据运算的基础上，通过 AI 和大数据分析精准地预测、引导需求，高效、动态地匹配供给，降低交易成本，从而大大提高生产力和生产效率，并形成以数据为基础的一系列平台，构建跨圈层的数字化生态系统。

从本质上来看，大数据采集、分析等技术手段的深度融入将使供给侧和需求侧的衔接更加顺畅、充分，在动态中实现更高水平的供求平衡，进而提高全社会资源配置的效率和精准度。当下和未来的生产、分配、交换、消费等经济环节将不同程度地实现数据化、网链化，进而实现不同市场主体之间的广泛连接。

进入工业 4.0 时代，我国在 5G、AI、大数据、物联网和工业互联网等领域将处于全球领先地位。数智化赋能驱动下的数实经济融合发展是推动我国经济持续高质量增长的第一生产力，其通过引导需求、利用数据要素、把控生产过程、降低交易成本等手段促进价值链各个环节的连接和融汇，以技术变革创造新的经济增长点，改变传统经济的业务流程模式，重塑创新链、产业链和价值链。

9.3　数字产业化和产业数字化是数实经济融合发展的核心路径

数智化驱动下的数实经济融合发展是当下和未来我国经济持续增长的核心动力，其主要通过数字产业化和产业数字化两条路径引领产业变革。其中，后者是数字经济发展的主引擎，将重塑传统经济体系，推动实体经济高质量发展。

依托 AI、大数据、互联网、数字平台等数字经济元素赋能是数字经济体系的必然趋势和必然选择。数字经济与实体经济融合，将加快实体经济发展模式由“供给创造需求”向“需求引导供给”的转型。①

9.3.1 数字产业化发展驱动消费互联网释放新动能

数字产业化作为数字经济的“根”，指的是由数字技术带来的产品和服务。数字创新引导、激活和释放了个性化的产品和服务需求，催生了潜在的市场机会，并由此吸引投资者和创业者进入市场，迭代开发新产品、新服务、新模式和新业态，从而实现经济新增长。

中国信息通信研究院 2021 年的数据显示，2020 年数字产业化规模达到 7.5 万亿元，占 GDP 的比例为 7.3%，同比名义增长 5.3%。其中，数字技术新业态层出不穷，一批 AI、大数据、云计算企业创新发展，产业生产体系更加完备。目前，我国已拥有 30 个新一代 AI 创新发展试验区和开放式创新平台，以及 5306 名 AI 高水平研究人才，基本形成京津冀、长三角和珠三角等三大 AI 热点集群。②

一线城市数字经济产业化进程较快，北京市、上海市、杭州市、深圳市、广州市为第一梯队，成为数字经济产业化的“领头羊”，如图 9-5 所示。

尤其要指出的是，在 5G、AI 等新一代信息通信技术的推动下，消费互联网正在发生质的变化，由过去的“连接信息”转变为“连接行为和活动”，如互联网教育实现在线多点互动、互联网医疗实现远程会诊等。未来，新技术和产品的发展还将创造更多的消费形态、消费场景和消费机遇。

---

① 郭晗．数字经济与实体经济融合促进高质量发展的路径 [J]．西安财经大学学报，2020，33（02）：20-24．

② 参见北京大学大数据分析与应用技术国家工程实验室联合多家单位发布的《数字生态指数 2021》报告。

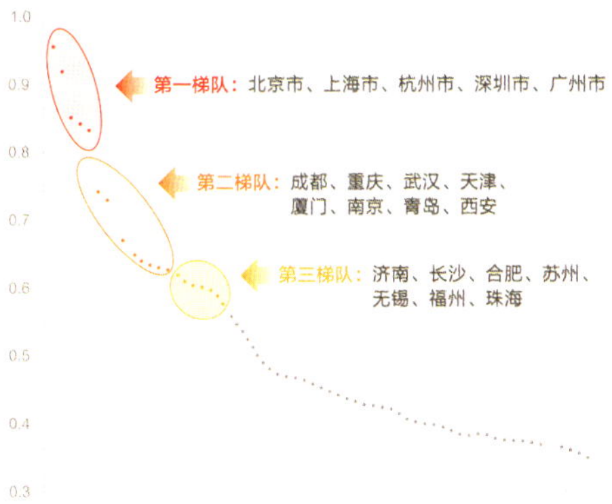

图 9-5　数字经济产业化城市发展排名

在数字消费方面，数字化产品和服务释放了巨大的隐性价值和社会福利，对满足人民的美好生活需要持续产生重要影响。特别是在城市的角度，我们从各类 App 的使用时长中可以窥见消费互联网引领下数字生活方式的巨大变迁，金融、购物、社交、游戏、外卖、直播/短视频、在线教育等线上生活和数字消费成为人们生活中不可或缺的一部分，为消费创新和扩大内需提供了持续不断的新动能。数字生活指数如图 9-6 所示。

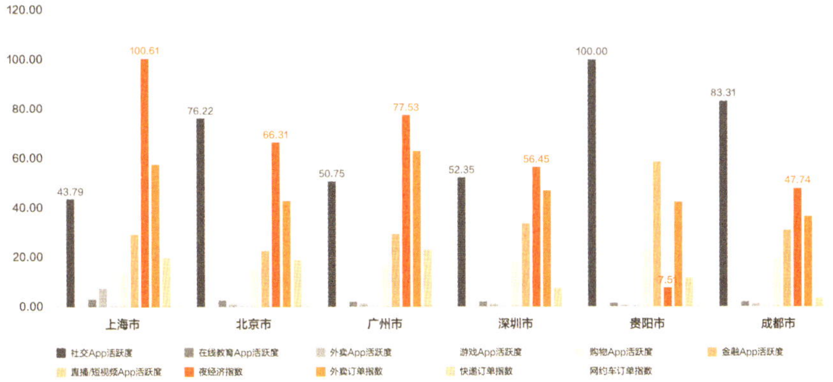

图 9-6　数字生活指数

9.3.2 产业数字化转型全面提升全要素生产效率

产业数字化作为数字经济的“魂”，指的是原本存在的产业在利用数字技术后实现了产出的增长和效率的提升，是数实经济融合发展的主引擎。随着我国数字经济快速发展，数字化进程已经由消费互联网主导转向产业互联网主导。产业互联网包括但不限于车联网、两化融合、智能制造、工业互联网等融合型新产业、新模式和新业态，其通过数据集成和平台赋能极大地推动了生产要素的自由流动和使用。

由此可见，数字经济的渗透让实体经济变得更加智能化，成为经济发展的新动能。数据显示，2020 年我国产业数字化增加值规模达 31.7 万亿元，占 GDP 的比例为 31.2%，占数字经济的比例高达 80.9%。数智化驱动下的数实经济融合发展将成为国家核心竞争力的重要组成部分。

首先，从要素配置的角度来看，数据作为经济发展中的关键要素嵌入生产、流通和消费等各个环节中，将极大地提高资本、土地、劳动、自然资源等传统生产要素的配置效率[①]，对经济社会产生放大、叠加和倍增效应。

其次，从产业融合的角度来看，数据要素与传统产业广泛、深度融合，在已有的“互联网 + 农业”“互联网 + 工业”“互联网 + 服务业”的基础上，通过数字技术进一步升级为“数智化 + 农业”“数智化 + 工业”“数智化 + 服务业”，极大地拓展了数字经济发展的新空间。尤其是在产业融合的过程中，掌握通用、共性技术的平台企业成为核心，为数智化转型提供了技术和资源支持，助推实体经济走向智能化、网络化、平台化，在此基础上构建基于工业互联网的全新业态，从而推动“中国制造”向“中国智造”转型。

---

① 郭晗．数字经济与实体经济融合促进高质量发展的路径 [J]．西安财经大学学报，2020，33（02）：20-24.

2021 年，我国工业互联网“综合性 + 特色性 + 专业性”的平台体系基本形成，具有一定行业和区域影响力的工业互联网平台超过 100 家，连接设备数超过 7000 万台（套），工业 App 超过 59 万个。浙江省首批 12 家“未来工厂”应用数字孪生、智能化生产、智慧化管理、协同化制造、绿色化制造和安全化管控，平均生产效率提高了 30%、能源利用率提高了 15%、运营成本降低了 27%、产品研制周期缩短了 32%、产品不良率降低了 30%，提质增效显著。预计在 2025—2030 年，工业互联网发展将逐步进入全面互联和自主智能阶段。

最后，从产业创新的角度来看，在数字经济与实体经济融合发展的过程中，新的产业形态不断涌现，不断催生新的供给和消费需求，激发了数字时代更大的经济增长潜力。例如在供给侧，数字经济的融入催生了智能制造、生物医药等新产业和无人机、智能汽车等新产品；在需求侧，数字经济改变了人们的消费行为和消费决策，尤其是在生活领域，数字化应用呈爆发式增长，在线服务业成为产业数字化发展速度最快的领域。2019 年，服务业数字经济增加值占行业增加值的比例为 37.8%，同比提升 1.9 个百分点，显著高于全行业平均水平。2021 年上半年，在零售领域，实物商品网上零售额占社会消费品零售总额的比例为 23.7%，网上零售成为消费的新引擎；在服务领域，移动支付打通餐饮、外卖、旅游、短视频等多个线上线下服务场景，平台互联互通成为新潮流。

【本章小结】

本章主要介绍了数智化驱动数字经济与实体经济融合升级。

（1）“为增长而竞争”成为理解我国经济增长的重要命题，在迈向第二个百年奋斗目标的新征程中，“增长”依然是我国当下高质量发展的重要目标。但在传统经济增长面临挑战的情况下，增长机制急需转型，这有赖于数智化赋能下的数实经济融合发展。

（2）数智化赋能数实经济融合发展的 3 个关键词：渗透、重组和引领。数智化赋能以数据要素为核心，基于数据的全行业遍历性渗透、重组和引领等方式，驱动资本、劳动、土地等传统生产要素重组、配置和融合，提高全要素生产率，从而促进经济发展数智化转型，实现数字经济与实体经济的融合升级。

（3）数字产业化和产业数字化是数实经济融合发展的核心路径：数字产业化发展驱动消费互联网释放新动能，产业数字化转型全面提升全要素生产效率。

第 10 章 数智化驱动数字空间与社会实体融合互动

数智化带来了数字空间与社会实体之间的互动，虚拟线上与实际线下的融合主要体现在消费服务边界融合、“数字鸿沟”弥合、新旧媒介融合、网络空间的构建和维护 4 个方面。在数智化的驱动下，我们对消费者、媒体受众的服务需求具有更为精准、细致的识别能力，产品和服务供给链线上线下的协同更加高效，数据分析和资源整合的功能可以较好地解决个性化与规模化的冲突和矛盾，对风险的研判和防范更为有效，同时社会连接性、公众自主性和福利平等性也有所提高。

10.1 线上线下消费服务边界融合

数智化驱动数字空间与社会实体融合互动，在 C 端表现为互联网线上线下的融合。如图 10-1 所示，线上线下消费服务边界的融合主要表现在 3 个方面：一是消费者服务需求识别精准化，二是产品和服务供给链双线全面化，三是数据分析与资源整合交互化。

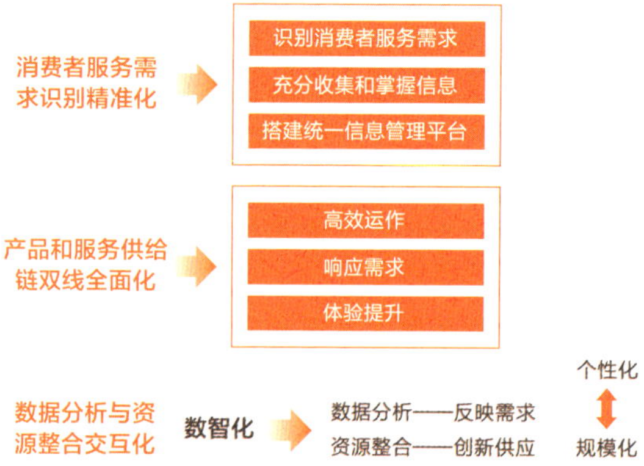

图 10-1 线上线下消费服务边界融合的主要表现

10.1.1 消费者服务需求识别精准化

实现线上线下消费服务边界的融合，首先需要识别消费者的服务需求，而需求的识别离不开充分收集和掌握信息。信息是企业决策的重要基础之一，快速、有效的信息传递和分析是企业具备竞争优势的关键因素。信息共享是线上线下协同的重要保证，企业应对线上线下两个板块业务的信息系统进行对接和融合，有条件的企业甚至可以搭建线上线下统一的信息管理平台，实时共享供应商、消费者、营销策略和内部经营管理等多方面的信息，精准识别消费者的服务需求，确保线上线下经营的协同一致。消费者服务需求的识别流程如图 10-2 所示。①

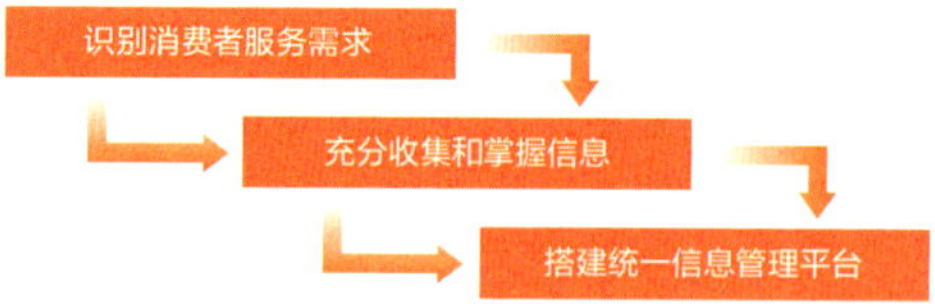

图 10-2 消费者服务需求的识别流程

① 张琳. 零售企业线上线下协同经营机制研究 [J]. 中国流通经济，2015，29（02）：57-64.

以运动品牌特步的数智化为例，特步启动了消费者运营中台项目，以消费者为中心，通过大数据分析流行元素，运用 3D 技术对流行元素进行多种组合，再通过达摩院 M6 的算法进行智能设计，精准、快速地把握当下消费者的偏好和市场的风向。再以融合现实和虚拟宇宙又超越现实宇宙的元宇宙为例，针对消费者愈发多样化的消费需求，数智化下的元宇宙为资本找到了新的出口，对消费者偏好的把握不但在于现实世界，而且在于元宇宙中的虚拟服装、虚拟土地、线上聚会和虚拟偶像等方面。

10.1.2　产品和服务供给链双线全面化

数智化促进了产品和服务线上供给和线下供给双线供给链的全面融合，这种融合可以体现在高效运作、响应需求、体验提升 3 个层面。

首先是高效运作层面。互联网技术开拓了线上渠道，相当于为线下供应提供了补充。然而线上和线下作为不同的业务板块，由不同的生产和销售部门负责，两条供应路径之间存在信息割裂现象。

在数智化背景下，产品和服务的供给者通过大数据能够高效整合线上和线下的数据，将两条供应路径有效地连接起来，形成整体性的供应链闭环。线上线下的双线融合能够让供给者如虎添翼，因为这不仅意味着可以更高效地吸纳和应用信息流，还意味着可以灵活运用多样化的物流方式扩大产品和服务的供给范围，同时加快资金周转的速度，在这一层面上减小产品和服务供给者承担的资金风险，如采用电商、电商与零售服务商相结合的销售模式可形成实体连锁和网络销售 2 个平台、2 个网络。阿里云作为数字技术的提供商，在服务实体经济的过程中，通过“云钉一体”的基础设施将上下游的供应链连接起来，实现供应链与产业链的高效协同和创新。

其次是响应需求层面。数智化通过数字平台实现线上门店与线下门店的协同联动，能够加快对消费者需求的响应速度。如果线上门店商品所在的仓库缺货，那么商家可以通过数字平台查询线下门店的数据，调用线下门店的存货以及时回应消费者的订单，反之亦然。由此可见，在数智化的驱动下，线上线下两条供应路径能够形成互补关系，对消费者的回应更加迅速、即时。但需要注意的是，线上供应和线下供应需要严格遵循统一标准，保障产品和服务质量的一致和标准化，仅在供给渠道上有所差异。

最后是体验提升层面。一方面，数智化为供应链主体提供了进一步开发和合理利用资源的方法和渠道，通过连接特性促进了供应链主体之间的沟通交流和协同合作，创新了产品和服务的供应方式，在更大程度上为消费者提供了便利；另一方面，供给者更注重消费者的体验感和满意度，运用数智化的大数据分析工具，针对消费者的个性化需求打造“消费者导向”的产品和服务供给，如在元宇宙中，可编辑的开放世界为消费者提供了具有高度新鲜感的体验；同时运用数字孪生技术，即在虚拟空间内建立真实事物的动态孪生体，通过构建丰富的拟真环境为消费者提供沉浸式的在场体验。在新技术的加持下，供给者为消费者提供的产品和服务所开拓的新世界和新视野是过去的传统技术难以比拟的。

10.1.3 数据分析与资源整合交互化

在传统的工业时代，生产者利用大机器生产统一的产品积累资本，而后扩大规模实现再生产。随着经济社会的发展，人们的生活水平逐渐提高，需求逐渐多样化，对产品和服务质量的要求也相应提高，传统工业时代出售统一商品的商业模式已经难以适应市场的需要。

通过运用数智化手段的大数据分析可以精准定位消费者的偏好，通过消费者的浏览、搜索记录和消费习惯进行一系列数据分析，从而捕捉不同消费者群体的需求。借助数智化手段，企业可以与消费者实现紧密的连接和实时的互动对话。数据反映的是真实的需求，消费者通过表达需求成为企业生产方向的主导，从产品和服务的被动接受角色转变为主动决策角色，促使企业转变为消费者导向型的战略。

在充分掌握消费者的消费需求和偏好后，企业需要把它们落实到生产中，采用个性化、定制化的生产和销售模式。然而个性化与规模化之间存在着一定的冲突，因为个性化意味着在生产出来的商品之间存在生产流程上的较大差异，大量的个性化生产会带来较高的生产成本，这对企业而言是一个巨大的挑战。

对于个性化与规模化的冲突，数智化为企业提供了解决路径，如图 10-3 所示。

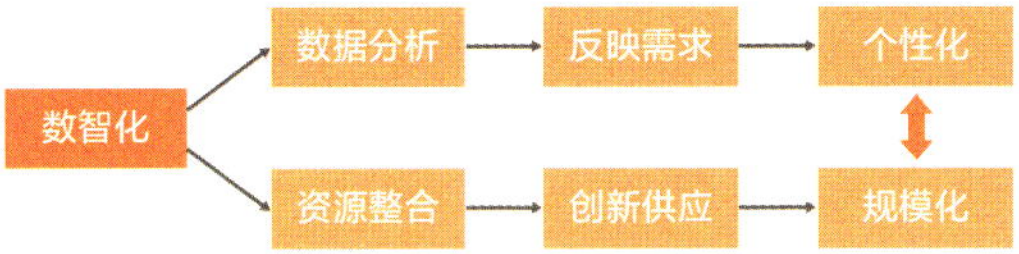

图 10-3　数智化对于个性化与规模化冲突的解决路径

在前端，企业可以将消费者的购物信息和个人信息收集起来，通过统计分析方法进行数据智能挖掘，将产品和服务划分为不同的主流模块或环节，消费者可以根据自身的需要对其进行组合搭配，形成定制化的产品和服务订单。这是数智化对于个性化需要的实现路径。

在后端，数智化可以帮助企业收集价格、流量、消费者评价等数据，指导企业选择合适的生产线，并对生产线进行研发和设计，再根据时间、地域等因素安排产量和库存。企业通过数智化手段调整供应链，综合考虑多维度的影响因素，灵活调整产量和价格，提高柔性生产和服务的能力。由此，数智化促进了规模化生产的实现。

个性化和定制化依赖于数据分析，规模化的基础是资源整合，数智化通过两者的交互实现了产品和服务供给方与消费者的持续互动，减少了双方的信息差，优化了供求关系，从而实现了市场中生产者与消费者的融合共通。

10.2 数字包容与“数字鸿沟”逐渐弥合

数智化虽然能为区域一体化融合发展提供重要的推动力，但是信息技术的飞速发展和更新可能会加深不同区域、不同人群在获取数字产品和数字服务方面的“数字鸿沟”。如何解决网络准入门槛逐渐升高、数字治理出现两极分化的问题？如何减少或消除不同人群在接入互联网的过程中面临的不平等现象？实现善治，不可避免地要重视和解决这些难题。数智化发展不但要注重工具和技术，而且要重视人文关怀，尊重人的价值，坚持“以人为本”。这需要加强信息服务覆盖和数字培训服务，制定数字包容政策，弥合“数字鸿沟”，如图 10-4 所示。

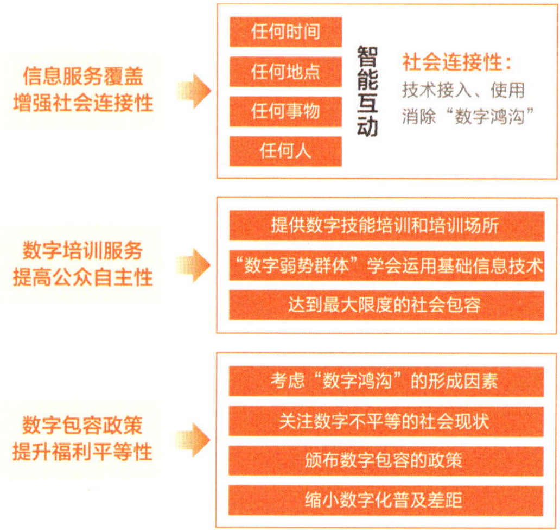

图 10-4 数字包容与“数字鸿沟”弥合

10.2.1 信息服务覆盖增强社会连接性

新兴信息技术的传播和应用在推动我国“数字社会”“智慧城市”建设的同时，也出现了不同区域的信息化发展程度不均衡和部分人群缺乏数字知识技能、接受信息服务困难等现象，“数字鸿沟”问题成为一项不可忽视的重要议题。

国家针对“数字鸿沟”问题做出了一系列战略安排，党的十九届五中全会提出了“提升全民数字技能，实现信息服务全覆盖”的要求，体现了国家对弥合“数字鸿沟”、促进数字包容的高度重视和明确部署。

推广数智化能够让更多人获得并使用技术，提高信息服务的覆盖度，结合人文关怀对数智化技术进行良性设计也可以消减“数字鸿沟”、促进数字包容。

一是强调技术的接入和使用。在高度重视促进共同富裕问题的当下，数智化的发展并不只是为了满足特定人群的需要，而是为了造福广大人民群众。实现数智化对社会连接性的促进效果，一方面要让更多的人能够获得技术，另一方面也要让获得技术的人有条件、有能力使用技术，实现真正的信息服务覆盖。

二是强调消减“数字鸿沟”。数字包容的概念实际上就是“数字鸿沟”概念的对立面，指的是减小或消除“数字鸿沟”的过程和行动。阿里巴巴在 2021 年重阳节发布的“助老打车”计划，就是扩大信息服务的覆盖群体、增强社会连接性、促进数字包容的一个生动案例。

阿里巴巴计划 5 年内在全国 300 多座城市中建设 1 万座“暖心车站”，老年人只需要用手机扫描车站上的二维码就会自动跳转到“助老模式”，点击页面上的“呼叫出租车”按钮就能实现一键打车，起点会自动定位到“暖心车站”的地点，老年人可以在上车后再向司机口头说明目的地，同时结账可以采用现金支付。这样贴心而人性化的设计，正是将“数字弱势群体”接入数字信息化社会的可行方式。

10.2.2 数字培训服务提高公众自主性

数字包容政策中的重要举措包括数字培训服务。数字培训服务指的是对信息社会中处于劣势的群体提供数字技能培训并提供培训场所，目的是使这些“数字弱势群体”更好地掌握基础信息技术的知识和技能并能在日常生活中熟练运用，以满足其数字化生活的需要，最终达到最大限度的社会包容。针对老年人和弱势群体的互联网培训计划已经成为缩小“数字鸿沟”的必要条件。[①] 数字培训服务让“数字弱势群体”学习知识技能并为自己所用，实际上是对公众进行科技赋能，数智化不但要提供技术，而且要秉持善用技术的初心，站在科技使用者的角度思考，降低数字信息技术的使用门槛，推广、普及数字培训服务，让公众切实享受到先进信息技术带来的便利和福祉。

2021 年 4 月，为提升全民数字技能，人力资源和社会保障部制定了《提升全民数字技能工作方案》，要求各地面向新技能新职业，重点开展人工智能、大数据、云计算等数字技能培训。人社部中国就业培训技术指导中心与钉钉开展合作，共同打造了新职业数字资源培训的线上服务平台，劳动者们可以通过平台学习数字技能并拿到职业证书，实现自主的数字化技能成长和人才培养，为数字经济发展提供人力资源和人才资源。

在 2021 年的云栖大会上，张勇宣布阿里巴巴正式启动“少年云助学计划”，向 1 万所欠发达地区的中小学校捐建“云电脑机房”，助力改善欠发达地区中小学校的科技教育，利用“无影”操作系统，让学校机房里的电脑“永不过时”。在此前的世界互联网大会上，阿里巴巴也推出了“技术普惠人才培养计划”，加大了对欠发达地区进行公益方面的投入，为欠发达地区培养了 20 万名技术人才。这些计划是阿里巴

① 闫慧，张鑫灿，殷宪斌．数字包容研究进展：内涵、影响因素与公共政策 [J]．图书与情报，2018（03）：80-89.

巴加强数字普惠、推动数字培训的责任所在，也是阿里巴巴助力共同富裕的具体行动。

10.2.3　数字包容政策提升福利平等性

“数字鸿沟”带来的实际上是一种信息的不平等，随之产生了一批“信息弱势群体”。与经济发展不平衡带来的贫困群体类似，要想改善“信息弱势群体”的生活现状，国家和社会要发挥各自的功能和力量，其中政府占据主导地位。通过出台制度和政策，政府可以发挥兜底作用，如针对扶贫可以出台相关规定向贫困群体发放补贴、提供就业机会等；同时，社区也可以协助政府分担促进平等的责任。

联合国在《2030 年可持续发展议程》中提出，消除包含“数字化贫困”在内的一切贫困是可持续发展的首要任务。在国际组织层面，欧盟出台了《欧洲 2020 战略》，致力于帮助数字化贫困群体缩小“数字鸿沟”，建设数字包容社会；在国家层面，美国实施了宽带技术机会项目和多样化的城市数字包容创新项目，以实现数字包容和数字平等。

在数智化为国家的生产、人们的生活带来巨大便利的同时，我们不能只关注效率问题，还要把公平放在重要的战略地位。“不患寡而患不均”，数智化技术把数字信息的“蛋糕”做大了，如何让数智化发展的成果惠及更多人成为一个重要问题。国家需要考虑年龄、性别、经济状况、教育水平、地理区位和基础设施等可能形成“数字鸿沟”的因素，更加关注老年人、残疾人、贫困地区人群等特殊群体所面临的数字不平等的现状，颁布具有数字关怀、数字包容和数字平等特征的规定和政策，缩小发达地区与欠发达地区之间、城市与乡村之间的数字化普及差距，让广大公众可以公平地享受国家数智化建设的成果，在信息化高度发展的进程中产生获得感。

以疫情初期应对口罩紧缺的政策为例，H 市依托市医疗保障局官方微信公众号“H 市医疗保障”中的“口罩预约”功能，对市民购买口罩的方式进行管理，避免市民为了购买口罩集中到药店外排队从而造成人群集聚的局面。H 市医疗保障局这一体现“互联网 + 城市管理”理念的政策，从避免人群聚集、降低传染风险的角度来看，其正面效应是较为明显的；但是从数字包容和数字公平的角度出发，这一政策是存在较大问题和缺陷的，其最大的问题在于没有考虑到边缘性的人群，包括无法承担智能手机费用的贫困群体、不会使用智能手机或公众号功能的空巢老人等。这些人群在现代化社会中经常面临着被电子信息排斥的困境，以往的困境包括看不到广阔的世界、无法便利地办理事务、错过发布在网络上的就业机会等；但是在疫情面前，口罩的购买受到管制，只能通过公众号购买口罩意味着这些人群无法买到预防疾病的救命物资，这无疑是将他们的生命置于危险之中。

在社会治理变得愈发复杂的数智化时代，一项政策是否合理不但要考虑其科学性，而且要关心其民主性。通过手机软件购买口罩的数智化方式，虽然对大多数市民而言是便利的、对政府部门而言是减压的，但是这一政策却带有一些“歧视”的色彩，所以从实现数字包容和数字公平的角度来看，该政策的有效性不足。

由此可见，“数字排斥”的现状亟待国家和社会采取一系列复杂的数字包容政策加以干预，不但要在硬件上加以改进，而且要从根本上消除普遍存在的经济、社会障碍，为构建数字包容社会、提供平等的社会福利创造良好的条件。

10.3 传统媒体与新媒体深度融合

2020 年 9 月，中共中央办公厅、国务院办公厅印发了《关于加快推进媒体深度融合发展的意见》，从重要意义、目标任务、工作原则三个方面明确了媒体深度融合发展的总体要求，要求深刻认识全媒体时代推进这项工作的重要性紧迫性，坚持正能量是总要求、管得住是硬道理、用得好是真本事，坚持正确方向，坚持一体发展，坚持移动优先，坚持科学布局，坚持改革创新，推动传统媒体和新兴媒体在体制机制、政策措施、流程管理、人才技术等方面加快融合步伐，尽快建成一批具有强大影响力和竞争力的新型主流媒体，逐步构建网上网下一体、内宣外宣联动的主流舆论格局，建立以内容建设为根本、先进技术为支撑、创新管理为保障的全媒体传播体系。目前，媒体融合经过深度交融和提速升级，已进入系统性创新的新阶段，需要识别需求、整合资源、防范风险，如图 10-5 所示。传统媒体与新媒体的融合是一项整体性工程，需要在推行理念、传播内容、组织机构、产品形态、版权保护等各个方面进行系统性创新。同时，媒体融合也需要新闻、互联网等行业通过行业联动，实现新闻信息传播业态的革新。在数字技术的融合发展中，我国已经步入 5G 时代，在以“云”为核心的 IT 体系内，数字孪生和万物互联等通信技术推动着媒体形态向 AR、VR、元宇宙沉浸式未来媒体等方向更新转型。

图 10-5　传统媒体与新媒体深度融合

10.3.1　精准识别媒体受众需求

在数字化飞速发展的当今社会，大量的数据和信息充斥着人们的生活，短视频、短文章正在夺走人们的注意力，碎片化信息侵入了日常生活的很多角落。在这样的时代背景下，精准识别媒体受众需求成为媒体行业的必修课。数智化具有数据融合的特征，可以运用大数据等手段对媒体受众的偏好进行分析，并以此为依据向媒体受众提供相应的定制化、个性化媒体服务。

随着流量逐渐占据重要地位，媒体要想获得资本以维持运营和扩大规模，需要吸引并转化足够的流量。流量从哪里来？数智化提供了一种新思路——智能标签和精准推送。这种思路的实现有赖于现代信息技术，通过建立一套AI技术系统构建媒体行业人机协作的新模式，运用大数据和智能算法等技术深刻理解新内容，对受众群体的兴趣意向进行分类，通过大量数据匹配形成若干群体行为模型，对受众群体打上不同的标签，如果受众的性别是“女性”、年龄是“青少年”、爱好是“影视”，就可以此为依据进行精准、个性化、定制化的新闻推送，对具有上述标签的受众群体推送新潮的影视新闻，做到有的放矢，真正从受众的需求出发。

10.3.2 有效整合传媒信息资源

为顺应数智化浪潮，传媒在平台建设、新闻产出流程、新闻产品形态等环节开展了系统性的创新工作，对传媒信息资源的有效整合发挥了重要作用。

通过一站式的数据处理平台，数智化帮助媒体构建了“信息中枢和大脑”并广泛应用于人民网、新华网、经济日报等媒体，在很大程度上优化了传媒信息的生产平台。在“媒体大脑”平台中，每日的数据采集量多达20亿条，数据实现实时秒级计算，推荐算法多达上百种，支持上千万名受众同时在线，新闻产出、传播的效率得到了较大的提高，新闻的产出流程得以更新，高效化特征明显，新闻产品形态有所突破，呈现多样化、高质量的新态势。多样化的新闻产品形态在信息产品中的表现是包含了更多的数据分析、可视化图表，将大量数据中体现的规律和特征通过图像、表格的形式清晰明朗地呈现给受众，新闻产品不但有故事性，而且有数据形成的客观性、科学性，为新闻受众带来更佳的体验。由此可见，数智化对传媒各个环节的革新产生了深远影响，推进和深化了传媒信息资源的整合过程。①

10.3.3　提前预见防范传媒风险

在信息技术日新月异的今天，无论是形式还是内容，传媒的变革、改造和更新必须跟上时代的步伐。但是，变革不仅能创造机遇，其下也暗含风险。数智化在促进传统传播媒体与新媒体融合的过程中，还具有提前预见防范传媒风险的重要作用，其路径如图 10-6 所示。充分掌握传媒的数据信息意味着可以对现状进行分析，并基于此对未来的发展趋势进行预先研判，从而发现隐藏的风险和隐患，提前采取防范措施，实现有效规避。阿里云具备全球领先的安全能力，风险识别多达上百种，对全链路数据采用加密措施，增强隐私计算，为媒体行业提前预见防范内容风险、数据风险和系统风险提供了技术支持。

图 10-6　提前预见防范传媒风险的路径

10.4　数智化的网络空间治理共同体

如图 10-7 所示，数智化的网络空间治理共同体主要包括 3 个方面：一是构建网络空间命运共同体，增强社会连接性；二是维护网络空间

① 黄楚新，王丹. 智能互联与数字中国：中国新媒体发展现状与趋势分析 [J]. 出版发行研究，2018（09）：58-62.

的安全秩序，有效防范信息风险；三是根植网络空间大众意愿，挖掘社会运行规律。

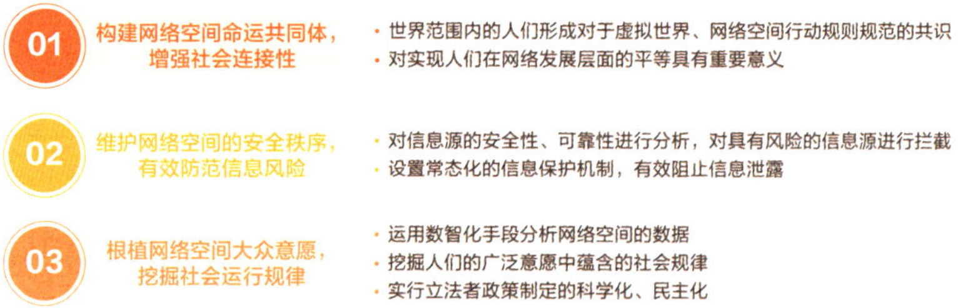

图 10-7 数智化的网络空间治理共同体

10.4.1 构建网络空间命运共同体，增强社会连接性

信息时代，现代信息技术的渗透性逐步增强，数智化推动着网络空间的建设和发展，网络也在不断地改变人们的生活方式。但是，城市与乡村、发达地区与欠发达地区、发达国家与发展中国家之间的网络发展状况、信息技术水平存在较大差距，这意味着网络发展的不均衡。我国作为具有大国胸怀的国家，将全人类的生存发展置于重要战略高度，倡导全世界团结起来，携手构建网络空间命运共同体，推进网络在不同国家和不同地区之间实现均衡发展，建设和维护良好的网络空间秩序和安全。

构建数智化的网络空间命运共同体，一方面意味着世界范围内的人们形成对于虚拟世界、网络空间行动规则规范的共识。人们的网络行为遵循相关要求，类比现实世界，相当于人们让渡自己的部分私权而形成公权，人与人之间的相处法则受到人们共同认可的公权的约束，从这一意义上讲，社会连接性增强。

另一方面，构建数智化的网络空间命运共同体对实现人们在网络发展层面的平等具有重要意义。当国际、区域、城乡间的网络发展不平衡程度较高时，很难实现良好的沟通交流和连接。和平、平等、和谐的网络空间命运共同体能够增强人们的公平感和信任感，对人与人之间的互动起到积极正向的影响作用。①

10.4.2 维护网络空间安全秩序，有效防范信息风险

数智化的网络空间命运共同体理念强调网络空间的和平、安全和秩序。网络空间的隐患之一是信息风险，既包括个人信息、个人隐私甚至组织单位信息的泄露风险，又包括伴随信息泄露产生的诈骗风险和恶意利用信息的风险。

这些风险引申出一系列网络安全、信息安全问题：如何对网络空间的安全秩序进行集中化、标准化、规范化和常态化管理？如何防范和化解信息风险？如何满足数据安全的合规性保护需求？

要想通过数智化推进新型网络全球化，可以充分收集数据和运用先进信息技术构建信息安全管控平台，将其作为信息的“防火墙”“防盗网”。

首先，对信息源的安全性、可靠性进行分析，对具有风险的信息源进行拦截。防范的功效在一定程度上大于化解的功效，因此对信息源的筛查和审核尤为重要。有些信息源的安全性比较容易鉴别，但大部分信息源的安全系数是未知的、难以迅速做出结论的，需要数智化手段的介入。数智化的信息技术可以通过前期多次的信息源筛选结果构建一个数据库，再通过数据分析形成预测算法，对后续需要筛查的信息源进行计算，得出其对应的安全系数，从而拦截安全系数未达标的信息源。

以阿里云安全为例，阿里云对 DDOS（Distributed Denial of

① 黄楚新，王丹．智能互联与数字中国：中国新媒体发展现状与趋势分析 [J]．出版发行研究，2018（09）：58-62.

Service，分布式拒绝服务攻击）的防御，就像训练有素的“引导员”将乔装打扮的“伪装者”带入“城外的迷宫”里绕圈，再把他们从“后门”踢出去，防止风险的入侵。同时，阿里云的应用防火墙（Web Application Firewall，WAF）搭载了智能安全引擎，可以识别风险，对攻击行为进行预判和严格审核，将“伪装者”拦截在外。

其次，设置常态化的信息保护机制，有效阻止信息泄露。在人们使用网络的过程中，信息泄露、黑客攻击、木马病毒侵入等现象时有发生。维护网络空间的安全秩序需要通过数智化手段推出具有普适性的信息保护功能，一方面能时刻关注信息、网络安全的态势，定期出具风险报告并给予人们实时的安全警告；另一方面能在风险发生前有效预防、在风险发生时及时干预。

例如，当前网购平台和物流快递的便利化程度较高，人们的网购热情十分高涨，但也产生了消费者姓名、电话号码、家庭地址等个人信息泄露的问题，网购平台的卖家和物流快递的工作人员可以掌握大量的消费者信息，快递包装上的邮寄信息也有很高的隐私泄露风险。在现实生活中，有一部分掌握了大量消费者信息的人会将这些个人信息贩卖出去，不但构成对个人隐私的侵犯，而且造成了电信诈骗等问题。

数智化手段的预防功能可以在细化网购平台卖家和物流快递工作人员可收集的必要信息之后，隐匿消费者的其他个人信息，如电话号码打码、只公开前三位号码和尾号或使用数字保护功能，让网购平台卖家、物流快递工作人员和消费者三方都无法看到其他人的真实号码，用虚拟电话号码代替真实号码，这样既满足了三方之间沟通交流的需要，又能规避恶意的来电骚扰和信息泄露等风险。在 2021 年的“双 11”购物节期间，网购平台大规模应用了隐私计算、云隐私号码保护等信息技术，用短期内有效的虚拟号码代替消费者的真实号码，在隐藏和保护消费者数据、防止隐私泄露的前提下，实现了订单双方的点对点通信。

数智化手段的干预功能在于，在消费者的电话号码被泄露之后，手机会自动对来电进行分析，阻拦骚扰电话、传销电话和诈骗电话等电话的接入，防止消费者的利益受到进一步损害。

2019 年 8 月，《信息安全技术 移动互联网应用程序（App）收集个人信息基本规范（草案）》公开征集意见，法律法规的约束手段与数智化的技术手段相结合，构成网络空间的“信息安全网”，严厉打击侵犯个人隐私的行为，避免“大数据时代”变成“侵权时代”，逐步消除个人隐私的“裸奔”风险，加大力度保障个人信息安全。

10.4.3 根植网络空间大众意愿，挖掘社会运行规律

在网络空间中，人们的意愿往往以数据的形式呈现。从一般意义上讲，数据反映的是“事实”，但是经过数智化的收集、分析和处理，大量看似繁杂的数据可能蕴含着事物的发展规律。在网络空间中，人们的搜索、浏览、保存、留言等操作贡献了大量的数据，如果通过统计工作系统化地将这些数据进行转化，形成可以展现当前态势和预测未来发展趋势的规律，那么社会的运行和发展将更有可能规避风险隐患、趋向良性方向。

美国前总统詹姆斯•艾伯拉姆•加菲尔德在担任联邦众议员期间，把人口普查工作推向了现代化。之所以如此重视人口普查这项工作，是因为加菲尔德认为数据是社会规律的载体，“只有遵守社会运行的法则和规律，才能调控各种社会力量”。现代信息技术越来越发达，社会越来越复杂，人们的思想、行为和生活的异质性越来越强。在这样的时代背景下，如何抓住人们的需求、如何进行更加有效的治理、如何让人们过上更美好的生活，这些问题亟待解答。

与此同时，在网络空间中，数据所包含的信息量范围更广、数量

更多、内容更丰富，利用数智化手段对这些数据进行分析可以得到更加翔实、具体的结果，与传统的调查手段相比，这种手段可以更有效地把大范围、大体量的内容通过若干维度和大量指标织成一张细密的“网”，从而更全面地揭示现状并提供预测未来的依据。依靠数智化，基于公众的广泛意愿挖掘出来的社会运行规律，可以帮助立法者更好地制定符合最广大公众根本利益的制度和政策，帮助市场建立高效、规范和稳定的秩序，帮助产品和服务的供给者进行清晰的定位以满足消费者的需要。

【本章小结】

数智化对数字空间与社会实体融合互动的驱动体现在以下 4 个方面。

（1）数智化能够精准识别消费者的需求，构建线上线下、高效高质的产品和服务供给链，通过数据分析和资源整合解决产品和服务个性化与规模化之间的冲突矛盾。

（2）数智化通过扩大信息服务的覆盖范围促进人与人之间的线上沟通互动，提供线上数字培训服务，构建数字包容社会，并在数字包容政策的指导下以人性化的设计消弭“数字鸿沟”。

（3）数智化推动传统媒体与新媒体的深度融合，实现大数据下的精准推送、传媒信息资源的有效整合和传媒风险的有效防范。

（4）数智化驱动网络空间命运共同体的构建，推动人们形成在虚拟空间范围内的共识和实现网络发展层面的平等，并通过信息技术手段维护网络空间的安全秩序，防范风险，强效保护，为网络用户的隐私安全保驾护航，还能根据人们在网络空间中的表达对广泛意愿进行挖掘，探索其中蕴含的社会运行规律，提升政策制定的科学性。

大融合下的新格局

第 3 篇

第 11 章 数智化驱动城乡区域融合与一体化

在传统的城乡区域一体化发展历程中，融合的动力主要来源于交通基础设施的建设和完善。交通越便利，城市与乡村之间要素的流动性越强，而且产业会沿着交通要道集聚，带动沿线地区经济的增长。近年来，随着数字化、智慧化的发展，基于交通连接的社会空间格局发生了变动，城乡区域一体化发展呈现出新特征。数智化突破了实体距离的限制，构造了虚拟的网络空间，要素可以更加高效地流动和集聚，数据可以更加实时地共享和融合，城乡区域一体化拥有了更加强势的驱动力。

11.1 数智化驱动基础设施建设的连接互通

数智化驱动基础设施建设的连接互通，主要包括传统基础设施的数智化改造、新型基础设施的数智化建设和基础设施体系的数智化架构 3 个方面，如图 11-1 所示。

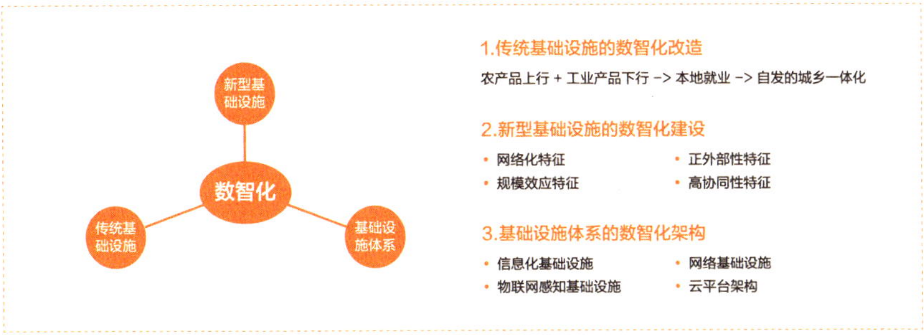

图 11-1　数智化驱动基础设施建设的连接互通

11.1.1　传统基础设施的数智化改造

传统基础设施的数智化改造，指的是利用信息通信技术，结合数据融合、机器智能和人文智慧 3 条路径，对包括道路桥梁、水利工程等在内的传统基础设施进行数字化、智慧化改造。在数字经济迅猛发展的今天，支付方式由单一、传统的现金交易转变为主流的手机移动支付，销售方式由线下实体门店零售转变为线上虚拟门店零售，社会的多个方面呈现出数智化特征。如果传统基础设施停滞不前，那么其效能的发挥将受到冲击和不利影响，从而面临落后和淘汰。传统基础设施数智化意味着数字赋能，通过产业链的重构、优化和价值提升，实现传统产业、传统基础设施的转型升级。

对城乡一体化而言，数智化促进了乡村公共服务、商业服务等传统基础设施的重构和更新，进一步缩小了城乡之间的硬件差距。在先进信息技术的支持下，乡村逐渐由传统的商业模式转型为“农产品上行 + 工业产品下行”的新型商业模式，基础设施的改造优化为乡村居民在本地就业提供了机会，乡村居民不必进城打工也可以获得足够的酬劳支撑家庭开销，同时生活质量有所提高。从这一意义上讲，乡村实现了自发的城乡一体化。

传统基础设施无法很好地将劳动力资源与土地资源进行匹配，许多乡村青壮年涌入城市寻找就业机会，乡村由此产生了老龄化和土地闲置荒芜的问题。然而，互联网技术实现了传统基础设施的现代化改造，使乡村地区在信息流、资金流和人力资源流等方面的信息更加充实、丰富、透明和开放，乡村居民可以留在乡村，利用乡村的土地发展现代农业，打造具有乡村特色的发展模式。由此，通过改造更新乡村的传统基础设施，数智化改善了乡村的人口结构和就业环境。

以阿里巴巴推动交通基础设施的改造更新为例，阿里云和四川高速成立了四川铁投集团与阿里巴巴智慧交通联合实验室，提高了交通基础设施的数智化水平，实现了客运品质的提高和货运的降本增效，促进了城乡区域交通一体化融合发展，同时提高了基础设施的利用效率和服务水平，使交通基础设施呈现“新网络、新需求、新融合、新方式”4 个新特征。

11.1.2 新型基础设施的数智化建设

新型基础设施的数智化建设，指的是建设基于 AI、5G、物联网、云计算、区块链、工业互联网等先进技术的新型信息基础设施，包括 5G 基站、大数据中心、新能源汽车充电桩等。随着新兴信息技术的快速发展，制造业结构优化、水平提高，诸多创新要素赋能新基建。

新型基础设施的数智化建设具有网络化、正外部性、规模效应和高协同性四大特征，为城乡区域一体化提供了机遇。

第一，数智化新型基础设施具有网络化特征，能够将资本、技术、信息、劳动等资源通过网络迅速、准确地传达和运输，从而使城市与乡村之间、区域与区域之间灵活地连接起来，敏锐发掘过剩的、溢出的资源和紧缺的、急需的资源，并将这些资源所对应的地区连接起来，实现资源的高效配置。以大数据中心为例，这种新型基础设施能够将零散的碎片化信息集中在一起形成数据库，再对数据库中的信息进行进一步加工，得到所需要的趋势和特征，从而及时研判局势，引导乡村和欠发达地区向更好的方向发展。5G 技术的发展意味着更宽的无线带宽、更低的时延和更广的连接范围，对消费互联网和产业互联网都有积极的影响。

第二，数智化新型基础设施具有正外部性特征，能够对特定的领域和地区产生正向影响。作为一种数字新基建，邮储银行和互联网银行合作推出的无接触贷款在疫情期间帮助小微企业复工复产和小店经济回暖，体现了数智化新型基础设施对特定领域的积极作用。数智化新基建之所以能对地区产生正向影响，是因为新型基础设施一般规模较大，从建设到使用的过程中离不开劳动力资源，因此能为所在地区提供大量的就业机会，促进该地区的发展和进步。

第三，数智化新型基础设施具有规模效应特征，能够带动周边地区要素的集聚化和规模化。一方面，新基建带来了大量的就业机会，劳动力的衣食住行需求又能带动周围地区餐饮业、服装业、房屋租赁、公共交通等产业的发展，逐渐形成了产业的集聚；另一方面，新型基础设施具有技术密集型的特点，其建设过程需要高精尖人才的支撑，这为地区带来了人才的集聚，由此吸引高校、科技园区的入驻，又形成了教育的集聚和科技的集聚。

第四，数智化新型基础设施具有高协同性特征，其建设和运行不是独立的过程，而是多地区、多要素联动和协同的结果。数智化凝结了数据融合、机器智能和人文智慧等，意味着信息、科技、人才等要素的精准匹配和高效集中，因此新型基础设施的数智化建设可以促进资源配置的优化。①

---

① 蔡延泽，龚新蜀，靳媚．数字经济、创新环境与制造业转型升级 [J]．统计与决策，2021（17）：20-24．

在过去的几十年里，IT 基础设施从一开始的大型机、小型机，发展到 X86 服务器，再到互联网，接下来是“云 + 端”，基础设施的计算、存储和网络等基础计算资源实现了飞跃性的演进和提升，具有越来越明显的网络化、正外部性、规模效应和高协同性等特征。

11.1.3 基础设施体系的数智化架构

数智化对于基础设施的作用，不但在于传统基础设施的改造和新型基础设施的建设，而且在于提供了一套完整的基础设施的数智化架构。在数智化的作用下，基础设施的数智化架构包括信息化基础设施、网络基础设施、物联网感知基础设施和云平台架构 4 个方面，如图 11-2 所示。

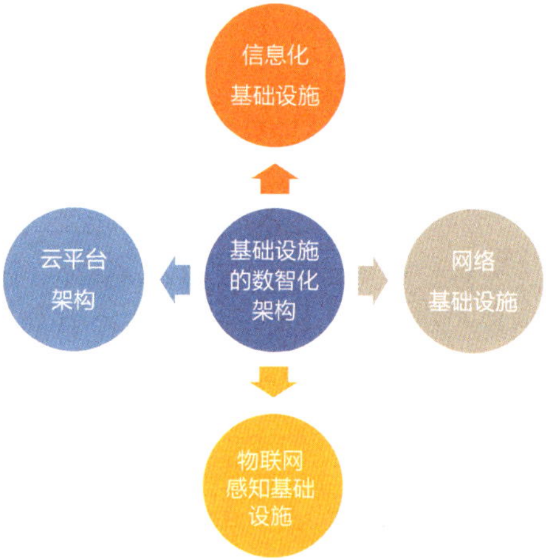

图 11-2 基础设施的数智化架构

信息化基础设施指的是光缆、微波、卫星和移动通信等网络设备和设施。在宏观层面，它是国家、军队的重要支撑；在中观层面，它是社会生产的重要保障；在微观层面，它是人民日常生活的重要组成部分。在国家的努力下，网络设备和设施的覆盖范围逐渐扩大到比较偏远的乡村、贫困地区，信息化基础设施的建设让乡村、贫困地区的人们有机会搭上连接世界的“信息化快车”，享受便捷、丰富的信息化服务，在国家的信息化发展进程中产生参与感、获得感。

网络基础设施指的是将信息化基础设施连通，形成信息化基础设施的网络系统。类似于公路系统包含主干道和辅道等，信息网络也是由许多部分组成的，如骨干网、城域网和局域网等。

物联网感知基础设施类似于一个“触角”，发挥着聚合、分析和可视化等功能，对细节的感知非常灵敏。在日常生活中，物联网技术也得到了较为广泛的应用，如扫地机器人、智能空气净化器等智能家居和智能手环、智能手表、智能宠物环等智能穿戴，这些物联网技术的应用让人们的生活更加便利，物联网感知基础设施则在一个更高的层面上为人们生活质量的提升奠定了基础。

云平台架构指的是通过构建包含数据存储和处理功能的云计算平台，将分散的、零碎的数据集中起来加以处理。对用户而言，无须了解某个数据被存储在哪里、处理方式如何等，只要发出指令，云平台就可以迅速调用用户需要的数据，方便快捷，极大地降低了用户的使用门槛和学习成本。

11.2 数智化驱动城乡间要素的自由开放对流

城乡间发展的不均衡与要素流动的不平衡有关：城市的经济发展优于乡村，资源由此向城市倾斜，进一步促进了城市的经济发展，形成一种良性循环；反之，乡村的经济发展则可能陷入一种恶性循环，即经济水平越低，生产要素的流入越少，进而遏制其经济发展与城乡一体化进程。

数字化、智慧化推动了共享平台的形成，城市发展对乡村的引领和辐射作用加强，城乡间要素的流动性也由此提升，主要体现在人口资源、信息资源、资本资源和技术资源的流动和集聚上。

数智化驱动城乡间要素的自由开放对流，主要体现在以下 4 个层面：一是人口要素的“面对面”集聚，二是信息要素的“在线化”共享，三是资本要素形成“流动空间”，四是技术要素形成“应用蓝海”，如图 11-3 所示。

图 11-3 数智化驱动城乡间要素的自由开放对流

11.2.1 人口要素的“面对面”集聚

在数智化对城乡空间的作用下，人口要素在城市与乡村之间的流动性加强，集聚的布局发生了变化：一是基于先进信息技术的数智化，本身就是高端制造业和高科技现代服务业的重要组成部分，它对城乡经济的整体发展发挥了显著的促进作用，也就是用新的手段、新的方式实现了“把蛋糕做大”；二是由于部分高精尖产业对环境的要求很高（如电子芯片产业等），因此这些产业的选址往往会避开污染程度较高的城市，转而选择城市边缘的郊区，从而引发大量新型产业人才和相关人口的流动，进一步推动了城乡地区的一体化发展。这种均衡化的发展还表现出明显的集聚性，数智化集聚程度越高的地区，人口、人才的流入和经济发展的速度往往也越快。

基于信息通信技术的数智化对人口要素的“面对面”集聚具有重

要的推动作用。一方面，数智化产业的流动和集聚作用于人口要素的流动和集聚。数智化本身具有高渗透性和高协同性特征，与产业结合便会赋予产业协同特征，而高质量产业的集聚意味着高水平、高程度的协同，在集聚和协同深化的过程中，人口要素的“面对面”集聚随之增多。另一方面，人口要素的流动和集聚反作用于数智化产业的流动和集聚。城乡空间集聚发展的核心驱动力之一是人口要素的集聚，人与人“面对面”沟通交流的需求会促使产业、科技和创新集中，形成规模化效应。可见，无论是作为结果还是作为原因，人口要素“面对面”的增多都证明了数智化对人口流动和集聚的促进和推动，国内外大型数智化集聚区的人才涌入对此具有解释和佐证作用。由此可见，营造良好的数字生态有利于促进地区的人才建设，推动地区的高质量发展。

11.2.2 信息要素的“在线化”共享

信息时代，数字化、智慧化可以加快信息要素的流动。信息传播主要的传统载体是纸质材料，如果只有一份纸质材料，如书籍、报纸、期刊等，那么在一个特定的时间段内读者的数量是受到限制的，一般只有一两位读者可以阅读，资源的利用效率和信息的传播效率是比较低的。另外，以纸质材料为载体的信息传播还会受到空间的限制，如果读者与某本特定书籍的存放位置距离较远，那么读者获取该特定书籍的难度和成本会很高。城市的经济水平较高，公共基础设施也比较完善，市图书馆、区图书馆和校图书馆内有较为丰富的图书报刊资源，城市居民可以享受最新的、丰富的信息服务；但是乡村中规范的图书馆或阅览室较少，且与城市存在距离的阻隔，乡村居民很难获取与城市居民相同的信息，城乡居民在信息获取方面存在着较大的差异和不平等现象。

与传统的信息传播方式相比，数智化的信息传播方式可以突破时间和距离的阻碍，在信息的流动和集聚方面具有显著优势，可以有效实现教育资源的城乡一体化配置。互联网可以大范围地共享信息，同样的一本书，转换为电子版的形式可以同时被大量读者阅读，不存在读者因他人的使用而被排斥的现象；同时，数智化的信息传播方式不受限于地域，天南地北的人们都可以在网络中获取信息，只要连接网络，将资料、信息和数据上传到网上，乡村居民即使足不出户也可以享受与城市居民相同的信息服务。

此外，数字化、智慧化的网络信息具有流动性、共享性强的特征，建设数智化资源库不能局限于建设传统资源库的思路，如在设计乡村数智化资源库站点时，因为乡村的资源相对有限，所以设计者应该考虑开放性、多元性、普惠性和以人为本等因素，建设只有一个中心的数智化资源库，辐射整个乡村地区，让乡村的所有学校都能连接中心资源库，以较低的成本获取较多的信息资源，推动信息资源从城市到乡村的流动和共享，在信息层面实现城乡一体化。

以教育为例，传统支教受到时间、空间和教学条件等诸多客观因素的限制，但是“校校通”“天府云教学”等数智化教学模式可以突破客观因素的限制，通过数据和信息在虚拟空间的高效传递，教育水平相对落后的乡村也可以获得与城市一样丰富、优质的教学资源，以数字化“对口帮扶”的形式实现城乡教育资源均等化。同样的一门课程，过去只能面向一间教室内的学生，现在随着数智化程度的加深，教育资源丰富、教育水平较高的城市学校课堂作为传播端，可以将课程同步传送到远方的接收端，即教育资源匮乏、教育水平较低的乡村学校课堂，这样乡村学生也可以接受优质的教育，缩小与城市学生在教育资源、水平方面的差距，从而推进城乡均衡化发展。

阿里云与华东师范大学达成战略合作，共同推进教育信息化、智慧校园建设和教育科学研究等领域的创新应用，共同创建了教育数字化转型的“华东师大模式”。阿里云搭建了华东师范大学“水杉在线”在线教学平台，支持校内外超过 5 万人在线上开展课程教学活动。这种数智化的教学模式可以较好地满足疫情期间线上教学的需求，知识和信息能够通过云平台快捷、有效地传递，同时保证良好的互动过程，满足教师与学生之间的交流需要。此外，阿里云向华东师范大学捐献的“达摩院古籍数字化系统”能够通过光学字符识别技术批量识别古籍，在很大程度上推进了高校在数字人文等方面的研究。

11.2.3　资本要素形成“流动空间”

数智化的高渗透性意味着数据信息可以更好、更高效地进行融合，从而有效降低资本要素在城市与乡村之间信息不对称的程度。数智化作用于资本要素的主要表现是电子商务，这种商业模式的创新将资本由实体空间引入网络空间。现代信息通信技术促进了“流动空间”的形成，由于实体商业有地域限制而线上商业不受距离的影响，因此资本在线上商业中的流动速度比在实体商业中的流动速度快，这为乡村经济的发展提供了机遇。在传统的发展模式中，城市更具有吸引资本要素的优势，资本的集聚促进了再生产规模的扩大，由此形成了产业的集聚性和规模化，加速了城市的经济增长。随着信息技术的进步，数智化缩小了乡村的区位劣势，资本在城市与乡村之间的流动性加强，有利于缩小城乡差距，促进城乡均衡发展。

数智化促进了资本要素的高效融通配置，在更大程度上释放了数智生产资料的价值。在“流动空间”内，数智化的 5G 等先进信息技术发挥其深度集成和系统创新的优势，促进了资本要素规模效应的形成。资产的数字化意味着资源整合的规模和体量得到了巨大的扩张，极大地提高了资本要素的投入产出比，降低了产品规模化的生产成本，这也是中国移动董事长杨杰在“2021 中国移动全球合作伙伴大会”的主旨演讲中突出强调的重点。

11.2.4 技术要素形成“应用蓝海”

在数字时代的背景下，现代信息技术有了长足而迅速的发展，总的来看，技术水平显著提高。这不但为城市带来了极大的便利，而且惠及乡村。数智化提升了城市的创新水平，包括技术创新、应用创新和模式创新等，同时吸引了产业、研发和技术的集聚，科技成为城市空间经济腾飞的重要驱动力。

对于乡村来说，数智化在很大程度上推动了技术要素的流入，如乡村发展现代机械化农业，与传统农业相比减少了人力消耗，由技术和机器代劳，一方面极大地提高了农业生产的效率，另一方面可以实时监测农作物的生长状况，更为精确地掌握虫害、水分、土壤等状况，促进了农业的精细化生产。

数智化之所以能够加快技术要素的流动和集聚，是因为通过数据的融合，人们可以敏锐地捕捉不同地区的资源状况，如哪些地区的发展急需某种资源、资源的投入能否得到良好的回报、哪些地区之间存在资源互补关系、能否通过连接互补地区优化资源配置等。这些问题可以通过大数据的分析和研判得到答案，数智化将技术支撑和人文智慧很好地结合在一起，推动了技术要素向乡村和欠发达地区的流动和集聚，进而促进城乡区域一体化发展。

正如阿里云与海南省万宁市联手打造的“数字农场”，技术要素赋能菠萝产业转型升级，多种不同类型的传感器可以灵敏地检测肥料浓度、光照强度和空气温湿度等实时数据，利用大数据指导田间作业。阿里云的技术手段促进了海南省当地乡村的数字农业发展，对于乡村振兴和城乡融合具有巨大的推动作用。

11.3 数智化驱动形成统一开放的市场体系

市场体系的构建离不开生产方式、销售模式和消费市场等重要内容。数智化驱动形成统一开放的市场体系体现在以下 3 个方面：第一，数智化促进了包括生产要素、生产工具和劳动者在内的生产方式的转型；第二，数智化推动了销售模式的更新；第三，数智化带动了消费市场的改变，如图 11-4 所示。

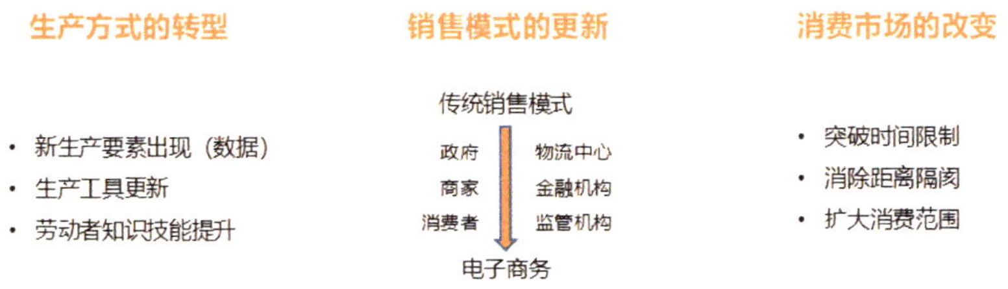

图 11-4 数智化驱动形成统一开放的市场体系

11.3.1 生产方式的转型

数智化是生产方式转型的重要驱动力。在数字化、智慧化的进程中，数据扮演着核心的角色。如果用一辆汽车代表数智化，那么数据就是这辆汽车的“汽油”，现代信息技术就是这辆汽车的“发动机”。

从市场的角度来看，数据是一种新的生产要素，与劳动、资本、土地和信息等传统的生产要素有所不同。国家指出要健全包括知识、技术、管理和数据等在内的生产要素由市场评估贡献、按贡献决定报酬的机制。《中共中央国务院关于构建更加完善的要素市场化配置体制机制的意见》指出“加快培育数据要素市场”。虽然传统的生产要素中也包括信息要素，且数据与信息之间存在千丝万缕的紧密关联，但是与信息相比，数据更为具体而确切。

在数据愈发影响市场的数智化时代，数据的所有权涉及与其对应的价值分配链条，数据逐渐成为市场体系中的“无形之手”。如果不将数据视为一种独立的生产要素进行学术层面的深入分析和实践层面的灵活应用，并加以“有形之手”，即制度规则层面的约束，就会造成市场秩序的混乱。[①] 因此在促进生产方式转型的过程中，实现城乡区域一体化的目标，一方面需要数智化发挥数据的连接效应，另一方面需要政府提供健全完善的配套制度政策，形成“无形之手”与“有形之手”的耦合。

除了出现新的生产要素，数智化还推动了生产工具的更新。生产工具由传统、低效向机械化、智能化转型，生产效率大大提高，乡村的农业生产力得到了进一步的解放。现代化的农业生产工具可以测量土壤的温度、湿度，还可以感应虫害状况和农作物的生长状况，并且对农作物未来的生长趋势具有预测功能，极大地改变了过去仅凭经验不凭数据的种植模式，促进了乡村由传统生产方式向数智化、现代化方向的转变，推动了农业转型升级，实现了农业生产的高效化和农产品的高质量化。

11.3.2 销售模式的更新

数字经济发展中形成的电子商务等销售模式的更新，对统一开放市场体系的形成具有重要意义。

在现代信息技术飞速发展的今天，电子商务作为数智化的表现之一，正在逐步融入现代市场体系。农业电子商务是数智化促进城乡一体化融合发展的重要形式和手段，它指的是利用现代信息技术，基于农业网络平台，为农产品生产和经营主体提供农业相关产品和服务的线上下单购买、出售和电子支付等业务的过程。这种交易过程和方式充分发挥了互联网的易用性、广域性和互通性优势，将政府、商家、消费者、物流中心、金融机构和监管机构等多元主体连接起来。农业

① 锁利铭．数据何以跨越治理边界 城市数字化下的区域一体化新格局 [J]．人民论坛，2021（01）：45-48．

电子商务实现了农产品销售模式的转型和更新，一方面减少了交易环节，降低了交易成本，另一方面提高了交易效率，为交易双方带来了诸多便利。

在现代信息技术快速发展的背景下，数字经济成为国民经济的重要组成部分。通过 2020 年我国数字消费的数据可以发现，数字经济的规模快速扩大，新的销售模式具有良好的发展态势。如表 11-1 所示，2020 年的全国网上零售额、实物商品网上零售额、全国乡村网络零售额和国家级贫困县网络零售总额数额巨大，且相较于 2019 年，上述数据的同比增长率均高于 8%，可见网络销售模式在消费增长中的突出表现。

表 11-1　2020 年我国网络零售情况

名称	数额（万亿元）	同比增长（%）
全国网上零售额	11.76	10.9
实物商品网上零售额	9.76	14.8
全国乡村网络零售额	1.79	8.9
国家级贫困县网络零售总额	0.30	26.0

在新冠肺炎疫情暴发后，网络平台成为农产品销售的重要渠道，也成为农业品牌营销推广的重要阵地，"直播带货"的形式吸引了众多消费者的关注，线上交易呈井喷式增长。直播销售模式作为一种在互联网上向所有消费者开放的销售模式，能够在短时间内聚集大量的在线消费者，消费者只需要在手机端操作就能完成下单；对销售方而言，消费者的订单来自天南地北，市场范围被极大地拓宽了。

11.3.3　消费市场的改变

数字化、智慧化改变了乡村的消费市场环境，促进了城乡消费模式的一体化，让广大乡村居民能够体验便捷、简单、售后优良的服务，享受与城市居民一样的网络消费市场，大大提高了乡村居民的生活品质。

数智化的互联网购物平台突破了地理位置的限制和距离的隔阂，可以将天南地北的买家和卖家连接起来。以往，乡村居民的购物方式主要是在赶集日前往集市购置生活所需的商品。这种传统的购物方式，一方面受到时间的限制，大多数商品要等到赶集日才能购买，且赶集日经常受到天气的影响；另一方面受制于地域因素，无论是买家还是卖家，在赶集时一般只能采取就近原则，即集市上的商品一般是本地生产的，鲜有外地的特产等；另外，商品的多样性也比较弱，因为线下的商铺数量和空间是有限的，乡村居民的购买力也是有限的，因此集市上商品的丰富性较弱。

现在，电子商务平台让乡村居民足不出户就可以购买他们需要的商品，只要动动手指就能完成交易过程，非常简单、方便。与传统的购物方式相比，线上购物方式具有两个方面的优势。

第一，电子商务平台上有海量商品，品类繁多，在法律允许交易的范围内几乎应有尽有，可以满足绝大多数乡村居民的需求。互联网平台上产品和服务的多样性是某一片线下区域无法比拟的，乡村居民在乡村或附近县城里无法购买的商品几乎都可以在电子商务平台上购买。

第二，电子商务平台提供一体化的供应链物流服务，借助系统算法和供应链计划等手段，把自营商品存放在距离消费者最近的仓库点，可以在最短的时间内把商品配送到消费者手中。乡村居民的购物范围不再只局限于本地，而是可以跨越大江南北，即使万里之外的商品，在手中的终端设备面前也变得“触手可及”，并且数智化正在将物流运输的时间压缩得越来越短。

疫情时期严格的防疫要求促进了我国消费市场的“内循环”，为本土品牌提供了良好的发展机会。数智化能够帮助消费行业深刻理解和把握消费者的需求和偏好，提供更契合消费者口味的产品和服务，打造更加全面、兼容、并包、个性、多样、丰富的消费市场。

由此可见，数智化让城市与乡村、区域与区域之间的消费市场更为融合，通过互联网的连接，消费市场不再局限于某个特定的地域范围内，而是具有了更强的开放性和覆盖性，越来越多的人可以从数智化推动形成的统一开放的市场体系中受益。

【本章小结】

数智化对于城乡区域融合与一体化发展的驱动是全方位的。

（1）首先，数智化推进了基础设施建设的迭代更新，既包括利用信息通信技术赋能传统基础设施的改造，使之具有新的活力，又包括为新基建添砖加瓦、保驾护航，还包括构建基础设施体系的数智化架构，系统而全面地推进基础设施现代化。

（2）其次，数智化促进了人口、信息、资本和技术等多种生产要素的流动，为乡村和欠发达地区的集聚化、规模化提供了机会。

（3）最后，数智化推动了生产方式（包括生产要素和生产工具）和销售模式的创新，并扩大了消费市场，使线上与线下市场实现了更加有机、紧密的结合。

第 12 章 省域数字化

我国地大物博、幅员辽阔，各地区的发展基础、发展阶段和面临的问题各有不同，需要结合不同地区的特点，加强横纵向的贯通联动，因地制宜地推进数智化转型和融合发展。省域数字化是推动省域整体智治的重要手段，可以促进各级地区更加高效协同、优势互补。

省是我国一级行政区的核心组成部分，主要面临省、市、县、乡纵向贯通和省域各区域横向协同的整体智治发展要求；城市人口稠密、资源聚集、商业产业经济活跃，重点问题是提升综合承载力，实现精准化管理和精细化服务；县的主体空间在乡村，需要以数智化压缩空间距离造成的管理和服务难题，在公共产品服务和产业基础薄弱的条件下，如何推进城乡融合发展、实现共同富裕，是县级工作的重中之重。

目前，数智化技术正在加速跨区域、跨部门、跨层级和跨政企的要素资源流动和融合协调发展，这为省、市、县各区域发展目标的统筹实现提供了转型的工具和融合的纽带。

12.1　省域整体智治与协调发展

近年来，省市地方通过点状、线状的数字化实践，已经在局部区域、领域和条线的改革中取得了丰硕成果。随着改革逐渐深入，很多问题难以通过一地、一部门独立推进，需要通过省域数字化整体统筹，实现更大范围、更深层次的多跨协同，释放更大的改革红利。

12.1.1　数字化推动省域统筹

如何厘清各项工作中省、市、县三级政府间的关系和权、责、利，实现“收权”和“授权”的动态平衡，通过必要手段，在保证贯彻落实中央政策的基础上最大限度地释放地方创新活力，推动整体智治，是省域治理的关键问题之一。

1. 基础阶段：自下而上 + 从点到线的局部探索

改革开放之初，家庭联产承包责任制的推行释放了大量的乡村劳动力，产生了一批进城闯市场的农民“闯一代”，在一定程度的城乡融合基础上，也出现了城市集聚要素越来越多、不利于乡村发展的城乡二元经济结构之弊。

为保持基层群众的创业活力，很多地方推行了以“强县扩权、省直管县”为代表的改革，下放经济管理权限，县级政府拥有了更多的自主发展权。各地推动“闯一代”成为“创一代”，从技术含量不高、市场需求旺盛的领域起步，逐渐带动一个组、一个村甚至一个镇，最终发展为一个个相对集中又彼此分散的镇域经济、县域经济。与之对应的是行政管理手段相对灵活、粗放，局部地区、局部工作的信息化开始萌芽，办公自动化等工作方式逐步普及，不过基本上还没有跨区域、跨部门的数字化实践。

生产力的提升、消费结构的升级和经济交往的活跃，对城乡一体化发展提出了更高的要求。曾经以薄利多销、廉价劳动力甚至高耗能、高污染等方式实现中低端产业集聚的地区，面临“小散乱”转型升级的巨大压力，补科技短板、补人才短板、补生态环境短板、补基础设施短板、补公共服务短板、补营商环境短板等工作成为地方竞争的“必修课”。面对繁重的工作任务、复杂的工作形势和有限的行政资源，各地以部门为主体、以业务单元为驱动，分散上马各类数字化应用，实现点状的创新突破，但在单个业务取得一定成绩的同时也出现了“信息孤岛”“系统烟囱”等制约跨层级、跨部门业务融合发展的瓶颈。

2. 中高阶段：顶层设计 + 基层创新的双向贯通

各地在城市以外的更大范围内实现网格化联动，形成城市之间的分工协作，可以加速排除要素流动障碍，推动区域融合和同城化发展，将中心城市和周边地区的经济落差由“悬崖”变为“缓坡”。

目前，互联网应用已广泛渗透到城乡生产和生活的方方面面，人与人、业与业、城与城之间的距离，在线上被缩短到无限近。省、市、县政府间的行政关系由高同构、低弹性向有限同构、高弹性演进，治理模式的制度化、法治化程度更高。从治理的角度来看，很多问题不再是一地一隅能够独立解决的，迫切需要形成区域联动合力，引入更多、更强的数字化手段作为支撑。在具体工作中，各地政府需要克服基层“想干不会干”“工作进展慢”等实际问题，形成衔接顺畅、分工协作、统一高效的省域数字化纵向协作治理体系，实现如图 12-1 所示的顶层设计 + 基层创新的双向贯通。

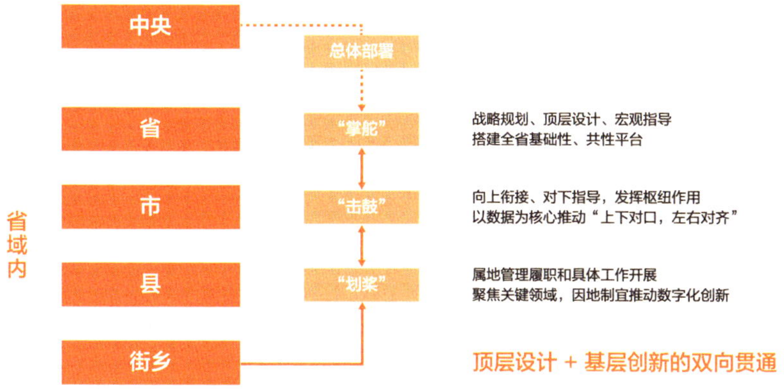

图 12-1 顶层设计 + 基层创新的双向贯通

（1）省级“掌舵”。省级层面，侧重战略规划、顶层设计和宏观指导，搭建类似统一政务服务网的全省共性、基础性平台，向上桥联各部委的条线业务系统，向下融合各地方的创新应用。在创新创造顶层设计、统筹构建体系构架的基础上，重点聚焦党中央重大决策部署，省委战略安排，群众感受最强烈、最紧迫的领域和工作一线中发现的最棘手、最难处理的问题，找准突破口和切入点，通过数智化手段推动改革突破，推动制度重构、流程再造、系统重塑。正如浙江省在全国领先的“一网通办、一次认证、一表填报、一次领取、一日办结”的企业开办网上办模式，全省统一提目标、提要求，各地各部门对应分解任务，让全省老百姓享受数智化发展带来的改革红利。

（2）地级“击鼓”。地级层面，侧重向上衔接、对下指导，发挥枢纽作用，将中央和省级工作要求细化分解，确定工作节拍，当好“鼓手”“锣手”，以数据为核心推动“上下对口，左右对齐”，统筹协调工作落地的频率，随时发现问题、动态纠偏，发掘先进、示范推广。2016 年，阿里云与杭州市合作发布了首个城市大脑，打造城市智能中枢，每天有来自全市超过70个部门和企业的近亿条数据汇入，更好地推动了跨部门、跨区县协同。2019年8月，在杭州市一起道路坍塌应急事件的处理中，城市大脑参与了相关部门的高效协同，所属区县和部门参与处置的人员第一时间掌握了有关数据，并与交警、地铁、燃气集团等相关单位协作，在短时间内疏散了受影响的729户居民，最大限度地减少了人员伤亡和经济损失。

（3）县级“划桨”。县级乃至基层层面，侧重属地管理履职和具体工作开展，按照全省统筹方向逐级做好“划桨”，聚焦关键领域，因地制宜推动数字化创新。“千条线”向下延伸，既要关注工作的落地实效，又要关注工作的方式方法，数字化是取得这一平衡的关键。在宁海县，基层网格员过去需要在不同部门的系统中重复打卡、重复填报。在基于“浙政钉”的“宁波基层治理平台”上线后，基层管理工作事项重新进行梳理，合并重复的内容，实现了数据和流程的共享。原来网格员一天最多要跑上百户人家了解情况，再通过好几部手机中的近10个不同部门的App分别上报事件，现在一个手机中的一个App就能全部搞定，网格员仅通过“浙政钉”一个App、一套统一上报流程即可处理日常的巡查工作。

12.1.2 数字化促进区域协同

如何化解因地理区位、自然环境、历史条件等复杂因素导致的一省之内不同地区发展差距大、区域发展不平衡不充分的矛盾，采取有效措施，发挥各地区的比较优势，实现区域协调发展，是省域治理的另一个关键问题。

1. 基础阶段：区域联动、优势互补的良性竞合

近几十年来，城镇化进程处于“快车道”，人口流动规模庞大，新兴产业和创新机会频出。第七次全国人口普查公报数据测算，在长三

角三省一市的常住人口中，浙江省的流动人口最多，达 2556 万人，其中近半数为省内流动。

“在家千日好，出门一时难。”很多人在外打拼甚至跨城定居，但日常生活中还有很多事情要到原户籍地办理，不但需要跑腿，搭进去的时间和路费也不少。老百姓“希望以后开具个人身份、财产、婚姻状况等证明，以及办理护照、居住证和领取养老金、报销医药费这些事，无论在哪个城市都能就地解决”的朴素愿望，在区域联动的数字化实践中正在逐步得到满足。

得益于全省“互联网 + 政务服务”平台的加持，智能导服、收办分离、线上线下融合的“全城通办”“全省通办”乃至“跨省通办”模式已经可以实现。2021 年，浙江省公安厅率先推出居民身份证首次申领可全省通办，群众不再需要回到原户籍地派出所申领，在全省范围内选择就近派出所即可办理，证件制作完成后由 EMS 邮政速递免费寄给申领人。

当“跨城等于同城”，群众和企业在城市间、区县（市）间交流更加方便，区域协同联动也更加顺畅。杭州市淳安县环抱浙江省的“大水缸”千岛湖，西湖区坐拥“千年锦绣”的西湖。由山海协作牵手，两地各展所长、利益共享。淳安县在西湖区建立了“科创飞地”“消薄（消除集体经济薄弱村）飞地”，发展高端制造、数字经济、总部经济等业态，实现了“天下第一秀水”所在地的异地发展、本域保护。

数字乡村、全域旅游进一步填补了区域发展的“一道沟”。宁波市象山县出产著名柑橘品种“红美人”，通过与阿里巴巴数字乡村的合作，象山县对相关产业进行了全方位的数智化升级：从物流端入手，借助菜鸟的前置仓、落地配等手段，搭建了一张覆盖长三角核心城市群，并逐步向中西部腹地延伸的仓储物流网络；抓住“皮薄多汁”的特质，在淘宝、天猫等阿里巴巴旗下的电商平台中突出“插管可吸”“挤压出汁”等话题爆点，并进入盒马鲜生等新零售渠道，2020 年的销量较去年同期翻番。

2. 中高阶段：一地创新、全省共享的整体智治

随着各地各领域数字化改革的全面铺开，各级政府要注意防止项目低水平重复建设和无序竞争，加强省域整体规划和统筹管理：一方面加强顶层设计，全省“一盘棋”，充分发挥各方面的优势，尊重科学规律，避免分散式“大跃进”和低水平重复建设；另一方面发挥地方积极性，支持首创精神、联合创新、差别化试点，提高创新效率，最终形成“省对市支撑、市对省补充、省市成果复用”的最大效应，形成“一地创新、全省共享”的整体智治新格局。

1）强化基础平台统筹，全省共建共享

以浙江省的一体化智能化公共数据平台为例，全省各领域的数字化改革都依托该平台进行协同创新、开发，既能确保最终的应用项目标准化、易集成，又能最大限度地节省创新、开发所需的基础设施和环境资源，大幅压缩改革的总体投入。针对全省统一平台的跨层级实时数据汇聚需求，该平台支持分钟级共享的“数据高铁”，帮助一线业务更及时、更精准地开展。利用“浙政钉”“互联网 + 监管”的“掌上执法”系统，食品经营许可证的相关数据百分之百实现分钟级共享，再通过“基层治理四平台”帮助各基层网格员更高效地巡查。

2）鼓励先行先试，推动开放共享

针对各地普遍适用的应用或业务组件，地方最佳实践快速形成标准化模板进行推广，实现全省各地的全面复制、共享，避免重复研究、重复建设，最大限度地凝聚创新合力，提高创新效率，节省时间成本和资金成本。如“浙政钉”门户 App 中设置了“数字化转型观星台”

模块，收集展示来自各地各部门的 157 个创新应用，供全省学习、借鉴，鼓励各地因地制宜取用。

12.2　省域数字化改革的“浙江模式”

浙江省的城乡差距指标、区域发展指标和富裕程度指标等各项指标均位于全国前列，整体发展基础好，区域发展均衡度高，是探索新时代“省-市-县”府际关系的典型样本。浙江省“七山一水二分田”的地形结构可以孕育多样化的城乡类型，具有向全国示范推广的普遍性和代表性。另外，浙江省作为世界互联网大会永久会址所在地，还具有“共享和开放”的互联网基因、“敢为天下先”的创新思维方法，以及创新理论指导创造性实践的丰富经验，这些条件是数字浙江建设持续推进的“沃土”，也为省域数字化研究提供了理想对象和最佳视角。

12.2.1　一以贯之的数字化探索

一直以来，浙江省在省域数字化方面始终走在全国前列，十分注重体系化推动重大实践创新，先后历经 2014 年实施“四张清单一张网”改革、2016 年深化“最多跑一次”改革、2018 年推进“政府数字化转型”和 2021 年全面推进数字化改革，一路走来，一脉相承、一以贯之。

1.“四张清单一张网”改革

2013 年，浙江省开始部署以“权力清单”建设为主体的“四张清单一张网”改革，将改革的重心转向了规范和改善政府权责运行。2013 年 11 月 26 日的省改会提出了“一张网”建设要求。会后，省主要领导亲自指导和督促，省政府办公厅牵头，全省各级政府部门齐动员，按照前瞻性与灵活性相结合的顶层设计、横纵向贯通和上下联动的统

2017 年，省级“最多跑一次”事项达到 665 项，设区市本级平均达到 755 项，县（市、区）平均达到 656 项，分别占同级总事项数的 95.68%、95.33% 和 93.85%。国家发改委互联网大数据分析杭州分中心的分析显示：对于“最多跑一次”改革，群众“满意”和“比较满意”的评价率合计高达 94.7%，86.61% 的群众办事“一次办成”。

专栏　跑得“快”，跑得更有“质量”和“温度”

2017 年 4 月，创业大学生小许在接到 EMS 快递员的电话后兴冲冲地下楼，原来是行政审批局寄来的已经核准的营业执照，这是她在网上递交的，“我一趟窗口还没跑，没想到批得这么快。”当她要付快递费时，快递员的一句话令她心里暖暖的：“政府已经代付快递费了。”原来，这是该局推出的“网上预约审批，快递免费送达”服务，让群众足不出户就能轻松办成事。在半年时间里，当地共受理网上办件申请约 3.5 万件，办结率 100%，受理证照快递送达 4286 份。

为了方便群众付费，当地健全对接部门自建系统、财政非税开票系统和统一公共支付平台，针对行政审批服务事项涉费开通了 POS 机支付、微信支付、支付宝支付等多种模式，实现了网上申报、网上办事、网上支付的全流程闭环，群众足不出户、动动手指即可完成付费。

3. 政府数字化转型

2018 年，浙江省的“最多跑一次”改革受到了社会各界的好评，成为浙江省的一块“金字招牌”。以“最多跑一次”改革推动的跨部门信息共享和业务协同为基础，以实现数字化业务应用体系覆盖全部政府职能为目标，浙江省又开始了政府数字化转型。

政府数字化转型作为一场深刻的革命，是从量变到质变、从理念到行为、从制度和工具到方法的一个系统性过程，在实践中充分体现了顶层设计与“摸着石头过河”的结合。浙江省借鉴“数字政府即平台”理念，打造“四横三纵”七大体系，形成大平台共享、大数据慧治、大系统共治的顶层架构，省级统筹、部门协同的“互联网 + 政务服务”新体系和“用数据说话、用数据决策、用数据管理、用数据创新”的数字政府改革建设机制。

近年来，浙江政务服务网成为国内影响力较大的公共数据平台，全面推行“一窗受理、一网通办、一证通办、一次办成”，省、市、县三级适宜网上办理的事项 100% 开通“网上办”业务，通过数据共享拆掉“数据烟囱”、串联“信息孤岛”，63.6% 的民生事项实现“一证通办”。

依托掌上办事“浙里办”和掌上办公“浙政钉”，浙江省已实现全部政务服务事项网上可办，集成近 500 项便民服务，352 项民生事“一证通办”，40 个跨部门“一件事”网上联办，并将 100 余万名政府工作人员“接入”一个平台进行工作沟通和办公协同，办公效率大大提升。以防汛抗台为例，各级政府防范台风、化解自然灾害风险的指挥响应闭环时间由过去的 500 分钟缩短到 5 分钟，效率提升了 100 倍。

以城市大脑为代表的一批数字化应用初见成效，以跨部门、跨区县的数据实时流动、数据协同和迭代循环为基础，可实现“亲清在线”“先看病后付费”“先离场后缴费”“20 秒公园入园”“30 秒酒店入住”的一大批惠民应用让老百姓的获得感大幅提升。在疫情防控与时间赛跑的紧急关头，阿里云技术团队以浙江省政务云为基础，仅用 3 天就开发出了健康码引擎，保障了疫情期间经济社会的运转，现已推广至全国并运行至今。

专栏　国家博物馆首次将代码列为藏品

2020 年，国家博物馆公布了一批抗击疫情的实物收藏名单。其中一项收藏极为特别，那就是在抗击疫情期间阿里巴巴团队研发员研发的健康码第一行代码和研发员的签名。这些代码分别是支付宝团队研发的健康码系统的第一行代码、阿里云技术团队研发的全国健康码引擎的第一行代码和阿里巴巴达摩院研发的新冠肺炎 CT 影像 AI 辅助诊断产品的第一行代码，它们的意义是运用数字技术赋能疫情防控和安全复工。

得益于浙江省长期以来扎实的数字化基础，阿里云技术团队以浙江省政务云为基础，仅用 3 天就开发出了健康码引擎，后台接入、比对与防疫相关的健康大数据，并在支付宝和钉钉两个端口呈现，通过红、黄、绿三色动态管理，保障疫情期间经济社会的运转。我们现在使用的全国健康码就脱胎于浙江省健康码，其源头就是阿里云技术团队的这一行代码。

12.2.2　新起点的数字化改革

在 2021 年农历新年后的上班第一天，浙江省委召开全省数字化改革大会，全面部署数字化改革工作，强调要认真贯彻落实全面深化改革和数字中国建设的重大部署，围绕忠实践行“八八战略”、奋力打造“重要窗口”主题主线，加快建设数字浙江。

数字化改革是围绕建设数字浙江目标，统筹运用数字化技术、数字化思维、数字化认知，把数字化、一体化、现代化贯穿到党的领导和经济、政治、文化、社会、生态文明建设全过程各方面，对省域治理的体制机制、组织架构、方式流程、手段工具进行全方位、系统性重塑的过程。为此，浙江省提出加快构建如图 12-2 所示的数字化改革“1+5+2”工作体系，搭建好数字化改革“四梁八柱”的重点任务。

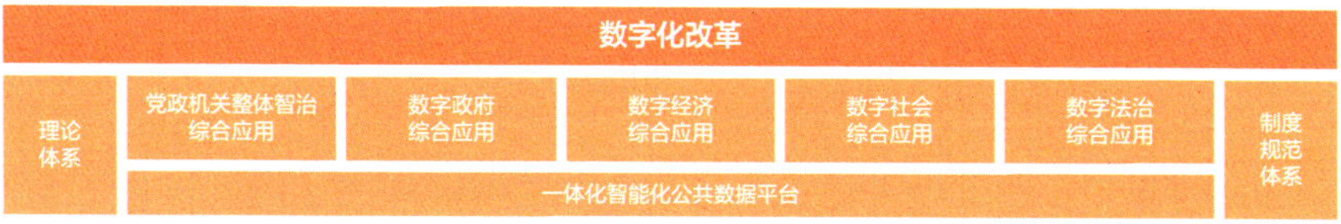

图 12-2　数字化改革“1+5+2”工作体系

在“1+5+2”工作体系中，“1”指的是一体化智能化公共数据平台，它既是打破“信息孤岛”、实现数据共享的重要抓手，又是全省数字化改革的支撑总平台；“5”指的是 5 个综合应用，分别是党政机关整体智治综合应用、数字政府综合应用、数字经济综合应用、数字社会综合应用和数字法治综合应用，包含“产业大脑 + 未来工厂”“城市大脑 + 未来社区”等核心业务场景；“2”指的是数字化改革的理论体系和制度规范体系。

其中，一体化智能化公共数据平台的总体架构涵盖基础设施、数据资源、应用支撑、业务应用、政策制度、标准规范、组织保障、网络安全“四横四纵”八大体系和“浙里办”“浙政钉”两大终端，如图 12-3 所示。

根据《浙江省数字化改革总体方案》，到 2021 年底，浙江省将初步构建一体化智能化公共数据平台；到 2022 年底，全面建成“掌上办事之省”“掌上办公之省”“掌上治理之省”；到 2025 年底，全面形成党建统领的整体智治体系，基本建成全球数字变革高地。

以数字化改革引领撬动全面深化改革实现共同富裕，浙江在 2022 年初又全面迭代升级了数字化改革体系架构，整合形成“1612”体系构架——第一个“1”即一体化智能化公共数据平台（平台 + 大脑），“6”即党建统领整体智治、数字政府、数字经济、数字社会、数字文化、数字法治等六大系统，第二个“1”即基层治理系统，“2”即理论体系和制度规范体系，以形成一体融合的改革工作大格局。勇立潮头，敢为人先，这是浙江省时代先锋精神的又一次生动体现。

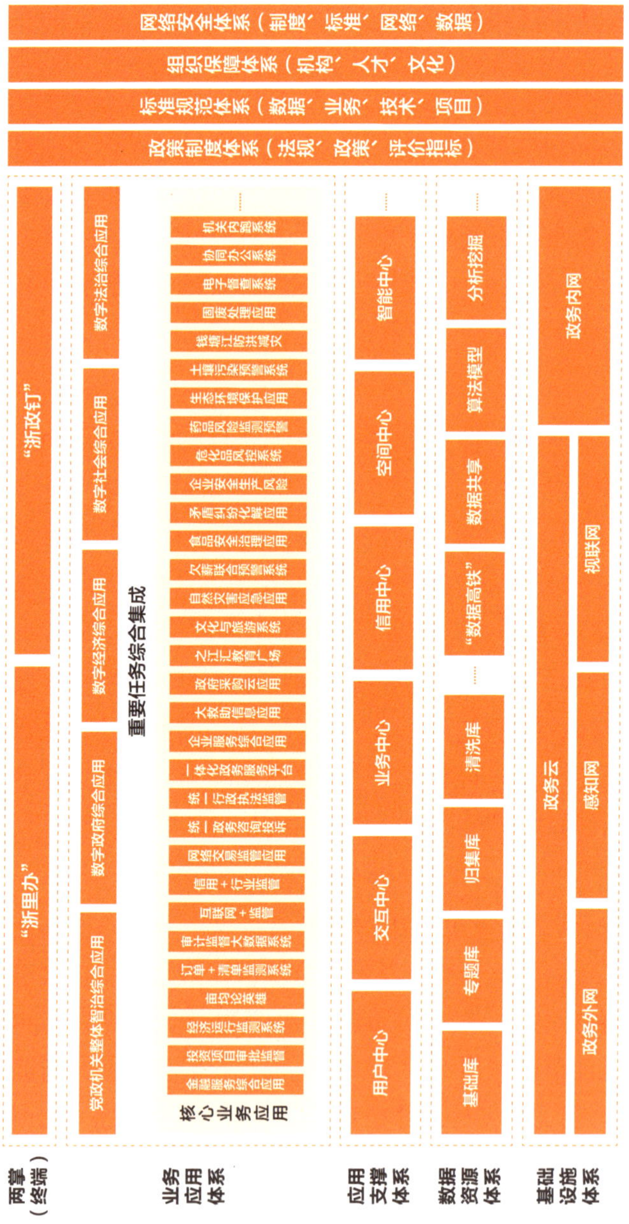

图 12-3 一体化智能化公共数据平台的总体架构

总的来看，数字化改革是一个复杂的系统，也是一个循序渐进的过程，并不是简单地把数字化场景叠加到传统的模式和机制上。数字化改革需要坚持“顶层设计、增量开发、迭代升级”，避免低水平重复建设，推动改革螺旋式上升。

在具体实践中，浙江省注重在大场景中找准牵一发而动全身的小切口，在数据融合的基础上打造融合创新的场景应用，特别是多跨场景应用，再通过场景应用的综合集成打造重大应用，推动改革集成、制度重塑，重点突出以下几个方面。

（1）整体智治。注重形成全域统筹的合力，统五大系统，统条线、统部门、统市县，促进多跨场景应用，实现“一级抓一级”的高效协同体系和机制。

（2）数据融合。构建让数据可流动、可共用的体制，让数据不敢乱用、不能滥用的体制，上下左右各方能协同使用数据的体制，数据共治的体制和依法依规监管数据使用的体制。

（3）数智变革。应用数字化手段与智能化工具，实现业务数字化、人员组织网格化、调度指挥平台化、（运作）运营组织一体化、工作协同网络化、生产与监管智能化、事务办理在线化、全面管理无纸化（可视化）。

（4）生态构建。建立“需求—场景—产业—改革”的大循环，从更宽领域、更高层次驱动创新，通过数字变革释放全社会创业、创新、创造的动能，融合推动质量变革、效率变革、动力变革。

（5）规则重塑。明晰政府、社会、企业和个人的边界，探索构建数字时代的新规则、新政策、新机制，加速形成数字领域的规则、惯例和数字规则的话语权。

经过大半年时间的探索，浙江省已初步形成了一系列代表性成果。

1. 一体化智能化公共数据平台

浙江省着眼于数字资源供给侧改革，创新建设如图 12-4 所示的一体化数字资源系统（Integrated Resources System，IRS），统筹整合全省政务数字应用、公共数据和智能组件等数字资源，打造省、市、县一体化智能化公共数据平台，为全方位、各领域的数字化改革夯实底座、奠定基础。

图 12-4　一体化数字资源系统

一体化数字资源系统是一体化智能化公共数据平台的操作系统，它将“四横四纵两端”相对分散的数字资源综合集成为一个由众多模块组成的有机整体。

1）全省政务数字资源一本账管理，一站式浏览

浙江省基于全省一套标准，发动省、市、县三级的 3430 个单位，对 10129 个政务类数字应用系统进行梳理分析，全面盘点了全省 20 多年的政务信息化建设成果，依托 IRS，将政务数字应用、公共数据、智能组件和硬件资源进行分类编目，赋予每项数字资源唯一编码，再利用智能检索、图谱推理等数智化技术进行“硬件资源管到端、数据资

源管到项、应用组件管到接口”的精细化管理，形成了全省政务数字资源的“总账”。

各地各部门“循账而动”，可总览全省政务数字资源的大图，明确哪些数字资源是可以利用的、哪些数字资源是需要加工的，以此为依据强化政务信息系统的统筹规划，一方面可以最大限度地减少低水平重复建设，避免项目盲目上马，节约资金；另一方面还可以快速掌握各地区、各领域、各条线的创新和特色应用，开展互学互鉴，实现“一地创新、全省受益”，让一个个“信息孤岛”连成“数字大陆”。

台州市仙居县建设的“亲农在线”应用，围绕杨梅产业形成了全链条普适惠农服务解决方案，经过 IRS“一本账”的推广，扩展到台州市的柑橘、文旦、茶叶等产业，实现了创新成果价值的最大化。

2）全省政务数字资源一揽子申请，一平台调度

不同于传统的资源要素，数据要素在使用中会产生更多数据，并在共享使用中实现价值增值。浙江省依托 IRS 搭建了一个全省政务数字资源的“大超市”，将省、市、县三级的海量云资源、应用组件、数据资源等放到“虚拟货架”上，同时利用已建成的 38 条“数据高铁”，打通 156 个异构系统，支持 1008 类公共数据分钟级共享。各地各部门通过“购物车式”的申请和“送数上门”的服务，可以快速实现跨地区、跨部门、跨层级的数字资源共享。

IRS 引入“云原生”技术，构建数字资源“生产线”。各级政务部门和各类开发单位可以灵活复用全省各地已开发的数字化工具和组件，快速开发并集成信息系统，实现从传统“作坊”到现代“工厂”的升级。

在危化品处置领域，宁波市利用 IRS 中已有的电子运单、危险货物管理等模块，快速构建了本地危化品跨部门的联合监管处置流程，节省了 2/3 的建设费用，缩短了 6 个月的建设周期；在交通领域，绍兴

市柯桥区利用 IRS 发现交通领域部分信息系统使用频率较低，经过分析研判后进行系统整合，将云资源的消耗和运维资金减少了 20%。

2. 党政机关整体智治

党政机关整体智治是对党政机关进行数字赋能、业务协同、流程再造、制度重塑的一项数字化变革，对建设数字政府、数字经济、数字社会和数字法治起到引领作用，主要通过广泛运用数字技术推动治理主体之间的有效协调，将工作方式由“条线化”向“一体化”转变，打造全局“一屏掌控”、政令“一键智达”、执行“一贯到底”、服务“一网通办”、监督“一览无余”等数字化协同工作场景，实现精准、高效的公共治理。

浙江省按照“四横四纵”基本架构，依托一体化智能化公共数据平台，构建党政机关整体智治综合应用，通过政务网络连接省、市、县各部门，建设、丰富和完善系统功能模块组，包括重大任务、主要领域（核心业务事件组）和执行链管理、数据链管理、权限管理等模块，聚焦党政机关核心业务和基层干部诉求等高频事项，克服各部门“单打独斗”的工作模式，建立跨层级、跨部门、跨领域的多跨协同应用大场景。

1）省级层面加速融合内外部资源

在全省基层治理领域，浙江省大力推进县级部门与乡镇（街道）之间的职责重构、资源重配、体系重整，近几年依托全省“基层治理四平台”做强县乡一体指挥体系，推进基层治理“一件事”集成联办、优化调整全科网格治理机制，共受理各类事项 8046 万件，办结 7797 万件，办结率达 96.9%。截至 2021 年 8 月底，“基层治理四平台”共受理办结事项 829 万件，其中 99.6% 在镇村两级得到妥善解决。

在全省基层公权力监督领域，浙江省围绕村社行权的高频事项，打造了省、市、县、乡、村五级联动且覆盖 2.4 万多个村社的基层公权力大数据监督应用平台，从印章管理、村级工程、劳务用工等六大高频事项起步，设计了数十个监督规则模型和算法，通过数据自动抓取、分析碰撞、交叉比对，开展智能分析和预警监测，实现基层公权力运行的阳光公开、全程追溯、动态预警、快速处置。以村（社区）印章申请为例，通过预警监测，系统发现某村近期的 4 份工程合同存在名称近似、预算超支、工期拖延等情况，经过调查，有关部门及时查处了村书记等人侵吞集体资金的问题，曾经的“人情章”“关系章”被数字化“铁笼”牢牢锁住，重塑了基层公权力的监督机制。

2）基层强化前后衔接、左右联动、上下配合

浙江省以“县乡一体、条抓块统”改革为代表，作为党政机关整体智治系统向基层的延伸，在基层搭建“基层治理四平台”与综合应用的连接，借助基层党建、未来社区、未来乡村等建设，建立上下贯通、执行有力的严密组织体系，强化省、市、县改革协同，不断提升治理体系和治理能力的现代化水平：在杭州市，通过数据一体化集成，表单简化填报，解决了“多与少”“统与分”“点与面”等矛盾，让社区干部腾出手、迈开腿，留出更多时间为社区群众提供优质、高效、便捷的服务；在衢州市，欠薪处置、燃气安全、农民建房服务监管、城区机动车违停治理等 17 项“一件事”，在线上实现了 1 个部门牵头、N 个部门响应的机制，累计办件量达 28558 件；在遂昌县，各单位办事的过程管理通过“五色灯”和“三色牌”实现直观智控，生成各类项目 213 个，涉及工作环节 3419 个，平台移动端登录人数达到 4245 人（超过全县 2/3 的公务人员），项目直接参与人数达到 787 人，工作超前为蓝灯、正常为绿灯、出错为黄灯、滞后为红灯、工作节点定位为白灯，亮灯与综合考评对应，各类项目推进提速近一倍。

3. 数字政府

浙江省聚焦重大任务科学决策、精准执行、风险预警、执法监管、服务保障、督查督察、绩效评估、成果运用的闭环管理，建设“一网通办”“一网通管”的全省数字政府综合应用，全面梳理政府经济调节、市场监管、社会管理、公共服务、生态环境保护等五大职能核心业务，形成业务流和数据流，迭代升级数字化转型的基本系统，围绕科技创新、产业发展、乡村振兴、生态文明、民生保障、安全生产、双循环枢纽、新型城镇化、文化软实力、区域协调发展、政府效能管理、常态化疫情防控、营商环境市场活力等 13 个领域，以数字化重点应用推动制度升级重塑，全面提升政府治理体系和治理能力的现代化水平，打造“整体智治、唯实惟先”的现代政府。

1）“一网通办”新格局

近年来，浙江省依托“浙里办”着力推动全域“一网通办”。群众和企业常办的各类业务都可以通过线上网站、手机和线下窗口、自助机等方式办理，“一网交”“一站办”“就近办”“便捷办”“省心办”成为浙江省的办事新模式。

技术为创新护航，浙江省打造了全国首创的政务服务中台，贯通了全省 500 多套业务系统，实现了事项标准化、数据快共享。通过中台赋能，基于规则的自动判断代替了依靠经验的人工审批，审批的效率、智能化程度和准确性大幅提升。以“高龄津贴发放”和“基本医疗保险参保人员历年账户家庭共济备案”等事项为例，群众在提交申请后无须“人跑腿”，通过后台“数据跑路”分析比对即可实现“智能秒办”。

线下大厅的现场办事也变了样：自助填单机代替了手工填单，帮群众减少漏填、错填的麻烦；自助办事分析屏动态发布，群众对政务数据和办事情况一目了然，服务窗口排长队的现象越来越少。

浙江省是全国岛屿最多的省份，同时七成以上的陆域面积是山地。为了让偏远的山区、海岛群众享受便捷、优质的政务服务，针对群众无法“就近办”、不会“网上办”等痛点，浙江省创造了“政银合作”的融合服务模式，在线上依托“一网通办”全省统一和省、市、县、乡、村五级联动的体系优势，在线下借助浙江省农信系统网点遍布全省的渠道优势，打造了 6000 余个“就近帮办”网点，建立了 2 万余人的农信帮、代办队伍，实现了办事体验和数量的双提升。

2）省域空间治理

构建山水林田湖草海数字化空间是推动经济社会全领域、全方位智能化治理的重要基础。为此，浙江省建成了“3+X”总体架构（“一库、一图、一箱和 X 场景”），确立了省、市、县三级“1+11+N”平台体系，制定了“1+8”技术规范（1 个平台建设指南和数据归集、工具集成、图层服务等 8 个配套规范），开发了“智慧选址”“万亩千亿”、空间规划协同、建设用地交易、数字乡村应用等 10 个空间治理场景：在德清县，纵向贯通省域空间治理数字化平台、省市公共数据平台，横向归集跨部门数据，从省平台调用数据 5000 多万条、图层 229 个，归集县域公共数据 10 亿条、图层近 500 个，构建全域三维立体空间，精准呈现山水林田湖，并通过标准地址关联人口、民情等信息，探索“一图感知全局”；在开化县，基于省域空间治理拓展 GEP（Gross Ecosystem Product，生态系统生产总值）核算分析“两山”资源转化应用，集“核算—分析—应用”于一体，通过数字化手段破解了 GEP 度量难、抵押难、交易难、变现难等“四难”问题，打开了生态产品价值变现的新通道。

3）乡村振兴

浙江省拥有丰富的渔业资源，浙江省渔船安全精密智控（“浙渔安”）系统被纳入数字政府“浙里安全”跑道的重要子跑道建设内容，并获批全国唯一渔船渔港精密智控建设试点，主要通过“宽带入海”组建覆盖浙江省渔船全部作业海域的卫星宽带通信网，打通连接渔港、渔船和管理组织的“海上宽带高速公路”，依托卫星宽带通信网建设智慧渔港网和海上安全生产预警网，在港口布设无感识别、智能监测口门系统，在海上筛选部分渔船建设海上移动基站，加装 AI 设备，通过架构船、人、港、基层组织“四位一体”的数字化监管链条，实现对渔船实时监测、智能预警和全流程在线管理。目前，浙江省共有 500 艘渔船被纳入管理，实现了海陆互联全覆盖。针对渔船（船员）码和渔船防碰撞全过程监管等 6 个场景，该系统配套推出了船上 AI 巡检、海上“斑马线”等 13 个应用，将渔船和船员纳入“绿黄红”三色管理系统，系统化、数字化落实渔船和船员的安全责任，减小商渔船的碰撞概率。

4. 数字经济

数字经济系统按照“7+26+*X*”体系架构，围绕“产业大脑 + 未来工厂”“浙企创新”“浙企畅链”“浙企减碳”“浙企数贸”“浙企要素”“浙企成长”7 条跑道和产业生态、共性技术、新智造服务、工业碳达峰、关键核心技术攻关、产业链安全与提升等 26 条子跑道，谋划各类场景应用，以工业领域为突破口，推动产业链、创新链、供应链融合应用，实现资源要素的高效配置和经济社会的高效协同，形成全要素、全产业链、全价值链全面连接的数字经济运行系统。

1）产业大脑

产业大脑通过对产业发展的有关规则进行建模，研究最优算法，最终实现功能封装，支持对产业资源的定位、连接、感知、分析、调度（或调节），实现跨层级、跨地域、跨平台、跨部门、跨业务的产业资源优化配置。产业大脑涉及千行百业，各行业既面临共性问题又具有个性需求，因此产业大脑又分为总体产业大脑和行业产业大脑，帮助企业更好、更快、更低成本地开展数字化改造，帮助产业链上下游和产业之间建立基于数据的更优生态体系，帮助经济治理获得更丰富、更生动的数据，并在此基础上进行更及时、更精准的政策调节。

在产业数字化方面，在集成 supET 工业互联网平台总体产业大脑的基础上，30 个行业产业大脑异彩纷呈：服装行业产业大脑将融合报关、订舱、单证、代理记账、信用保险、区块链金融等技术，实现企业高效协同交易和智能服务；化工行业产业大脑帮助企业在储备备品、备件的过程中实现备件在线领用和备件共享；智能家电行业产业大脑已上线知识图谱、企业智诊断、物联网平台等应用；模具（金属）行业产业大脑已开发、集成工业 App 52 个，累计接入各类模具企业近 50 家；五金（电动工具）行业产业大脑接入了 604 家企业，生产设备 4500 余套，企业数字化改造的投入降低了一个数量级。

在经济治理方面，浙江省针对高耗低效企业治理，结合“亩均论英雄”的基础数据，以亩均效益和能耗强度为基础构建高耗低效企业筛选模型，助力省、市、县联动推进高耗低效企业分类整治，加速“腾笼换鸟、凤凰涅槃”攻坚，同时打通企业码，分行业、分区域建立政策和资源要素配置策略模型，开展政策对象匹配、政策工具筛选、政策工具实施分析等“政策工具箱”应用，提出差异化用地、用能、排污等资源要素配置建议，通过激励首档企业和倒逼末档企业，引导企业转型升级，推动企业高质量发展。

2）精准减碳

在“双碳”和能耗“双控”背景下，由于工业企业用能形式多样、数据分散，因此如何掌握企业碳排放底数，针对不同类型的企业进行精准分析、精准评价和精准施策，进而提升产业效能、加速产业升级，成为困扰节能减碳绿色发展的一道难题。浙江省通过发改、电力、统计、省经信、金融机构等部门协同，依托“企业码 + 碳效码 + 亩均论英雄”

协同联动，融合企业生产经营用电、用气、用煤、用油等来自不同部门、层级的 39 类数据，围绕“碳—能—电”进行排放溯源，准确统计并核算企业碳排放数据，再对标行业碳排放平均水平，进行五级碳效标定，辨别企业到底是“高碳高效”“高碳低效”，还是“低碳高效”“低碳低效”，形成了碳效率的统一标尺。截至 2021 年 9 月，浙江省共有 42 226 家企业完成接入，11 个地市区域、重点行业实现碳监测，有效引导企业转型、推动绿色制造升级。工业“碳效码”在浙江省推广后，预计每年可减碳 500 万吨以上，相当于 20 万亩（1 亩约等于 666.7 平方米）森林一年的二氧化碳吸收量。

5. 数字社会

数字社会代表了社会事业的数字化改革，聚焦基本公共服务和关键民生实事，主要针对社会事业的 12 个领域，也是老百姓最为关注的 12 个“跑道”，如教育“学有所教”、医疗“病有所医”、养老“老有所养”等，推动省域治理方式、手段、工具、机制的系统性重塑，实现由事后应对处置向事前有效防范、由碎片化管理向全周期管理、由模糊治理向精准治理的深刻转变，让整个社会变得更加美好与和谐。

1）未来社区

未来社区是一种新型城市功能单元，也是共同富裕的基本单元，更是人民向往美好生活的重要载体。根据未来社区人本化、生态化、数字化的要求，围绕邻里、健康、教育、建筑、交通、创业、低碳、治理和服务等九大场景，浙江省打造了未来社区智慧服务平台。上虞区早早引入智慧城市大脑，率先打造未来社区样板间，依托城市大脑的数字化平台，建立时间银行、共享停车位等模块，有效促进城市资源和社区资源的协同；上虞区重点打造的“健康小屋”将提供远程会诊、AED 急救、AI 医生云平台、健康状况评估和全周期电子健康档案等服务，实现社区智慧化养老模块的温暖落地。

2）医疗共同体

基层医疗是分级诊疗的一环，也是医疗卫生体系的根基。新冠肺炎疫情给基层医疗体系带来了严峻的考验，而医疗共同体（以下简称“医共体”）为扣紧分级诊疗的每一环提供了坚实抓手。浙江省安吉县作为“绿水青山就是金山银山”理念的发源地，依托阿里云支持的县域智慧医疗建设，打造区域医共体。随着区域医共体检查服务平台的上线，基层医院的医生在发现疑难病例时可向上级医院预约专家远程门诊，让老百姓在家门口就可以享受及时、准确的诊断和治疗，有效解决“看病难”的问题，初步形成了一个“大病不出县，小病不出乡”的分级诊疗模式。

除此之外，浙江省首创区块链核酸检测验真，帮助老百姓快速亮码通过核酸检测查验；120 智慧院前急救指挥系统积极探索“上车即入院”，打通 HIS（Hospital Information System，医院信息系统）和全民健康信息平台，让患者在救护车上即可实现门诊挂号，开通绿色通道；共享“中医云药房”系统实现基层医院开方、上级医院审方、第三方将药品配送到家……

6. 数字法治

数字法治着眼于打造最安全、最公平、最具活力的省份，重点围绕“1338”展开，即建设 1 个数字法治综合应用，完善政法一体化办案体系、综合行政执法体系、社会矛盾纠纷调处化解体系 3 项重点任务，优化与数字法治综合应用和 3 项重点任务相关联的 3 个集成应用和 8 个基础应用，通过“全省一盘棋、市级抓统筹、县级负主责、基层强执行”的建设路径，促进法治浙江从“事”到“制”“治”“智”。

1）“综合查一次”

传统行政执法方式，跨部门、跨区域、跨层级执法活动的统筹协调不够，存在监管和履职缺位、“九龙治水”和重复执法等问题。嘉兴市积极推动“综合查一次”的行政执法方式创新，瞄准“进一次门，查多件事，一次到位”，在基础数据、检查计划、检查任务和综合评价等四大核心管理模块的基础上，融合对接公检法司、相关行政执法部门和社会治理平台的数据，构建了从智能预警到计划制订，再到任务派发、执法检查，最后进行评价反馈的行政执法闭环管理体系。截至2021年12月，嘉兴市共有18个领域的1035项综合行政处罚事项纳入“综合查一次”的范围，占全市行政处罚事项的近20%；归集数据数万条，协同部门数十个，违章建筑、消防隐患等十余类事件支持智能化自动识别、自动告警；查处案件21.2万宗，同比增长11.6%。通过纵向贯通、横向协同的结构优化，实现了从“各自查”到“统筹查”、从“随意查”到“随机查”、从“末端管”到“闭环管”、从“线下治”到“全线治”、从“协商办”到“制度办”的迭代升级。

2）民转刑案件防控

“和合人事”民转刑案件防控综合应用由省级相关部门牵头，由台州市会同金华市、临安市、富阳区、瓯海区、临海市等地区共同打造，追求“人和谐、事合解”的目标，对可能因民事小纠纷激化演变形成刑事大案件的风险进行靠前、靠基层预防。在日常运营中，该应用围绕矛盾纠纷的涉事人梳理矛盾纠纷的重点事，聚焦矛盾纠纷排查化解的关键路径，充分结合“家和智联”家事纠纷调处、“平安天目”大数据研判分析和“心福工坊”社会心理服务等应用成果，实现信息双向流转、结果双向反馈、处置闭环管理，从“一事一办、一案一结”的传统模式拓展为矛盾纠纷全周期管理，大大提升了基层的智治能力。

12.2.3 螺旋式上升的持续发展

改革是一个探索新路的艰难过程，哪条路最后能走通、走远，在一开始的时候是未知数，只有在改革中不断设计、不断实践、不断总结、不断调优，才可能走向最终的胜利。

在浙江省的数字化改革中，如图 12-5 所示的 V 字模型是开展顶层设计的标准路径，其核心要义是从定义起步做好任务分解，再从协同等维度进行系统化的综合集成，最终形成“顶层设计 + 摸着石头过河”的闭环创新实践。

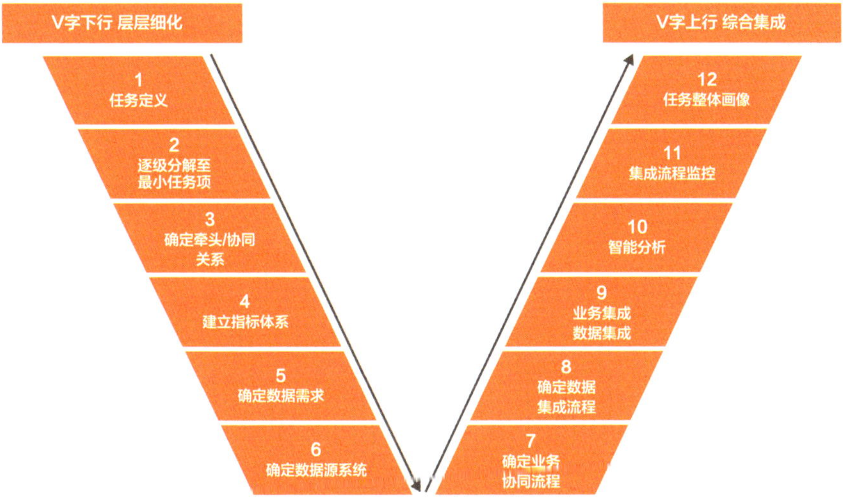

图 12-5　V 字模型

1. 任务定义

“书同文，车同轨”，筹划一个省的改革任务，首先要明确“做什么”“为什么做”，才能让省、市、县各级统一认识，形成上下一心的合力，确保改革任务不跑偏、不变形。为此，浙江省以省级地方标准的形式，第一时间发布了《数字化改革术语定义》（DB33/T 2350—2021），对数字化改革语境下的通用基础、路径方法、成果展示、基础设施、数据资源、应用支撑中的整体智治、V 字模型、多跨协同、链、码、在线、城市大脑、一件事、数字社会、未来社区、管理驾驶舱等 59 个术语的定义进行统一规范，为相关任务的开展提供了整体指导。

2. 任务分解

“不积跬步，无以至千里”，随着数字化改革任务方向的确定，接下来的工作就是围绕“重大任务—需求—核心业务—重大应用—多跨场景应用—子场景应用”的推进路径，把大任务分解为小任务、小任务分解为细任务，厘清省里做什么、市里做什么、区县做什么、各个部门做什么等问题，层层分解至最小可执行单元，使复杂、集成的改革变成一个个简单、具体、可执行的任务，开发具体的场景应用，最大限度地实现“人人参与”“件件响应”“处处落实”。

为保证任务分解做实做透，浙江省探索建立全省统一的、数字化的任务清单系统，将工程控制论运用于数字化改革，引导各部门、各层级、各单位从宏观的大视角入手聚焦到微观的小事情，在大场景中找准牵一发而动全身的小切口，建立任务清单动态管理、协同执行等机制，形成纵向贯通、横向协调、执行有力的高效执行链。

3. 综合集成

“明者因时而变”，场景应用是数字化改革的主要载体，也是实现数字赋能、制度重塑的支柱和纽带。浙江省注重提高场景应用的集约建设能力，坚持“大中台”路线，统筹建立一体化数字资源系统、产业大脑等服务全省的资源融合、能力沉淀技术平台，对各部门、各地区的丰富前端应用进行高效协同，避免多部门、多区域、多业务并行中的重复建设现象。在具体工作中，浙江省按照体系化、系统化和规范化的要求推进数字化系统，做到“现状 + 未来”充分预判形势、“总集 + 挂接”梳理清单目录、“存量 + 增量”建设实战场景、“计划 + 规划”安排工作进度。

以产业大脑为例，浙江省发挥块状优势显著的特点，探索政府、企业和社会协同：政府方面统一搭建产业大脑综合支撑系统，推动总体产业大脑共性底座的集约建设，促进各方资源配置优化；企业方面由行业龙头领建，打造若干行业产业大脑，按照统一的标准和要求提供兼具公共属性和市场活力的服务，实现跨政企综合集成。

4．迭代优化

每一个 V 字模型的完成，都意味着一个新 V 字模型的开始。顶层设计不是一劳永逸的，它需要在落地实践的检验、反馈和修正中不断完善，同时吸纳基层“摸着石头过河”过程中的经验和反思成果，形成进化的顶层设计，推进增量开发，并根据外部条件的变化持续推动功能优化、结构优化、系统优化，引领改革再出发，最终实现改革的螺旋式上升。

【本章小结】

省域数字化是一个系统工程和重大改革。

从纵向角度来看，省域数字化能够更好地推动省域上下统筹，协调优化不同层级政府间的垂直关系。浙江省正在历经由“自下而上 + 从点到线”局部探索，到“顶层设计 + 基层创新”双向贯通的演进。

从横向角度来看，省域数字化能够更好地促进不同区域协调发展，破除地区间有形或无形的行政藩篱，不仅能推动区域联动、优势互补的地区间良性竞合，更能实现“一地创新、全省共享”的大融合。

浙江省作为一以贯之进行数字化探索的代表，在数字化改革的新征程中不断强化政府、企业和社会的融合创新，正在按照“1+5+2”的总体框架和 V 字模型的实践路径，源源不断地输出省域数字化多跨场景应用的优秀实践经验。

第 13 章
城市数智化转型与运营

智慧城市、智能城市、数字城市……城市的转型、发展与运营一直是人们关注的重点，因为城市不仅是人口和产业的载体，还是区域和地方竞争力的直接体现，更是人们工作和生活的重要空间。我国是一个人口大国，常住人口超千万人的城市数量位居世界前列，尤其是北上广等超大城市的常住人口可达 2000 万人以上。城市从出现到发展走过了很长的道路，我们正在迈入数字化、智能化、智慧化的数智时代，数智化也正在推动城市生产方式、生活方式和治理方式的变革。在数智时代，如何走出一条适合国情和区域的城市化道路，做好城市建设、转型、发展与运营，将关系到国家稳定和区域发展。

13.1 数字、智能、智慧是当今城市发展的全新范式

13.1.1 城市化与“城市病”

城市发展带来了“城市病”，“城市病”的治理又推动了城市的进一步发展。目前，可追溯的、最早的城市大概起源于 1 万年前，在此

之前的原始社会依靠以采集、狩猎为基础的攫取性经济，当时的人类大多过着散居生活，以捕猎及游牧为生，也未形成城市。

进入农耕时代，人类逐渐开始定居，由于土壤肥沃、农产品过剩，人类开始投入制造及发明的行业，城市开始崛起，城市文明也开始传播。

18 世纪，人类社会进入工业时代，随着科技的进步，实现了由手工劳动向动力机器生产的转变，城市发展迅速；与此同时，“城市病”也开始出现，如城市污染严重、卫生状况恶化等问题。

第二次世界大战结束后，人类社会进入后工业时代，科学技术的影响力逐步增强，随着科技的革命性进步，城市规模也日益增长，更多的“城市病”随之而来，如人口膨胀、交通拥堵、资源短缺等问题。

但是，城市在不断发展的过程中面临的挑战，有时也会激发城市规划、建设和治理方面的潜能。20 世纪 50 年代的“英国伦敦烟雾事件”，推动了现代城市的公共卫生基础设施建设和管理体系的逐步建立，就是一个经典案例。

除了伦敦的大雾，后工业时代出现的其他问题（如人口膨胀、交通拥堵、资源短缺等）也是“城市病”的表现。虽然这些城市生态环境、社会治安方面的问题已经得到了改善，但是它们至少告诉了我们两方面的道理：一方面说明城市发展带来的“城市病”的成因是有规律可循的，另一方面也说明城市发展带来的“城市病”是可以治理的。所以，城市的不断发展与“城市病”的出现和解决始终是息息相关的。

数智时代是继农耕时代、工业时代、后工业时代后，城市发展的一种全新形态。进入 20—21 世纪后，城市规模加速扩大，城市功能也日趋复杂，出现了如纽约、东京、伦敦、上海、圣保罗等超千万人口的超大城市。这些超大城市是一些开放复杂的巨系统，其进一步发展普遍面临瓶颈，涉及经济发展、社会治理、城市建设、政府服务的方方面面。

与此同时，随着 AI、云计算、大数据、物联网、区块链等新一代信息技术的不断发展和广泛应用，数智化正以不可逆转的趋势改变着人类社会。通过数智化转型驱动城市生产方式、生活方式和治理方式的变革，实现高质量发展、高水平均衡、高品质生活、高效能治理，有助于缓解或最终治愈“城市病”。因此数智时代是继农耕时代、工业时代、后工业时代后，城市发展的一种全新形态，如图 13-1 所示。

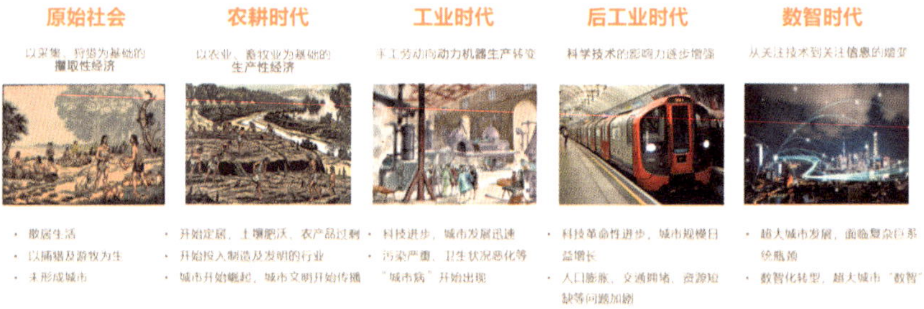

图 13-1 数智时代是城市发展的一种全新形态

13.1.2 城市数智化转型成为各国的战略选择

1. 新加坡：“智慧国家 2025 计划”，计划建成世界首个“智慧国”

新加坡是世界上第一个提出“智慧国”蓝图的国家，打造智慧的城市公共服务体系是该愿景的首要任务。2017 年 3 月，新加坡总理公署宣布将成立“智慧国”及数码政府工作团，该机构隶属于总理公署，致力于统筹开展新加坡“智慧国”建设的具体事宜，包括运用新一代信息技术改善公众生活、推动公共服务数字化转型等。

2018 年 6 月，新加坡政府发布了《数字政府蓝图》，对各政府部门提出了数字化服务的绩效考核指标。2018 年 10 月，新加坡政府推出了

《数字服务标准》，对数字化政府服务的设计和应用制定了应当遵循的统一标准。

2. 英国：数字战略，打造世界一流的数字经济

英国的数字政府建设长期处于世界领先水平，在联合国近年的各国电子政务能力调查中，英国一直名列前茅。在推出《政府数字化战略》《政府数字包容战略》等一系列战略之后，2017 年 3 月，英国政府发布了《英国数字化战略》，其核心内容是数字政府战略，提出了打造平台型政府，为公众和企业提供更好的政府在线服务。之后英国政府又推出了《政府转型战略（2017—2020）》，提出了以加快建设跨越各政府部门的线上服务为着力点，推动政府数字化转型。

在英国的一系列战略中，"数字政府即平台"是其核心理念，即由政府建设统一、通用的共享公共服务平台设施，基于平台的统一数据，各部门或企业和公众开发附加应用服务，继而推动以平台为基础、以服务为核心的政府数字化转型。

为了对基于平台开发的数字化政府服务进行标准化和规范化，英国政府于 2019 年发布了新版《数字服务标准》，对数字化政府服务提出了进一步的详细要求。

13.1.3　我国加快建设数智化、现代化城市

进入 2021 年，全面推动城市数智化转型正在成为我国一线城市新一轮发力博弈的焦点。

2021 年 1 月，上海市发布了《关于全面推进上海城市数字化转型的意见》，明确提出到 2025 年，上海市全面推进城市数字化转型取得显著成效，国际数字之都建设形成基本框架；到 2035 年，成为具有世界影响力的国际数字之都。

2021 年 2 月 18 日，浙江省发布了《浙江省数字化改革总体方案》，全面启动了浙江省的数字化改革工作，明确提出数字化改革是围绕建设数字浙江目标，统筹运用数字化技术、数字化思维、数字化认知，把数字化、一体化、现代化贯穿到党的领导和经济、政治、文化、社会、生态文明建设全过程各方面，对省域治理的体制机制、组织架构、方式流程、手段工具进行全方位、系统性重塑的过程，从整体上推动省域经济社会发展和治理能力的质量变革、效率变革、动力变革，在根本上实现全省域整体智治、高效协同，努力成为“重要窗口”的重大标志性成果。

2021 年 7 月，北京市在《北京市关于加快建设全球数字经济标杆城市的实施方案》中提出，通过 5～10 年的接续努力，打造引领全球数字经济发展的“六大高地”：城市数字智能转型示范高地、国际数据要素配置枢纽高地、新兴数字产业孵化引领高地、全球数字技术创新策源高地、数字治理中国方案服务高地和数字经济对外合作开放高地。

城市发展与转型是畅通国内大循环、促进国内国际双循环和构建新发展格局的战略依托。加快推进城市数字化、智能化是实现更大区域范围内的数字化发展、助力数字中国建设的重要基础，也是全面建设社会主义现代化城市的重要支撑。

13.2 上海市的城市数字化转型与运营之路

面对蓬勃发展的数字化转型浪潮，上海市作为我国经济发展综合实力最强、人才资源最丰富、市场化程度最高的城市之一，如何继续保持优势，成为先行先试的“排头兵”呢？

13.2.1 以数字化解决超大城市复杂巨系统的瓶颈难题

上海市作为一座常住人口近 2500 万人，经济发展综合实力最强、人才资源最丰富、市场化程度最高的超大城市，具有复杂巨系统的特征，城市建设、发展、运行、治理各方面的情形彼此交织、错综复杂。

数字化已成为打通经济社会运行堵点的有效手段，尤其是像上海市这样的超大城市复杂巨系统，已经到了必须全面推进城市数字化转型的时候。超大城市复杂巨系统的很多瓶颈难题必须通过数字化方式解决，要立足已有基础、着眼长远发展，更加坚定、更加全面地加紧推进城市数字化转型与运营，抢抓机遇、乘势而上、率先成势。城市数字化转型如图 13-2 所示。

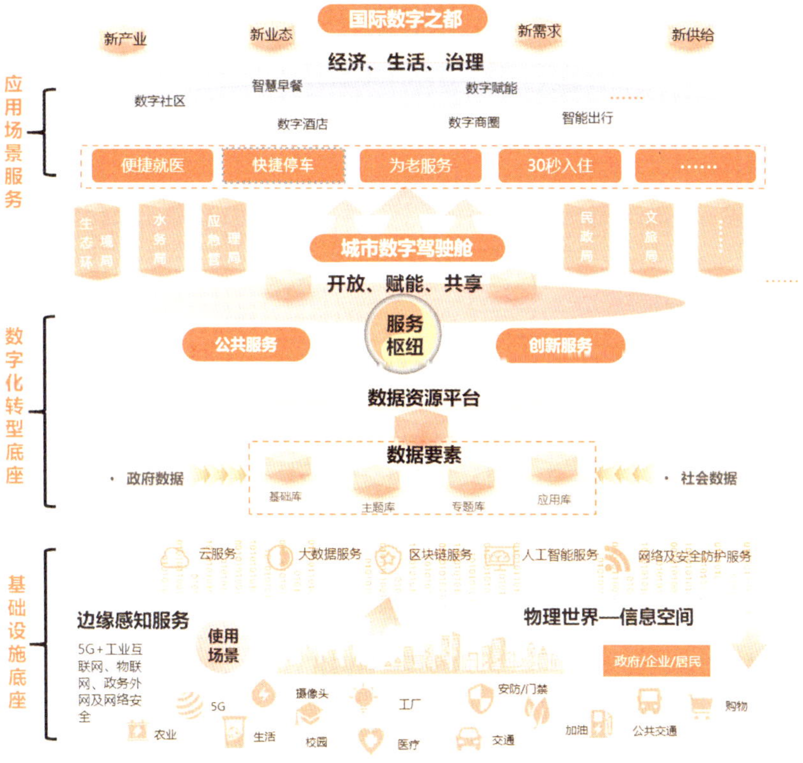

图 13-2　城市数字化转型

上海市提出城市数字化转型是世界大势所趋、城市治理所需，在当前新发展阶段具有重大意义，是提升城市核心竞争力和治理能力现代化水平的关键之举，是超大城市治理体系和治理能力现代化的必然要求，也是一项事关全局、事关长远的重大战略决策。

在全面推进城市数字化转型的进程中，上海市不但要对本市的经济社会发展做出贡献，而且要起到重要的示范和样板作用，通过各种探索为全国创造好的经验和模式，打造具有世界影响力的国际数字之都。

13.2.2 数字化转型与运营之路一：通过经济、生活、治理三大领域数字化转型，提升城市核心竞争力

城市作为一个生命体、有机体，不仅是生产、生活等各类活动的空间载体，也是各类主体相互作用、交融共生的复杂系统。数字化转型将涉及城市发展与运行的每一个方面，包括经济发展、社会治理、城市建设、政府服务等，是各领域全面数字化转型的系统性工程。

1. 通过经济数字化转型，提高经济发展质量

经济数字化转型是上海市面向未来打造发展新动能的必由之路，是新供给、新动能为高品质生活、高效能治理提供新产品、新服务。

2021 年 7 月，上海市发布了《推进上海经济数字化转型 赋能高质量发展行动方案（2021—2023 年）》，明确提出通过大力探索经济数字化“四量”转型示范路径，着力推动经济存量增效、增量创新、流量赋能、质量引领，打造转型发展的全新动能；到 2023 年，将上海市打造为世界级的创新型产业集聚区、数字经济与实体经济融合发展示范区、经济数字化转型生态建设引领区，成为数字经济国际创新合作典范之城。

以应对新冠肺炎疫情为例，在经济领域，数字化催生了大量颠覆性的新模式、新业态、生鲜电商零售、“无接触”配送等在线新经济，让上海市经济得以快速复苏。

专栏　宝钢股份 24 小时“黑灯工厂”[1]

在新冠肺炎疫情的影响下，基于钢铁行业的特殊性，高炉即使停工一秒也会对企业和上下游经济造成巨大损失，许多钢铁企业的生产经营遭遇难题。在这个特殊时期，作为中国制造的一个缩影，宝钢股份通过 AI、大数据、远程运维等智能手段，把上海市宝山基地的冷轧热镀锌智能车间变成了一座24小时运转却无须多人值守的“黑灯工厂”。

在智能化改造前，冷轧产线的进料关口、锌锅捞渣、成品质量检测、钢卷打捆贴标等各个工段至少需要两名工人值守，无形中增加了交叉感染的风险，远远达不到疫情防控的要求。

如今，智慧制造应用的 12 台机器人包办了所有的工作，操作人员和工程师即使在同一个车间内也可以实现“不碰面生产”，既达到了疫情防控的要求，又实现了高效的生产运转。

2. 通过生活数字化转型，提高城市生活品质

城市是生命体，要想让城市更有温度，必须坚持以人民为中心，引导全社会共建、共治、共享数字城市，形成共建、共治、共享的数字城市创新生态圈。生活数字化转型是践行“人民城市人民建，人民城市为人民”重要理念的有力抓手，从根本上看是为了“人”，关键要有体验度，其本质是为人民的城市生活打造更加便利、安全的数字化服务体系。

城市数字化转型最终的落脚点是人民生活品质的提升，能够更好地满足人民群众对于美好生活的向往，特别是让对人民生活幸福感和获得感具有显著影响的教育、医疗、养老等领域的服务更加便捷、更

---

① 夏冰．中国制造缩影：宝钢股份打造 24 小时“黑灯工厂”智能手段实现稳产、高产 [EB/OL]．[2021-09-22].

加精准、更加智能。秉持着这样的理念，生活数字化转型要着重在人民生活的痛点、堵点上下功夫。

专栏　交通出行新模式，化解百姓“等待焦虑”[①]

在上海市重点推进的11项数字生活标杆应用中，与市民息息相关的“交通出行”位列首批加快建设的场景。

等公交车本身不会产生焦虑，不知道要等多久才是焦虑产生的原因。现在，乘客通过手机上的车辆到站时间预报可以准时抵达站点，一上车就能找到空位落座，让人觉得省心不少。

出门少等待、乘车更舒适，这种便捷体验得益于其背后的大数据运算平台。运营中的近8000辆公交车信息每5秒回传一次，全部汇聚在平台中，包括现在运营的所有车辆和车辆运行的情况，如行车间距、运送车速、运营车速、停站时间等。

要想保证预报到站时间的即时性和准确率，AI算法同样起着至关重要的作用。平台把每一天包括每一个年度的节点分成以半个小时为单位的维度，算出来以后再与大数据比对，这就是AI算法发挥的作用。

有了大数据和各类型算法的加持，运营方发现共和新路存在复线率过高的问题。通过智慧调度，253路和46路分别进行了撤销和缩线的处理，腾挪出来的车辆全部并入95路，不仅缓解了拥堵现象，还将线路运能提升了60%。依托数据分析，95路的终点站也从上海火车站延伸到了卢浦大桥下，填补了从宝山泗塘到黄埔五里桥区域内没有直达公交车的空白点。

2021年，上海市公交车到站时间预报准确率达97%以上，基本解

① 李恩蟾，谢丹青，周基琛．生活数字化——“一网统管”式的出行体验[EB/OL]．[2021-09-22]．

决了乘客等车的“时间预期”问题，并努力让公交车更加准时，化解乘客的“等待焦虑”。

在生活数字化领域，上海市重点聚焦“人畅其行、货畅其流”的核心目标，拓展交通服务新场景、新模式，构建数字交通的新生态，给老百姓带来真正的感受度。

类似的场景还出现在医院里。过去，“排队两小时，看病五分钟”的就医体验被不少患者“吐槽”。如何让就医过程不再漫长？在就医前，患者除了确定哪天就诊，能否将就诊时间精确到以小时为单位计算？针对这些问题，上海市各大医院正在通过大数据赋能实现就诊时段的精准预约。

从解决等待时间入手，到大数据赋能实现就诊时段的精准预约，虽然数字是冰冷的，但是数字化可以为生活带来温度。

另外，生活数字化转型要帮助老年人群体等缺乏数字技能的弱势群体适应数字化城市生活，缩小“数字鸿沟”，使城市数智化转型能够惠及每一个人。对城市而言，“数字鸿沟”突出表现为老年人的“数字融入”问题。为了让老年人跟上数字化步伐，上海市强调要重视解决老年人等特殊群体的“数字鸿沟”问题，让每一个人都能享受数字红利。

2021 年 9 月，上海市经信委与高德打车达成合作，“为老服务一键通”正式接入高德打车平台。老年人可通过“一键通”呼叫高德打车平台合作的出租车，更多的出租车加入了助老服务，完善老年人一键叫车出行服务。

类似“为老服务一键通”的人性化服务，不但方便了老年人群体的生活，让他们可以轻松地跨越“数字鸿沟”，而且让民生服务更贴心、更有温度。

3. 通过治理数字化转型，提高现代化治理效能

生活数字化转型是践行人民城市重要理念的有力抓手，根本上是为了人，关键要有体验度。然而城市生活有多丰富，城市治理就有多复杂，依靠传统的人海战术和一般技术手段，“看不清楚、管不过来、处理不了”。高效能和现代化是超大城市治理的必然要求，精细化管理和数智化转型则是实现治理高效能和现代化的必由之路。

治理数字化转型的本质是提高现代化城市的治理效能，在破解一系列难点、堵点的过程中，上海市正在加快探索治理数字化转型路径的脚步。同时，上海市需要面对的问题“难度”也在不断提高，如海量的数据、复杂的城市运行等，如何利用实时在线数据和各类智能方法，在最低的层级和最短的时间内以相对较低的成本解决最突出的问题，是上海市亟待解决的难题。

上海市将“政务服务一网通办”和“城市运行一网统管”作为城市治理能力和治理水平现代化的“牛鼻子”，致力于让人民“高效办成一件事”，并推动政府和社会合力“高效处置一件事”，让人民更有获得感和安全感，让这座城市更加宜居、有温度。

“一网通办”以政务服务完善全方位服务体系，着眼于“高效办成一件事”，聚焦办事全流程，强化跨部门、前后台融合，精简环节和流程再造，推进“网上办”“掌上办”“自动办”，提高在线办理率、全程网办率，不断优化办事体验，让办事像网购一样方便。

专栏　上海市“一网通办”能力水平排名全国第一[1]

“一网通办”是上海市首创的政务服务品牌，入选了 2020 年联合

---

① 资料来源：上海“一网通办”能力水平排名全国第一！更多改革成效一图读懂→，上海发布，2021-07-27，上海市人民政府办公厅。

国全球电子政务调查报告经典案例。在国家行政学院发布的《省级政府一体化政务服务能力调查评估报告（2021）》中，上海市排名全国第一。“一网通办”作为城市数字化转型的“先行军”，“随申码”、电子证照、电子印章等已经成为城市数字化转型的基础工具，助力城市数智化转型。

自 2018 年 7 月 1 日上线试运行以来，“一网通办”已累计实施 357 项改革举措，接入“一网通办”平台的事项达 3197 项，公共服务事项数量已超越行政权力事项，累计办件量达 1.5 亿件。“一网通办”已开通国际版、上线长者版，2021 年新增个人用户 985.1 万名，法人用户 12.58 万名，累计实名注册个人用户超 5401 万名，企业用户 227 万名。“一网通办”移动端“随申办”月活跃用户数峰值超过 1517 万名，“随申码”服务累计使用超 37 亿次，市民主页和企业专属网页累计访问量超过 80 亿次，推送个性化政策服务超过 2.3 亿次。

在“一网通办”的实际办件中，网办比例已经超过 70%，通过“两个免于提交”，电子证照库已归集 604 类高频证照，总数突破 1.4 亿张，调用量突破 5.3 亿次，提升了办理效率，办理时限平均缩短了 62%。企业和群众对“一网通办”的满意度明显提升，好评率达 99.96%。

“一网通办”是城市治理水平现代化的“牛鼻子”，“一网统管”则是城市治理能力现代化的“牛鼻子”。“一网统管”致力于解决城市治理中的堵点、盲点，通过线上和线下的联动，利用实时在线数据和各类智能方法，对城市运行的态势全面感知、趋势智能预判、资源统筹调度、行动人机协同，推动城市治理由人力密集型向人机交互型转变、由经验判断型向数据分析型转变、由被动处置型向主动发现型转变。

专栏 感知城市“呼吸脉搏”数字上海有了量化生命体征[①]

2021 年，上海市城市运行管理中心发布了国内首个“城市运行数字体征系统”，通过大数据、云计算、物联设备前端感知 3 项技术赋能超大城市精细化管理，首次使用可视化大屏将“城市数字体征”的概念具象化，对城市生命体进行“全时智慧体检”。

与传统的静态城市运行体征相比，上海市的“城市运行数字体征系统”是“活”的，它以“实时、鲜活”的多维（“人”“物”“动”）、多源（网络端、市民端、感知端）、多态（“战”“平”“缓”）数据为基础，以海量智能算法为支撑，包括 32 个类别、1000 多项指标，有效解决了城市管理中“看不清楚、管不过来、处理不了”的问题。

作为国内首个“城市运行数字体征系统”，该系统主要包括两大业务板块。

全面监测：该系统可以对城市“呼吸”（生态和环境）、“脉搏”（车流、人流、物流、能源流、信息数据流）、“体温”（社会生活和政务、民生服务）等生命体征进行实时、全面、客观的态势感知。

主动发现：通过“城市之声”（市民热线、人民建议、热点舆情）、“城市之眼”（公共视频）、“城市之感”（物联网传感器）等主动发现手段，该系统可以研判城市运行的趋势和规律，及时发现城市潜在运行风险，助推城市的精细化治理。

在 2021 年的“五一”小长假前，该系统接收到“城市呼吸”的压力警示：受江淮气旋影响，上海市在小长假期间将有一次大到暴雨过程，并伴有大风。气象部门的警示发出不久，相关部门就迅速做出反应，

---

① 资料来源：“诊脉”城市生命体！上海城市运行数字体征系统即将上线，话匣子（上海人民广播电台官方企鹅号），2021-05-12.

提示各有关单位做好暴雨、大风防范工作。

在小长假尾声，该系统又接收到“城市脉搏”的压力警示：机场、车站和高速路口将迎来返程大客流。虹桥火车站迅速制定了应对方案，延长 2、10 号线的加班车时间。

目前，如图 13-3 所示的“城市运行数字体征系统”已汇集了 17 个委办的基础运行管理数据，接入了一批行业和企业的鲜活数据，以及 218 类、1100 万余个物联终端提供的 3400 万余条实时数据，接入舆情数据日均 3 万余条、市民热线数据日均 1.5 万余条。

图 13-3　城市运行数字体征系统

这些数据被实时接入体征数据仓库，并在体征大屏上进行数字呈现和精准映射，从而对上海市这座超大城市进行城市运行的态势全面感知和趋势智能预判。

4．经济、生活、治理数字化转型是善政、惠民、兴业“三位一体”的体现

对上海市而言，推进城市数字化转型涉及城市发展与运行的每一个方面，包括经济发展、社会治理、城市建设、政府服务等，是各领域全面数字化转型的系统性工程，也是善政、惠民、兴业“三位一体”的体现。

经济、生活、治理数字化本身就是相互促进、互为协同的，只有

大力培育数字经济和数字技术，以高质量发展形成新供给，才能为高品质生活、高效能治理提供基础和手段；反过来看，如果能不断激发人民群众对数字生活的新需求，并以数字治理优化完善营商环境，那么数字经济也可以更持久、更繁荣地发展。

13.2.3　数字化转型与运营之路二：围绕数据要素、新技术、数字底座，构建公共服务体系，强化公共技术保障

首先，城市数字化转型是数据驱动的，要以数据要素为核心，形成新治理力和生产力；其次，城市数字化转型又是技术赋能的，要以数智化新技术的广泛应用为重点，大力提升城市创新能级；最后，城市数字化转型还是底座支撑的，要以数字底座为城市复杂巨系统赋能，统一技术和业务语言、统一逻辑架构、统一知识基座。

城市数字化转型通过全方位赋能，全面激活千行百业新动能、全面打造数字生活新范式、全面构建数字治理新模式，让城市更聪明、更智慧、更好地应对各种不确定的风险挑战。

1. 以数据要素为核心，形成新治理力和生产力

数智时代，数据作为一种生产要素的价值日益凸显。城市数字化转型的首要任务就是转型为数据驱动的城市发展，这是城市发展的动力之变。

党的十九届四中全会明确提出将数据作为生产要素，并且区块链、云计算、物联网、人工智能等新一代信息技术的发展与应用都要依赖于数据。数智时代的数据如同工业时代的石油，与石油不同的是，数据是无形且无限的，城市运行的每一分钟都在产生大量的数据，并且体量越大的城市产生的数据越多。对城市发展而言，数据不但可以转化为生产力，而且可以发挥催化剂和纽带的作用。

专栏　多维度、跨领域数据融合探索产生的“数字化学反应”[1]

南京西路两侧的梧桐树秀丽挺拔，不过落叶需要及时清扫，“如何安排人手？”“明天会不会落下许多树叶？会落多少树叶？”这些问题，即使工作了 20 多年的环卫班长也说不清，仅凭经验安排，往往会出现偏差。

2020 年以来，静安区构建了一组算例模型，纳入影响道路沿线树种落叶的九大因素（气象、园林、环卫等）数据，形成南京西路“落叶指数”，可预测次日落叶信息并对环卫车辆、人员排班提出合理建议。该模型让传统的清扫落叶工作从凭经验“飞跃”到凭数据，“扫落叶”这件事瞬间切换到了数智时代。

再如，静安区部分社区配置的智慧水表，平时方便抄表人员远程抄表计费，当寒潮突袭时可以化身为水务部门及时发现管道爆裂的“哨兵”，在觉察到独居老人用水异常时还可以自动向社区干部报警，提示他们上门查看老人是否发生意外。

气象与环卫、水表与养老，表面上似乎不太相干，但海量数据一旦形成广泛连接并整体迁入更大的数字化平台，就会带来“化零为整”的质变。

2. 以新技术广泛应用为重点，大力提升城市创新能级

数据驱动城市发展并不意味着数据会自动转化为生产力，就像石油不会自动转化为动力一样，数据价值的发挥离不开相应的数据基础设施，包括数据采集、传输、存储、计算等各环节的相应设施。目前，上海市正在大力推进包括新网络、新设施、新平台、新终端在内的新

① 资料来源：静安区抓住民生热点管理难点 推动产生一批城市治理标杆应用场景，2021-02-24，解放日报，上海市人民政府新闻办公室。

基建：依托智能终端的泛在部署，构建数据采集的城市神经元系统；依托 5G 等新网络的全面覆盖，构建数据高效传输网络；依托互联网数据中心和超算中心等算力设施的建设，提升数据计算能力；依托物联网平台、人工智能平台和工业互联网平台等平台的开发应用，构建数据智能分析中枢。

3．以数字底座为支撑，全面赋能城市复杂巨系统

城市数字化转型纷繁复杂，单一的技术不能独立支撑城市数字化转型，需要多种技术的组合，即“数字底座”。数字底座是数字城市的桩基、推进数字化“整体性转变”的基石和所有城市数字化应用的基础支撑。

数字底座包括三个层面：第一个层面是城市运行的生命体征指标体系，第二个层面是城市神经元系统，第三个层面是统一的数据规则。

城市数字化转型需要以新发展理念为引领，基于城市高质量发展和高效能治理的需求，按照“统筹规划、共建共享”的原则，构建云、网、数、边、端均衡协调的新型数字基础设施体系，打造“物联、数联、智联”的城市数字底座，让基础设施建设的“高投入”转变为城市能级和经济发展的“高收益”。

13.2.4　数字化转型与运营之路三：以数据为驱动，推动城市各领域、各方面的流程再造、规则重构、功能塑造、生态构建

全面推进城市数字化转型，要突出革命性重塑。如今，数字化正在对生产力、生产关系和社会结构进行重新定义，成为驱动经济社会发展变革的关键力量甚至主导力量。革命性重塑不是单纯的技术手段迭代，而是以大数据的深度运用为驱动，倒逼城市管理手段、模式、理念深刻变革，引领生产、生活方式和思维模式全面创新。革命性重塑是推动管理流程和规则的深层次变革，以更大力度促进城市各领域

流程再造、规则重构、制度创新。

例如，上海市正在推行的政务服务“一网通办”和城市运行“一网统管”，这两张网的关键在于“通”和“统”，即有形网络背后的无形变革，推动城市治理由人力密集型向人机交互型转变、由经验判断型向数据分析型转变、由被动处置型向主动发现型转变。这是经济社会发展到现阶段之后的必然方向，实现这些转变，既要用改革打破不同部门之间的数据和服务壁垒，又要用创新解决不断出现的新问题。

1. 再造数字时代的社会运转流程

上海市推动政府以数据驱动流程再造，践行“整体政府”服务理念，以数据为基础精准施策、科学治理，变“人找政策”为“政策找人”、变被动响应为主动发现，打造科学化、精细化、智能化的超大城市“数治”新范式。

2. 重构数字时代的社会管理规则

上海市始终高度重视数字化在法治、伦理、规则等方面带来的新挑战，不断加强制度供给和法治保障，积极探索、推动数字时代社会管理规则的重构。

首先，上海市落实“管行业也要管数字化转型”的理念要求，逐步推动管理手段、管理模式、管理理念的变革，实施包容、支持创新的监管制度，探索试点监管等创新支持机制，致力于消除数字化转型过程中新技术、新业态、新模式发展的政策性门槛，为千行百业的数字化转型提供制度保障。

其次，数字时代的一个普遍问题是在数据开放、透明的背景下，如何更好地确保数据安全和保护数据隐私。解决这一问题，需要全面审视数字化发展的法治问题，推动建立健全相关法律法规，完善数字规则，强化对知识产权、个人隐私的保护力度。

第 14 章
县域数智化发展创新

郡县治，天下安。

自秦朝置县以来，我国就有了县域经济。县域经济是国民经济的基础层次和基本细胞，可以说县域经济的强弱直接影响着国民经济的兴衰。第七次全国人口普查数据显示，居住在城镇的人口为 90199 万人，占 63.89%。县一级处在承上启下的关键环节，是区域发展的基石和高质量发展的支撑。

县域转型与发展的主体是乡村和产业，农业和农民则是关键主体。我国的脱贫攻坚战已取得了全面胜利，进入了全面推进乡村振兴战略阶段。未来，人口、产业和空间依然是县域转型与发展的主要问题和主要任务。县域要转型发展，必须统筹规划、协调联动。全渠道一体化融合发展是县域转型与发展的大趋势，数智化则是一条可选的路径。

14.1 县域转型与发展需要融合

党中央、国务院一直高度重视县域转型、发展和治理，提出要准确把握县域治理的特点和规律，把强县和富民统一起来、把改革和发展结合起来、把城镇和乡村贯通起来。大力发展县域经济，需要扎实推动以县城为主要载体的新型城镇化，并与美丽乡村建设有机融合、相得益彰。

与此同时，撤县设市（区）频频回归大众视野。例如，2021 年 3 月 18 日，国务院同意洛阳市调整部分行政区划，撤销县级偃师市，设立洛阳市偃师区；撤销孟津县、洛阳市吉利区，设立洛阳市孟津区。浙江省嘉兴市、安徽省芜湖市、江西省赣州市等也在“十四五”规划中提出撤县设市（区）。

民政部数据显示，2009 年底，全国尚有 1464 个县、855 个市辖区；截至 2019 年末已缩减至 1323 个县，市辖区数量却增至 965 个。换句话说，10 年来，全国共撤销了 141 个县，平均每年撤销 14 个县；相应地，全国在 10 年之间增加了 110 个市辖区。

从根本上来看，这是我国城镇化和城市化发展的结果和要求。第七次全国人口普查的结果显示，我国的城镇化率已达 63.89%。县改市或改区主要是顺应发达地区的城市化需求，中西部地区的边缘小县则面临“撤并降转”的压力。

2021 年“两会”期间，全国政协委员、陕西省政协副主席李冬玉提交的一份名为《优化县级行政区划 推进经济一体化发展》的提案在网上引起了多方关注和争议。根据该提案，在我国的 2800 多个县级行政区中，人口规模在 10 万人以下的县级行政区有 200 多个，其中人口规模在 5 万人以下的县级行政区有 100 多个，主要分布在西部地区。针对这一现象，该提案提出了“优化县级行政区划、推进小县合并试点”

的建议，如可以对人口规模小于10万人的内地小县先行合并试点。

客观来看，我国是一个大国，部分县域的人口基数小、产业基础薄弱、结构单一、区域经济一体化参与程度低，难以形成积聚效应，经济发展动力不足。

从空间上来讲，乡村是县域基层的主体。“上面千条线，下面一根针”，人员不集中、数据不共享、业务难协同一直是基层工作的几大难题。农村地广人稀，外出流动人口多，群众诉求多样，矛盾多发、突发，基层信息的采集也存在量大、时间紧、多条管理、数据重复填报等问题，基层干部普遍面临“身上会多、手里表多、脚上泥多”等负担。这对县域的转型与发展提出了迫切的要求。

县域是区域融合发展的主体，也是城乡融合发展的桥梁，还是产业融合发展的载体。行政成本高、公共服务滞后、公共基础设施浪费大成为人口小县的几大问题。除机构和人员负担外，随着城市化进程的加快，大部分县域和农村还面临人口空心化、老龄化、分散化等问题，传统基础设施和公共服务覆盖成本高。虽然国家大力推动基础和民生公共服务均等化、便利化、信息化，但是“一网通办”“掌上办事”等主要服务范围还是在城市，全国尚未达到整体智治的水平。

国家对土地确权、住宅基地，人口计生、集体资产等加强信息化管理，也对基层干部和群众的信息化素养和能力提出了新的要求。同时，农村信息化基础薄弱，农民的大部分事务仍然要到镇上、县上办理，如宅基地申请、房屋改造、农村养老保险、农机补贴、扶贫补贴、低保申请等，且中老年人还存在信息化融入困难等问题。

事实上，关于发展数字经济、推动数智化转型，部分县（市、区）已经在政务应用、社会治理、数字工厂、智慧农业、医疗教育、社区服务、基层党建等方面开展了数字化创新、转型，形成了一些亮点和特色。例如，浙江省各地市围绕基层社会治理工作内容，结合本地实际情况，踊跃探索了一批有特色、有实效的治理模式和应用平台，包括杭州市的“五色预警”、富阳区的“家和码”、嘉兴市的“微嘉园”、拱墅区的“城市眼云共治”、萧山区的“民情双访”和“社会治理全量信息视图”、金华市的“一警情三推送”、丽水市的“十台合一”应急指挥平台、衢州市的“三通一智（治）”等特色应用平台，有效地为当地基层社会治理提供了新思路、新经验。

但是，在国家和地方省市大力推进大数据和数字经济发展的环境下，各县（市、区）在工作中还存在统筹规划不足、人才基础薄弱等问题，难以跟上省市的互动联动节奏，实现“一盘棋”、一体化协同发展。

第一，县域数字化统筹规划不足。各县域普遍对大数据和数字经济发展的认识不足，主动性不强，缺少系统性、开创性和全局性的统筹规划能力。例如，部分县域的大数据局牌子和职能加挂在经科局或把有关职能整合进行政审批局，既无相应工作机构，也无领导职数和人员编制，还缺乏专业人才和工作抓手，自然难以全面履行职责并结合实际推动数字经济在县域落地生根。同时，各县（市、区）信息化建设基础薄弱，基层系统杂、多，建设和运维成本高，一方面缺少统筹规划，另一方面存在重复规划的现象，自建机房或各自购买云服务的情况也严重影响数据安全和业务协同。

第二，系统平台难以实现协同共享。一些“烟囱”“孤岛”式平台存在系统难打通、业务难融合、数据标准不统一、能力共享情况不乐观等问题：从横向上看，各部门数据较为分散；从纵向上看，业务垂管系统数据难共享，尚未在省市层面全面形成数据汇聚和中转的中心。

第三，人才、资金等要素保障基础薄弱。数字经济是县域推动转型与发展的重要抓手，在县域各层面建设中还处于培育、发展阶段，投入大、产出少、数据沉淀缓慢，尚未形成商业化和“自我造血”能力，短时间内难以看到直接的社会价值。尤其是中西部地区的县市还普遍面临财政收入较少、偿债压力较大、融资渠道有限的问题，急需精通互联网、大数据、云计算等先进技术的数字化人才。这表明数字化、数智化转型是一个有起点、没终点的过程，县域转型与发展亟待破题。

农村地区信息基础设施的普及和智能终端的下沉，激发了农村电商的发展，数字农业也进入加快发展期。2020年前三季度，全国农产品网络零售额达2884.1亿元，同比增长34.3%。

《国务院扶贫办 中央网信办 教育部 农业农村部 商务部 国务院国资委 全国工商联关于开展消费扶贫行动的通知》（国开办发〔2020〕4号）明确指出："坚持销售方式线上线下相结合。线上主要依托中国社会扶贫网等电商平台，线下重点组织动员各类市场主体设立消费扶贫专柜、专区、专馆等，构建扶贫产品线上线下销售体系，为社会各界购买扶贫产品、参与消费扶贫行动提供便利条件。"

互联网企业积极投入农村电商发展和产供销体系建设：阿里巴巴以"产地仓＋天猫＋大润发"为依托，积极探索建立线上线下一体化的农产品销售链路，打造了国内首个产供销数字一体化平台，如天猫平台在2020年上线了消费扶贫专区，建立了线上农产品入口；在全国范围内建立了五大农产品产地仓，推动打通中西部地区农产品上行物流渠道，建设了一批面向未来的电商基础设施；利用旗下大润发拥有全国连锁零售卖场的优势（近500家），专门在上海市开设了线下"乡村振兴特色农产品专区"，实现线上线下一体化。

（1）直销对接：淘宝/天猫/淘特/1688。

（2）分销对接：达人/大卖家/淘小铺线上线下对接会。

（3）直采对接：大润发/盒马鲜生/天猫农场、超市。

数智化营销和销售改造了传统、单一维度的销售模式，从对需求和购买行为的大数据分析，到销售行为调整，再到售后服务的个性化和买卖双方的有效互动，让农村的农产品产业围绕消费者决策和行为路径布局全触点的交流和互动。

数智化营销和销售更倾向于“互联网 + 订单农业”模式，即建立产销衔接服务平台，促进消费需求与农业生产高效匹配，形成产业升级新模式，借助平台快速开拓县域现有头部和腰部产品的销售渠道，打通互联网线上、线下各大渠道，推荐优质标杆产品进驻大润发、盒马鲜生、天猫超市等新零售渠道，实现全渠道销售布局。

数智化营销和销售以销定产，驱动农产品的数智化升级，带动农产品快速进入市场并在消费者群体中树立品牌形象，让生产加工前置，以产地为中心打造地域特色农产品品牌，可以为当地企业和商家开拓渠道、做出榜样，让人口、就业和税收留在当地。

电商的下沉、新农业的发展，一方面让农产品商业化实现上行，另一方面让人口加快城市化。县域既要转型又要发展，两者需要进一步在区域、产业和人口方面加快融合，让技术下得去、让商品出得来。

14.2　数智化推动区域一体化

长三角是我国经济发展最活跃、开放程度最高、创新能力最强的区域之一。2021 年一季度，长三角地区 GDP 增长 18.9%，占全国 GDP 的比例进一步提升至 24.6%，对全国经济增长的贡献率达 25.1%。

近年来，京津冀协同发展、长江经济带发展、长三角一体化发展、粤港澳大湾区建设、黄河流域生态保护和高质量发展等国家重大区域战略加快推进实施，奠定了我国未来区域发展的新方位，都市群和城市群发展也成为推动城乡协调发展的新引擎。

国家赋予长三角“一极、三区、一高地”的战略定位，一体化示范区建设承载着在“不破行政隶属、打破行政边界”的前提下，探索出一套区域协同发展的“中国方案”的特殊使命。

未来，“总部和研发在上海，生产制造在江浙，生活娱乐在苏杭，工程师们坐着高铁上下班”有望成为长三角一体化融合发展的新注脚。

14.3 数智化创新发展的“嘉善样板”

自2021年2月18日浙江省召开全省数字化改革大会以来，嘉善县紧紧抓住数字化改革这个“牛鼻子”和总抓手，将其作为现代化先行和实现共同富裕的“船”和“桥”，以数据赋能各项事业发展。

嘉善县构建了“1+5+2+1”数字化改革工作体系，率先建设“云上嘉善”，开展数字嘉善项目“挂榜揭榜”，加快应用场景开发建设，持续为高质量发展赋能。

“云上嘉善”以充分利用新一代信息技术手段提升治理能力现代化和治理体系现代化水平为突破口，加快建设新型数字基础设施、完善数据资源体系、构建应用支撑体系和多业务协同创新体系，推动嘉善县成为“数字长三角”建设的“排头兵”和全国政府数字化转型的示范区、样板区。

14.3.1 “长在云上”的嘉善县

“基础不牢，地动山摇。”建设一体化、集约化的基础设施是“云上嘉善”的根基，也是一个探索实践的过程。

首先，嘉善县构建了一个城市云计算平台。城市是一个海量、多发、动态的数据源，海量数据处理需要大数据处理能力和实时分析能力。构建一个底层稳定、安全、灵活、开放的城市云计算平台，直接关系到计算、存储、网络等基础资源的配置、安全和效率，这需要数据资源体系、应用支撑体系和各业务板块的充分融合。如图14-1所示的城市云计算平台具备横向线性扩容的能力，为“云上嘉善”未来的业务扩展和场景丰富提供了坚实的底层支撑。

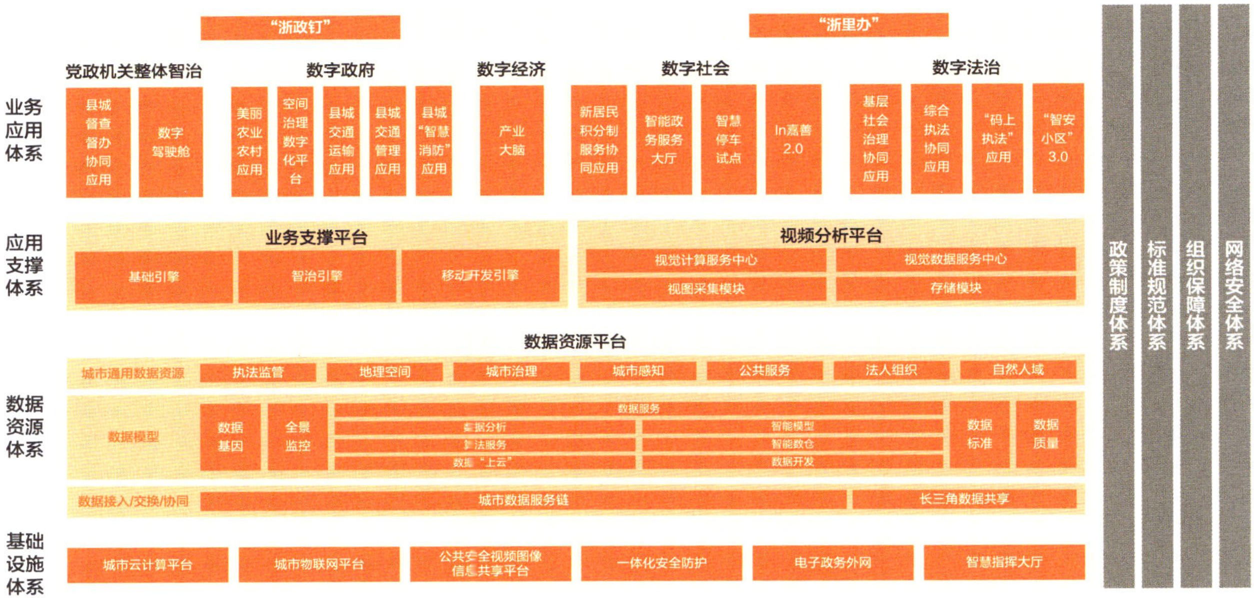

图 14-1　城市云计算平台

其次，城市物联网平台是数智化的基础。嘉善县打造了一个物联、数联、智联“三联一体”的新型城市感知体系。数据是城市的“眼睛”，只有让数据“上”得去，城市才能“看”得见。如图 14-2 所示，嘉善县通过打造城市物联网平台，对城市物联网感知设备进行统一接入、统一支撑、数据共享、集中汇聚，实现了物联网感知设备“一机一档”，形成了物联网感知资源“一本账”“一张图”，为在全县范围内将各类物联网感知设备进行横向拉通和协同共享打下了坚实基础。

一体化安全防护中心也是城市数智化必不可少的组成部分。“云上嘉善”改变了传统的以特征和规则匹配为基础的产品支撑体系和碎片化的安全服务机制，通过以“大数据 +AI”为驱动的智能化技术支撑运营管理和保障机制，引入了高水平的网络安全运营服务，有效保障了“云上嘉善”的安全运营管理工作。

建设数据资源平台，打造数据资源体系。“云上嘉善”城市数据资源平台为上层业务提供了稳固的数据底盘，加速了业务效果的显现，在示范区执委会的牵头协调下，三地四部门签署了一体化示范区公共数据“无差别”共享合作协议。截至 2021 年 9 月，青浦区、吴江区、嘉善县三地的 27 类、近 100 项公共数据实现共享，嘉善县公共数据平台同时接入长三角经济、交通等互联网数据 500 多万条。

如图 14-3 所示，嘉善县形成了统一的城市数据资源体系，以支撑上层算法和业务的数据需求。该体系融合了省市公共数据平台和本地发改委、政法委、交通局、交警大队、执法局、经信局等委办局数据，以及各类社会数据和互联网数据资源。该体系根据政府行业数据来源种类多、体量大等特点，以业务发展为目标，采用了改良的省、市、区、县级建模方法，以保持公共数据层的稳定性和数据处理的性能。

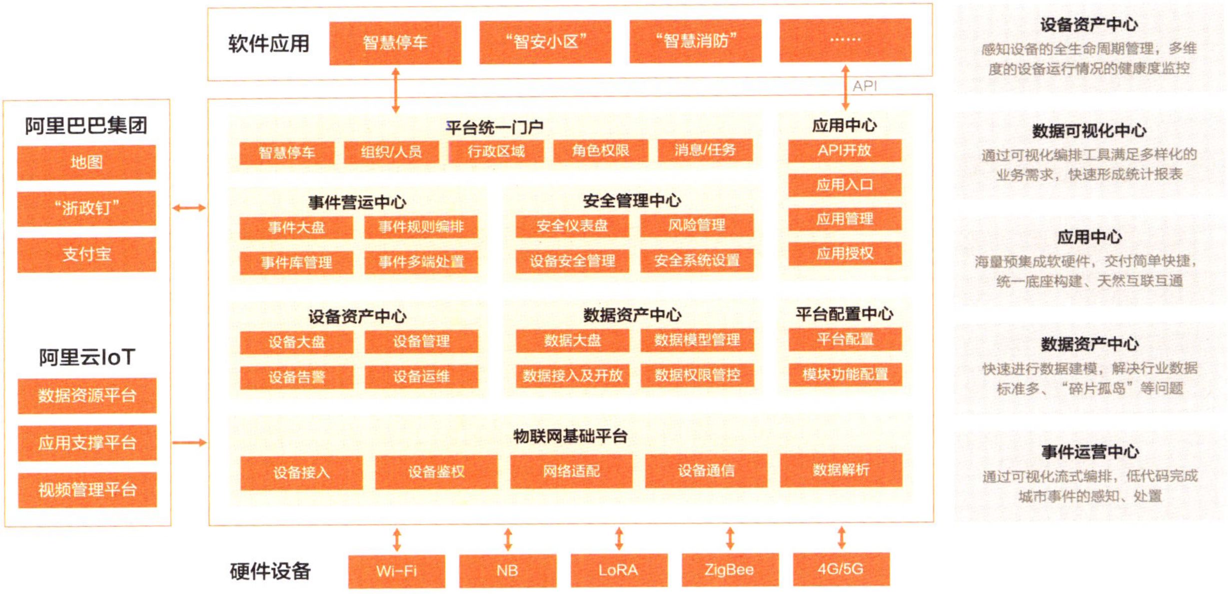

图 14-2 城市物联网平台

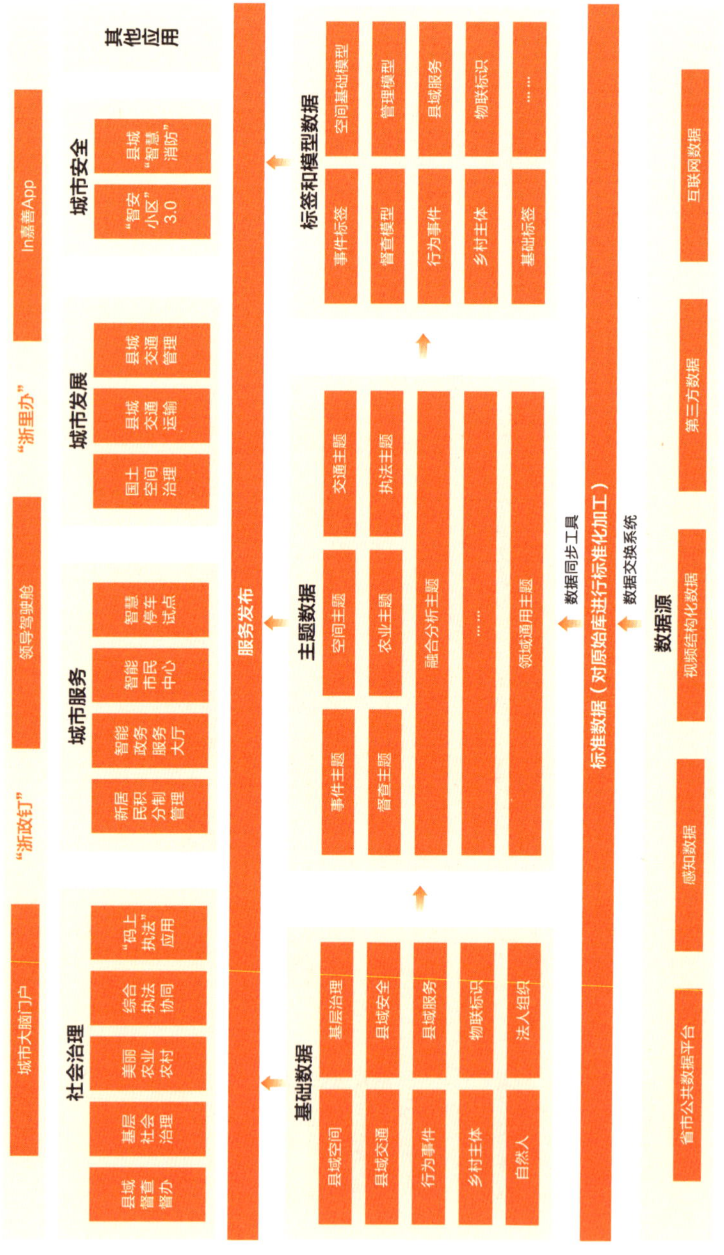

图 14-3 城市数据资源体系

专栏　“云上嘉善”数字驾驶舱及门户

数字驾驶舱主要依托“云上嘉善”城市级数据资源平台，综合运用 GIS（Geographic Information System，地理信息系统）技术、大数据技术、AI 技术、物联网技术和渲染引擎等技术，建立高效能的业务分析模型，以多图层、分专题的形式进行数据可视化展现和数据下钻分析，使城市治理者可以实时掌握一手资料，并通过数据分析、比对做出科学精准的决策和判断。数字驾驶舱综合“云上嘉善”建设内容，对接各类业务系统，形成一站式“云上嘉善”访问窗口。

基于“云上嘉善”基础设施体系和数据资源体系，嘉善县还打造了智治支撑平台。该平台以全感知、全协同、全智能为手段，打造“云上嘉善”的资源集约化、感知智能化、过程在线化、处置协同化。技术和数据最终要为业务服务，打造智治支撑平台要以数智技术为核心，为“云上嘉善”提供数字赋能，构筑“智能”应用支撑体系。

以嘉善县如图 14-4 所示的视频分析平台为例，它整合了嘉善县现有的全域视图资源，以视频 AI 能力为基础，提供摄像头接入、全链路监测、视图解析计算等基础功能，通过弹性调度、算法融合，充分发挥视频数据的作用，为政府的城市管理提供视图分析服务。在推动嘉善县城市治理精细化的过程中，视频分析平台呈现出以下特点。

一是自动感知。该平台改变了以往人工巡查、事后追溯的工作方式，通过视频算法及时掌握嘉善县主要道路、重要场所、社区小区等区域的情况，特别是城市管理中的违法事件，与执法部门形成联动。

二是态势掌握。该平台掌控了城市运行态势，视频源数据成为城市公共安全管理的真正有效途径，突破了视频只能直播、回放的功能限制，使摄像头成为城市的“感官”工具。

三是快速高效。该平台提升了城市管理效率，充分发挥了视频感知的高效能力，第一时间将感知信息推送至相关业务部门，赋能社会治理、城市管理、交通疏导、社区服务等业务。

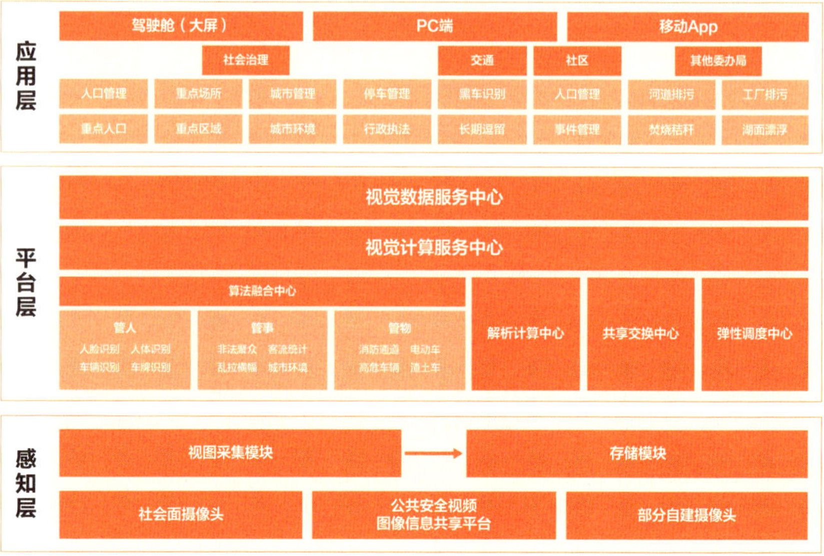

图 14-4　视频分析平台

嘉善县还进一步深化“多规合一”改革，提升各类用地空间的资产价值和综合治理能力，开展嘉善县空间治理数字化平台建设，统筹全县重大生产力布局、优化资源要素配置、提升项目落地效能、加强国土空间用途管制，按照空间治理“3+X”框架建设“一库”“一图”“一箱”“应用场景”模板。

（1）一库：嘉善县充分依托本县数据资源平台、嘉兴市国土空间基础信息平台、省域空间治理数字化平台、省市公共数据平台等平台基础，归集相关部门的空间数据和社会经济数据建设“一库”系统，支持各部门数据和各专题数据指标的查询展示。

（2）一图：嘉善县将各类数据按照人造空间、自然空间、未来空间分类对应到空间位置上，形成了空间治理“一张图”，并且建设了“一图”系统，提供一系列空间地图分析工具和叠加分析工具，辅助各图层数据的叠加分析和冲突分析，落实“多规合一”管控要求。

（3）一箱：嘉善县设计了一系列空间治理辅助决策的智能工具，包括土地潜力评估、设施完善度评估、政策推荐、产业链通识等，为空间治理的具体场景提供支持。

（4）应用场景模块：嘉善县基于数据治理和智能工具，规划了多个空间治理应用场景，包括企业全生命周期服务、空间治理全景监测等。

嘉善县以打通“数据孤岛”为目标，搭建了基于云计算、大数据、物联网等信息技术的社会治理“智慧大脑”基础架构，各类数据通过中枢系统实现交互融合，可根据不同的业务需求实现数据即时获取并基于数据的分析结果和行动策略实时执行，让“信息孤岛”从技术底层层面便无法存在。

通过双中台信息化架构，嘉善县逐步构建了以全感知、全协同、全智能为内核，以重点人、重点区域、重点场所、重点事件为主攻方向的智慧治理模式，持续夯实、强化垂直服务应用和数据服务应用，最终实现了“一个大脑管数据”。

例如，针对劳资纠纷频发的现状，嘉善县推出欠薪预警应用场景，通过“智慧大脑”智能分析，重构劳动关系诊断流程，有效甄别可能存在的欠薪风险或已经存在欠薪现象且可能扩大事态的事件，做到群体性事件及时预防、提前介入和处置，达到防患于未然的目的。

2021 年 5 月，“数字化推动一体化”高峰论坛在浙江省嘉善县举行，长三角（嘉善）大数据投资有限公司和长三角（嘉善）大数据运营有限公司在高峰论坛中正式揭牌。围绕数字化推动一体化，两家平台公司将主要负责“云上嘉善”平台项目的投资建设和运行维护升级，探索投资、建设、运营一体化模式。这意味着嘉善县开始进入数字化运营的阶段，在长三角区域一体化中也将发挥更加关键的桥梁和连接作用。

14.3.2 县域治理“一体驾域”

如何以数字化改革推动基层治理科学化、精准化、协同化、高效化是县域实现数智化转型与发展的重要课题。建设基层社会治理协同应用，推动实现“一体驾域”，是嘉善县的选择。

“一体驾域”指的是围绕跨部门的多业务协同流程再造和数字化平台化集成应用两大关键，建立一个有记忆、可感知、会思考、善指挥、能战斗的数字化、网络化、智能化集成应用系统。“一体驾域”坚持目标、方法和路径相统一，以实现基层治理由以人为主向“人机协同”转变为路径，为推进县域治理体系和治理能力现代化提供了可选方案。

首先，以问题需求为导向。“一体驾域”以服务企业、服务群众、服务基层为目标，通过数字赋能减轻基层负担、提升服务质量、增强治理效能，以数字化改革撬动各方面各领域改革，突破属地和部门“各自为政”的局面，形成县乡一体、属地、部门间协作的高效机制，实现基层治理由条块分割向整体联动转变。

其次，坚持系统观念方法。嘉善县通过跨部门的数据共享、流程再造和业务协同，实现“一体驾域”综合集成应用，拓展“云上协同”“掌上治理”场景，推动治理由以人为主向“人机协同”转变。

最后，坚持法治化的方向。嘉善县运用法治思维和法治方式深化改革、推动发展、化解矛盾、维护稳定、应对风险，以数字化牵引各项事务治理的制度化、规范化、程序化，聚焦发展所需、基层所盼、民心所向，推动基层治理向精细化转变。

“地摊经济”是县域民生发展的重要组成部分，也是困扰城市管理的市容市貌难题。嘉善县的善东路夜市发展至今已有十余年，直到现在，每天傍晚 17：30 依然准时开启。如何在不影响交通、消防、居民和市容市貌的前提下释放“地摊经济”活力，是嘉善县精细化治理面临的民生课题。

建设“码上执法”平台，形成自治、共治体系，是嘉善县给出的答卷。“码上执法”平台将商铺、企业等经营主体的信息通过“码”的方式进行有效管理，为市容环境、商铺监管提供有效的信息化管理手段，进一步发挥信息在城市管理中的作用，让商户更好地参与、市民更好地监督、政府更好地监管和执法，如图 14-5 所示。

图 14-5　地摊集市应用

地摊集市从线下“搬”到线上，动态提高了执法人员的签到、事件上报、巡查记录等信息化能力，提高了城市执法管理的信息化、智能化水平：一方面，通过优先打造商户信用码进行正向的守信激励，提升商户的诚信意识，引导商户加强自律，开展诚信经营、提升服务质量、构建诚信经营体系；另一方面，通过信息码引导群众参与对商铺、企业等经营主体的监管，提升整体监管能力，引导监管方式由执法人员管理转化为全民治理。

过去，地摊集市的管理涉及市场监管、建设、综合执法等多个部门。“嘉善地摊”是探索“整体智治”理念的实际行动，它整合了多个部门的线下业务协同和线上服务，消费者只需要进入小程序的一个入口就可以完成申请，集市管理员也可以查看地摊集市列表和经营情况，方便地摊管理和服务工作。

“嘉善地摊”还是一个消费入口，消费者在通过支付宝进入地摊集市应用程序后，地摊集市的营业范围、具体位置、营业时间和正在营业的摊位都一目了然，可以更方便地选择心仪的商铺进行消费。

在线经营的优质摊主能够获得无息赊销款，解决小成本生意的资金周转难题。阿里巴巴旗下的批发平台 1688 与“嘉善地摊”小程序联动，提供一站式进货渠道，摊主可以享受工厂直供价。“嘉善地摊”小程序还能为夜市商户推送热点商品，帮助商户提前发现商机。

可见,“数字集市”改变了传统地摊的线下管理模式,能够实现分区、分时、分类的精准化有序管理，是探索未来城市管理和生活的新模式。

在社会治理机制方面，嘉善县突出了问题导向的高效智治。

例如，嘉善县通过搭建“整体智治、高效协同”的政务督查系统，建立了科学合理的目标体系、权责明晰的责任体系、务实管用的推进体系、精准客观的评价体系；通过“综合查一次”系统建设，协助管理执法部门改变分散式、碎片化的监管执法模式，消除多头执法、重复执法和监管空白，全面探索建立分工合理、职责清晰、协同高效的场景式“综合查一次”监管执法新机制。

通过对“综合查一次”“一件事”的梳理，嘉善县牢牢抓住跨部门的多业务协同流程再造和数字化平台化集成应用两大关键，以数字化改革推动基层治理科学化、精准化、协同化、高效化，探索建立即时感知、科学决策、主动服务、高效运行、智能监管的新平台、新机制、新模式，通过技术融合、数据融合、业务融合，推进跨层级、跨系统、跨部门、跨业务高效协同，为推进乡镇基层治理体系和治理能力现代化提供系统解决方案和现实操作路径。

一是县乡一体执法更统筹。嘉善县深入推进乡镇“一支队伍管执法”改革，创新建立了“互联网 + 巡查”“互联网 + 公证”“互联网 + 执法”三大平台，实现了监管闭环全链条管理，着力构建“县乡一体、条抓块统”的“大综合一体化”行政执法体系。2020 年，嘉善县继续完善“基层治理四平台”工作，省级部门系统对接完成率达 100%，浙政钉“掌上基层”对平安通、流管通、河长通等“通”应用融合完成率达 100%。

二是社会矛盾调节更人性。嘉善县建设了矛盾化解受办一体化系统，矛盾化解线上线下一体化受办，让群众解决矛盾纠纷“只进一扇门、最多跑一地”，形成了“中心大掌柜、部门店小二”的服务模式，特别是设立了长三角一体化示范区法院诉讼服务专窗，提供一站式、无差别、高质量的司法服务。基于“浙政钉”平台，嘉善县建设了县中心、镇街道分中心、村社区微中心三级中心联通联治的信息交互网络，实现县、镇、村三级中心联通联治。

嘉善县借鉴了网约车平台派单、点单、抢单模式的有益经验，重塑县域范围内群众反映矛盾纠纷的入口，中心直接“派单”办理，可由群众“点单”选择调解专家库里的调解专家，还可以发起入库调解专家“抢单”，切实践行“让群众没有难解的纠纷”的使命担当，同时加快矛盾化解公共服务化、透明化转型，随时检验系统运行效果，发现解纷服务的痛点和盲点，通过个人用户、企业用户的反馈确保社会治理能力“快速迭代、小步快跑”。中心通过“急诊联治”预案管理，“浙政钉”组织在线能力，实现应急事件的快速响应、快速协调、快速处置，构建线上智慧调度台。

三是街区小区治理更精准。“智安小区”项目充分运用互联网、大数据、物联网等技术和信息化手段破难题、补短板，做强做实平安建设的“细胞单元”，不断提升社会治理的数智化能力水平。

过去，小区基础数据的采集全靠上门走访，进出人员、车辆等信息也只能靠物业保安员的“一支笔”和“一本册”，信息采集效率低下且错误率高，工作模式无法适应新时代小区治安管理的现实需求。因此，基于基层社会治理方式变革的客观需要，嘉善县推出了“智安小区”，目前已实现“人过留影、车过留牌”。

以“联动融合、开放共治”为理念，嘉善县引领深化“智安小区”建设，推动社会共建、共治、共享：向内延伸“智安家居”工程，开发访客云、亲情宝、智安社区 App、智安家居、善警为民、健康医疗、物业管理、社区远程监控等八大功能，实现社会治理与公共服务有机融合；向外延伸打造“智安街区、商贸区”，形成了以小区和商贸区为点、街面为线、整体成面的全域智慧防控新常态。

以 AI、大数据、云计算为依托，嘉善县大力推进交通管理科学化、智能化、精准化，打造城市智慧交管，提高交通运输的安全保障能力，搭建基于大数据生态架构的“善警大脑”平台，将“智安小区”数据云与“智安街区、商贸区”车辆、人脸、视频数据云和物联网感知云等融合，通过 AI、云计算等手段对全城治安要素关联管控，主动分析、预警异动信息，实现“警察随时就在身边”的“平安嘉善”新常态。

县域的数智化治理在全局上以数智化技术为核心，实现并扩展运用态势感知、重点管控、组织发现、动态管控、扁平指挥、社会服务六大能力的管理业务应用闭环，实现县域的安全、稳定、和谐。县域的数智化治理为群众和管理者服务，将提升“查、防、管、控”等日常社区工作的效率作为有效途径，有助于探索形成全域创新、共建共治、全民参与的县域治理新局面，全面提升区域管理的智能化、现代化水平，提高人民的幸福感和安全感。

14.3.3　平台化的城市服务

1. “平台嘉善”

建设智慧政务服务大厅，提升政务服务能力。嘉善县紧密结合省政务服务平台的最新建设成果，充分考虑嘉善县政务服务新大厅的整体规划，打造区县智慧政务的新样板。

围绕智能导办、统一收件、统一出件、大厅管理、运营管理等环节的智能化需求，并充分考虑本地特色服务、主动服务、延伸触达等场景创新，嘉善县建设了“云上嘉善”的智慧政务板块，向城市居民和企业机构提供更有温度的服务，向大厅工作人员提供更高效的工作方式，向政务服务管理人员提供更精准的监管运营支撑。

一是实现线上线下一体化。智慧政务板块基于线上取号、大厅主页、自助办推广等能力，实现政务服务的线上线下一体化。

二是实现大厅全流程闭环。智慧政务板块的核心应用覆盖大厅取叫号、收件、出件、评价等服务全流程，实现全流程闭环。

三是实现大厅运行全过程监测。大厅服务、人员和设备全在线、全过程数字化记录，助力打造大厅数智化管理和运营模式。

四是实现大厅服务全场景覆盖。智慧政务板块通过 PC 端、Pad 端、一体机等不同“端”，提供覆盖固定网点服务、流程网格员服务、群众自助服务等全场景的服务形式。

智慧政务板块实现了大厅办事统一标准办理，基于省政务服务平台实现了多“端”办理标准的统一。对政府工作人员来说学习成本低，

医生工作质量、减轻工作压力的同时保障居民的满意度；后者面向医共体内的专科医生，通过移动端的会诊、转诊业务，实现了专科医生与家庭医生的上下联动。

（5）协同在线。数字医共体为医共体内各医疗机构建立了数据共享、互联互通、高度集成的信息平台，通过“统一接入、统一协同、统一服务、统一管控”的模式，实现了医共体内医疗机构间的远程会诊、用药协同、远程教学、决策支持等，构建了“县医院为龙头、乡镇卫生院为枢纽、社区卫生服务站为基础”的一体化服务体系，实现了医共体内各医疗机构间业务的互联共享、协同发展。

（6）管理在线。数字医共体构建了基于场景和算法的精准管理，结合数据驱动分析业务场景，赋能医疗行为分析和管理，打造事前预警和提醒、事中反馈和控制、事后监督和管理的监管体系。

数字医共体将嘉善县域内的医院和医疗服务机构重新组合、联系，构建了一个新的医疗体系，将县域内的医疗服务机构由原来“各自为政”的竞争关系转变为一体化合作关系，更有效地利用县域内的优质医疗资源服务更多的社会群体，更好地满足患者的需求。

医共体的数字化转型是县域医疗卫生健康事业的重要支撑和抓手。嘉善县利用医共体数字化转型这根“连接纽带”，将县、乡、村各级医疗卫生单位的人、财、物和医疗资源、业务开展、公共卫生、运营管理等统一纳入集团管理，打通了集团各分院间的“信息孤岛”和“业务壁垒”，实现了集团各分院跨机构、跨区域、跨领域的互联互通、共建共享。

3.“平安嘉善”

“智慧消防”建设助力“平安嘉善”建设，实现警情与处置智能联动。“云上嘉善”的“智慧消防”建设利用智能感知、边缘计算等手段，建立对下辖消防重点单位、高层建筑和养老院、老旧社区、集中充电桩等消防薄弱区域的消防安全感知和监测，通过物联网平台和数据标准化治理实现对消防感知设备的统一接入和管理，“智慧消防”框架如图 14-7 所示。

图 14-7 “智慧消防”框架

同时，嘉善县建立“智慧消防”与“云上嘉善”的标准化对接处理，打通其他委办局的消防所需数据资源形成消防大数据库，支撑火灾防控和灾害救援：针对火灾防控，通过消防安全隐患大数据分析为火灾防控和监督治理提供抓手；针对灾害救援，通过建立警情与资源的联动提高警情识别效率，实现火灾精准定位，有效支撑处警资源，辅助灭火救援决策，同时鼓励群众通过支付宝小程序参与消防培训、消防隐患上报、消防通道占用举报等事项，提高群众的消防安全意识和对城市消防安全的参与度。

14.3.4 产业融合创新发展

1. 数字文旅打造县域创新的“金山银山”

嘉善县加快推进文化和旅游产业的数字化改革，以“一云一图”为核心，抓好“一中心、两平台、三系统”开发升级，助力创成国家全域旅游示范区，依托省级“浙里好玩”平台的资源基础和业务架构，结合地方文化内涵和资源特色，线上线下相结合，形成文旅数字服务和产业发展矩阵。

截至 2021 年 4 月，嘉善县的数字文旅平台汇聚了 15 类基础涉旅数据和 OTA 评论、高速车流、涉旅企业等 12 类涉旅数据源：在横向对接方面，整合了 8 个部门的数据内容和服务；在纵向互通方面，通过省级平台对接了 10 万多条数据；在产业管理和行业监管方面，建立了结合已有票务、闸机、信令的景区旅游监管机制，基于公共服务系统（如资讯网和微信公众号）向公众提供一体化旅游服务。其主要经验包括以下三点。

一是大力推进数字技术应用，以数智化构建立体化的数字商贸新模式。嘉善县充分发挥商贸文旅发达的优势，通过大数据、“5G+AI”“VR/AR”等新技术加快对超市、连锁店、大中型商场、县域综合体和其他生活性服务业场所的“人、货、场”云改造，积极发展以供应链管理、国潮品牌建设、线上线下融合一体为特征的新零售，搭建文旅生活服务场景。

二是大力推进数据开放创新，通过数智化将嘉善县打造为“数字出行时空之城”。嘉善县发展数字文旅的区位优势非常突出，而交通是长三角一体化的核心。嘉善县通过平台建设和赋能，融合交通出行和数字生活服务，连接出行场景、用户和商业资源，开展交通拥堵分析、出行停车导航、出行特征分析等，逐步构建“预约、限流、错峰”的分时段有序出行方式，从而大幅改善节假日的出行体验，促进文旅产业发展。

三是大力推进文化产业融合，以数智化强化全域文旅的一体化服务能力。嘉善县以全域旅游创建要求为指引，提供“云游嘉善”服务，实现了旅游基础资源的精准管理、业务的综合管控、信息的统一发布、公共服务的统一入口。线下文旅资源与线上入口的对接，网站、公众号、短视频等平台的打通，在线图书馆、云端音乐会等一系列在线公共文化服务的推出，形成了嘉善县的全域文旅数字服务矩阵，极大地提升了数字文旅产业的活力和群众的获得感。

2. 数智科技农业助力县域发展

嘉善县充分依托“云上嘉善”数据资源平台的能力，建设美丽农业农村应用，构建农村数字底图。

美丽农业农村应用整合了全县涉农信息系统的数据资源，构建了“三农”数据的标准规范，建立了全领域、全整合、全数据、全汇集的嘉善县数字乡村专题库，针对未来社区场景，着力打造智慧乡村，覆盖生产、生活、生态等各个方面，以党建为统领打造“未来乡村”，成为乡村振兴的示范省、先行县。

美丽农业农村“一张图”建设重点打造“乡村要素一张图”“乡村产业一张图”“乡村治理一张图”“乡村服务一张图”，如图 14-8 所示。农业产业数字化服务平台包括产业数字化系统、农业生产管理、基地农情监测、遥感应用服务等，涵盖了农业生产的全流程。

同时，地理标志管理系统、农产品溯源系统、产业基地建设受到高度重视，它们也是以品牌保护、品质提升为目标建立农业产业数字化升级体系。农业基地正在加快数智化改造，采用现代农业科技推动生物种业、智慧农业等领域的自主创新，推动农产品和消费品等实现生产要素数字化、生产过程数字化和人工智能物联网化，助力县域特色产品的产业智慧化升级。

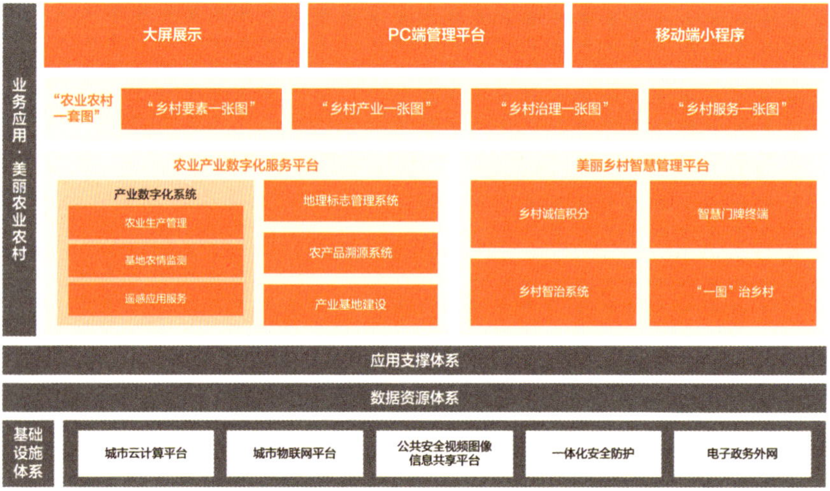

图 14-8 美丽农业农村"一张图"建设

创新企业也以开发可持续发展的农业技术为核心理念，推动农产品的标准化和周年化生产，在生产高品质产品的同时节省劳动力、降低生产成本。

嘉善县某农业科技有限公司是一家集农业技术研发与标准化生产管控、生鲜菜市连锁、农业体验园区、安全农产品 O2O 电商平台、农业供应链平台、农业两创平台、农业科普教育和农业慈善扶贫等于一体的省级骨干农业龙头企业。

目前，该公司的基地主要种植纳米膜小番茄、基质栽培黄瓜、多种模式栽培的草莓等作物。该公司采用先进的设备、设施、品种、技术，通过农业物联网视频监控接入省智慧农业云平台。智慧农业由显示屏、多种传感器、网络交换机、设备控制柜、网络监测摄像机、室外气象观察站和指挥中心服务器等组成，可实时采集温室内外的光照强度、空气温湿度，温室外的风速、风向和温室内的基质温湿度、基质 pH、二氧化碳浓度等数据，从而对温室的温度、光照、二氧化碳浓度和作物的基质水分、基质 pH 进行调控，实现农业生产精准化种植、可视化管理、智能化决策。

玻璃温室采用肥水一体化系统，拥有一条自动化播种流水线、一批催芽室和育苗床架、一套机器人采收系统、一套智慧农业系统和一套物联网系统，库房、沟渠、道路、电力等配套设施齐全完善，且整体布局相对集中连片。

绿叶蔬菜工厂化漂浮水培技术实现了用计算机代替人工，智能控制营养液循环和消毒，是目前国内最先进的水培技术之一。

绿叶蔬菜工厂化漂浮水培技术具有五大特点。

（1）栽培面积最大化，温室中间留一条人行步道，其余空间全部用于种植。

（2）种植数量最大化，采用机器播种、水培育苗、栽培槽移栽。

（3）种植操作流水化，菜苗的种植、移栽、收获分布在温室两端。

（4）营养调控自动化，智能控制营养液在线测定、循环、消毒。

（5）种植生产周年化，每日播种、每日移栽、每日收获。

据估计，与传统种植相比，数字农业种植的年灌溉用水量减少 30%、年肥料施用量减少 30%、年农药施用量减少 10%，废水排放减少，生态效益明显。现代数字农业依托智能化的时间、空间、物质和成本节约效应更加突出，在为城市提供大量优质、安全农产品的同时，还可以提高农业经济效益，促进农业增效、农民增收。

【本章小结】

县域是国家区域协调发展的基层主体，其转型与发展关系国计民生，也是共同富裕的关键，要以数智化加快推动人口、技术和产业的

第 15 章
政务服务高效化

数智化和融合发展既是一个过程，也是一个目标。在数字政府建设、数字经济发展和数字社会发展的过程中，我们看到技术在里面发挥了越来越重要的角色，数字化、智能化也在政务服务、经济金融、生态环境、能源制造、交通出行、医疗养老、安全应急、农业农村等社会生活的方方面面加快融合应用，推动各行各业发展创新。从 0 到 1，主要是供给创造需求；从 1 到 N，才是需求牵引的供给。在未来，我们需要更多以科技创新为驱动力的新产品、新服务供给，去打破行业天花板，满足人民对高品质生活的需求。其中，政务服务作为与我们生活密切相关的高频政府服务部门，其高效化显得尤为重要。

15.1 政务服务发展的 3 个阶段——“网上”“数上”“智上”

我国的政务服务系统建设已经经历了很长的时间，大致可以划分为 3 个阶段（见图 15-1）。

图 15-1　政务服务系统建设的发展历程

第一个阶段可以称作“网上”阶段。这一阶段政务服务系统建设的关键词是“政务服务在线可办”，其主要特点是以政府部门垂直条线业务规范和工作效率提升为价值驱动力，通过门户网站和条线业务系统建设为公众提供信息公开及简单的在线办事业务。这一阶段的线下行政服务中心以一门式政务服务为主，物理集中、集中办事、纸质材料提交和重复提交等现象明显。线上应用系统建设以单一部门业务为中心，虽然伴随有流程优化和再造，但是聚焦于政务服务一张网的建设，若较为机械地将部门级应用搬到网上，则系统与系统之间是弱链接的关系；且数据分散在政府的各个部门，甚至同一部门中的数据也形成了一个个“信息孤岛”，呈现给公众的还是“政府某部门”的单一形象。线上应用系统与公众互动不足，以事项发布和事项查看为主。

第二个阶段可以称作“数上”阶段。这一阶段政务服务系统建设的关键词是“政务数据协同和业务易办”，其主要特点是以打造“整体政府”为价值驱动力，通过数据共享交换和业务协同，苦练政府内功，让“数据多跑路、百姓少跑腿”。这一阶段的线下行政服务中心开始以协同为中心，鼓励“一窗受理、最多跑一次”为主要特征的区域行政服务中心和“就近跑一次”的村镇社区服务中心等形态，大大降低了集中一门式受理的“跑腿”成本。同时，线上政务服务更多地出现“指尖办”、事项同源、材料共享、全程网办、信任在先、办结核验、快递送达等更加人性化的特征。公众对政务服务系统的体验在这一阶段有了大幅提升。当前大部分省市地方的政务服务系统能力都处于这一阶段。

第三个阶段可以称作“智上”阶段。这一阶段政务服务系统建设的关键词是“政务服务智能好办”，其主要特点是以“整体智治”为价值驱动力，更加强调数据应用价值和技术赋能的先进性，以提升和优化体验为核心，通过建立“智能导服、收办分离、线上线下融合”的政务服务新模式，为公众提供更加便捷、智能、融合的服务。这一阶段在数字技术的驱动下，以“高效办成一件事”为目标，对各部门内部流程和跨部门、跨层级、跨区域协同办事流程进行重构优化，通过整合数据资源和信息资源，提高政府部门协同效率，实现革命性的流程再造。公众体验方面借鉴互联网“千人千面”技术，以数据智能为公众提供个性化、精准化的主动服务；服务能力方面更加强调运用数据和智能化技术手段提升智能审批和复杂研判的能力。从国家部委到地方政府，纷纷大力推进“一网通办”“秒办”“刷脸办”“跨域通办”“线上线下一体办”，引导企业和群众办事或寻求政务服务时工作“不打烊”、服务“不断档”，切实提高政府治理能力。同时，政务服务也开始注重为老年人、残疾人等特殊群体提供更加智能、便捷和有温度的服务，着力解决“数字鸿沟”问题。当前部分先进省市已进入这一阶段，正在引领未来政务服务向智能化阶段迈进。

15.2 数据驱动、中台加持与智能保障等，拓宽“互联网＋政务服务”发展之路

从政务服务的整体发展趋势和领先省份的探索实践来看，“互联网＋

政务服务”正在以数据驱动、中台加持、智能保障、科技赋能等新思路和新举措，不断拓宽未来发展之路。

1. 新举措之一：“一件事一次办”，最多跑一次

群众和企业如想解决婚育、户口、企业开办等事务的办理，需要提交多份材料、每个窗口“至少跑一次”，所以以办事群众和企业眼中的婚育、户口及企业开办、注销等“一件事”为出发点，对“一件事”涉及的多个事项的申请材料、审批时限、审批流程等进行智能组合、材料精简等，形成了标准化、规范化的“一件事”办事应用服务目录，同时在线下办事大厅提供“个人一件事”“企业一件事”等服务。

1）建设内容

“一件事”联办系统平台建设从场景出发，推动跨部门业务流程再造。对每一个情形，按照“领跑者”标准，共同推进“减事项、减环节、减材料、减次数、减时间、减费用”工作，进一步整合申请表单、精简办事材料、压缩办理时间、再造办理流程，做到“一张表单、一套材料、一次提交、多方复用”，推进群众和企业“一件事”全流程“最多跑一次”，实现“一件事一次办”的改革目标，提升跨部门、跨层级的协同服务能力，实现告知、申请、受理、审批、办结、发证、送达等全过程一次完成（见图 15-2）。

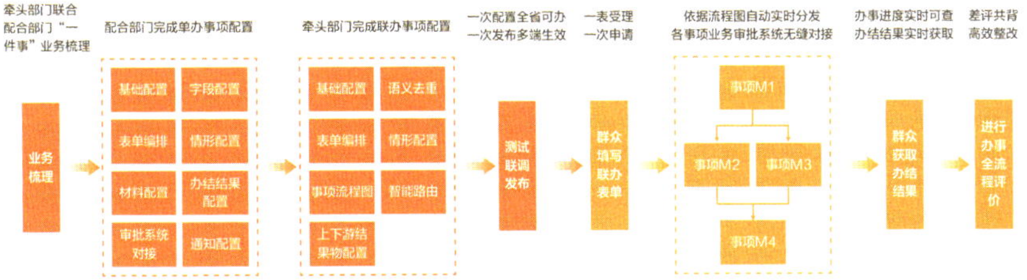

图 15-2　“一件事”联办系统

“一件事一次办”的核心建设内容包括：

（1）一次性告知。解决群众和企业在办事服务中面对多个部门、多个办事流程时遇到的问题，帮助群众合并、精简复杂的办事指引和材料需求，提供必要材料，提供最简单的解决群众诉求的方式，以再造告知方式为目标，实施“智能导办、精准告知”，对“一件事”情形进行精细化梳理，为申请人提供“一件事”一次性告知服务，实现由“一证一次性告知”向“一事一次性告知”升级。

（2）“一件事”的智能构建。在各地政府已有的单事项服务基础上，一方面满足各个业务委办局“一件事”具体业务场景构建，进行精细化梳理，支持各类事项服务的智能重组，快速创新“一件事”的服务场景；另一方面，针对群众或企业的自身情况，提供具有特色的办事体验。

（3）信息聚合和智能共享。根据用户所选的单事项服务表单为“商品”基础，构成“商品集合”，进行多事项服务所需材料的合并，为群众和企业提供特定需求场景下的“智能表单”定制化服务，基于字段及材料的智能共享，让群众和企业办事填写最少的字段、提供最少的材料，更快办成所需的整体服务。

（4）流程定制和智能调度。为政府各个委办局提供“一件事”办理流程定制，支持“一件事”的串行办理和并行办理。系统将根据群众、企业勾选的办理事项进行服务，智能对接各个业务办理系统，按序审批，并根据“一件事”的定制流程，通过系统中枢智能化监测和驱动，完成办件精准分发到指定部门和人员，实时监测和驱动“一件事”的办理流程进度和结果。

（5）服务评价与问题精准追溯。以提高“一件事”整体服务质量为目标，实现受理过程、办结过程等全过程评价监督。明确牵头部门、配合部门在表单内容合理性、数据共享质量、办结审批时效等“一件事”涉及环节的职责边界，建立“差评处理”的责任定位、问题精准追溯和整改追踪，真正做到“一件事”的全链路的用户体验和服务治理分析。

2）应用价值

基于“一次性告知、一表申请、一口受理、一网审批、一窗发证、一体管理”的“一件事一次办”业务模式，实现多证联办，形成跨区域、跨部门的闭环式办理流程。

提升群众和企业的办事体验感，一事一次一窗办理成功。在以往的办事流程中，门难进、脸难看、事难办的现象很常见，群众办事不知道要找谁、办事流程不清晰、办事时间漫长，“跑断腿”也达不到预期的效果。“一件事一次办”聚焦与群众生产、生活最紧密的办事场景，把办事的“窗口”当作改革的“主场”，将“群众、企业跑”变成“数据跑”“政府部门跑”，将“反复跑”“多次跑”变成“最多跑一次”，全面提升群众和企业的获得感和幸福感，优化营商环境，激发市场活力和创造力。

提升政府部门的办事效率，整合重复审批材料和流程。打破系统、部门、地区“关门”办事的状态，真正实现简政放权。以“一口受理、在线咨询、网上办理、代办服务、快递送达”的服务理念，减少群众跑腿次数、缩短业务办理时间，更加高效可行、减少材料递交，杜绝无用文件浪费、减少中介费用，实现质效双提高，全面整合和优化审批流程，一次受理，并行审批，审批端协同并联提速办，加速政府职能的耦合。

2．新举措之二：政务中台，助力服务随需而变

立足于疫情防控与新基建政策背景构成的社会经济新常态，传统

政务中台提供一体化、智能化、移动化的服务能力体系，构建可见、可评、可管、可控的全链路数字化服务治理能力，通过四大体系（服务体系、履约体系、治理体系、供给体系）支撑政府整体智治，主要内容包括：

（1）1 套数据资产。数据是数据中台的基础资源和生产资料，政务数据中台全面汇聚政务数据，逐步按需汇聚社会数据、互联网数据、感知数据，构建城市数据模型。通过数据重构形成一套准确、有效、鲜活的政务服务数据资产，对一环原生数据、二环利旧数据、三环集成数据和资产进行结构化，形成一套 One ID（个人、企业、事项、物联网、证照、办件等多套业务库）体系。

（2）集成共享能力平台。对各种数据资产、履约系统、智能设备进行集成共享，支撑业务优化和创新应用构建，也是资产保值增值的重要能力，随着业务的推进，快速集成已有能力充分利旧，并协助平台快速创新。

（3）集约化应用搭建平台。支撑政务服务海量应用的免代码、低代码的快速搭建，大幅度提高了效率，降低了成本，提升了安全和稳定能力、多端无差别体验支撑能力等。

（4）集约化业务搭建平台。提供事项服务快速搭建能力，并提供前端服务的智能分发路由能力，实现业务定义、业务流程、表单、服务等业务能力的快速定义和编排；智能化服务中心实现了场景融合和聚类创新等业务灵动和创新能力。支撑政务服务集约化和部门、区域、基层业务的灵活创新，彻底实现了服务同源。

（5）集约化服务投放能力平台。通过互联网技术中台能力、实现服务的多端灵活投放和集中管控，彻底解决一致性体验问题。同时，基于海量场景并发技术的应用，实现政务服务的高稳定性。集约化服务投放能力平台助力充分复用现有服务渠道，保障服务同源、一致体验，大大提升了工程效率，降低了维护成本。

2）应用价值

通过政务服务中台，实现“业务融合、技术融合、数据融合”的无差别融合受理，以及“跨层级、跨地域、跨系统、跨部门、跨业务”的全业务办理。

从群众、企业的服务获得感出发，重点打造从“导服—受理—审批办理—好差评”的完整、多渠道一致的服务闭环体验，实现“线上线下一体化”服务，打造近（网办、掌办）、中（社区服务）、远（办事大厅）三类服务场景协同，在最合适的渠道，为用户提供最佳的服务体验。

从整体政府数字化转型运营的视角出发，为政府各业务部门提供从事项梳理—结构化拆解—原子化组装—测试验收到发布的完整政务服务生产实施闭环流程。同时，通过对权力事项库的事项静态属性数据和事项梳理时沉淀的事项运行属性数据进行事项运行渲染，确保业务梳理结果与实际运行情况高度一致，并为后期政务服务持续运营奠定基础。

3. 新举措之三：大厅智能化，兜底保障

线下政务大厅是政务服务中解决疑难问题的一站式兜底保障场所，近年来传统政务大厅实现了办事物理窗口集中，但是运作过程中长期存在窗口不足、群众排队周期长、办事材料复杂、审批效率低、周期长、程序复杂等问题，所以“一网、一门、一次”改革实施方案的通知中指出需要推动“线上线下融合”：依托“一网通办”政务服务平台，实现线上线下功能互补、无缝衔接、全过程留痕，为群众和企业线下办事“只进一扇门、办事一扇窗”提供有力支撑。

1）建设内容

智能政务大厅是面向群众、政府双在线的新型行政服务中心。在传统行政服务的基础上，加强“线上线下融合”，利用政务服务两平台提供统一、高效、跨部门、跨区域的政务服务，大幅缩减办事流程，减少材料提交，使办事群众、企业都能够体验到人性化、“零等候”、就近办的线下政务服务。

面对需求、条件差异化的服务人群，打造“零等候”、就近办、跨部门、跨区域的、无差别的一窗办事的融合服务窗口，能够为群众提供从智能导办、统一收件、服务评价、受理审批、统一出件的服务体验（见图 15-4）。

图 15-4 智能政务大厅建设思路

智能大厅核心由线下窗口 PC 办事工作台、移动 iPad 工作台、智能自助终端组成，面向群众提供代办、帮办、自助办理的服务。智慧大厅提供了大厅管理员、收件人员等不同的权限视图，并且提供了对大厅工作受理人群、受理事项、办结效率等综合运营的管控能力。

2）应用价值

（1）群众服务精准化。通过线上进行服务预约和材料梳理，解决群众信息收集不全而导致其线下多跑路的问题，并提供线上预约取号、提前排队等功能，实现“线上线下一体化”的服务能力。

（2）流程在线可视化。通过线上流程指引，以及办事环节可视化，为群众提供办事服务进展、出件进度、物流进展等线下出件的在线订阅和提醒，还可以对窗口工作进行全流程评价。

（3）数字化智能运营。解决综窗与专窗、自助智能终端的整体运营情况，围绕群众、时间、设备、业务，对大厅所有窗口的运行效率、办件情况、群众满意度进行全过程数字化记录和评价，为大厅数字化管理与运营模式提供抓手。

（4）24 小时全场景覆盖。跳出传统大厅物理空间与窗口的局限，采用社区办、就近办、进家帮办等场景，以大厅为中心，覆盖周围的社区街道、小区、企业等高频场所，通过 PC 端、iPad 端、一体机不同智能端的服务能力，借力于固定网点服务、流程网格员服务、群众自助服务等形式，提供 24 小时全天候、多场景服务的形式。

（5）全业务统一受理。区别于传统政务不同窗口、不同业务、不同流程，通过“一网通办”多端发布，统一受理界面表单要素信息和流程，对工作人员来说学习工作成本低，跨条线、跨场景工作上手快，人力调配更灵活。

（6）大厅业务可扩展。智慧大厅平台拥有良好的、开放的数智化服务能力，提供丰富的服务、应用组件。大厅的建设服务商可以对大厅工作台进行各式各样的智能场景定制，丰富大厅服务的内涵与功能。

4. 新举措之四：政务智能服务，让服务更有“温度”

1）建设内容

在人们日常的生活、工作场景中，人工智能（AI）开始发挥越来越重要的作用，借助 AI、5G、大数据等新技术，以深化数据融合、业务融合、技术融合为基础，打造高效、智能的在线实时服务、“AI+ 政务”等场景服务。以“AI+ 服务体验”为驱动，构建 AI 应用服务平台，将政务服务平台与智慧应用高度融合，通过服务场景交互拟人化，构建智能问答、智能导服导办、智能热线、智能外呼能力，打造拟人化服务体验。在智能服务的过程中，主动预测群众预定的卡点，智能决策、主动服务，推动“一网通办、自助办、智能办”，为办事群众和企业提供全渠道融合的政务服务、为工作人员提供智能化精准辅助、为领导提供全方位的决策支撑。

（1）智能热线咨询。基于 ASR（语音识别）、TTS（语音合成）和机器人 NLP（自然语言处理）技术，打造具备语音交互能力的智能语音机器人，通过智能训练有效理解政务业务场景中的用户疑问和意图，自动匹配相关答案，支持日常咨询和投诉任务。在客服服务过程中提供实时语音转译、实时知识推荐、实时工单录入功能，针对坐席客服工作话语规范、话术标准流程，进行基于上下文交互场景的质检分析，提升客服服务质量。将传统客服和热线模式转变为“AI+ 小客服团队”模式，极大地降低了客服领域的人员成本和学习成本，提升用户咨询和投诉体验及响应速度。

（2）智能外呼。智能语音外呼机器人系统，结合运用 ASR、TTS 语音引擎和机器人 NLP 技术，根据业务方需求，在指定的时间范围内，对指定用户发起主动外呼任务，如政务满意度回访、用户调研、服务结果通知、到期预警提醒、任务分配外呼提醒等在内的各种复杂场景的外呼智能问答任务，结合人工智能语音转文字、语义理解和语音合成等多项技术，支持语音外呼内容定制，支持将外呼过程中收集的信息和数据回流到工单系统，形成统计数据和日志，有效提升客户体验，降低运营成本。

（3）智能在线咨询。现有的以关键词检索为核心的“在线客服”

机器人已不能满足群众与企业咨询的使用需求了，基于自然语言理解等 AI 技术构建一个“听懂群众诉求，精准提供服务”的智能咨询问答机器人，依托政务问答知识库，打造不同场景的问答算法模型，在政务服务网、政务服务 App、小程序等各渠道入口打造在线智能问答服务，主动识别用户语义，提供在线交互智能解答服务。打造线上智能文本门户，分流后台人工处理的压力，降低用户等待时间，为用户提供高效便捷的智能化自助咨询服务。基于政务服务场景构建 FQA 问答模型及训练数据标注，实现智能问答效果持续优化。

（4）智能导引导办。结合公众认证信息、用户空间信息和全景画像信息，再结合机器人 NLP 技术，让用户快速检索到所要办理的服务事项，并向用户智能推荐关联服务事项、热点事项。在线导办为办事的群众和企业用户提供在线导办咨询入口，用户选择需要咨询的事项后，通过策略中心为其智能匹配在线导办人员，在线对话咨询。为引导专员、深度咨询专员提供导办工作台，接受并解答用户的问题，支持类似案例指导的智能辅助服务；为专家顾问提供导办工作台，接受并解答深度咨询专员的问题，提供实时咨询服务。智能导引导办提供“边办边聊、边聊边办”服务，办事全过程智能化导引导办，提升服务体验感。

（5）智能推荐服务。对用户行为数据、操作足迹、办件情况、生命链路、画像标签等进行多维度科学分析，深入挖掘用户真实需求，群众“点餐”与政府“端菜”相结合，进行用户服务预测，实现“千人千面”主动推荐服务和服务精准供给，打造不同场景下的最佳服务体验。

（6）智能业务辅助。在政务业务开展过程中，通过智能机器人辅助业务人员精准办件，为领导决策提供智能预测和决策支撑。为智能热线提供坐席智能辅助、工单任务智能派发、智能审批、智能判决、智能托管、智能摘要等服务。对政务大厅流量、政务办件智能预测，主动感知公众需求，为领导智能调度、智能排班、高危舆情管控等提供智能化辅助。

2）应用价值

AI 赋予机器情景感知和自主认知能力，通过主动感知、人机交互、多轮对话能力打造，让机器感知公众需求，并利用大数据、知识图谱能力，实现服务的主动预测、主动推荐、智能交互问答、智能服务。

线下政务大厅智能导引导办，提高大厅现场办事效率；线上多渠道智能咨询问答、线上导引导办，政务热线智能接单分派，全面提升线上响应速度和服务精准度，让政务服务更有温度。

“机器换人”，市民无须等待即可获得 7×24 小时不间断、无差别服务，极大提升了市民的咨询体验，同时较大程度地降低了政府部门的服务压力和人工成本，在保障服务体验的前提下，实现服务质量、服务效率与服务成本的动态平衡，从而更好地开展数字化转型改革，打造更多优质的便捷政务服务和便民公共服务。

15.3 “浙里办”与“郑好办”，打造让人民满意的服务型政府

2017 年以来，数字浙江建设加速推进，大致可以分为“最多跑一次”改革、政府数字化转型和数字化改革三个阶段。其中，2017 年全面启动的“最多跑一次”改革是浙江省一项“牵一发动全身”的重大改革。在省委书记袁家军看来，其形成了政府数字化转型的先发优势。而这一阶段最主要的标志性成果是政务服务“一张网”“一窗受理”“一证通办”。围绕数字化转型，这一阶段的重要成绩就是打造了省、市、县一体化的“掌上办事”App——“浙里办”和“掌上办公”App——“浙政钉”。

以“掌上办事”App——“浙里办”为例，“浙里办”作为浙江省“一网通办”的核心载体，是全省各级部门、各区市政务服务的入口。截至 2021 年 3 月，“浙里办”注册用户达到 5515 万人，网上可办率为 100%，“跑零次”可办率达 97.4%；整合了 81 个部门的政务服务 App，集成了 1278 个应用，汇聚了 325 个高频的便民应用，小到比如公积金提取、看病就医、交学费等一些小事，大到企业开办、税费缴纳等“创业大事”，都可以在“浙里办”用指尖来进行办理，实现了部门间高效协同。

此外，基于浙江省“一网通办”的实施成果，目前该省已将政务服务办理从网上“可办”转向“好办、易办”；杭州市江干区、浙江省宁波市等地的政务大厅逐步形成了“四端协同”“网厅融合”“在线帮办”三大工作特色。行政服务中心工作人员可上门帮助老年人办理“医保报销”“老年证”“高龄津贴”等多种政务服务事项。浙江省宁波市的老年人打开手机淘宝，搜索“小棉袄计划”就可以一键预约帮办事项。老年人操作手机不便时，可请亲友子女代为预约，也可拨打服务热线提出帮办需求。随后系统对需求进行智能分发派单，工作人员接单后上门提供帮办服务。

专栏　浙江省政务服务 2.0“出生一件事”和浙赣跨省“亮证”

以办理新生儿出生手续办理为例，其需要经历签发出生证明、接种疫苗、办理户籍、申领社保卡等环节，原先各环节是割裂的，流程不连贯，公众需要跑遍卫健、公安、医保、人社等多个部门，并提交出生医学证明、落户申请、医保社保参保申请、预防接种证、生育津贴申领等 20 余份材料，且耗费两天时间才能一一办理。而现在，公众只需要登录“浙里办”，通过“出生一件事”多证联办，在线提交一份材料，动动手指即可 1 小时内办完。从公众要填写的上百个字段缩减为10多个，要提交的材料从10多个缩减为3个，从5次受理缩减为1次，从至少跑一次变为跑零次，大幅提高办事体验。产妇在床上点点手机，宝宝的户口和医保社保都可顺利办结，实现出生一件事“一次不用跑”，为新生儿家庭留出时间和资源！浙江省每年有50万个新生儿家庭受惠于此。

除“一件事”外，“跨省通办”也成为“一网通办”新的业务方向，以浙赣跨省“亮证”为例，浙江省作为外来人口流入大省，和兄弟省市合作推出跨省协作，江西人在“浙里办”，浙江人在“赣服通”都能看到他在两省办理的各类证件证照。江西人在浙江省办理生育登记可以不用提交结婚证，同时如果他们要办理新生儿落户，除了不用提交结婚证还不用提交户口本，极大地方便了老百姓办事。此外，2019年1月“一网通办”开始推动长三角一体服务，截至2021年7月，有116项服务事项在长三角实现了跨省市通办，同时在线下41个地市，设立了500余个线下服务窗口，为长三角的市民和企业提供信息化的窗口服务。

无独有偶，2020年，地处中原腹地的郑州市，开展了郑州“城市大脑”的建设。在市民服务方面，由郑州市人民政府主办、郑州市大数据管理局承办，打造了为市民提供政务服务、公共服务、便民服务和新闻资讯等一站式城市综合服务平台——“四端协同”一体化政务服务平台。其中包括为提供随时随地、无处不在的政务服务，郑州市精心打造的“郑好办”App。依托“郑好办”App，可提供如下服务：政务服务事项“掌上办”，如公积金提取、新生儿一件事、新生入学报名、青年人才补贴、医保社保等一批高频亮点事项可以通过“郑好办”App进行办理，极大地方便了群众办事；新闻资讯“指尖查”；联合市委宣传部“郑州发布”，及时准确地发布主流媒体的权威信息；政民互动“心连心”；上线“心通桥”网络问政栏目，使市民群众可以通过手机反映其所需、所想、所盼，在党群、政群之间架起一座“心连心”的桥梁；智慧城市“移动端”，上线智慧停车、智慧医疗、文旅服务（旅游年卡、码上游郑州、文旅云）、一码通城（公交、地铁、健康码）、郑州数据等服务，让市民能够在掌上享受城市数字化、智慧化带来的便利。

专栏　郑州政务服务一体化平台——公积金“刷脸秒办”和新生入学“零跑腿”

上线仅半年，依托“郑好办”App、市政务服务网上线运行的政务服务、便民服务项目持续丰富并增多。目前，依托市政务服务网、“郑好办”App 已上线“一件事”和公民个人高频事项 592 项，其中 523 项事项依托“郑好办”App 实现“掌上办、随时办”，191 项事项实现“刷脸办、零材料”，包括公积金提取、居住证办理、新生儿出生手续办理、医保社保、水电气暖、商事登记等“一件事”，其他公民个人和企业办事高频事项，市本级行政审批和公共服务事项网上可办率达 99%。

公积金提取全国首创“刷脸秒办”，已办结超 12.4 万笔，支取金额达 18.9 亿元，占全市公积金提取办理渠道的 53% 以上；新生儿出生手续线上办理实现“零跑动”，全流程办结 1418 笔业务；市内 5 区及中牟县上线契税补贴“刷脸办”，已完成 87 448 笔补贴申请，实现随时随地“掌上”申请补贴。一年级新生入学“零材料”掌上办，1.6 万新生成功报名，实现报名上学“零跑腿”。

“郑好办”App 已接入智慧停车、智慧医疗、文旅服务、一码通城、郑州数据等智慧服务场景，下载量和注册用户数日益攀升。

目前，“郑好办”App 已经惠及 400 多万郑州市民。

“浙里办”和“郑好办”等城市超级 App 为群众和企业带来不一样体验的背后，既是政府体制机制改革的成果，也是科技赋能政府服务能力升级的体现。这两个城市超级App的背后都得益于开明政府的睿智决策——打造统一的政务中台，并在政务中台框架下通过底层的技术和算法支撑，把PC端、小程序、大厅窗口、自助终端、手机等变成政务服务的端口，将碎片化“服务”整合，通过智能化手段实现表单信息自动获取，关联事项智能推进，解决以往群众信息重复录入、多头录入问题，推动政务业务流程重构和优化，从原来的单层级、单部门实施，向多层级联动、多部门协同转变，实现面向公众的“统一收件、统一办件、统一评价、统一事项服务、统一数据支撑”的政务服务，彻底解决入口混乱、服务碎片化的问题。同时，通过政务中台的政务服务全过程监测能力，真正实现从政务服务系统建设、发布、群众申请、部门审批到好差评的全流程数据汇聚，为政务服务的全流程可运营奠定了基础。阿里巴巴依托多年来在电商平台的中台建设经验和对政府的数字化理解，为浙江省和郑州市的政务服务提供了技术手段支撑，助力其打造省市级的政务中台。

总之，政务服务以“打造让人民满意的服务型政府”为核心价值，通过数据驱动和创新技术，使政务服务在形式和内容上发生了深刻的变革，未来的政务服务将进一步满足人民群众日益增长的多样化需求。

【本章小结】

本章主要介绍了政务服务。

面对全面进入“智上”阶段的新一代政务服务系统建设，政务服务的评价标准在灵活、便捷、高效等常规的考量维度之外，是否还应增加在极端情况下的坚韧性呢?

数据驱动、中台加持、智能保障、科技赋能，这些新思路和新举措，引领出“一件事”“智能服务”“网上办”“掌上办”等新的政务服务场景，将不断拓宽智能化治理与智慧化服务之路。

第 16 章 经济金融融通化

国家反复强调，制造业和实体经济是国家根本，金融不能空转，要支持实体经济的发展。同时，民营经济也是国家重要的组成部分，既要支持多元化的民营金融机构发展，也要支持中小微企业融资发展。在新一轮信息通信技术浪潮的冲击下，云计算、大数据、人工智能、区块链等前沿技术加快渗透到金融行业的方方面面，驱动着产业主体变革，也变革着金融业态。金融科技是新一代信息通信技术与金融的深度融合。数字金融则是金融与科技融合发展的必然产物。打通实体经济与经济金融的血脉，实现融通发展，成为政策和技术着力点。

16.1 技术融合加快经济金融融通

16.1.1 移动支付促进金融创新

移动支付在我国的兴起和发展，是偶然也是必然。

2003 年 10 月 18 日，淘宝网首次推出支付宝服务。挑战就是机遇，问题的解决就是产品的诞生。这是当时为促进小额网上交易不得已的选择。随后，支付宝从淘宝网分拆独立，逐渐向更多的合作方提供支付服务。然而，用户习惯和信任问题不是短期内能解决的问题。直到2005年，支付宝推出“全额赔付”支付，承诺“你敢用，我敢赔”，这才打开了移动支付市场。

2008年7月11日，苹果公司推出iPhone 3G，iPhone成了业界的标杆产品。自此，智能手机的发展迈入新纪元，移动支付也进入了高铁时代。2008年10月，支付宝正式上线公共事业缴费，支持水、电、气、暖等方面的缴费。二维码支付最终成为移动支付的“爆款”，中小商家的经营成本几乎降为零，消费者“一扫而过”的便捷极大地优化了用户体验，社会成本和交易效率大幅提升。2013年6月，支付宝推出账户余额增值服务——余额宝。根据支付宝披露的数据，截至2013年年底，支付宝实名认证用户数超过3亿人，手机支付完成超过27.8亿笔、金额超过9000亿元，成为全球最大的移动支付公司。

可以说，支付宝是我国移动支付发展的先行者和见证者。

近年来，以二维码为代表的移动支付和数字普惠金融的理念已经深入人心。扫码支付已经成为人们生产、生活中使用最广泛、最高频的支付选择。以二维码支付为代表的移动支付，是数字金融的小切口，也带动了电商等平台经济和数字经济的繁荣创新。以共享单车、网约车等为代表的共享经济，可以说是移动支付技术发展到一定阶段后所催生的新商业、新业态、新模式。

现在，支付宝服务全球用户数超过10亿人。据艾媒咨询报告显示，从交易规模看，2018年中国移动支付交易金额超过277.4万亿元，居全球第一。从交易笔数看，据推测中国移动支付笔数占全球一半以上。

然而，在金融领域，支付和清结算是薄利的基础设施业务，拥有强议价能力的支付宝和财付通的交易手续费是6‰左右，大部分第三方支付和聚合支付企业在每笔交易中的利润空间只有 1‰到 3‰。流量是支付的基本，这就决定了以支付宝为代表的移动支付的发展方向：生态化。只有构建一个融合的应用生态，才可以不断地创造价值。打开支付宝可以发现，现在支付宝已发展成了融合支付、生活服务、政务服务、社交、理财、保险、公益等多个场景与行业的开放性平台。

16.1.2　市场主体开始走向相互融合

一个万物融合的大数据时代正在到来，金融领域也是如此。

一方面，金融科技打破了传统金融竞争格局，金融机构内外部变革压力加剧，银行传统的存贷业务受到冲击。面对更庞大客群的个性化、碎片化需求和长尾客户，金融产品加速优化迭代的需求加大，金融机构在产品开发、业务处理、组织管理、分析决策等方面亟须高效的、数智化的支持；另一方面，在新一代信息通信技术的推动下，互联网信贷、消费金融等业务产品越来越普及，从获客、审核、放贷到贷后管理，各流程、各环节都呈现出了数据化、智能化的特征。科技催生新业态，也让金融更加智能高效、精准普惠、无感便捷、安全稳定。

我国数字金融的发展主要以第三方支付或移动支付为代表。在这个领域，不仅出现了蚂蚁科技集团股份有限公司（简称“蚂蚁集团”）、腾讯金融科技等全球金融科技代表性企业，传统金融机构也在加快进行数智化转型升级。

从国内来看，近年来数字金融发展最大的变化，就是市场主体从相互竞争到融合发展的转变。过去，传统金融机构对数字金融不够重视。当余额宝、微信支付、财富通为代表的数字金融创新产品迅速崛起后，传统金融体系一时难以应对。

在国家加强监管的背景下，互联网金融企业也在思考如何和银行

芝麻信用等明星级产品问世，在用户群体中掀起了不小的反响，也在一定程度上改变着如今的金融行业。这些金融产品的背后，都有阿里云的身影。在金融领域，借助阿里云的技术方案，目前已有上万家金融机构在云上逐步进行数智化转型，覆盖半数以上的保险企业和证券公司，以及上百家银行客户。其中，在已上市的商业银行中，80% 都在使用阿里云提供的技术。

目前，国内面向金融机构的商业科技云服务平台有金融壹账通，面向大金融领域的有垂直 SaaS 企业资本邦等。航天信息则是深耕现代金融，实现产业链深度融合的一个代表。

根据航天信息公开的信息，2017 年，旗下诺诺金服、爱税融平台信贷额度超过 200 亿元，累计为 2 万多家中小微企业提供了免费的融资服务。在金融增值业务方面，航天信息自主研发“爱信宝”，为纳税人提供支付、开票、征信、融资、投资、保险、信用卡办理等服务，为中小微企业发展贡献力量。在国家税务总局、中国银行监督管理委员会（简称“银监会”）“银税互动”的政策推动下，航天信息联合各类金融机构开发的信用融资产品，也有力地改善了中小微企业的融资环境。

16.2 数字金融的技术构建和价值创造

数字技术快速发展和数字金融的普及，使两者的融合、融通更加全面深入。数字金融作为经济金融融合的有效载体和重要形式，其对经济社会发展的价值也日益得到认可。

16.2.1 数字金融业务特征与技术构建

截至 2020 年，中国数字金融的用户总数超过 10 亿人，居全球第一。这也是大数据、云计算、人工智能、区块链、生物识别等技术在金融领域也得到广泛应用的基础。

首先，数字化是数字金融的第一步。数字经济时代，C 端的消费者、投资者都已经在线，金融机构和监管者也要数字化才能精准高效地将其产品和服务触达群众和企业。在 B 端，其服务实现的基础则是实体经济各个领域一定程度的数字化。大数据风控就可以基于真实准确的数据、算法和算力，生成风控模型，进而全流程利用数智化方式提供金融服务。

其次，金融业务和服务需要线上化。数字金融旨在运用现代科技成果改造或创新金融产品、经营模式、业务流程等，推动金融发展提质增效。“互联网贷款”的定义，生动地体现了数字金融的线上化方式。组织和业务的线上化可以简化流程，降低跨区域、跨部门、跨层级的协同成本，快速完成授信审批、合同签订、放款支付、贷后管理等核心业务环节操作。最终，为符合条件的借款人提供个人贷款和流动资金贷款，满足借款人消费、日常生产经营周转等资金融通的需求。

再次，金融科技是数字金融的底层能力。运用移动互联网和移动通信等信息通信技术，包括大数据、云计算、人工智能、区块链等数字科技（见图 16-1）。大数据和人工智能的介入，可以基于风险数据和风险模型进行交叉验证和风险管理，帮助开展线上自动受理贷款申请及风险评估。数字移动互联网、大数据、人工智能和深度学习等先进科技的发展，使金融业和场景方的融合更加深入，场景金融和平台金融已经是全球方兴未艾、无法阻挡的趋势。

金融服务是需求驱动的。从零售到小微再到机构客户、对公客户，从 C 端的个人信贷到 B 端的金融供给，再到 G 端的金融监管，数字化、在线化在金融领域已经呈现链式联动的趋势。

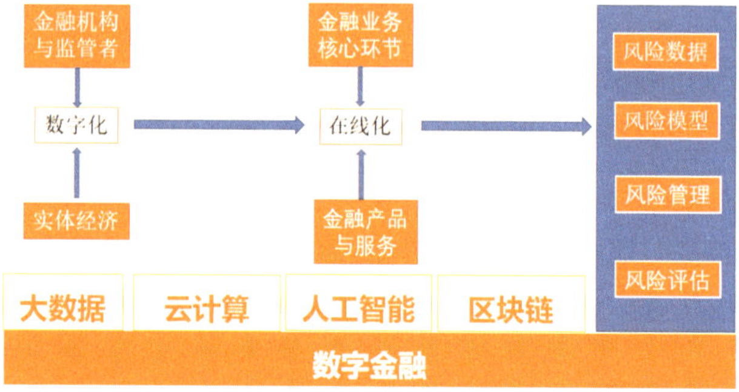

图 16-1 数字金融技术

以区块链技术为例，其在金融领域的应用前景被广泛看好。传统跨境贸易流程中经常会遇到买卖双方互不信任，通过银行担保即银行信用替代买卖双方的商业信用，但因为其办理流程复杂、收取的服务费较高让很多小商家为之烦恼。

金融的本质就是基于信息的资金融通，区块链这种以去中心化的和去信任的方式，集体维护一个可靠数据库的技术方案，被认为可以实现供需双方的点对点对接，从而大幅降低成本，快速完成交易。区块链在国际汇兑、信用证、股权登记和证券交易所等金融领域存在潜在的巨大应用价值。例如，Visa 推出了基于区块链技术的 Visa B2B Connect，瞄准了全球每年高达 10 万亿美元的跨境 B2B 支付。花旗银行则在区块链上测试运行加密货币“花旗币”。

基于蚂蚁链技术的国际贸易和金融服务平台（Trusple），除了解决了支付安全的问题，更解决了“无法保障供应商按时发货”“银行贷款无法及时到账”“买家恶意拖欠货款”等跨境交易的核心障碍。在 Trusple 平台，当买家和卖家产生了一笔贸易订单后自动上链开始流转，银行会基于订单约定的付款和违约条款自动进行支付和扣款，实现全链路智能化履约。将银行领先的金融能力整合到 Trusple 平台中，实实在在为跨境贸易生态体系提供信任基础。

基于区块链的可信，还可以让信用从产业链的下游一直传递到产业链的末端，就像自来水的流动一样，用这股“源头活水”来解企业的燃眉之急。网上银行基于双链通技术打通供应链上下游企业，消灭了产业链的最末端供应商原本需要 3 个月的账期占用，只用 1 秒即可获得融资。

区块链的应用，一方面提升了供应链上下游交易的透明度，交易状态变得更实时和可靠；另一方面金融机构可以基于区块链应收凭证对中小微企业进行融资，最终建立一个可靠和稳定的供应链金融生态系统。

16.2.2　普惠化——数字金融的社会价值

一个安全、高效的支付体系对数字金融和数字经济发展至关重要。以移动支付为代表的数字金融的扩大普及，具有强大的经济效益和社会效益。一方面，它促进信用体系建设，加速资金周转，极大地改善了客户体验，同时提高了支付服务效率，降低了社会交易成本，有利于刺激消费，拉动经济增长；另一方面，它畅通货币政策，促进数字金融和数字经济融合、融通，加快金融创新，维护金融稳定，还有利于推动公共服务均等化、区域协调发展和国家重大政策与战略的实施。

首先，数字金融有效提升了经济运行效率。中国人民银行副行长范一飞曾在《我国支付体系发展与展望》一文中指出：电子支付在一个国家消费总支付中的比例每增加 10%，能带动 GDP 增长 0.5%。新加坡金融管理局在《新加坡支付路线图》中也指出：新加坡减少现金和支票的使用能节省相当于 GDP 0.5% 的成本。非洲人口众多，依托传统金融体系，在金融供给和服务上普遍面临不足。正因如此，数字金融服务发展迅速，越来越多的国家开始建立移动钱包平台。如津巴布韦的 EcoCash 和肯尼亚的 M-Pesa，埃塞俄比亚则推出了 Ethswitch。

其次，数字金融有效地缩小了区域发展的差距。北京大学数字金融中心追踪了支付宝 2011—2018 年的数据变化，发现代表移动支付覆盖率的广度指数跨越了传统的“黑河—腾冲线”，8 年来东西部移动支付覆盖率的差异下降了 15%。到 2018 年，移动支付覆盖最高地区（北京）与最低地区（西藏）的差距已降至 1.42 倍，移动支付覆盖率地区间差异极值缩小了近 50 倍。也就是说，用户获得的金融服务差别已大为缩小，而以移动支付为代表的数字金融所带来的变化可能是革命性的、历史性的。现在，农村居民足不出村即可办理基础金融业务，也逐渐享受到了和城市居民同样的基本金融服务。

再次，数字金融广泛融合公众的生产、生活。人们生活场景化应用越来越丰富，以互联网支付、移动支付等为代表的新兴电子支付成为非现金支付工具的发展方向。一部手机“通天下”，数字金融在场景服务中已经融入移动支付、数字借贷、数字理财和数字保险、数字信用等金融服务。数字金融可以全天无休、7×24 小时实时响应，快速提供服务。我国某些农村地广人稀，银行网点不足，农村金融的“最后一公里”一直是金融行业的难题，要精准了解农户的需求，并让农户能快速贷到款，背后需要技术力量的支持。

例如，江西省余干县是网商银行落地卫星遥感技术贷款的首个县域，村民杨作波也成了通过卫星遥感技术获得无接触贷款的第一人。网商银行利用卫星遥感影像的光谱识别技术，可以精准识别这片稻田的农作物类型、生长情况。以 3 天为周期，更新卫星影像和识别结果，通过对图像的分析，能分辨出水稻、玉米和小麦的区别，并能找到地里种植的花生和烟草，准确率在 90% 以上。在此基础上，结合农户对耕地的自证，以及气候、行业等数据情况，风控系统可以预估农作物的产量和价值，从而向农户授信、提额，提供合理的信贷支持。不仅如此，它还可以帮助农户优化种植结构，预警气象灾害，降低农业经营风险。

最后，数字金融还能大幅降低现金交易的比例，提高交易的透明度，从而遏制公共权力滥用、贪腐寻租、偷税漏税和盗窃抢劫等违法犯罪行为。

相应地，传统的监管手段已难以应对日趋复杂的非法跨境资金流动和洗钱等行为，这也是顺应数字金融快速发展趋势的必要之举。国家有必要积极利用大数据、人工智能、云计算等技术，强化监管的数字科技应用，如建设金融大脑等，提升跨行业、跨市场交叉风险的甄别、防范和化解能力。

16.3 实践案例

当前，数字金融的发展进入了深水区和高质量发展阶段。高质量发展，顾名思义，客观上就要求进一步控制和防范风险，以及进一步降低经营服务成本，提高金融供给能力和覆盖面。也就是说，在数字金融发展进入深水区后，互联网金融科技企业和传统金融机构将长时间融合共存发展，如何进一步提高数字金融服务实体经济的能力、服务小微企业发展的能力将成为重要课题。

16.3.1 新银行，服务实体经济的新模式

2015 年 6 月 25 日，网商银行正式开业。这是由蚂蚁集团发起，银监会批准成立的中国首批民营银行之一，也是第一家将核心系统架构在金融云上的科技银行，同样也是没有线下网点，通过互联网为用户提供服务的新银行。

基于金融云计算平台，网商银行拥有处理高并发金融交易、海量数据和弹性扩容的能力，借助实践多年的无接触贷款“310”模式（3

分钟在线申请，1 秒钟审核放款，全程 0 人工干预），发挥互联网和数据技术的优势，专注为更多小微企业和个人经营者提供金融服务。

网商银行成立 6 年来，累计超过 4000 万名小微经营者使用了其数字信贷服务，其中超半数为涉农用户，他们中的 80% 的人过去从未获得银行经营性贷款。

2021 年 6 月，网商银行发布乡村振兴助农计划，为全国 100 个县域产业带提供免息贷款。全国 1/3 涉农县区已经与网商银行达成普惠金融合作，贷款合同数量超过 850 个。

数字金融下的新银行在信贷上与传统信贷在金融服务实体经济的本质上保持一致，区别主要体现在商业模式、技术和流程上。

首先，放贷流程大幅缩减。数字金融支持“公域捕鱼、私域养鱼”，客户触达通过 PC 端或移动终端完成。放贷全流程线上化，信贷审批流程被缩短至几个小时甚至几秒钟。事实上，服务线上化是信贷业务不可逆转的趋势，网点和人员已经成为众多银行等传统机构发展转型的包袱。目前，中国工商银行电子银行业务替代率达 90% 以上，客户到银行后有超过 70% 的业务是通过智能设备完成的，柜面人工办理占比在 30% 以下。服务线上化也是对客户需求的响应。根据网商银行披露的数据，有约 40% 的贷款业务操作发生在每天下午 5 点至第二天早上 7 点。

其次，风控能力大幅加强。身处数字经济时代，不管是基于个人用户还是个体商户，都在各种平台上累计了大量真实、丰富的数据。结合人工智能模型和互联网大数据，开展批量化、自动化的数据风控，可以极大节约放贷成本，使服务效率更高，规模扩张更快。

网商银行之所以敢于推出“310”贷款模式，做到 3 分钟在线申请，1 秒钟审核放贷，全程 0 人工干预，核心就在于数据算法和技术驱动。

网商银行的风控不再沿用传统风控的思路，而是依靠数据作为生产资料，通过实时图像计算引擎，还原用户的信用状况和经营状况，增强实时反欺诈、反套现的能力，并沉淀了风险识别、风险决策、风险分析的技术体系。智能风控技术体系如下：

（1）风险识别方面，利用图像神经网络、机器学习、图像特征识别和模式匹配等技术，对行为和团队的风险进行识别，使实时图像计算的算法准确率达到 100%。

（2）风险决策方面，根据风险识别结果，结合数据计算、人工智能算法和专家经验规则，进行信贷申请不准入、买卖家处罚、团伙或聚集性预警，为金融生态提供决策与建议。

（3）风险分析方面，当疑似风险案例无法做出风险决策时，将会进入贷后人工分析，借助知识图谱，进一步沉淀专家经验规则，形成风险闭环。

再次，服务客群大幅拓展。过去，由于缺乏信用记录、财务信息、信息不对称及成本高收益低、风险识别难等问题，存在大量难以获得信贷支持的小微企业、个体商户和消费者等长尾客户。平台赋予了数字金融在可负担的成本下覆盖和服务长尾客户的能力，这也赋予了其错位竞争和差异化定位的市场空间。

网商银行成立初期，马云曾把网商银行服务小微企业比喻为打造一架“直升机”。直升机并不被要求飞得多高，而是其要能做到超低空飞行。网商银行要做的正是贴地服务，这样才能有速度且覆盖面广，更灵活地服务更多个体商户。

作为一架“直升机”，超低空飞行需要怎样的技术呢？

让自己“变轻”是网商银行的选择。从创立伊始，网商银行就甩掉网点和包袱，在技术上让自己“变轻”。这期间经历了“上网—上云—

上链”的技术演进。2019 年，“双 11”贷款累计资金总量达到 3000 亿元，服务商家数超过 300 万名，但是网商银行只投入了 20 个人。

网商银行依托资金流水、物流运输、工商税务等各个场景每日持续产生并更新的数据，生态圈不断壮大。在用户授权的情况下，网商银行具备了及时、准确、完整、可持续获取和判别真实数据的能力。

在商户交易的真实性判断中，可以利用各类模型对授信过程中的关键指标进行真实性判断和分析。机器学习算法支持剔除虚假交易，根据真实的经营状况进行授信额度的评估。多维、实时、动态的海量数据累计是真正的大数据，基于大数据风控的模型来支撑保障以形成差异化的授信和定价策略，进而实现数字小微信贷的自动化审批。

网商银行数字小微信贷的风控基础在于其对海量信息的处理与运用能力。在用户授权的基础上，其中包括大量非传统风控使用的替代性数据：①经营类数据，含淘宝、天猫、速卖通、B2B 等交易和店铺的相关数据；②金融类数据，含转账、支付、保险、理财、借贷等数据；③外部数据，含不同场景下的数据，例如农村场景下县域、土地及与农作物生产相关的数据，以及物流场景下的驾驶、位置等数据。

成立 6 年来，网商银行通过云计算、卫星遥感、物联网等技术，使全国超过 2000 万名涉农用户获得了网商银行无接触贷款，解决了农村信贷“最后一公里”的难题，缩小了城乡之间的金融差距。网商银行已与全国超过 850 个县域政府达成深度合作，进一步提高县域及农村的小微贷款可得率。

实际上，网商银行聚焦于“小微更微”商户。其客户有电商卖家，如阿里巴巴集团内淘宝网、天猫及阿里巴巴电子商务平台上的 B 端；也有线下码商（基于移动支付二维码进行收单的小微企业），如夫妻店、早餐铺等未被 POS 机等传统金融服务覆盖的小微生活场景。

2019 年，网商银行获得了世界银行集团和二十国集团（G20）旗下的“全球中小企业论坛”颁发的年度“全球中小微企业银行奖”，以表彰其在小微企业贷款难问题上做出的突破与贡献。这是普惠金融领域的全球最高奖项。

专栏 网商银行服务下沉实体经济

截至 2021 年 6 月底，累计超过 4000 万家（名）小微企业和个人经营者使用网商银行贷款服务，助力生意、扩大经营。

据商务部统计，全国有 8000 万家小店，支撑起 2 亿人就业。其中超过 70% 的中国小店凭信用获得网商银行贷款支持，可随时取用资金，做到借钱不求人，扩招员工更有底气。

从企业规模来看，网商银行已提供服务的长尾小微企业群体呈现明显的“小微更微”特点。抽样调查数据显示，被服务的小微企业中员工人数为 5 人以下的企业占比超过总数的 50%，处于初创期和成长期的小微企业数量超过总数的 80%。

从企业分布和企业类型来看，被服务的小微企业是分布在我国绝大部分城镇街头巷尾的各类“小本生意”，其中 65% 的小微企业分布在三、四、五线城市及以下城镇、乡村。这些长尾小微商家中的 30% 以上是快餐店、大排档、小吃摊等类型的餐馆；20% 以上是便利店、小卖部、士多店、烟酒铺等零售店；10% 以上是菜市场或街头菜铺、肉铺、水果摊等生鲜业；其余分别为饮品店、服装店、家装店、生活服务店、化妆品店、小型娱乐场所等。

从企业金融需求来看，与头部、中部小微企业往往单次需要 100 万元至 1000 万元融资额不等，长尾小微企业呈现“小额高频”的特性，截至 2021 年 6 月，网商银行的户均余额约为 4 万元。

图 16-2　区域综合金融服务平台

（1）一键式对接所有金融机构：潍坊市正常经营、具有融资需求的中小企业，均可注册使用综合金融服务平台，一键发布融资需求，直接对接所有接入平台的金融机构，实现两者的“无缝对接”。

（2）全方位享受融资扶持政策：政府机构面向中小企业建立的各类融资扶持政策，包括信用保证基金、中小企业风险补偿、政策性担保等，均可在平台直接对接，符合条件的中小企业可直接享受相应的融资扶持政策。

（3）一次性查询企业信用信息：实现对商务、市场监管、金融、法院、医保等多个委办局的相关企业政务数据集中整合，经企业授权，综合金融服务平台依法采集并使用企业在政务系统产生的相关公共信用信息。政务数据及相关系统直接部署在政务网体系内，确保依法合规。

（4）前置性实现精准数据风控：根据系统预设风控模型，可基于企业政务数据实现用户画像，筛选出优质用户、黑名单用户，向金融机构定向发布问题企业、不诚信行为名单，为金融机构信贷投放提供前置性风控，逐步建立区域政务大数据，有效监测风险，推动区域信用环境和金融生态的优化。

（5）一站式提供综合金融服务：综合金融服务平台以信贷融资服务为切入点，逐步面向中小企业提供保险、担保、融资租赁、股权投资、债券融资、企业上市等各类金融服务，有效满足中小企业个性化、综合性的金融服务需求。

（6）一览式掌握区域融资动态：平台可实时跟踪、发布注册企业数、累计撮合融资等情况，同时为政府部门提供管理工作台，可确保对平台实现撮合融资情况的准确把握。

16.3.3　新样板，科技赋能金融服务“三农”

全面复工复产以来，银行主动承担起金融主体的社会责任，合作创新，调整策略，合理让利，使得小微企业贷款可获得性提高、综合融资成本下降，实现了与小微企业共生、共荣、共赢、共发展，为助力乡村振兴、服务实体经济发展贡献了一份不可替代的力量。

各种气象、病虫害等自然灾害的不确定性，加上农产品价格的波动性和规模化、标准化程度低，以及经营风险高等问题，都严重制约了金融信贷对这个领域的支持。尤其是涉农的小微企业，面对大量分散的信息不对称的用户，小微信贷运维成本高、风控难度大，不良率较高。

相应地，当风险难以被识别和定价，各种贷款利率就会偏高，并且产生附加收费和条件，造成小微企业综合融资成本抬升且居高不下。同时，涉农小微企业还普遍面临财务数据和制度的不规范，存在“资金流、物流、信息流、商流”割裂和信息化、数智化基础设施相对薄弱等问题，从而造成融资慢、周期长、效率低。正因为如此，传统的涉农小微信贷主要依托线下金融开展。

近年来，银行进一步把缓解小微企业融资难、融资贵问题作为突出问题，积极开展小微企业金融模式和产品创新试点，并探索提升小微企业金融服务质量的有效模式。

成立小微企业线上服务管理中心，推进开展涉农网商快贷业务，既是新时代解决小微企业融资难、融资贵问题的“新样板”，也是应对涉农小微信贷“难、慢、繁、贵”等问题和适应数字金融“多、快、好、省”快速发展的重大举措，对银行提高线上金融服务水平、进一步发挥政策性金融作用具有重要意义。

在数智科技的赋能和数据智能的加持下，小微信贷线上中心按照“110”模式设计运营，实现当天在线授信申请、当天完成授信审批、贷款审批流程“0”人工干预。金融科技和大数据不仅降低了涉农小微信贷的服务成本，还提高了服务的精准性，疏通了经济金融的堵点，实现了国家精准滴灌的要求（见图 16-3）。

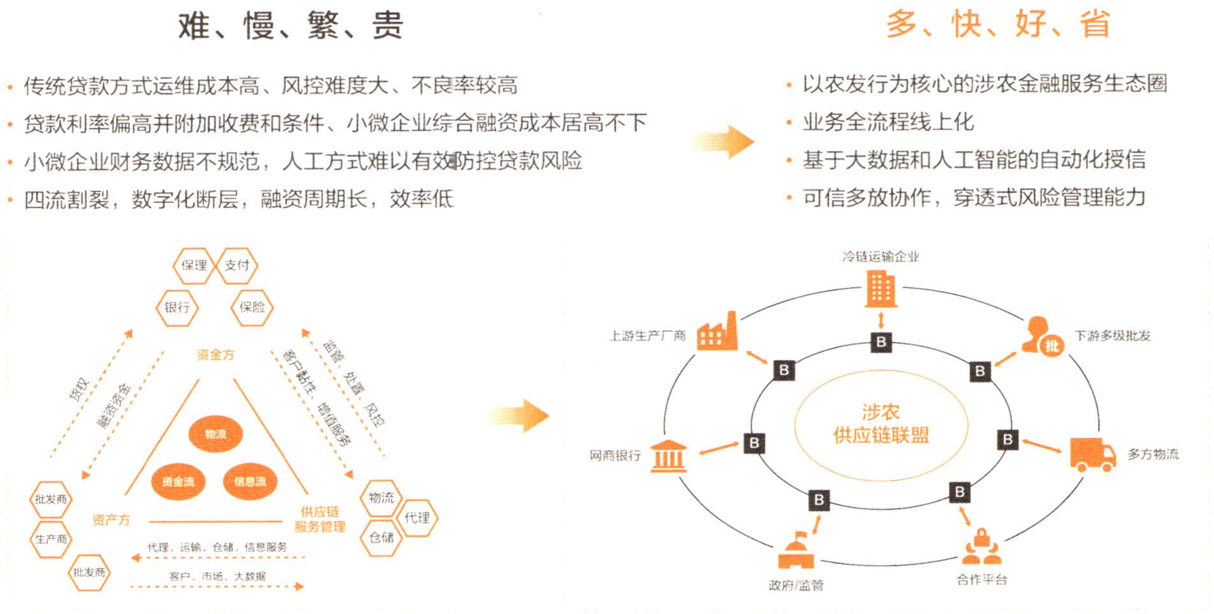

图 16-3　小微信贷业务需求分析

通过高度集成大数据、供应链、区块链三项新技术，使银行业务与互联网、金融科技充分融合，在探索服务小微信贷新模式和新路径的同时，为银行未来的业务改革创新提供了全新的方向与思路。比如，结合现代科技手段对小微企业贷款业务流程进行再造，建立线上贷款评分模型，实现线上贷款智能审批和线上放款；实现通用平台不同系统间数据的高效交互协同，为小微企业提供普惠、高效、安全的线上融资支持。

小微线上中心以线上业务创新突破为主要设计思路，以“普惠、高效、安全”为基本定位，按照保本微利原则，为全国符合贷款条件的小微企业提供低成本的线上融资支持，充分发挥国家金融机构逆周期调节作用，精准高效地缓解小微企业融资难、融资贵、融资慢的困境。

小微线上中心也是从问题出发，以“互联网 +”理念和用户思维为导向，致力于打造金融科技创新和现代科技体系融合发展的样板。

首先，依托互联网公司先进的金融科技，银行可以将业务发展与互联网生态圈深入融合，形成以金融主体为核心的涉农金融服务生态圈和供应链联盟。

其次，以科技升级带动业务管理水平升级，推动业务流程线上化，切实解决小微企业融资难、融资贵、融资慢的实际问题，提升客户办理业务的线上体验。

最后，根据各种业务场景和业务模式，秉承“技术可控、风险可控、运营可控”的原则，基于大数据和人工智能开展自动化授信和评估。“区块链”技术具有交易信息不可篡改与可追溯机制。在涉农生态圈内和供应链联盟中，依托“区块链”技术可以把核心企业信用穿透至上下游小微企业，实现风险穿透式风险管理（见图 16-4）。通过这一系列动作进而完成贷款审批、发放、收回的闭环管理，实现对涉农小微信贷的高效支持和防控风险并重。

图 16-4　涉农业务场景和业务模式

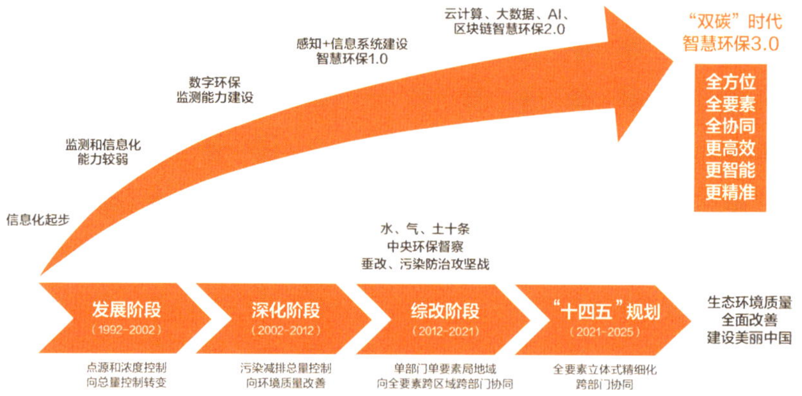

图 17-1 环保行业发展趋势

17.1.1 回溯，观念萌发起步探索

改革开放之初，在以经济建设为中心的时代大背景下，环境保护曾一度让位于经济发展。直到社会主义市场经济体制初步建立的 1992 年，经济进入了高速发展的 20 年“高速增长期”，但发展给生态环境带来的“副作用”也开始逐步显现。

2006 年，素有“华北之肺”美誉的华北地区最大淡水湖泊白洋淀，接连出现大面积死鱼，河北省任丘市所属 9.6 万亩水域受到污染，水色发黑、有臭味，网箱中的养殖鱼类全部死亡，淀中漂浮着大量死亡的野生鱼类，部分水草发黑、枯死。

2008 年，云南省九大高原湖泊之一，有着“高原明珠”之称的阳宗海，清澈的水体被具有致癌毒性的砷污染，水质急剧下降为劣五类。沿湖周边民众和企业全面停止从湖中取水作为生活用水，直接危及了 2 万人的饮水安全。

这些来自大自然的“报复”让政府和社会民众有了意识，引发了人们对于生态补偿机制、利益协调机制的思考，“只重经济，不问环境”

的问题得到了重视和改善。

直到 2006 年，原环保总局正式组建了华东、华南、西北、西南、东北五个区域督查中心。2008 年，又成立了华北督查中心。六大区域督查中心终于实现了环境督查对国土的全覆盖。

环境保护负重前行，信息化建设也加大了投入，国家级规划中提出了“信息强环保”的战略，从山东省、福建省、深圳市等省市地区开始了“数字环保”的探索实践。

物联网、互联网和移动通信技术的兴起，为当时的环境信息化应用提供了有利的外部条件，围绕生态环境质量监测、污染源在线监控、环境影响评价、核与辐射、固体废弃物管理、环境应急管理等业务开展系统建设；部分省、市级环保部门陆续开展了环保电子政务综合平台建设。

17.1.2 发展，专项攻坚综合改革

2012 年后，我国经济结束了 20 年来年均 10% 左右的高速增长期，增速放缓。也正是在这个阶段，大气、水、土壤污染等环境问题大范围爆发，其中影响面最大的是 2013 年全国不同地区先后出现了长时间、大范围、高浓度的重污染天气，呼吸系统疾病爆发，并引发广泛的社会舆论影响。

根据统计数据，仅在 2013 年 1 月，我国 74 个城市空气质量总体超标天数比例为 68.4%，重度污染和严重污染的天数比例达到了 30.2%；影响范围涉及了 1/4 的国土面积，约 6 亿人口。

不少媒体直接拿出了“伦敦烟雾事件”“洛杉矶烟雾事件”等知名的国外环境公害事件来做对比，一时间全社会都在讨论“雾霾”这个词，环境深深印入了每个民众心里。

环保部门发布了“应急措施不奏效要问责”的指示，《大气污染防治行动计划》《水污染防治行动计划》《土壤污染防治行动计划》相继颁布实施，使打赢蓝天、碧水保卫战，以及打好污染防治攻坚战等环保工作得以有效推进。一批群众反映强烈的突出生态环境问题解决了，生态保护形势稳中向好。

伴随着这一过程，一批基础设施、监测设备和信息化系统的项目纷纷上马：构建了生态环境专网、建成了生态环境云；实现了主要河流、饮用水水源地水质和重点城市空气质量监测数据自动采集；环境一号卫星、环境与灾害监测小卫星和高分五号卫星的先后成功发射，逐步实现了大范围的、快速的、动态的生态环境监测数据采集与突发环境污染事件跟踪预警；大部分地区完成了“感知 + 信息系统建设”的智慧环保 1.0 建设。

部分经济较发达区域如江苏省、浙江省、福建省等，率先尝试运用云计算、大数据、区块链等技术，构建智慧环保 2.0 的绿色转型框架，进一步提升污染治理在预防性、及时性及精准性方面的欠缺，实现“精准治污、科学治污、依法治污”。

17.1.3　展望，减污降碳协同治理

“十四五”时期是中国全面建成小康社会、实现第一个百年奋斗目标之后，乘势而上开启全面建设社会主义现代化国家新征程、向第二个百年奋斗目标进军的第一个五年。进入新发展阶段，必须满足人民群众日益增长的优美生态环境需要。但从目前全国生态环境质量改善情况来看，生态环境的质量离老百姓对美好生活的期盼和建设美丽中国的目标还有很大的差距。

中国生态文明建设正处于“三期叠加”阶段，即压力叠加负重前行的关键期、提供更多优质生态产品以满足人民群众日益增长的优美

生态环境需要的攻坚期、有条件并有能力解决生态环境突出问题的窗口期，正需要在“十四五”时期继续努力、继续奋斗、继续攻坚克难。

我国提出了“碳达峰”和“碳中和”目标。一方面，应对气候变化，推动绿水青山建设是我们新时代贯彻落实新发展理念、推进高质量发展的内在需求，势必会对今后的发展产生重大的影响。另一方面，与欧美国家所处的发展阶段不同，我国还是一个发展中国家。发达国家已经走过了能源消费和碳排放的高峰期，而我们依然处于发展阶段。我国是一个人口大国和制造大国，短时间内还难以预测二氧化碳排放量的峰值拐点。

严格来说，这将引发一场供给侧结构性改革。对前期投资上马尚未收回资本的高排放、高耗能等存量项目，将构成严重的挑战。在这样的前提下，要实现“双碳”目标，绝非仅靠技术攻坚就能实现，也不是靠生态环境、能源等行业自身就能解决的问题。可以预见，在未来几年，中国的生态环境保护将进入减污降碳协同治理的新阶段，这也将成为更长时期内生态环境保护的一项重要使命。

在新阶段，生态环境信息化将进一步走向“融合创新”，即通过“数据融合、业务融合”，达到“技术创新、管理创新”，有望建成以“全方位、全要素、全协同”的智慧环保 3.0。

（1）全方位包括两个层次：一个是监测手段全方位，以无人机（船）、摄像头、卫星遥感、走航监测、在线仪器等多种前端应用感知设备，建设天、空、地一体化的体系；另一个是业务服务全方位，覆盖国际和国内的区域、海区等不同区域，尤其是对大气、水等具有流动性的环境要素，碳排放等全球化的环境问题，要建立跨地域、跨层级的服务。

（2）全要素是指数据和业务要通过融合从单要素扩展为包括大气、水、土壤、生态、海洋、气候、核与辐射、固废、危废、化学品、噪声、污染源等所有生态环境要素。

（3）全协同也包括两个层次：一个是行业内部环评、监测、监管、督察、监察、执法、应急等多管理部门全协同；另一个是横向打通，与工业和信息化部、公安部、自然资源部、住房和城乡建设部、交通运输部、水利部、农业农村部、国家卫生健康委员会、应急管理部、海关总署、国家税务总局、国家市场监督管理总局、国家统计局、中国气象局、国家能源局、国家林业和草原局等部门进行跨业务、跨部门的协同互动和资源共享。

未来的生态环境保护工作，监测手段更智能、查找问题更高效、追查责任更精准、服务大众更便捷，可支撑生态环境改善、建设美丽中国的全国大局，提升生态环境保护治理效能。

17.2 绿色环保的价值提升

纵观生态环境数字化的发展趋势和近些年的探索实践，绿色环保正在云计算、大数据、AI、区块链等技术的加持下，通过智能化技术来提升监测感知的频度和精度，运用数智化方法来建设“智能化生态中台”等新举措，支持数据和业务从传统的单部门、单要素、局部地域的污染防治，到全要素、立体式、精细化、跨部门的协同治理，为全面建设美丽中国添砖加瓦。

17.2.1 智能化监测分析，提升监管效能

近年来，中国生态环境保护在执法监管层面力度空前，形成了机制更加健全、监管更加有力、保护更加严格的生态保护监管新格局。随着未来“双碳”目标的引领，钢铁、煤炭、化工等行业必须转型升级，相应的生态环境管理的职责也更重。

不少地区在监测设备的安装布设上重投入，陆续建成了天空地一

体、全面感知的监测网络体系。但环保监管工作的专业性强、要求高，监测设备只是前端的数据获取手段，业务真正需要的数据分析、问题发现等仍然大部分采用传统的人工模式。

以企业排污监管为例，传统的企业完整信息依靠线下手段从多个系统获取、整理，排污问题的发现主要依靠人工巡检，故导致污染发现难、取证慢。在物联网设备已经星罗棋布的今天，如何从海量的监测数据中发现问题成了生态环境保护监管效能的瓶颈。

以摄像头结合 AI 的视频分析技术，可形成对水、气、土等重点点位的自动监管。例如针对工地未苫盖、渣土车未苫盖、道路遗撒等问题，可基于视频智能算法，实现全天候自动识别和发现。

再比如对大气影响严重的尾气超标“黑烟车”，通过实时检测、实时预警，预警数据可实时推送至后端管理平台，环保部门还可以将证据链一键转给交警部门，智能化落地“环保取证，交警处罚”的监管模式。

而以卫星遥感机理模型为基础，自主卫星资料处理技术为核心，可构建生态环境业务化的卫星遥感分析应用，为更大范围内的水、大气、土壤、海洋、自然生态等环境监管提供高效、准确、海量的遥感数据分析服务（见图 17-2）。

例如，生态环境部主导建设的国家生态保护红线监管平台，是国家层面的宏观监测。运用遥感和 AI 分析技术，让原来以月、天为量级的人工目视判读“破坏红线”行为，变成小时级的机器自动化发现。在 AI 助手的帮助下，研究人员可快速评估生态保护红线生态系统状况，将实现第一时间发现红线内的人类干扰活动、第一时间推送“破坏红线”的问题清单、第一时间记录台账信息，对生态保护红线的监管具有十分重要的意义。

而根据企业生产量、排放量、用水用电等信息，结合模型算法，可对异常情况进行实时监测、自动预警，并触发对相关企业的柔性提醒服务，这正是从数据融合到业务创新的改变。

（2）企业环保码，便捷服务。基于企业统一社会信用代码和排污许可证，可建立企业环境信息电子账户，形成企业独有的标志“环保码”，打造企业全生命周期连续环保健康档案。

以往不论是企业自查还是执法监管人员巡查，想了解一个企业的环保情况，往往需要翻阅厚厚的资料，排污许可证、环境评价报告、监测报告等一套材料核查下来，时间长、效率低。

现在只用手机扫描一下二维码，即可获悉企业环境合法身份信息、环境信用评价等级和环境安全风险状况，促进企业自律守法并有效融入绿色供应链，利用信息化手段分级管控环境风险。同时这个码还可以对公众开放，对于有污染行为的企业，公众可以通过“环保码”上的投诉举报渠道进行投诉举报，鼓励公众参与环境监督，让生态环境共治共管更有效率。

建设了行业中台后，能产生如下明显的优势：

（1）决策更便捷。通过横向拉通各个业务部门和板块数据，从纷杂繁多的数据中总结出指标体系，可以一览无余全景式地展现生态环境状况，讲清生态环境现状，分析区域污染来源和特征，从而为指挥调度、策略制定提供数据支撑。比如基于数据中台建设一张图，可真正实现挂图作战。

（2）执法更高效。以大量的基础数据为支撑，综合执法效率有了显著提升。比如有了全面的污染源档案，能将执法流程中核查企业信息这一项工作缩短至 30 分钟左右。

（3）定责更精准。比如通过水质在线监测，可分辨支流入干、重点入河排污口、水功能区等地表水及饮用水源地不同点位的水质监测，从而提升追根溯源、精准追查的能力。

17.3 实践案例：环保中台，数据和业务融合带来的创新

四川省生态环境厅高度重视信息系统的建设，在 2020 年前就已建成业务系统共计 60 多个，初步构建起大气、水、噪声、土壤、核与辐射、生态、污染源等监测网络，建成了排污许可证基础数据管理、机动车排污监控等 20 个重点业务系统，为相关业务处室和直属单位提供了应用功能和支撑服务。近年来，还通过建设 4A、GIS 平台，实现了部分基础公共能力的集中统一支撑。

随着四川省对于生态环境的重视程度不断加强，四川省生态环境厅发现原有的信息化基础已很难满足协同监管的新需求。

（1）家底不清晰：各类环境基础数据不完善，不同业务存在多套污染源底数，摸不清究竟哪套底数最为准确。

（2）监管效率低：采用人工监管的方式，平均 1 个普通执法者要对应 500 多家企业，一些企业的偷排漏排行为难以发现，并且一旦出现环境污染问题往往很难找到成因，溯源治污多靠人工经验。

（3）应急协调难：如遇突发环境应急事件，资源协调难、指挥调度慢。决策评估依靠人工经验拍板，减排停产“一刀切”，缺少科学依据。

因此，四川省生态环境厅决定以数据深度治理、系统深度融合、能力高度复用、业务高效协同为目标，按照数据中台和业务中台的双中台架构设计，重塑环境信息化的总体架构，打造通用、弹性、共享的数字底座，实现一切业务数据化，一切数据业务化，形成高效、智能的数据服务和业务服务能力，一起构建四川省生态环境厅数字化转型的两大基石（见图 17-4）。

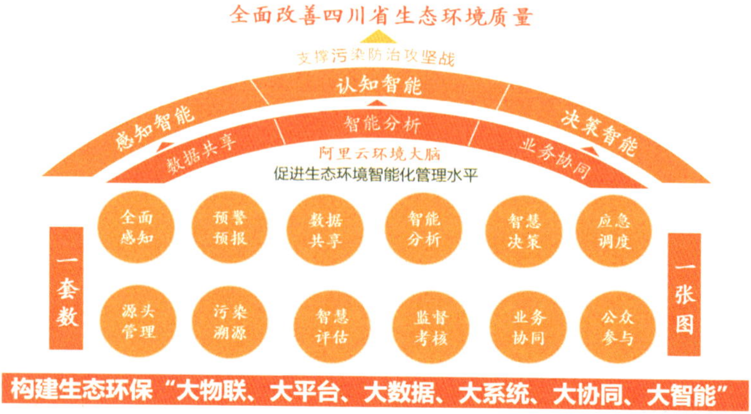

图 17-4　建设目标全景图

17.3.1　打造两个中台，构建新一代生态环境信息化体系

以应用服务总线为基础，构建业务中台、数据中台，巩固应用服务总线建设成果，提升大数据基础平台支撑能力。搭建具有弹性的、灵活的和可扩展的 IT 资源架构，融合多种应用支撑服务能力的生态环境，具有信息化基础支撑能力，提供整合的信息化业务、数据服务能力和标准、规范的一体化信息服务。

17.3.2　业务系统架构“微服务”化，建立弹性底座

将业务应用拆分成多个独立的“微服务”组件，一改原有满足各部门业务需求只建设一个系统的现象，减少新业务支撑工作量并降低成本，促进系统间的数据共享和交换，同时快速响应各个部门对既有系统的数据需求和应用需求。

配合各部门的机制创新、制度创新、技术创新，通过“微服务”总线技术模式，实现生态环境信息系统整合共享，支撑生态环境系统整合共享的“可有”“可用”“可视”“可控”“可溯”“聚通用”智能化

综合管理发展新格局。进一步整合现有应用，强化业务互用、数据共享，减少业务人员填报工作量的次数，综合提升业务处理效率。

基于一个至多个的生态环境业务组件组合，利用流程再造，以业务解决方案的形式，在较短的开发周期内实现了新兴生态环境管理业务信息化的快速响应，大大缩短了生态环境信息化业务应用开发周期，以此来满足各级生态环境部门业务管理和应用的需求。

17.3.3　数据共享，业务协同，支撑业务智能化综合管理

基于数据中台，构建数据治理体系。通过打通数据汇聚、存储、处理、共享、开放的治理环节，进一步整合系统数据；打通“信息孤岛”，支撑生态环境业务事项办理，提升跨部门业务协同，开展跨部门、综合性大数据的分析应用。

基于物联网技术和大数据技术，开展数据应用，建设了大气环境、水环境等各类专题，整合各类业务数据使其与 GIS 相结合，呈现了数据中台强大的数据整合与数据可视化能力，直接为业务提供了工作方向。

相较于传统大数据平台，数据专题除完成省厅相关系统的数据整合外，还进一步整合其他省厅局的数据及中国气象局、住房和城乡建设部、水利部等中央部委回流数据，实现了数据的深度整合，强化了跨部门业务协同处理能力。

在数据专题的框架下，特别围绕污染源监管，建设了“一企一档”，实现了污染源全生命周期管理，为环保精准执法提供了决策支撑，同时为引导产业合理布局提供了数据支撑。

基于数据中台和业务中台，整体更新了污染企业用电量监管、固定污染源视频监控、污染源在线监测等多个信息化平台，对颜色异常、超标排放等设置了报警功能，进一步完善了现有的污染源智能监管体系。

专栏　视频 AI 自动发现排污异常

四川省生态环境保护综合行政执法总队通过企业视频 AI 分析发现某厂排污异常。经突击现场检查发现，该厂出水 COD（化学需氧量）、氨氮、总磷、总氮四台自动监测设备采样管均插入站房外盛装“干净”水样的矿泉水瓶和水桶中，未实际监测外排废水。执法人员通过现场对外排废水快速检测显示：COD 浓度为 750mg/L，超出排放标准 14 倍；总磷浓度为 6.47mg/L，超出排放标准 11.9 倍。

省执法总队当即对该厂的涉嫌违法行为进行了调查取证，并将线索移交给公安执法机关。有了视频监测和大数据对比分析，超标排放水污染物和篡改伪造自动监测数据逃避监管的违法行为再也难逃监管者的“法眼”。

生态“环保大脑”的落地，为四川省生态环境厅带来了以下价值。

（1）有“脑”有“力”：业务有“脑”，计算有“力”。通过运用业界领先的云计算、人工智能和大数据等技术，通过阿里云环境大脑，对预警预报、污染溯源、环保风险评价等重要业务进行智能研判，支撑科学决策。

（2）有“理”有“据”：分析有“理”，决策有“据”。通过对生态环保业务问题说清现状、追根溯源、督导改善和效果评估的闭环监管，件件有落实，件件有反馈，助力打赢污染防治攻坚战，实现环境质量全面改善。

（3）有“图”有“数”：眼前有“图”，心中有“数”。建设全景式的应急指挥中心和“生态环境驾驶舱”是生态环境监测网络的重要一环。应急指挥中心是生态环境质量监测、预测预警、管理调度的“枢纽”，是数智化转型的核心组成部分和重要保障。在可视化生态环境大数据平台上，将水环境质量、大气环境质量、固废土壤环境质量、污染源等业务数据与地理信息数据结合，直观地展示在 GIS 一张图中，同时支持多维统计图表的分析，为环境应用、应急指挥等提供图形化决策支持。

【本章小结】

新时代和谐发展的低碳之路，需要通过减污降碳、协同治理的管理模式，建设“全方位、全要素、全协同”的智慧环保 3.0。

在新时代生态环境的故事里，数智化擦亮了监管者的“眼”；数智化融通了业务的“数”；数智化让决策者的“脑”思考力大大提升了；数智化为服务插上了“翅膀”、为企业绿色发展保驾护航、为千万民众的安居乐业提供了良好的环境保障。

“双碳”目标对推动我国经济高质量发展、提升全球环境问题话语权，具有经济意义和政治意义。在“十四五”规划中，“双碳”明确被列为战略目标。

从中央到地方各省市，从政策措施到投资规划、大型企业布局，从环保行业、金融行业到科技行业、工业行业，在“双碳”目标下，改变正在悄然发生。

18.1.2 国家能源战略和“双碳”目标推动行业“数字化转型”

在“碳中和”行动蓝图的规划下，我国需要对以重化工为主的产业结构和以煤为主的能源结构进行调整。遵循绿色能源和可持续能源发展的主基调，进一步加速我国能源从粗放、低效向节约、高效方向转变，这不仅对我国能源结构提出了新的挑战，同样对能源体制产生了重大影响。因此，“碳中和”技术的主线一定是从能源供给侧的技术变革开始，通过合理限制化石能源使用，提升风能和光伏等清洁能源占比，促进多种能源协调发展。

同时，在改变能源结构的同时，如果带来了电价的变化，人们能否接受因其高成本导致的高电价，是一个需要讨论的问题。因此，“碳中和”不仅是一个技术问题，更是经济和社会平衡发展的综合性问题。

从目标来预测我国能源结构发生变化的过程，可参考 2021 年 3 月 18 日，全球能源互联网发展合作组织在“中国碳达峰碳中和成果发布暨研讨会”上提的方案：中国需要推进能源开发清洁替代和能源消费电能替代；实现能源生产清洁主导、能源使用电能主导；能源电力发展与碳脱钩、经济社会发展与碳排放脱钩。

预计到 2060 年，在“碳中和”状态下，我国能源结构中煤炭能源可完全退出，太阳能占比 47%，风能占比 31%，分别占据我国能源结构的前两位。

18.1.3　能源行业产业链延伸，碳权交易倒逼行业减排

全国碳排放权交易市场（简称“碳市场”）于 2021 年 7 月 16 日开市，碳排放权交易市场是我国利用市场机制，控制温室气体排放、落实“碳达峰”目标和“碳中和”愿景的核心政策工具之一。

自 2021 年 1 月 1 日起，全国碳市场首个履约周期正式启动，涉及 2162 家发电行业的重点排放单位。这是我国第一次从国家层面将温室气体控排责任压实到企业，通过市场倒逼机制，促进产业技术升级。

虽然全国碳市场首批仅纳入发电行业，但这些企业的年均二氧化碳排放量预计将超过 45 亿吨。这意味着，中国的碳排放权交易市场一经启动，就将成为全球覆盖温室气体排放量规模最大的碳市场。

未来，全国碳市场范围将逐步扩大，最终会覆盖发电、石化、化工、建材、钢铁、有色金属、造纸和国内民用航空八个行业。中国的碳市场将成为全球最大的碳市场。

“双碳”目标的实现，碳市场只是其中之一，它还将依赖于一系列机制（见图 18-2）。

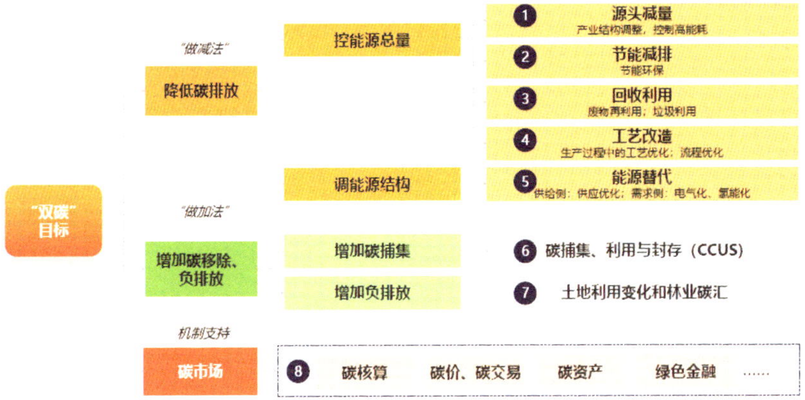

图 18-2　“双碳”目标实现机制分析

例如，在国际碳金融体系背景下，中国庞大的碳排放资源奠定了人民币在国际碳金融体系中的基础地位，人民币国际化面临着新的机遇。

煤炭催生了英镑，石油使美元崛起。而在低碳经济和低碳能源日益重要的今天，碳资产作为大宗商品交易的主体，将会在国际货币市场中深刻影响到一国货币的地位和价值。

从碳交易市场涉及的行业范围可以看出，在“双碳”战略背景下，能源行业从传统的垂直结构，发展成了一个交叉网状结构，即传统能源＋新能源在向产业链的上下游延伸，包括上游的新能源设备生产到下游的新能源汽车制造（见图 18-3）。

图 18-3 “双碳”重点行业领域

由于这些交叉涉及的行业特性不同，其碳排放方式和治理路径也有明显的差异。在短期内，围绕着节能减排这一“碳中和”政策重点，相关行业都会做出一系列的应对措施。例如，电力行业将重点发展可再生能源发电，并探索大型储能技术；制造行业将进行智能化改造和升级传统工艺，实现能耗监控，助力提质增效；汽车行业将从新能源汽车的设计上来降低排放。

综上所述，因为能源安全、“双碳”战略的政策影响，会驱动整个能源行业发生第三次能源体系的重大转换。

18.2　数字减碳、绿色创新，能源数字化转型新举措

2021 年的阿里云峰会上，阿里云智能总裁张建锋发布“零碳云”计划：推动自身节能减排，输出数字减碳能力，支持绿色技术创新（见图 18-4）。希望通过数字技术创新和产业发展模式的变革，来构建新型生产方式，提出了绿色计算、数字技术助力产业减排、服务政府减排政策，以及倡导绿色低碳生活方式四个方面的措施。

图 18-4　“零碳云”发布会现场

云计算本身就是一种绿色技术，提高了社会整体的利用率。通过聚集计算资源、转移工作负载，云资源利用率是企业自建机房的 5～10 倍，同时更好地利用了风能和太阳能等清洁能源。

发挥在数据智能、机器学习等方面的技术优势，阿里云将进一步输出行业减碳解决方案，协助政府进行实时、全域的环保与碳排放管理。

18.2.1　云计算数据中心，绿色节能的基础设施底座

数据显示，我国数据中心年用电量已占全社会用电量的 2% 左右，且用电量仍在快速增长。为确保实现“碳达峰”“碳中和”目标，需要在数据中心建设模式、技术、标准、可再生能源利用等方面进一步挖

掘节能减排潜力，处理好发展和节能的关系。

2021 年 5 月，国家发展改革委、中央网信办、工业和信息化部、国家能源局联合印发了《全国一体化大数据中心协同创新体系算力枢纽实施方案》。方案提出的一项基本原则就是绿色集约，内容包括推动数据中心绿色可持续发展，加快节能低碳技术的研发应用，提升能源利用效率，降低数据中心能耗。

事实上，阿里云聚焦绿色计算已做了很多探索和实践，主要集中在数据中心节能减排和清洁能源电力交易两个方面。

在经历了租用、代建、自控建设等发展阶段后，2018 年，阿里云的数据中心开始全部自建，其目标是：务必保证整个效率是最高的，PUE（电能使用效率）是最低的。目前，阿里云已在河北张北、内蒙古乌兰察布、广东河源、江苏南通和浙江杭州建立了五大超级数据中心。

近年来，阿里云积极参与填谷需求侧响应，助力新能源消纳，清洁能源市场化交易成效显著。据统计，从 2018 年 12 月开始，截至 2021 年 5 月，阿里云五大超级数据中心使用清洁能源 6.38 亿千瓦时，累计减少碳排放量为 51 万吨，相当于每年道路上减少 10 万辆汽车产生的尾气排放量。阿里云的五大超级数据中心可谓各具特色。

2021 年 12 月 22 日，阿里云在“第十六届中国 IDC 产业年度大典”上正式向业界发布行业首款单相浸没液冷解决方案——磐久 Immersion DC 1000，将绿色液冷技术与极致算力平台结合，实现基础设施散热能力和服务器、网络设备高效融合并整体交付，整体能耗可下降 34.6%，助力低碳绿色数据中心构建。

区别于业界其他液冷解决方案，具备以下特点：

（1）基于单相浸没液冷技术，成本更低、更易实现在线维护、更易工程化。单相浸没液冷数据中心最重要的特征是同时实现高能效与高可靠性，数据中心整体可靠性等级接近 T4（相当于国标 A 级）。

（2）超融合。与传统数据中心散热产品多聚焦在基础设施风火水电不同，磐久液冷 Immersion DC 1000 系列最核心的是将基础设施散热能力和服务器设备、网络设备进行高效整合并融合在一起进行整体交付。

（3）超强算力，液冷 AI 一体机可支持最大 40P Flops 算力并提供机柜间高达 25.6T 的 AI 互联网络带宽能力；液冷存储一体机可支持 3.4P 的超大存储能力。

（4）高效散热及灵活的部署方式可支撑未来至少 3 次的技术迭代，有效减少外部技术演进带来的基础设施重复投资。

（5）不受地域影响可在全球任何气象区域部署并可轻松实现极致 PUE1.09。

专栏　零碳云底座——绿色节能的云数据中心

张北数据中心是我国规模最大的云数据中心，PUE 为 1.25。张北县自建立云数据中心基地参与张家口市可再生能源示范区“四方协作”机制以来，通过直接向风电企业购买绿色能源，促进了新能源市场化交易工作，实现新能源的就地消纳与高效利用。截至 2021 年 5 月，共交易约 4.5 亿千瓦时新能源，绿色能源使用率超过了 50%，累计减排二氧化碳近 40 万吨。张北数据中心成为全国 IDC 行业首个碳普惠试点项目，获评 2020 年国家绿色数据中心。

乌兰察布数据中心采用自然风冷散热，大规模采用风力、太阳能等绿色能源，PUE 水平与张北县近似。2020 年，中心投入运营，乌兰察布市自建立云数据中心基地参与蒙西电力市场挂牌交易以来，约 40% 的用电量来自风电、光伏企业的电力交易，高比例使用可再生能源。2020年风电光伏的使用比例为38.2%，2021年前5个月的使用比例为45%。

河源数据中心是国内首个采用湖水自然冷却的绿色数据中心，90%的时间无须机械制冷，PUE达到1.25，是国内首个5A级数据中心。该中心2020年通过采购100%天然气电量的方式参与广东省电力市场交易，减排二氧化碳7万吨，并计划在2022年实现100%使用零碳清洁能源。届时，河源数据中心将成为阿里云首个实现“碳中和”的大型数据中心。

南通数据中心是平方效能最高的数据中心，参与填谷需求侧响应，助力新能源消纳。

杭州数据中心是全球规模最大的全浸没式液冷服务器集群，2020年9月正式投入使用。在实际生产中，PUE达到了1.09以下。

18.2.2 整县光伏，清洁能源解决方案

2021年6月，国家能源局综合司正式下发《关于报送整县（市、区）屋顶分布式光伏开发试点方案的通知》，宣告新一轮光伏支持政策试点正式启动。各省份纷纷提交整县推进试点方案，其中经济发达省份上报的试点县（市、区）数量相对较多，平均每省上报的试点县（市、区）约20个。这预示着光伏行业建设思路格局在发生较大转变。

整县开发模式的推广，能极大地提高新增光伏的装机量。以往地方政府、国企、学校、医院等地的屋顶资源本身质地较好，但因开发分布式光伏的利益不够大，很难得到体系化的开发。而有了整县推进方案后，这个问题有望得到较好的解决。如果整体运营状况良好，未来也可能成为比较优质的资产。

整县屋顶分布式光伏一站式解决方案，包括光伏建设的事前规划（现场勘查、建设方案）、事中建设（光伏硬件、软件系统、物联网采集、

施工服务等）、事后运维（统一光伏运维云、绿电交易服务）服务，以及增值服务（新能源 CCER 开发认证、CCER 代理交易、企业绿色金融服务、企业节能服务等），同时配套提供区县碳监管分析平台，支撑政府盘清碳排家底、预测达峰时间（见图 18-5）。

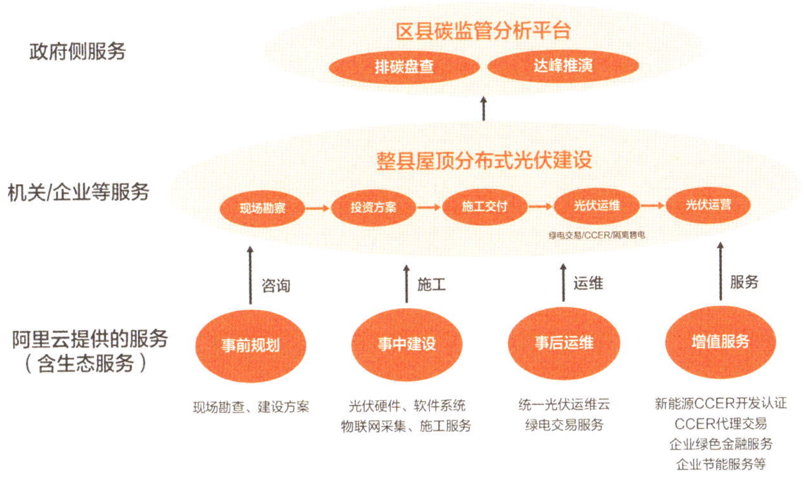

图 18-5　整县光伏方案

“双碳”目标是一个 40 年的长期规划，要实现 2030 年“碳达峰”、2060 年“碳中和”，是需要建设区域政府体系化的“双碳”能力，因此整县光伏只是“双碳”的一项工作，是能源结构调整下的一个行动点。为此，阿里云还构建了完整的政企“双碳”服务能力：

（1）在政府侧，可从辖区的碳排放全景分析、达峰推演的方面提升政府碳服务能力，解决政府的碳分析决策问题。

（2）在企业侧，为缓解企业缺技术、缺资金、缺服务的压力，可以面向区域企业提供政企互动的服务平台，依托平台引入社会化资本形成市场化能力，在政府不投资、少投资的情况下，为企业提供能源管理、节能减排、碳账户碳评价、绿色金融、绿色供应链、认证咨询、技术降碳服务，帮助企业在降碳过程中降本增效，形成可持续发展的产业能力。

18.2.3 数字孪生工厂，智能制造的新产线

汽车工业以复杂的制造工艺和强管理著称。数字孪生工厂是将现实工厂的每台设备和每个生产动作都以 3D 形态模拟到虚拟空间中，管理人员在办公室就能“看到”生产现场的一举一动，追溯和监管生产过程中的细节，这使得管理和生产安排变得简单、直观。

数字孪生工厂是很多技术的组合体，其中主要包括数字孪生载体平台、三维仿真技术、数据采集和处理技术。

为什么数据采集和处理如此重要呢？因为在虚拟的三维空间中，如果没有接入工厂的生产数据，则模型仍然只是一个载体。而当工厂的物流、仓储、内部控制环节产生的管理类数据，温湿度计、机械臂等物联网类传感器产生的数据，安全管理和质检的视频数据等全部被采集和接入到虚拟世界中，模型才真正被注入了生命力。

例如，在某新能源工厂，阿里云和机械工业第九设计研究院自主研发出一套数据采集与监控平台。数据采集的设备点位在工厂的五大车间里超过数百万个，数据采集频次最高可达 200 毫秒/次。大量的设备点位高频次接入，数据采集平台能不能撑住？这十分考验系统的处理能力。在这个新能源工厂项目上线前，阿里云做了一个月的模拟测试，当有 60 万设备点位接入时，CPU 的开销只占到 30% 以下。

在智能制造的新浪潮中，数字孪生已经是绕不开的“产线新势力”了。

18.3 工业大脑，节能减排的智能助手

我国有千千万万的制造企业，它们并不像互联网企业那样天然地

需要“云”背后的算力和存储，但数字技术在企业生产和管理上切切实实的推动作用，重塑了传统工艺中的瓶颈环节，以达到提质、降本、增效的目的，最终能看到“数智化转型”带来的切实效果。

工业大脑的目标是把 AI 与大数据技术接入到传统的生产线中，以大数据算法模型指导生产，改造工业流程，实现降本、增效和提升良品率，帮助制造业提升效能的同时实现节能减排。

工业大脑的思考过程，简单地讲是从数字到知识再回归到数字的过程。生产过程中产生的海量数据与专家经验结合，借助云计算能力对数据进行建模，形成知识的转化，并利用知识去解决问题或避免问题的发生。同时，经验知识又将以数字化的呈现方式，完成规模化的复制与应用。一个完整的工业大脑由四块关键拼图组成，即云计算、大数据、机器智能与专家经验（见图 18-6）。

图 18-6　工业大脑的关键拼图

在攀（枝花）西（昌）地区，分布着我国国内最大规模的钒钛磁铁矿，钒储量占全国的 54%，钛储量则高达 91%。钒、钛既是磁铁矿重要的伴生金属，也是生产某些高端特种钢不可或缺的合金原料。攀钢集团——中国战略后方最大的钢铁联合企业在攀枝花应运而生，而攀钢西昌钢钒正是攀钢集团信息化建设的排头兵。

钢铁这一传统行业，其实是大工业门类中流程最长、复杂程度最高的行业之一。炼钢产业链向上涉及铁矿石采集环节，中间涉及烧结、炼焦、高炉炼铁、转炉炼钢、连铸等大工序，向下则涉及加工（热轧、冷轧）、配送等环节。

不少人很难理解，像钢铁冶炼这样的传统行业，怎么会与互联网、大数据这样的新词汇联系在一起呢？

其实，正是因为流程工序的繁复，很多环节高度依赖人的经验和专注度，才催生了对数智化技术的运用需求，利用大数据和 AI 就解决了生产线上的瓶颈环节，替换掉传统人力。由于大数据的计算比人工更快、更稳定，所以带来的效果就是产线运转得更快速，反应料添加得更准确，产品质量更稳定。

18.3.1 AI 炼钢，降低钢铁料消耗

“炼钢就是炼渣”，这是钢铁生产过程中的一句老话。钢是由铁加工而来的，和铁的主要区别在于成分不同，所谓炼钢就是通过冶炼降低铁中的碳，并去除有害杂质，再根据钢性能要求加入适量合金元素，使之性能更优良。

因此在转炉炼钢环节，技术工人会根据经验公式，在铁水中实时加入一定量的废钢、合金等原料，确保最终产品组分达标。

造好渣是实现炼钢生产优质、高产、低消耗的重要保证，但这对人的经验和专注度都提出了很高的要求，因为一旦出错，就会直接影响产品的质量，必须耗费额外的时间和成本进行补救。

在 IT 工程师看来，这一环节有充分且高质量的数据，有可靠的反应机制，可以用大数据的方式自动计算配料添加量，对人工作业进行替代。

钢铁料消耗占整个炼钢厂成本的 70% 以上，降低钢铁料消耗，就意味着原料投入减少、成本和能耗降低。

在脱硫环节，脱硫剂反应后产生的脱硫渣中会含大量的铁，即业内俗称的“扒渣带铁”，这会带走大量的金属料。在传统工艺测算中，约 220 吨的每个炉次中，脱硫渣量均值为 5 吨，脱硫渣中铁损占比为 40%～55%，即每一炉就至少有 2 吨多的铁料损耗。

工业大脑基于历史数据与实时数据，构建脱硫预测模型。通过结合脱硫剂加入量、喷吹速率等十多个关键参数，数字化模拟脱硫全过程，并预测出脱硫后的硫含量，再配合参数优化模型，检验不同组参数的合理性及有效性。

基于机器学习，融合资深专家在工业控制上的经验，识别脱硫过程中的关键因子，包括钝化镁加入量、钝化石灰加入配比、平均流量、喷吹时长等，通过参数寻优模型识别参数间的最优关系，再回归到仿真模型中进行反复验证与优化，最终得到最优参数，即在满足脱硫效果的前提下，找到最小脱硫剂加入量的那组“配方”。

经过工业大脑找到的“配方”，能将脱硫剂的加入量降低 10%，理论上可降低 0.8～1 千克 / 吨的钢料消耗。

阿里云工业大脑应用到攀钢西昌钢钒转炉后，通过优化转炉炼钢复吹和造渣环节，降低吹损和喷溅，使钢铁料消耗显著降低，每年可节省 1700 万元的炼钢成本。

18.3.2　智慧表检，挑战世界难题

所谓表检，就是对轧制出来的钢板成品进行表面检测，确保其符

合客户要求的交付标准。传统上，质检人员通过仪器观察流水线运转的钢板表面，按照质检标准进行人工判定。由于表检环节的定量化程度不像钢铁料消耗环节那么高，加上不同客户的质量要求实际上各不相同，因此完全用机器代替人工进行表检，在全球范围内都是难题。

冷轧钢带经过轧制、热处理等连续加工工艺后会形成长约千米的钢卷。在表面检测环节，传统模式是由质检人员在短短 5 到 10 分钟内，识别出少则十几个、多则上百个的缺陷，并在表检仪（表面检测设备）扫描完毕的30秒之内给出表面等级、分选度、主缺陷和是否合格等判定。

计算机屏幕上的钢板流水线不停地运动，质检人员不仅需要在上岗期间全程盯着屏幕，而且还要时不时地手动输入缺陷位置和缺陷情况，视力和身体关节都“饱受摧残”。同时，质检人员在对产品标准的理解和把握上存在个人经验差异，势必也会造成判定水平高下、参差不齐。最终导致质量管理的成本提升。

智慧表检是将质检人员人工判断的标准进行数字化，通过机器学习的方式建立检查缺陷库。通过接入生产流程现成的表面数据采集仪器，进行机器数据和模型数据的对比检测，然后自动生成检测报告。

如今，自动生成检测报告与人工判断的匹配度已经高达 92%。质检人员再也不需要如履薄冰地紧盯屏幕，只要做好复核工作即可。

18.3.3 提升良品率，助力企业盈利

除了攀钢集团，工业大脑还在多个领域得到了应用实践。

光伏作为刚刚兴起的新能源产业，大多数企业净利润率只有两三个百分点，甚至很多公司都处于盈亏平衡线上。

天合光能是我国最早的一批光伏企业之一，以推动光伏平价上网和普及绿色能源为己任。在长期的经营探索中，天合光能一直致力于

通过技术的突破来实现电池光电转换率的提升及成本的降低。他们敏锐地发现，电池片生产的 A 品率，与企业的盈利息息相关。

为了寻找更优的生产工艺，天合光能引入了阿里云工业大脑，用技术赋能产线。在生产中，车间实时采集到的上千个生产参数会传入工业大脑，通过其框架中的 AI 算法，对参数进行深度学习计算，并结合企业专家们的专业知识，对数据进行过滤和筛选。通过这样的深度学习，工业大脑能精准分析出与电池片生产质量相关度最高的 30 个关键参数，并通过构建参数模型，在生产过程中实时监测和调控变量。

项目仅仅用了 5 个月的时间就达成了企业的预期目标，其 4 条试点产线上的电池片生产的 A 品率已提升 7%，营收增值已逾 2000 万元，给企业带来了直接的经济效益。

18.3.4　管控垃圾焚烧，降低碳排放

城市生活中，垃圾处理是大难题。如果以填埋的方式处理，可能造成土地占用和严重的地下水污染。现在，“焚烧发电”作为生活垃圾减量化、无害化、资源化处理的方式，已成为共识。但是，由于生活垃圾种类多样、热值不一，导致炉膛温度、主蒸汽流量、烟气排放等指标波动极大，为了让焚烧炉实现稳定燃烧需要大量人员的手动操作保证进料均匀。

通过工业大脑 AI 计算平台，完善垃圾仓储到发电等各环节的流程，打通垃圾焚烧发电各环节数据，构建数据链接服务及标签体系，支撑打穿环保应用的链路。通过 AI 技术实现垃圾焚烧、烟气处理、污水污泥处理的控制自动化，帮助固废企业实现“智能管控”，提升企业作业能力，提高我国固废企业处理垃圾的能力。

在西南某大型垃圾焚烧发电机组上，阿里云利用 AI 算法帮助客户将固废垃圾焚烧效率提升 2.6%，相当于同样的垃圾每年可多发电 4000

多万千瓦时，同时蒸汽量稳定性综合提升 25%，碳排放相比之前降低约 48%。

工业大脑，大大减少了人员的工作量，观察软件、记录数据和使用计算器的工作被一键替代，少加、错加配料的可能性被降到了最低。大数据取代了人工经验，能够快速精确地计算出最优解，稳定质量、减少浪费、降低成本。

现在，全国近 30 个城市的 100 座垃圾焚烧炉已装上阿里云工业大脑，不仅烟气排放大幅减少，环保指标和发电效率更稳定，而且全年可多发 3 亿度绿电，让绿色电力开始进入千家万户。

【本章小结】

在“双碳”战略的指引下，能源制造、交通、建筑等行业都在“组团”转型。

面向“碳中和”的能源变革，要循序渐进，先立后破。在供给侧，需要先把以新能源为主的新型电力系统建立起来，形成电力的“脱碳”甚至“零碳”，再逐步通过政策的引导来减少化石能源的使用。

而在需求侧，在制造领域，人类可以通过赋予机器“智能”，由机器随时随地完成复杂决策与逻辑操控任务，形成数智化与自动化融合的新模式，推动节能低碳，从而完成继三次工业革命后的又一次跨越。

回顾人类工业发展的历程，每一次人与机器间关系的变化，都意味着制造水平又一次质的飞跃。“双碳”对能源制造业提出了更高、更精细化的管理要求，而现代云计算、大数据、物联网、AI 等数智化技术的爆发也为满足这样的高要求提供了技术可能。政策与技术的碰撞，为人机边界的再次重构、能源制造业的加速发展提供了机遇。

第19章 交通出行便利化

交通是人类社会生产、生活及经济发展的基础和必要环节。衣食住行，“行”说的就是交通。时代的发展、科技的进步、一体化城市化进程的不断深入，以及不断迭代升级的消费需求，催生了智慧交通产业，也对交通提出了更加多元化、多样化的需求。

从马车到汽车、火车、飞机，从私有汽车、公共汽车到共享汽车，交通工具在产品和模式上不断创新，从智慧交通到新能源再到无人驾驶，回到出行的初心，便利化始终是绕不开的一个大众需求和发展目标。

19.1 智慧交通建设发展过程与层次——从全要素到全流程再到一体化

城市因交通而起，城市的扩张必然需要交通基础设施、综合运输体系的配套建设，交通除了满足人们日常生活的衣食住行当中“行”的需求，满足不断扩张的城市内如何更便捷、更舒适、更准时的通勤需求，交通的建设更关乎着国家经济的发展。

2019 年 9 月，中共中央、国务院印发《交通强国建设纲要》，其中明确指出：到 2035 年，基本建成交通强国。现代化综合交通体系基本形成，人民满意度明显提高，支撑国家现代化建设能力显著增强；拥有发达的快速网、完善的干线网、广泛的基础网，城乡区域交通协调发展达到新高度；基本形成“全国 123 出行交通圈”（都市区 1 小时通勤、城市群 2 小时通达、全国主要城市 3 小时覆盖）和“全球 123 快货物流圈”（国内 1 天送达、周边国家 2 天送达、全球主要城市 3 天送达），旅客联程运输便捷顺畅，货物多式联运高效经济；智能、平安、绿色、共享交通发展水平明显提高，城市交通拥堵基本缓解，无障碍出行服务体系基本完善；交通科技创新体系基本建成，交通关键装备先进安全，人才队伍精良，市场环境优良；基本实现交通治理体系和治理能力现代化；交通国际竞争力和影响力显著提升。

一方面，交通在推进形成全国强大统一开放的市场、区域经济一体化，推进商品要素自由流动和群众高质量生活等方面发挥着至关重要的作用。从现状来看，我国虽然是全球第一大交通基础设施大国，拥有将近 16 万千米高速公路里程，但在千人死亡率、每千米运输成本方面离欧美国家仍有一段距离。在 2035 年之前，从交通大国到交通强国，真正实现保障人和货能够安全、准时、便捷地到达目的地这一交通的基础目的，我国的交通发展还有很大的空间。

另一方面，“聪明的车”也离不开“智慧的路”。发展交通基础设施网联化，可以支撑中国智能汽车的快速发展，实现“弯道超车”。通过“车路云一体”的智能网联、车路协同技术，以路侧的低延迟、高精度的融合感知与车路协同通信，为智能网联汽车提供超视距毫秒级厘米精度的路侧计算，突破单车感知与计算的限制，从单车智能走向全局智能的发展路径，推动交通、汽车、通信、新能源多产业融合发展，已经纳入了国家的重要战略当中。

当前的交通问题可以看作人、车、路三者的协同问题，对应的解决办法也就有 3 种途径：一是抑制人的交通出行需求，通过尾号限行等政策降低机动车的增长速度与使用频率，但是会产生比较高的行政成本与社会成本；二是增加道路数量，由于可用空间与财力有限、建设周期较长，存在较大的制约；三是提升现有交通系统的运行效率，通过信息化、智能化手段，建立一种实时、精确且高效的智慧交通体系。相对于前两种途径，智慧交通体系建设投入成本低、见效速度快、社会影响小，所以成为各国解决交通问题的首选方式。

综上来看，交通进一步发展的方向，要以基础设施升级、交通治理升级、新型出行与运输服务升级、产业发展升级等多角度、多层次为目标，需要从更多元的视角来看交通产业的数字化、智慧化发展。

而回顾我国智慧交通体系的发展历程，相比发达国家起步较晚，大致可以分为 4 个阶段（见图 19-1）。

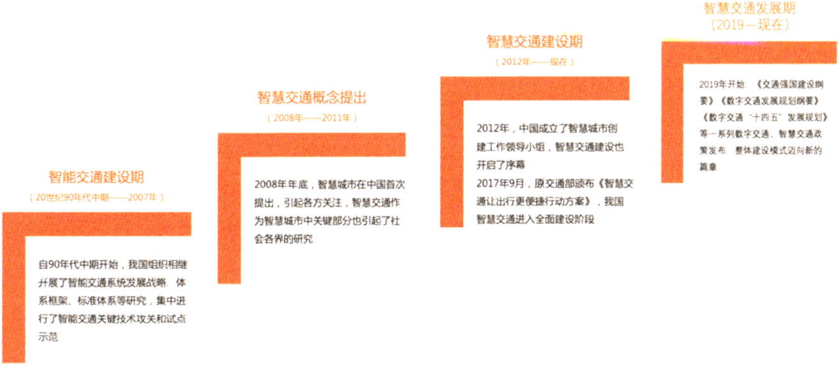

图 19-1　我国智慧交通体系的发展历程

以往智慧交通的建设，如公路联网收费、道路联网监控、联网信号灯、电子标识标牌、电子公交站牌，主要是期望解决交通管理者对我国分布绵长广阔的交通基础设施能够进行基本的状态监控及远程的联网控制。《交通强国建设纲要》《数字交通发展规划纲要》等政策文件的发布，正式拉开了数字交通、智慧交通发展的新篇章。智慧交通不再只是用于交通管理、收费运营的工具，而是通过数智化手段“赋能”，赋予传统基建与新的“功能”与“效能”（见图 19-2）。

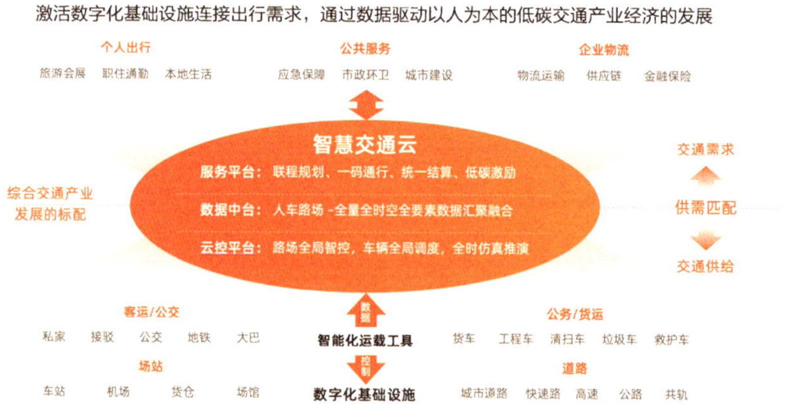

图 19-2 下一代智慧交通发展建设层次思路

如果说传统交通是为了满足交通出行的需求，驱动区域产业经济发展的话，那么数字化的交通本身就是物理交通设施、交通服务的延伸，是综合运用大数据、云计算、人工智能、北斗定位等技术，激活数字化基础设施连接出行需求，通过数据驱动以人为本的低碳交通产业经济。其核心是通过数字化的手段，来提高交通供给与交通需求的匹配效率，针对人和货实现高效、安全的送达。

具体来说，下一代智慧交通发展建设可以分为以下 3 个层次。

19.1.1　基础设施数智化

当前，社会正处于大规模数字化、智慧化进程中，整个交通基础设施的存在形态、建设方式、运营方式和典型特征都将发生根本性改变。传统的交通基础设施属于土木工程类物理基础设施范畴，无法直接用于计算、分析，也无法适应交通数字化、智慧化转型的发展需要。

基础设施数智化是通过高精地图采集、北斗差分定位、出行大数据、人工智能、BIM、倾斜摄影、遥感影像等技术，对交通基础设施的静态工程结构信息、交通语言信息、交通设备设施资产及动态的交通运行状态、交通轨迹、交通出行需求、天气环境、设备设施状态等信息进行不同等级的数字化还原，目标是为数据计算提供“设施及空间信息底座”，即为基础设施建设、养护、管理提供精细化的数据支撑，并为空间计算分析提供基础空间数据（见图 19-3）。

图 19-3　基础设施数智化的基本逻辑

交通基础设施数智化的意义有4点：第一，对基础设施的建设养护来说，提供了更精细化及客观的数据依据；第二，对交通治理来说，提供了精准的可计算、可分析的数据基础；第三，对于智能化载具发展来说，提供了数字化的训练与运行环境；第四，对于交通出行来说，提供了更优的出行路径建议及伴随式信息服务。

19.1.2 交通治理智慧化

2019年我国城市化率为60.6%，城市化发展正逐步走向成熟。城市形态和功能分区的发展是城市化发展进程的主要表现形式。城市形态正逐步从单中心向多中心、从工业城市向综合型城市、从单一城市向专业化互补型的多级城市群落转变。这一转变打破了原有的地域观念和城市居民间的经济、社会及文化的关系，进而影响到城市整体环境内交通出行的需求产生机制和出行分布特性。城市空间结构和土地利用形态的演变，以及城市化人口规模和分布的变化，决定了城市交通出行需求、结构、强度和时空分布特性。

随着城市土地开发和空间拓展，随之而来的城市交通问题不断扩大：上下班车流、客流分布的范围更加广泛，早晚高峰交通拥堵已经成为很多城市的常态；城市规模不断扩大，人口聚集效应越来越明显，交通出行需求大幅增加；城市建设从横向到纵向发展，狭窄空间内的基础设施建设，使得工程车辆在城市内行驶越来越频密，安全事故逐年上升。解决交通出行的“畅通”“安全”“绿色”问题，变得越来越迫切和艰难。

在城市大脑出现之前，交通治理方式以“罚”“限”为主，一方面依靠大量的路面警力和电子警察维护交通秩序，另一方面通过限牌、限号、限行等方式控制交通需求。总体来说是一种“头痛医头，脚痛医脚”的手段，但效果并不明显。越来越多的人意识到，应该通过资源综合优化的手段，通过提升交通运转效率和质量，来解决交通中的各种问题。

阿里云利用自研的大数据、云计算、人工智能技术，基于以人为本的交通治理理念，致力于为交通管理者提供智慧化的操作系统。它通过汇聚与出行相关的人、车、环境、交通运输等数据，实时分析不同时间、不同环境、不同跨度、不同出行方式的交通出行需求和交通供给；通过洞悉人们没有发现的交通复杂规律，制定超越人类或传统系统局部次优决策的全局最优策略；通过大规模实时仿真进行推演验证，并控制交通物联网实现对现实交通资源的精准优化。阿里云交通操作系统，真正实现了交通资源的最大限度优化，为实现交通治理“畅通”“安全”“绿色”的目标，提供了全新的方案。

专栏　科技加速重构——打造“成都交通样本”

成都市 TOCC（成都市交通运行协调中心）借助阿里云强大的运算能力和动态扩展能力，满足大流量、高并发、准实时的城市交通复杂数据处理需求，高效汇聚了同一时空领域内各类交通信息，为交通运行决策数字化、管理精准化、公众出行智慧化提供了重要支撑。

科技的助力不止于此，在阿里云提供的前沿数据技术中，特别值得一提的是阿里达摩院的人工智能技术。阿里达摩院顶尖科学家结合成都市的实际交通情况，研发出国际领先的智能视频分析和时空融合分析模型，实现对城市人流、车流、事件的态势研判。这项技术在成都市 TOCC 上的应用，为交通运输管理辅助决策增加了说服力。

19.1.3　出行服务一体化

从网约车到共享单车，从“12306”到“航旅纵横”，从“货拉拉”到“快递闪送”，中国的“互联网 + 交通”基本已经完成旅客服务端全面的线上化，能够通过各种移动 App 进行线上的购票、信息查询、预约，大大方便了公众出行与企业运输。目前按交通运输方式分类的系统建设，导致了多个系统之间割裂，用户需要通过自己计算多种运输方式之间时间、运力的衔接，因而造成了诸多的不便。

这种不便的背后，是各个运输系统之间的数据壁垒。通过整合完整的运力计划数据，打造统一的交通服务一体化平台，能够供各类互联网应用访问、调用相应的交通信息服务，其实可以由更多的企业来开发联运、联程的接口与服务，推动不同系统间的信息整合、运力整合、支付整合与需求统一管理，是交通服务一体化的目标。出行服务一体化不是谁把谁整合，更多的是通过数据的共享开放，来实现基础运力资源之上更多服务模式的孵化创新，基于数据提供增值的运营服务，通过市场来进行更有效的商业运作。

通过整合公交车、出租车、公共自行车、网约车、客运站、停车场、火车站、机场、文化旅游等各部门信息，依托移动互联网技术，实现公众出行服务一体化。聚焦公众、企业、政府与行业的多维度需求，提供涵盖城市交通和对外交通的多层次服务，包括完善联程规划、查询导引、移动客户端设计、信息服务、碳积分运营等全方位一体化服务，激励公众低碳出行。在政府管理侧，通过分析应用收集到的出行需求数据，持续优化交通资源的规划，提高公共交通服务水平，最大限度满足公众的出行需求。

低碳出行服务平台致力于为用户实现四个方面的“最小化”：出行准备时间的最小化、等待时间的最小化、响应时间的最小化、交通换乘时间的最小化（见图 19-4）。

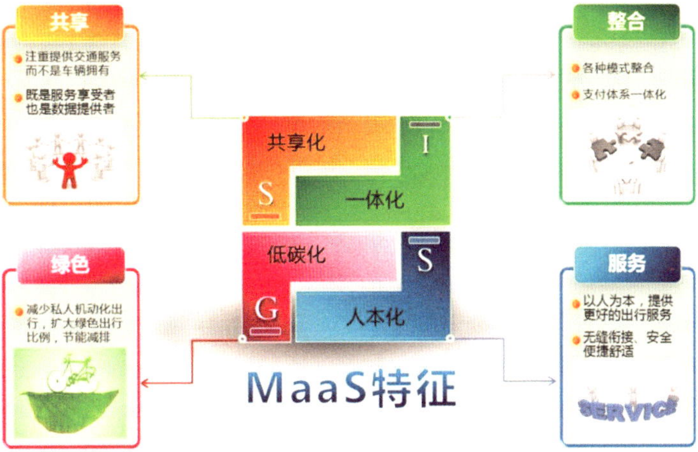

图 19-4 低碳出行服务的关键特征

（1）持续激励公众低碳出行：建立个人碳账号，对于公共交通出行者以碳积分的方式奖励，探索碳积分计算标准和运营模式，联合上级交通运输管理部门和国内碳交易所，认证平台碳积分。同时，根据业务和政策的需要，对于不同画像的用户，提供一套灵活的运营投放能力，可以对用户进行精细化投放。例如，在功能入口上强调绿色出行的概念，或者根据用户画像投放绿色出行功能入口，通过碳积分运营奖励绿色出行者。

（2）整合客运交通运力资源：整合客运交通运力资源和旅游相关资源，为出行者提供更丰富的信息，其中包括景区停车场信息、预约出行服务等。

（3）提供出行一体化信息服务：通过和交通运输管理部门之间的数据共享交换，制定统一的出行服务数据标准体系，在重要公交站台、枢纽发布出行服务信息和一体化出行服务入口。

（4）提供水上低碳运输环境：通过航道治理，水网交通态势感知，岸电使用，水上观光 BUS，水上服务区，提供水上运输船舶交通信息服务，治理拥堵点，营造水上低碳运输环境。

（5）建设交通碳积分管理平台：通过出行需求和碳积分的分析，优化城市交通出行服务，开发创新交通服务新产品。

19.2 城市智慧交通建设的新模式、新手段

随着无人驾驶和新能源汽车的迅猛发展，路网端等智慧交通基础设施加快建设，智慧交通建设也在进入新阶段，需要新模式、新手段（见图 19-5）。

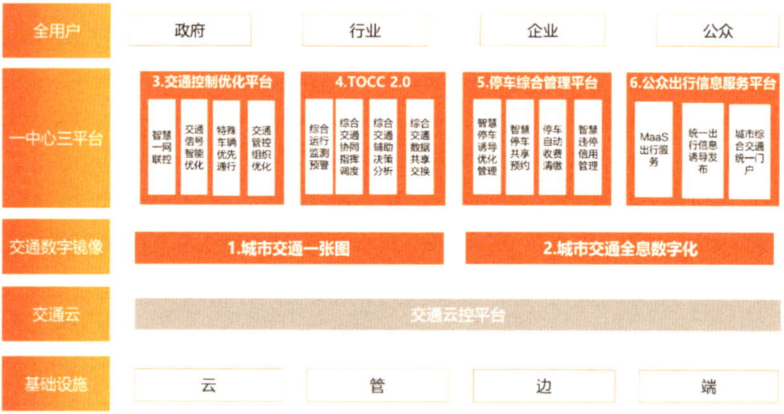

图 19-5 智慧交通解决方案

第一，智慧交通建设需要统一规划建设全市交通数字底座，全市统一规划的交通计算平台、大数据平台，将作为城市现有交通运行、未来交通规划发展的必备根基，构建安全、可靠、高效、可扩展的城市交通数字底座，实现智能交通基础设施的一次建设便可支撑未来无限的应用扩展。

第二，智慧交通建设需要建设城市交通全息感知能力。构建全面感知网络，以路口为最小单元，基于数字底座建设的高精度地图，建立多元数据融合实现全息基础设施数字化加全量交通认知分析，实现全息交通基础设施数字化，构建可计算的城市交通数字孪生应用。

第三，智慧交通建设需要城市道路堵点精准治疏。依托市交警信息化建设现状，进一步完善前端数据采集感知能力，加强全市交通大数据汇聚融合和共享，实现数据驱动大交通管理和服务优化，推进大数据治堵的深入应用，打造全国领先的城市人工智能辅助的交通诱导与信号控制体系，实现精准实时动态管控，构建“安全、畅通、有序”的交通运行环境。

第四，智慧交通建设需要具备城市综合交通协同规划能力。面向交通运输管理部门、交通相关运营企业，以统一数据底座为基础支撑，打造以围绕全场景监测与预警、多模式协同指挥与调度、综合交通多源融合分析、全域智慧停车、一站式出行服务的一体化交通云控平台。在监、调、决、管、服方面，形成全市交通监管与服务一盘棋，为解决“行车难”“乘车难”“停车难”问题提供强有力的支撑。疏堵点、通断点、治难点，全面提升交通出行体验。

第五，智慧交通建设需要打造一体化的交通绿色出行服务。充分运用阿里巴巴“互联网 + 交通”思维，加强融合阿里巴巴生态体系内的互联网数据与能力，借助综合交通运行监测与协同指挥中心的基础能力，围绕城市公众出行服务，打通包括公交、出租、地铁、共享单车、铁路、航空等城市绿色交通，自驾交通及城际交通的多种出行方式，结合旅游、气象、停车、酒店等数据，提供“门到门”的公众出行服务。建设综合交通数字出行服务平台，以数据衔接出行需求与服务资源，使出行成为一种按需获取的即时服务，让出行更简单，打造基于移动互联网技术的服务体系，开展绿色出行行动，倡导绿色低碳出行理念，

亮点 4：碳积分计算

用户在完成行程后可查看实际的出行记录，如实际耗时、花费、里程等，并根据出行方式、里程数的不同，调用计算模型，计算出奖励积分、碳排量减少量、健康度等信息（见图 19-6）。可累计到用户相关数据中，为后续的积分兑换、健康度排行等提供数据支持。用户也可在行程结束后对本次行程方案做出评价，为后续的平台运营、算法优化、线路优化等提供数据支持。

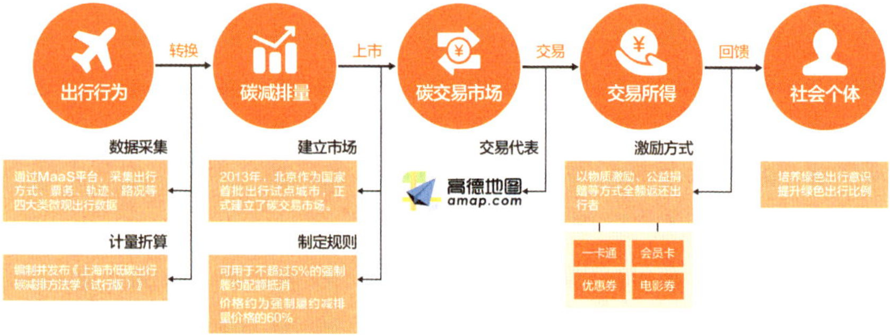

图 19-6 低碳绿色出行积分方案

19.3 实践案例

19.3.1 基于城市大脑的智慧交通建设

郑州市是国家重要的交通枢纽，打造国家中心城市是其当下重要的发展目标。而交通是其中不可缺少的一环，面对日益增长的交通出行需求及在发展中不断变化的问题，为了做好交通管理，为城市发展保驾护航，如何在城市大脑的建设背景下，有效地融合全域交通数据，对郑州市交通治理进行数字化转型及建立可持续优化的交通治理体系，成了本次建设的核心目标。

郑州城市大脑采用“整体规划、统一实施”的方式推进，交通板块的建设由市交警支队牵头，以城市大脑的技术框架来定义城市智慧交通专项治理应用，郑州城市大脑•交通共涵盖：警情勤务指挥平台、人工智能信号优化与组织优化平台、重点车管理平台、电动助力车综合管理平台共 4 大业务应用平台。

在全市统一的计算平台、数据中台、物联网平台、视觉计算平台、区块链平台的支撑下，郑州城市大脑•交通综合运用云计算、大数据、人工智能等多项前沿技术，融合了郑州市全域交通数据，用数据思维重塑交通管理模式，打造利用数据驱动进行城市交通治理的典范。

1. 亮点 1——交通全域融合

郑州城市大脑涵盖交通、医疗、城管、环保、政务等 14 个业务领域。智慧交通建设在有效地支撑其他业务领域创新应用的同时，也在享受城市级数据融合带来的红利。在郑州城市大脑统筹规划、统一实施的大背景下，真正实现了交管、交通运输、城管等多个部门及互联网交通出行数据的融合，涵盖城市交通基础设施、交通违法、机动车出行轨迹、电动自行车出行轨迹、停车、公交、地铁等方面的数据共 2695 个字段，从 2020 年 9 月投入使用至今共累计数据 264.56 亿条。借助以上数据，郑州城市大脑•交通已尽可能地将城市交通全域数字化，而这也为全生命周期的城市交通治理带来了可能性。通过郑州城市大脑•交通可以为城市基础路网规划提供数据支撑，为城市道路基础设施建设提供参考，实现城市道路管控的数字化转型、改善交通出行服务。

2. 亮点 2——以数据驱动外场设备设施建设升级

利用在线的海量交通数据，实时对城区的道路基础交通设施的效果进行评价，将基础的交通数据纳入智慧交通的整体管理范畴，通过实时交通设备在线数据，对外场基础设施的分布、运行数据质量、数据应用范围等进行评估分析，指导外场交通基础设施建设和升级，让资源的投入有的放矢。

利用城市大脑数据中台的能力，将郑州市的城市路网、交通设施设备全部数字化，每条车道、每个交通设施设备均在城市大脑中具有唯一的数字化编码，再将外场感知设备获取的交通流数据与高德数据融合，然后便可以根据不同路口的交通流量进行路口重要程度的计算。

实现道路交通组织优化方式的突破，以准确、及时的交通大数据为基础，以深入细致地分析预报为保障，针对郑州市城区道路交通组合进行优化，提高交通道路与交通运输管理水平，做好精确指导，科学决策。

3．亮点 3——城市道路管控的数智化转型

郑州城市大脑•交通采用云边一体的数据融合方式实现数据的融合，并以此驱动交管业务的数字化转型。借助阿里云超强的算力，一方面采用中心计算的模式实现一部分老旧外场传统设备的能力升级，如一些传统的视频监控，被赋予交通事件主动发现的能力；另一方面，城市大脑与现有智能设备无缝联动，实现了各类系统的智能化二次集成。

（1）外场传统设备的升级。利用本次郑州城市大脑建设的统一视觉计算平台，在交警领域实现了 1200 路视频的并发实时计算，可识别机动车相关事件 13 类、非机动车与行人相关事件 5 类、交通运行参数 8 类、潜在风险告警 5 类。通过以上算法的应用，一改过去主要依赖人工查看视频监控模式，大大降低了一线民警的工作量，郑州市交警指挥中心警情来源中城市大脑自动发现上报的比例已经超过 60%。同时，利用城市大脑建设的警情勤务指挥平台将全部警情按照预案进行统一调度，利用移动警务终端可将警情和相关联动数据推送给一线民警，指挥中心可全周期实时监督，大大提升了警情处置效能。

（2）智能化二次集成。近几年，郑州智能交通系统的建设取得了

一定的成效。但以往建设的系统或平台因受技术发展的局限多半为集成控制的形式，很少具备智能化能力。加之 2019 年郑州市承办全国少数民族运动会，在运动会举办之前郑州市交警支队成立保障工作专班，虽然圆满完成了运动会的保障工作，但投入了大量的人力和时间。未来，郑州市作为我国中部地区重要的中心城市必然还会承接重大的国内甚至国际的大型活动，如何在今后的工作中不单实现集成控制更要实现有智能化能力的集成控制，才能更好地做好保障工作。

借助本次郑州城市大脑的建设，在具备了全域交通数字化的基础上，利用郑州城市大脑的强大算力，实现了大型活动交通保障的即时仿真推演，在实验区通过高精度地图数据的采集，可实现车道级别的推演，将大型活动交通保障工作对周边交通的影响量化展现，同时给出任务执行结束后的交通恢复方案。在联合专家经验对以上仿真推演和恢复方案确认可行后，城市大脑可通过信号双向互通等中间件实现方案的自动下发和执行，通过智能化的二次集成大大提高了安保任务的工作效率。

（3）日常交通信号优化工作。目前，在郑州市城区的典型示范应用道路和区域，通过智慧交通的不断迭代升级优化的业务支撑算法应用，来优化路口、关联路段、功能组团等之间的交通连接，在现有其他条件不变的前提下，引入互联网数据和原有交通数据融合后深入进行数据治理，提升均衡度来提高道路资源利用率，实现早晚高峰主干道提高通行速度 5%，其他时间段提高 5%～10%（见图 19-7）。

（4）数据驱动实现交通服务模式的改变。传统交通服务模式由于交通信息不对称，公众获取交通信息的方式单一，内容相对简单。依靠城市大脑•交通，可以提供更加精准的交通信息，降低市民出行成本，并为公众和其他政府部门提供高效的、精细化的交通服务，更好地服务公众民生。

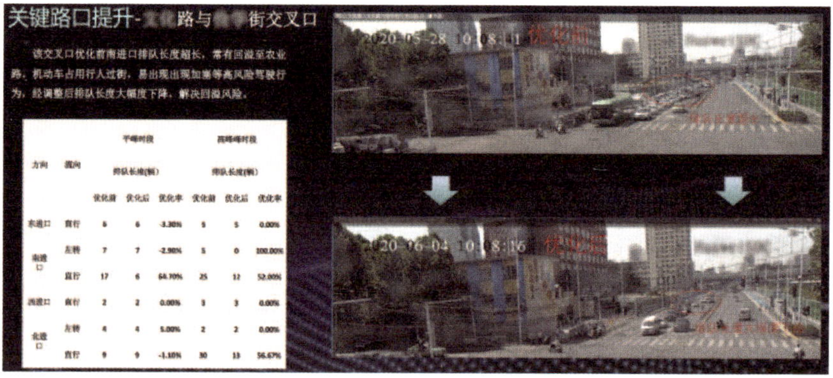

图 19-7 信号灯优化实例

4. 亮点 4——建立国内首个创新性的电动自行车慢行交通分析平台

根据交通运输部等多部门联合制定的《绿色出行行动计划（2019—2022 年）》，要完善慢行交通体系建设，开展人性化、精细化道路空间和交通设计，构建安全、连续和舒适的城市慢行交通体系。目前在全国范围内，从一线城市到二三线城市，都在着力打造城市慢行交通体系，但对于电动自行车慢行交通的管理一直是困扰当前交通治理的难点之一。郑州城市大脑率先融合电动自行车数据进入全域交通治理体系，对慢行交通体系进行了有效的实践尝试。

郑州市的电动自行车管理具有良好的数据基础，全市电动自行车均安装有基于 NB-IoT（窄带物联网）的数据采集组件，基于其提供的全量轨迹数据，实现了对郑州市全量 313 万辆电动自行车的交通态势数字化还原，实现对电动自行车的驾驶习惯、运行规律的分析，结合道路拓扑结构，交通控制系统，挖掘堵乱点建立电动自行车画像以人、车、企业、道路、事件等五大交通要素为主题，对交通要素相关数据进行多维度关联，实现交通要素全息档案信息的综合展示、关联分析和预警提示。

通过对系统数据的分析，在郑州市发现了一些以前被忽略的非机动车堵乱点。如在正弘城周边的几条支路，我们通过非机动车与机动车轨迹数据的融合碰撞找到了一些秩序稍差及组织不合理的点，并开始进行治理。

5．亮点 5——建立全市统一的超融合重点车辆监管平台

郑州城市大脑基于全域交通治理理念，在重点车管理领域率先采取了多部门数据、业务、场景融合，共同治理解决交通问题的建设思路。本监管平台融合了交警、城管、交通运输、文旅等多部门的数据，如各类重点车辆 GPS 轨迹数据、运营车辆相关证件办理数据、重点运输企业基本信息、重点车辆基本信息数据、从业驾驶员基本信息等，实现了全市与重点车辆相关的人、车、企全量库和画像系统。在这套画像系统的基础上实现了风险预警和违法告警，并以此推动落实了多部门协同监管机制，实现了对重点车辆监管的实时高效检测及多部门的联防联治。

系统在线上识别出风险或告警后，可按不同的业务类型进行分发流转，不同的业务处置被分发在不同的责任单位的业务系统中，处置完成后反馈处理结果以形成业务处置闭环。

系统提供在线车辆展示图层，展示重点车辆的在线分布和聚集特征。同时支持查看在线车辆的车辆类型、所属企业、年检有效期等车辆基础数据，以及车辆违法历史数据。对在线车辆提供历史轨迹查询功能，提供异常车辆事件验证的依据，也为执法处置提供了证据链条。

截至目前，本平台实现郑州市 17 835 辆重点车的实时监管，车辆类型涵盖两客一危、渣土车、重型货车、个体运营车辆、校车等。自 2020 年 9 月上线以来，系统对接数据 29 亿条，共成功识别近 20 万条报警。

6．亮点 6——人机结合，持续运营的交通“评、诊、治”优化分析形成常态

郑州城市大脑的交通治理采用了人工智能和专家经验（服务）结合的运营理念，改变以往只依赖系统建设，缺乏持续优化改进的模式，以城市大脑提供数据、算法、工具，郑州市交警支队通过量化的社会化服务聘请业务专业团队，基于此，结合人工智能算法给出的优化建议，以更少的人力投入，保障了对于不断变化中交通问题的评判、诊断和治理。

城市大脑建设中，通过“评、诊、治”重点分析了陇海快速路晚高峰的出行规律，挖掘出两条陇海快速路的替代路径，并通过诱导屏将出行替代路径展示给公众。

19.3.2 成宜高速：国内首条车路协同的智慧高速

2020 年 12 月 31 日，成宜高速正式通车。这是成都到宜宾的高速公路，线路全长约 157 千米，是四川省高速公路网规划的 16 条成都放射线高速之一，是省内市州政府所在地之间设计标准最高的一条高速公路。

成宜高速项目是交通运输部“交通强国”（第二批）建设试点工程、车路协同自动驾驶示范工程，是四川省数字新基建示范工程、科技厅重点研发项目。成宜高速建设目标为：一是提升高速公路“建、管、养、运”信息化、智慧化水平；二是从传统“可测、可视、可控、可服务”的信息化高速发展到“实时监测预警、业务协同共享、精准化决策支撑、精细化服务管理”的智慧高速。

作为“国内第一条全线覆盖的车路协同”高速公路，成宜高速以面向车路协同的“数字高速”为突破，构建了移动终端、智能路网、云控平台、数字孪生四大平台（见图 19-8）。车路协同智慧高速的建成，

也为高速公路管理者和出行者提供了高效通行、行车安全、出行陪伴、协同运营、运维养护、数据资产等多重价值，实现了全路段资产设备数字化管理，大幅提升了资产价值和维护效率。

图 19-8　成宜“数字高速”四大平台

1. 移动终端平台

成宜高速实现了四大类车路协同场景，包括运输安全、通行效率、行业监管、出行服务（见图 19-9）。成宜高速依托阿里云高精时空定位和地图能力，为 3 万台设备及车辆提供车道级厘米级定位，毫秒级反应的服务，初步实现了“网联车和人工驾驶车辆”的车路协同。通过全天候的精准感知，让前方发生的交通事故等状况通过面向 C 端 App，毫秒级传递到后方车辆，保障全天候通行。

2. 智能路网平台

视频感知通过标准化前端布局实现了高覆盖率与融合的事件对象感知，但视频感知在恶劣天气与夜晚存在一定的技术局限，因此在视频感知基础上，成宜高速全线覆盖了雷达传感器与天气传感器，通过阿里云雷视融合技术，实现了全要素、全天候感知。通过边缘计算一体机实现各种感知源的融合计算与统一表达，解决传统视频监控、雷达设备、天气设备系统与数据隔离不统一的问题（见图 19-10）。

图 19-9 成宜“数字高速”协同场景

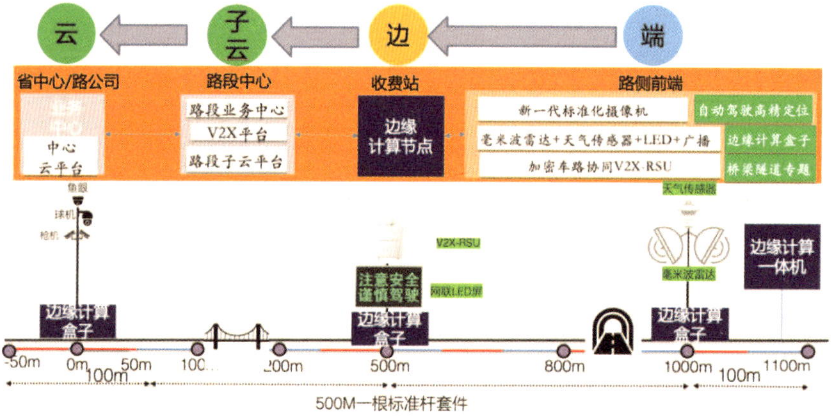

图 19-10 成宜智能路网平台

为了使信息触达更加及时高效，成宜高速在路侧信息发布方面统一规划 LED 情报板、路侧广播系统，以及车路协同 RSU（路侧单元），实现信息通知与语音播报的常态化自动联动闭环。

3．交通云控平台

依靠阿里云智慧交通云控平台，成宜高速实现了出行运输服务一体化、运营管控决策智能化、全要素全周期数字化。

交通云控平台实现了对计算资源、存储资源和网络资源的统一管理，满足了面向智慧高速的大数据并发和分析处理的需求。云控平台软件服务建设包括云上运营服务层，通过统一运维管控工具，对平台的大部分日常运维和管理控制工作实现了自助维护，降低了运维成本；基础设施服务层，通过云平台基础核心能力建设，提供模块化、一站式、高性能、高效便捷的 IT 基础资源交付服务；数据处理服务层，为业务应用提供各种数据存储与交换服务和大数据计算服务；中间件服务层，提供统一化、标准化、服务化的中间件服务应用组件；安全服务层，以等级保护第三级信息系统进行防护设计。

4．数字孪生体系

成宜高速利用阿里云数字孪生技术对道路要素、车辆要素、交通设施要素、交通设备要素、地貌要素和气象要素进行一比一的数字化还原，将路网及沿线的一草一木、一车一路、天气环境等要素数据化融合分析后实时投射到三维数字世界中，展现全时空、高精度、高保真、实时还原的平行世界。在传统视频监控中，管理者需要通过切换多个屏幕寻找摄像头拍摄的特定场景信息，且只能从固定角度观察交通目标。而运用三维实景融合技术则可以直接在数字孪生世界中点击想看的场景，迅速定位到指定位置，全方位、多角度地观察和了解实时路网状况。

【本章小结】

今天，人们对于出行的需求、企业对于运输的需求，已经不满足单一运力和运载工具了，而是对出行全周期、全供应链的服务进行升级。

与此同时，交通工具在空间和技术上不断创新，无人驾驶汽车、飞行汽车、胶囊高铁等已经不再遥不可及；而且交通工具的服务模式也在创新，车不再是单纯的载具，而是继手机之后，正在成为新的移动互联网服务平台。另外，路的概念也在立体化，除了普通路网，包括了地下、天空、水上的新空间。从产业的角度来看，智能汽车、新能源、智慧城市的发展也与交通的数智化升级紧密关联在一起。

显然，人、车、路的新变化，给未来“大交通”可持续发展带来了更大的挑战。智能化的交通体系为破解社会交通难题提供了新动能和新变量，它将唤醒分散的、沉睡的数据，打通“数据孤岛”，形成全局规划，最大化将数据“资源”变为“资产”，重塑人、车、路之间的关系，驱动未来交通发展。

第 20 章
医疗养老普惠化

看病就医是每一个国家最重要的基础保障。然而，我国人口基数大，人口老龄化趋势加剧，与之匹配的医疗供需结构和资源严重失衡。数智化技术正在渗透到医疗垂直专业领域，成为与医生携手供给医疗服务的重要力量。智慧医疗的兴起方便了群众，提高了医疗服务和资源的均衡普惠性，也提高了就医效率、节约了医疗资源。

20.1 数智化技术推动医疗普惠化

20.1.1 互联网技术推动就医流程简约化

第七次全国人口普查数据显示：截至 2020 年 11 月，全国人口共 14.1178 亿人，比 2010 年的 13.3972 亿人，增加了 7206 万人，增长率 5.38%。然而，根据《全国医疗卫生服务体系规划纲要（2015—2020 年）》数据，2020 年国内每千常住人口拥有执业（助理）医师数仅为 2.5 人，每千常住人口拥有注册护士数仅为 3.14 人，远低于发达国家平均水平。以医院资源分布为例，国内优质的三甲医院资源主要分布在全国一二线的大城市，而在县城和农村及经济欠发达的三四线城市，医疗资源严重匮乏。

2010年后，智能手机和移动互联网的蓬勃发展，有力地推动了医疗信息化技术的升级和演进。越来越多的医院推出了远程手机App挂号、App查看报告等基于移动互联网的便利就医服务。

通过移动互联网技术，实现了有限资源的高效利用。通过线上技术简化就医流程，减少排队次数、缩短排队时间。让“信息多跑路，让群众少跑路”，从“登门服务”转为“上门服务”，群众通过App就可以完成预约挂号、查询结果、缴费等事项，看病就医更加方便、快捷。

现在，一些医院门诊大厅正变得越来越安静，排队挂号的患者在减少，倒卖票号的“黄牛”几乎销声匿迹，取而代之的是屏幕不断闪动着的一台台预约挂号机器（见图20-1）。现如今，医院的智能导诊系统，对患者的病史信息进行了智能采集，辅助医生诊断；三甲医院与基层医院之间通过远程医疗智能技术频繁往来沟通；重大手术使远在千里之外的专家们可以联合会诊；以前只有北京、上海等先进城市聚集了“大医院”“大专家”的资源，而现在，小县城的人们也可以通过远程线上技术享受到这些资源。

图20-1　医院门诊大厅的变化

专栏　安吉县卫健局解好“1+N”数智化转型题

2021 年以来，安吉县卫健局不断开拓创新，持续扩大数字化改革成效，让医疗实现了“1+N”多种可能：投入使用 120 智慧院前急救系统，让院前急救指挥更快速、更精准、更智能；开发上线云 HIS 系统，为患者提供无卡就医、线上支付、诊间结算等就医服务；上线区域检查服务平台，为群众提供远程会诊、远程 B 超等服务，实现医共体内医疗机构所有检查数据及影像集数据的互通共享；开发“互联网 +”惠民工程健康医保卡“多码通用”，实现医保电子凭证、电子社保卡、电子健康卡的多码融合等智慧医疗加速发展，从多个领域、各个方面为百姓提供了便捷服务。

安吉县卫健局持续深化综合医改，打造智慧医疗新模式，推动医疗、公卫两大服务深度融合、并重共提，推动公共卫生服务深度融入医共体建设，并以慢性病管理为突破口，聚力打通医疗、公卫信息化系统间的信息壁垒，实现从出生到死亡的全生命周期健康管理。同时，安吉县卫健局积极优化基层医疗卫生机构补偿机制改革，规范化、精细化落实“两慢病”全周期健康管理，力争顺利通过全省“两慢病”改革试点验收，统筹推进全民健康信息化、医共体数智化、医防业务融合、“互联网 +”等系列工程，优化“一老一小”两端资源服务供给，全面打开安吉县卫生健康事业数智化转型发展新格局。

20.1.2　医共体成为推动医疗资源共享的着力点

目前，国内医疗资源的地域化差异较大。不同的城市之间，城市与农村之间，医疗技术相差甚远。作为面向服务人口最多的县域和城市的区县级及以下的公立医疗卫生机构，主要包括县级医院、社区卫生服务中心和服务站、乡镇卫生院和村卫生室等，其服务能力亟待提升。

国家大力推进合理配置医疗资源、促进基本医疗卫生服务均等化发展，以解决人民群众最关心和最迫切的问题。

我国明确提出，要加快建设分级诊疗体系，积极发展医疗联合体；加快优质医疗资源扩容和区域均衡布局，建设国家医学中心和区域医疗中心；加强基层医疗卫生队伍建设，以城市社区和农村基层、边境口岸城市、县级医院为重点，完善城乡医疗服务网络；加快建设分级诊疗体系，积极发展医疗联合体。

所谓医共体，就是医疗服务共同体，是医疗联合体的四种组织模式之一。基层医疗是分级诊疗中的一环，是医疗卫生体系的根基，而医共体就是扣紧县域内每一环的抓手。从县医院到社区卫生服务中心到乡镇卫生院再到村卫生室，环环相扣，统一管理，只有提升基层医疗卫生服务的能力和水平，才能让患者“下得来”、基层“接得住”。

在医疗卫生领域，医共体建设作为推进“双下沉、两提升”工作常态化、长效化的有效手段，以及深化医药卫生体制改革新的突破口，对于整体提高县域医疗资源配置和使用效率、加快提升基层医疗卫生服务能力、推动分级诊疗制度建设、缓解“看病难、看病贵”问题、更好地满足百姓的健康需求有着非常突出的意义。

浙江省是“最多跑一次”工作的发源地。浙江省委省政府高度重视医改工作，积极推进县域医共体建设，在深入实施“双下沉、两提升”的基础上，把整合县乡医疗卫生资源、建设县域医共体作为突破口和主抓手，构建“一线直通、覆盖全域、服务连续”的整合型医疗卫生服务体系。

2017 年 9 月，浙江省开展县域医共体建设试点，在选中的 11 个县（市、区）先行试点探索，确定了医共体内机制设置、人员招聘使用、医疗卫生资源调配“三统一”，财务管理、医保支付、信息共享“三统筹”，分级诊疗、签约服务、公共卫生“三强化”的改革试点路径。

2018 年 9 月，浙江省印发《关于全面推进县域医疗卫生服务共同体建设的意见》，到 2019 年，医共体建设全面推开，县域综合医药卫生体制改革不断深化，整合型医疗卫生服务体系初步建成；到 2022 年，县域基层就诊率达到 65% 以上，县域就诊率达到 90% 以上。

2019 年 3 月进一步发布《关于印发 2019 年度县域医共体建设重点任务清单的通知》，从构建服务新体系、建立管理新体制、完善运行新机制、增强制度新优势、推动数智医疗新发展、促进能力新提升 6 个方面列出了 55 条重点任务清单，确保县域医共体建设取得实效。这些政策意味着浙江省全面启动以县域医共体作为推动县域综合医改、补齐基层医疗服务能力短板的新突破口，从增强县级医院服务能力到增强县域整体医疗服务能力。

20.1.3　数智化技术融合助力突破医疗服务时空界限

随着 5G 技术与大数据、物联网、人工智能、区块链等前沿技术在医疗领域的充分融合，使得医疗服务突破了时空的界限，提高了资源的利用效率。

1. 远程专家会诊

5G 技术满足了视频和图像的大带宽、高速率的传输特性要求，可以实现不同地点的专家集中起来进行远程会诊。专家可以在线对患者的 X 光片、CT 片、心电图、病理切片等诊断结果进行讨论，确定病情并提出解决方案。这项技术不但被大量用于新冠肺炎疫情期间的病情诊断，减少与病患的直接接触，隔绝病毒的传染，而且促进了医疗资源的协同，使得很多经济欠发达地区的人们也可以享受一二线城市医疗专家资源的服务。

2. 远程治疗

利用 5G 技术的毫秒级延时特性，通过网络切片技术，很多医院开展远程超声和远程手术等。医生可以通过远程操控机械臂实时开展远程超声检查和掌控手术进程，完成对于危重病人的远程治疗。

3．应急救援

除了日常的医疗工作，当灾难来临时，数智化技术也为应急救援提供了技术支撑。通过临时基站或运营商急救车的通信网络的搭建，可以第一时间将现场的无人机影像和相关医疗检查结果进行实时传输和共享，利用先进的虚拟现实和 AI 技术构建现场情景，实现前后方的无缝衔接和联动，为患者争取抢救时间。

4．远程培训

除了医疗救治，通过钉钉等远程办公系统，可以实现医院间的教学培训，包括手术的直播、转播，以及案例的分析和共享。通过实时的异地医学教育和培训交流，可以有效提高基层医疗水平，高效率和低成本地实现最新医疗成果和经验的分享，推动医疗事业的全面发展。

5．远程监护

通过物联网技术，依托专业的医疗监护和传输设备，将患者的体征信息实时传输到监控中心,实现医护人员的远程监护。除了监护患者，该项技术也被用于看护老人和儿童，通过智能手表、体征监测仪等智能终端设备进行数据的实时采集和反馈。

6．AI 辅助医疗

随着 AI 技术的不断完善，其被应用于医学影像的辅助识别和临床诊断。通过大量的影像数据和临床案例数据的机器学习及特征提取，利用“大数据 +AI”的技术方案，可以对医疗影像数据和临床数据进行建模分析，提取病情和病灶特征，还可以对大量的患者数据进行有效的识别和提取，大大提高了筛查效率。这项技术在新冠肺炎疫情中被大量应用，并取得了良好的实践效果。

专栏　阿里巴巴达摩院 AI 医疗黑科技

阿里巴巴达摩院是一家致力于探索科技未知，以人类愿景为驱动力的研究院，是阿里巴巴在全球多点设立的科研机构，立足基础科学、颠覆性技术和应用技术的研究。在 2020 年世界新冠肺炎疫情暴发之初，达摩院就利用 AI 算法引擎和 AI 算法平台，创建了新冠肺炎 CT 智能辅助诊断技术（见图 20-2）。该技术通过大量肺炎影像样本的机器学习，依靠 5G 传输技术，实现了新冠肺炎的远程诊疗、机器识别和疫情的监测。

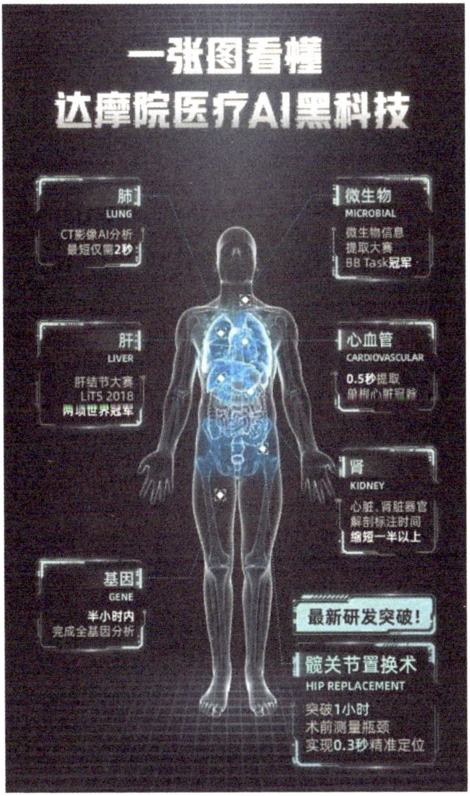

图 20-2　达摩院医疗 AI 黑科技“一张图”

新冠肺炎CT智能辅助诊断技术不断向海外拓展，而且也为病毒全基因组分析提供创新能力，不但入围联合国世界卫生创新交流大会前24强，而且被中国国家科学技术馆馆藏，收到国务院办公厅的感谢信和总理批复，为全国乃至世界的疫情防控起到了积极作用。

20.2 数智化让老年人融入数智时代

新冠肺炎疫情的暴发从某种程度上促进了远程化、数智化技术的进步，但同时也使得老年人更多地遭遇数字烦恼，甚至成为近期的社会“痛点”。越来越多的社会事件，如九旬老人被子女抱着做人脸识别；老人不会登录小程序获取健康码乘坐地铁受阻；八十岁老太太冒雨医保缴费被告知不收现金等现象不断发生。广泛应用的数字技术仿佛一下子成了很多老年人难以逾越的“数字鸿沟”，便利的科学技术反而给很多老年人的生活带来了诸多不便。

20.2.1 老年人开始融入“数智化生活”

根据中国互联网络信息中心（CNNIC）发布的第47次《中国互联网络发展状况统计报告》，截至2020年12月，中国网民规模达9.89亿人，互联网普及率达70.4%。其中，60岁及以上非网民群体占非网民总体的比例为46.0%，60岁及以上老年群体依然是非网民的主要群体。

随着社会老龄化的加快，老年人这个群体非常庞大，会达到2亿～3亿人。此外，少子化和社保体系的完善也提升了其购买力。与以前不同，正在退休的这批人，是一群拥有完善的社保体系并具备强大购买力的人。

然而，数智化技术的发展却让很多老年人感到无所适从，很多老年人被迫成为数智时代的“弱势群体”。那么，老年人如何适应数智化生活，谁来帮助老年人迈过“数字鸿沟”？这已经是摆在社会面前的一道难题了。

2020 年 9 月 25 日，全国老龄工作委员会印发《全国老龄工作委员会关于深入开展 2020 年全国“敬老月”活动的通知》，宣布启动实施“智慧助老”的专项行动，主要包括努力消除老年人面临的“数字鸿沟”，切实保障信息时代老年人的合法权益。要围绕老年人“不会用、不敢用、不想用、不能用”智能手机的问题，动员家庭成员、社区服务人员、志愿服务组织、老年大学等对老年人开展智能手机使用培训；加强防范网络诈骗、电子通信诈骗的知识宣传，帮助老年人掌握防骗知识和技能，提升老年人使用智能手机的信心；鼓励相关企业加强产品研发，设计老年关怀版、一键进入的简约操作程序和便捷阅览界面等，为老年人使用智能手机提供便利；积极搭建慈善募捐平台，广泛动员爱心企业、社会人士开展募捐活动，解决贫困老年人无智能手机可用的问题；超市、银行、医院、火车站、地铁站、公交车站等老年人频繁活动的场所，应保留必要的人工服务，满足不会使用智能手机的老年人的正常服务需求。

2020 年 11 月，国务院办公厅印发的《关于切实解决老年人运用智能技术困难的实施方案》提出：到 2020 年底前，集中力量推动各项传统服务兜底保障到位，抓紧出台实施一批解决老年人运用智能技术最迫切问题的有效措施，切实满足老年人基本生活需要。到 2021 年底前，围绕老年人出行、就医、消费、文娱、办事等高频事项和服务场景，推动老年人享受智能化服务更加普遍，传统服务方式更加完善。到 2022 年底前，老年人享受智能化服务水平显著提升、便捷性不断提高，线上线下服务更加高效协同，解决老年人面临的“数字鸿沟”问题的长效机制基本建立。

各地方政府也在响应要求，积极应对老年人“数字鸿沟”问题，各地陆续推出帮助老年人接轨“数智化生活”的行动。

上海市数字化生活推广较早，老年人“数字鸿沟”遇到的问题也比较多。上海市推出的《关于全面推进上海城市数字化转型的意见》指出，要着力解决“数字鸿沟”问题，倡导各类公共服务“数字无障碍”，面向老年人和残障人士推进相关服务的适应性改造，创造无处不在、优质普惠的数字生活新图景。

在江苏省南京市，为了解决老年人不会用智能手机等问题。社区志愿者几乎每个星期都会过来帮忙照顾老人，向老年人提供培训等多种形式的助老服务活动。

在云南省昆明市，董南社区“滴滴护士”在为老人们进行血糖、血压、尿常规、心电图和胆固醇等多个项目的检测，免去了老人们以往做小检查也要去医院排队的麻烦。

此外，很多企业也在加强设计对老年人关怀化、友好化和便捷化的产品，一键进入的简约操作，创新发展智慧养老服务，提升居家养老服务质量，更好地满足老年人群需求。

在“数智时代”，帮助老年人追赶上互联网的步伐，跨越数智社会门槛，这不仅是应对老龄化社会到来的客观需要，更是爱老助老的具体行动，也将成为未来全社会的共同责任。

20.2.2 数字智能让养老更温暖

数智化技术对于老年人的生活也并非全是困难，同时提供了非常多的便利。智能手环方便了老年人的日常指标监测和紧急救援；防跌倒预警设计保护了老年人的出行安全；全自动便器消毒系统既方便又卫生；智能小药房记录老年人的服药时间和用量；无接触消毒机器人保证了新冠肺炎疫情期间老年人的居家安全等。现今“数智化”养老逐渐深入老年人的生活当中，为他们的晚年生活出一份力，让养老更加便捷和温暖。

与前几年相比，老年人数智化产品功能设计越来越完善。以智能手环为例，这个老年人重要的必备日常设备，与之前的手环相比，不但具有常规的日常监测功能，如监测心率、血压、计步等，一旦老人的心率、血压检测出异常将自动告警，老人也可以通过手环上的 SOS 紧急呼救按钮进行一键求助，几分钟内就会有专人电话询问老人的详细情况并进行处置，而且还能第一时间将情况推送给老人的家人。

此外，老年人数智化产品越来越注重需求与服务的精准匹配。通过运用移动互联网、大数据、AI 及云计算技术，搭建智慧养老服务平台，实现精准服务。上海在“十三五”期间就上线了上海市养老服务平台，不但连接了“随申办”公共服务平台，为老年人提供办事指南和服务，而且还在长三角一体化战略下，与异地养老需求进行对接。

智慧养老需要多元服务主体的参与，越来越多的养老服务企业也在探索养老的创新技术和模式。在这个过程中，越来越多的创新解决方案和产品应运而生，如认知障碍老人防走失场景、失能失智老人刚需护理、空巢老人的数字保安、“康护到家”养老、医疗与康复机构资源整合等。为了研发的服务和产品更加贴近老年人的实际需求，很多企业都到养老机构进行“驻场体验”，深入了解老年人生活的真实场景，真正让产品与老年人适配并被接受，让数智化养老产品真正有温度。

专栏　基于“天猫精灵”的医疗服务机器人

阿里巴巴集团基于“天猫精灵”开发了一项居家智能医疗服务（见图 20-3）。它基于智能音箱终端能力，结合医疗服务机器人、家庭医生、社区医院、第三方医疗服务机构等医疗资源，为用户提供端到端的综合医疗服务，主要包括下面的内容：

- 可以视频或语音对居民进行随访，利用人声识别，以家庭为单

种服务形式。

社区机构也可以构建自己的信息化管理系统和物联网感知系统，甚至可以接入需要照看的老人家庭，同时与签约的医疗结构进行信息的互联互通，对于社区老人的突发症状可以进行预警和紧急救助，实现社区“医养融合”的数智化管理。

（3）家庭中的“医养融合”。受我国国情和传统文化的影响，目前我国大部分的老年人还是会选择居家养老安度晚年，或者与子女合住，既方便帮助子女看护下一代，也方便子女对于自己的日常照料，同时享受天伦之乐。虽然居家养老对于老人的护理和日常照料，远没有养老机构专业，但是这种养老模式让老年人享受了家庭亲情，得到了精神上的满足；此外，在我国的偏远地区或经济欠发达地区，尤其是广大农村地区，缺少专业的养老机构，使得老人不得不以这种方式养老。

在这种模式下，很多家庭一方面借助社区的优势，去延伸“医养融合”服务；另一方面越来越多的物联网设备、AI 设备，如智能手环、智能机器人等进入老年人家庭，很多企业以第三方角色与医疗机构签订有关老人医疗服务的协议，作为产品的增值服务一起推广。

20.3 实践案例

20.3.1 医共体建设推动基层医疗服务智慧化、均衡化

天台县人民医院医疗卫生服务共同体（简称“天台县医共体”）是以天台县人民医院为牵头单位，15 家乡镇卫生院、社区卫生服务中心为成员组成的一个医共体（见图 20-4），是以提升县域医疗卫生服务能力，坚持以人为本、健康优先、县乡融合、乡村一体、三医联动、六医统筹为基本原则，以推动天台县医疗卫生事业发展为主要目标的发展共同体、服务共同体、管理共同体、利益共同体。

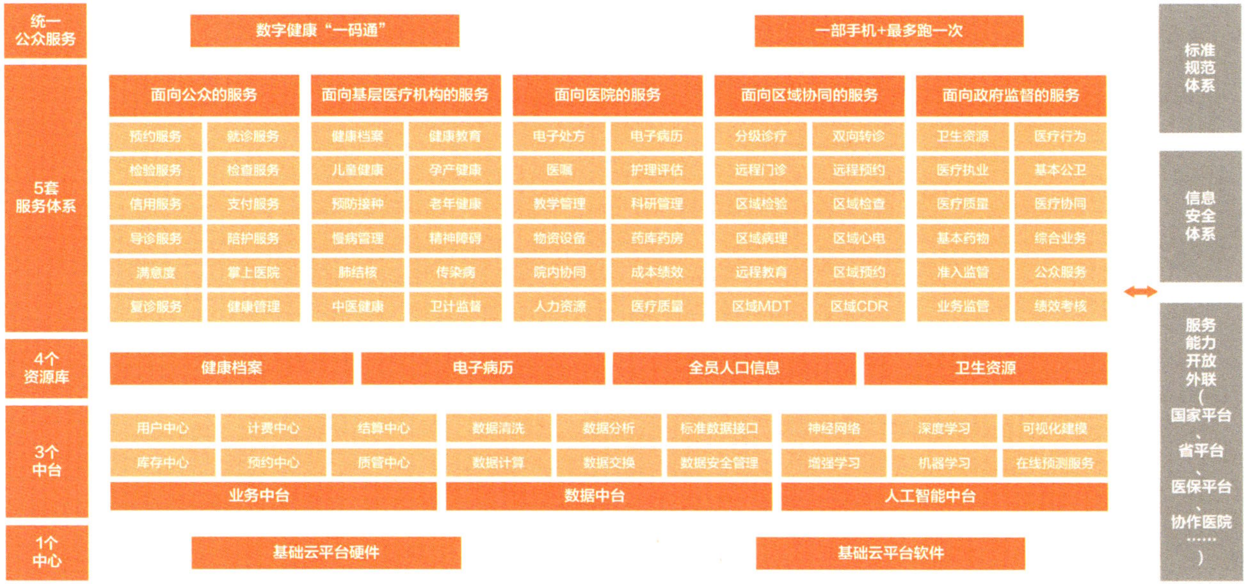

图 20-4 天台县医共体信息系统建设总体架构图

1. 建设成果

（1）满足医共体“六统一”管理要求，系统要能够满足医共体医疗业务、公共卫生、人事、财务、资产、药品耗材管理6个方面实现统一管理的要求，消除常规医共体建设中的互联互通“痼疾”，实现牵头医院的业务管理要求可实时同步到医共体所有机构中，实现医共体医疗服务同质化，医共体人、财、务管理统一化。

（2）能够实现线上线下全业务融合，系统要求能实现医院内日常业务和互联网医疗健康服务完全融合。无论何时何地，医务人员只要安全接入系统就可以开展工作，互联网医院患者和医院现场就诊患者都使用同一套系统，真正实现全县百姓人人拥有一份贯穿全生命周期的实时动态健康档案。

（3）能够通过AI提升基层医疗卫生机构诊疗水平，针对医共体基层诊断能力不足的现状，系统供应商应广泛采用先进可靠的AI技术，构建知识库和专家系统，并经过实际应用检验，从而快速提升基层医疗机构诊疗水平。

（4）全程实时县域医疗卫生大数据监管，系统要建设统一的数据中心，为政府大数据决策提供抓手，政府管理部门可通过大数据实时管理全县医疗卫生业务工作概要，实现大数据支撑下的县域医疗健康智能决策。

（5）包容整合系统供应商的开放生态要求，考虑到医共体未来业务的拓展性，需要构建开放的生态平台，实现县域医共体各机构可选择不同厂家的系统，在系统供应商系统达不到要求时可自由更换系统而不损失数据。

2. 主要创新点

（1）畅通医共体内外双向转诊流程，减少中间环节，切实提升患者就医体验，落实“最多跑一次”改革。

（2）成立医疗业务、人力资源、后勤保障、公共卫生、财务、医保、信息七大管理中心，实现扁平化管理，常态化开展工作。

（3）牵头医院专家在各分院固定排班，建立远程医疗服务平台，使老百姓在当地即可得到上级专家的诊疗。

（4）15 家分院财务集中统一管理，实行“一本账”报表体系；推进以岗位为基础、以绩效为核心的县域医共体薪酬制度改革。

（5）成立医共体药事会，统一医共体药品目录，统一药品招标，降低药品价格，在 15 家分院及各服务站、村卫生室均能买到跟总院一样的药品，解决偏远山区缺药少药的状况。

（6）建立和完善县域统一的影像、心电、检验、病理、消毒供应中心，检验、检查结果互认，实现资源共享。

20.3.2　智慧医养一体化平台助力养老产业数字化

西安春晖智慧医养一体化平台系统依托政府资源，融合云计算、物联网、大数据、AI 等前沿互联网技术和理念，在机构养老、社区居家养老、医养结合等产业领域精耕细作，是这些领域共同打造的一体化平台（见图 20-5）。搭建省级智慧医养一体化平台，有利于建立全国养老产业示范性综合解决方案，助力区域养老产业数智化转型升级。

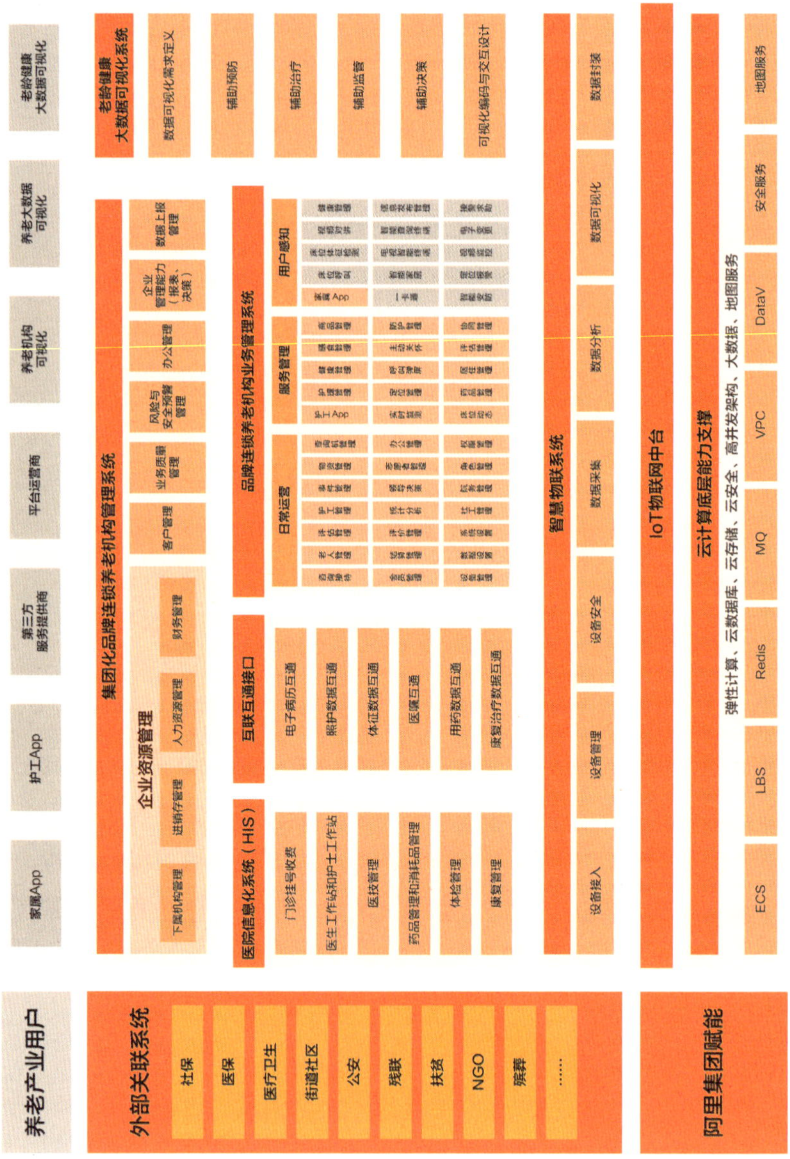

图 20-5 智慧医养一体化平台总体架构图

1. 建设成果

一期建设 2 个业务系统、1 个智慧物联系统、1 个数据展示系统。

（1）2 个业务系统：集团化品牌连锁养老机构管理系统（集团管控）、品牌连锁养老机构业务管理系统（机构内业务管理）。

集团化品牌连锁养老机构管理系统：通过信息系统实现品牌连锁养老机构的集团化管控，通过对人、财、物、模式等的具体管理实现品牌连而又锁，形成强有力的品牌连锁效应，增加品牌附加值。

品牌连锁养老机构业务管理系统：针对单体养老机构开展的老人服务业务设置的管理系统，涵盖日常运营、服务管理两大领域，包括养老院管理子系统、护工端 App、家属端 App。

（2）1 个智慧物联系统：智慧物联系统——使用阿里云物联网平台，连接智慧养老物联设备（如智慧健康套装、智慧床垫、随身紧急呼叫一卡通等），为养老机构采集数据，实现老年人体征数据、健康数据、消费数据和安全数据、机构内工作人员的业务流程数据实时、准确、安全地上传至数据采集系统，并以数据接口的形式向业务系统提供数据服务。

（3）1 个数据展示系统：老龄健康大数据可视化系统（医养结合）。利用智慧养老物联设备采集老龄人口数据，将数据根据监管的需求进行清洗，以可视化的方式展示出来，辅助老龄人口疾病预防、慢性病检测、恶性疾病治疗，为区域老龄人口的健康政策制定提供可靠的依据。

2. 主要创新点

（1）智慧医养 SaaS 化应用：提供机构养老管理系统、社区居家养老管理系统、HIS 等 SaaS 系统，可快速为客户开通医养应用，满足客户规模化、连锁化和品牌化运营。

（2）AIoT 智慧医养 PaaS 平台：在养老硬件设备层面，提供血糖仪、血压仪、血氧仪、智能床垫、一键呼救、跌倒探测器、智能输液、智能手环及“天猫精灵”等智能硬件设备的接入和管理；在养老领域服务层面，提供健康档案、智能看护联动、高血压和糖尿病分析等 PaaS 服务；帮助客户提质增效的同时，也满足了广大老年人的多样化需求。

（3）智慧医养业务中台：构建用户中心、会员中心、产品中心、支付中心、预约中心、护理中心等 6 个共享应用中心，沉淀规范的医养数据，实现业务协同和数据共享，支撑客户业务敏捷创新。

（4）经济体优势：阿里健康提供互联网医院、慢性病管理，以及高血压和高血脂发病预测；达摩院提供医学影像 AI 分析及声纹仿真，提升养老院内医院的综合实力；钉钉提供移动办公，助力客户实现沟通在线化、协同在线化、业务移动化及管理精细化；飞猪旅行提供旅游资源，助力客户实现旅居养老，解决养老床位空置率的问题。

【本章小结】

伴随着经济社会的飞速发展，我国人口老龄化已经成为重大的人口问题和重要的民生问题。

数智化技术不但推动了百姓就医流程的简约化，提升了用户体验，更重要的是通过先进技术，打破了传统医疗背景下难以解决的时空界限，通过先进的数智化技术可以实现线上专家会诊、AI 诊断，足不出户就可以享受医疗专家资源；适老化改造，让老人加快融入数字社会，让养老更有温度。而医共体的基层实践，更是解决了医疗资源大城市集中、医疗资源服务不均衡的问题，减少了社会因贫富差距造成的医疗资源失衡，真正做到了医疗普惠化，构建了人民美好生活的基础条件。

数智化推动了医疗养老的线上化、简约化、普惠化。这不但为人民群众提供了高效普惠的日常医疗服务，还极大地节省了人们的“排队”时间。在提高了生产力的同时，也有力地推动了智慧医养平台和产业的发展。

第 21 章 安全应急数智化

我国提出要树立安全发展理念，弘扬生命至上、安全第一的思想，健全公共安全体系，完善安全生产责任制，坚决遏制重特大安全事故，提升防灾减灾救灾能力。加强安全应急管理体系和能力建设，既是一项紧迫任务，又是一项长期任务。面对新的风险和挑战，针对新的形势和任务，依靠数字技术的支撑，以数字化、智能化手段打造安全应急管理的新工具、新平台、新能力，加快安全应急的融合与数智化转型发展是可能的有效路径。

21.1 安全应急加快融合与数智化转型发展

目前，我国仍是世界上自然灾害最为严重的国家之一，灾害种类多、分布地域广、发生频率高、造成损失重。首先，当前和今后一个时期安全生产仍处于爬坡过坎期；其次，自然灾害仍处于易发期、多发期；最后，传统安全和非传统安全风险交织叠加。后疫情时代也对公共卫生安全应急保障提出了更高的要求。安全是发展的前提，发展为安全提供保障，把安全发展贯穿国家经济和社会发展的全过程，防范和化解各类风险，需要提升安全应急保障能力。

安全生产问题，重在预防，关键是人、事、物和空间的标准规范和有效管控；应急救援问题，重在装备和服务，要求及时响应、精准触达、高效救援的广覆盖和硬装备（见图 21-1）。2020 年，工业和信息化部作为国务院负责安全产业和应急产业管理的牵头部门，将安全产业和应急产业整合在一起，形成了统一的安全应急产业。安全与应急两者相辅相成，既有侧重，又相互包容，正在加快融合。

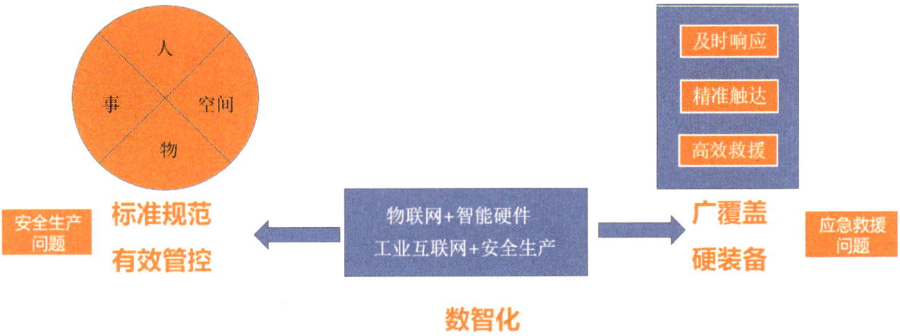

图 21-1 安全应急概念图

安全应急“数智化转型”，需要运用数智化技术，集合数字资产积累和智能化运营手段，推动产业组织和单位转型升级及创新发展。促进信息技术与应急管理业务深度融合，推动安全应急管理高质量发展，融合化和数智化成为重要方向。

在制造强国和网络强国战略推动下，新一代信息技术与安全应急技术的融合创新也在加快，技术在安全应急领域扮演着更加重要的角色。重点行业领域的安全应急装备正在向数字化、智能化、成套化、专业化方向发展。

如今各类智能设备逐渐普及，语音助手可以完成许多操作，在外卖、快递等生活服务业场景下，骑手作为运营服务的重要组成部分，他们的安全保障是重中之重。无论是骑电动自行车还是骑摩托车，佩戴头盔必不可少。

现在，外卖已经成了生活服务业的主要组成部分，外卖骑手忙碌地穿梭于各大城市的大街小巷。这些外卖骑手在行驶的过程中，需要与顾客联系，如提醒顾客取餐，所以我们经常看到外卖骑手边骑车边手持手机与顾客沟通。这种行为容易导致外卖骑手分心，属于安全隐患。

智能头盔基于物联网、空间定位、移动通信、云计算、大数据、AI 等技术，以“物联网 + 智能硬件”为核心，实现“语音交互、智能接单、导航定位、SOS 求救、撞击报警、穿戴监测”于一体的功能。

通过智能头盔与手机相连，外卖骑手可以直接使用语音命令处理订单，在接到顾客的电话时，也能直接使用头盔内置的耳机和麦克风进行沟通，无须拿出手机操作，安全性更有保障。此外，外卖骑手在夜间行驶时，智能头盔尾部的安全感应灯可以起到警示作用，避免在光线不足的情况下发生交通事故。

企业也在通过“工业互联网 + 安全生产”加强对经营情况、风险隐患和实时预警等的综合分析，提高企业的安全生产效率。

国家现代化治理体系和治理能力建设，也需要提升国家安全应急治理数智化能力。

安全应急治理能力是一个系统性的问题。我们要充分把握安全风险的规律特点，以大概率思维应对小概率事件，全面排查风险，找准重大风险，有效预防和化解风险。数字时代，突发事件的关联性、衍生性、复合性和非常规性不断增强，越来越需要以数智化探索新思维、新平台、新路径，更好地提升国家的安全应急治理能力。

21.2 安全应急数智化转型新平台

平台化既是数字化的过程，也是结果。数字化需要大平台的业务，平台化需要数智化的技术，推动实现安全应急组织和业务的数智化转型，才能形成现代化的安全应急体系和能力（见图 21-2）。“平台驱动”的关键是数字能力和数字资源在数字组织上的统一，“驱动”表现为能力和资源在平台上的持续转化，数字能力共享是核心所在。

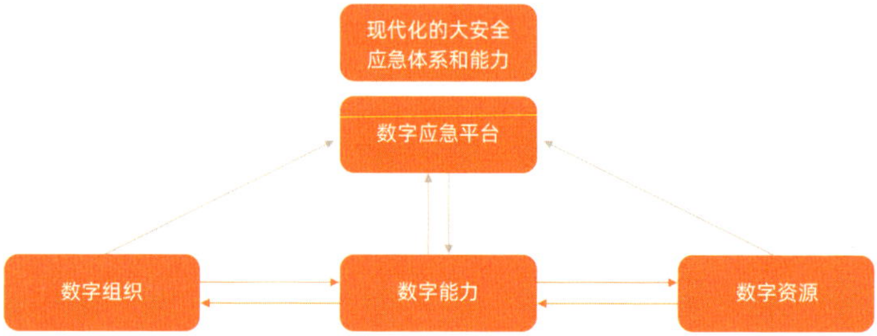

图 21-2 数字驱动的平台能力

首先，“平台驱动的数字应急”的基本使命就是要推进应急部门整体能力现代化，实现决策的科学化、执行的高效化和监督的立体化，为人民服务、对人民负责、受人民监督是贯穿其中的基本原则。

其次，“平台驱动的数字应急”在组织层面的目标即统筹处理政府行政效能、系统算能和数据势能的关系，持续提升应急部门数据能力、业务能力、协同能力、互动能力，推动实现应急组织和业务数字化转型（见图 21-3）。

最后，“平台驱动的数字应急”在业务层面的目标就是要通过快应对、强基础、高安全，做应急部门的创新工场，“让指挥调度不再难，让应急业务不再繁”。其中，“让指挥调度不再难”，就是要强化数字组织的构建和管理，建立基于组织化的调度指挥。

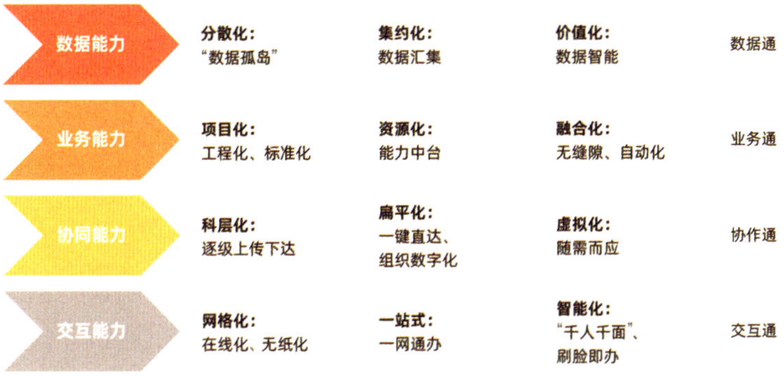

图 21-3　数字能力进阶矩阵

21.2.1 "平台驱动的安全应急"转型

数字时代的发展体现出从"信息孤岛"转向信息融合，从独立系统转向兼容支撑，从重复开发转向平台复制推广的趋势。安全应急领域也在加快向扁平化、智能化、平台化方向转型：以系统平台为基础、以信息共享为支撑、以快速灵活的应用创新为手段，积极适应组织形态快速变化和信息的加速融合，形成数字时代的高度适应能力和灵活的政务协同能力。

钉钉依托阿里巴巴集团强大的安全防护和运算能力，正在成为政府机构数字化转型、建设全新电子政务体系的重要支撑，也成为各部门、各领域开展电子政务创新实践的重要舞台。

政务钉钉是在线政务协同平台，是钉钉带给政府机构的最大转变。行政机关组织机构复杂，条块多、层级多，公职人员数量庞大，人员和机构职能的变化较为频繁。而传统的组织架构管理基本局限在单位内部，或延伸至系统内单位核心领导层，宏观层面领导对组织架构的整体情况难以总体把握。在工作协同中，基层员工局限于自身的接触范围，难以在短时间内找到正确的人。信息的上传下达采用电话沟通、口头通知、书面通知、电子邮件通知，其流程长、反馈慢、落实情况难以考量，给工作带来了诸多的不便，不利于高效地开展工作。

钉钉让公职人员用一种新的方式重新建立了其对组织的认识，通过推动机关的组织和业务实现数字化，让组织关系更加透明、流程更加高效，让资源和边界得到最大拓展。

以解决问题为导向构建安全应急体系，首先是组织数字化实现统一通信。依托钉钉强大的组织数字化能力，实现统一通讯录，能够清晰展示组织架构，实现分级管理机制。分级管理机制针对政务组织的特殊性，提供可见性权限，让组织节点可见性、领导敏感信息可见性实现可管控，保障协同安全可控。基于组织数字化的基础，通过多元化通信能力来扩展触达渠道，提供多种场景下的找人路径，让消息必达成为可能，让通信更加简单。

其次，是业务数字化实现统分结合。统一的组织架构有利于统一顶层设计并使规划能够快速落地实施，但现实经验告诉我们，创新往往来自基层的集体智慧结晶，因此如何避免“一管就僵，一放就乱”的难点，统分结合是较好的解决路径。

在基于组织数字化的基础上，以事项为主干，聚合“事与人”“事与流程”，连接协同工具为目标事项来完成业务的数字化。改变过去常见的散点式沟通，构建应急组织“以事找人”的协作体系，大幅提升了应急业务全流程效率，让指挥调度这类以“时间与速度”为衡量维度的事项，更加科学、精准、高效地实现。同时数字化的方式，也让“透明可留痕”的特点贯穿在整个应急体系当中。

再次，开放让“业务迭代”成为可能，让“快速集成”成为可能，让“数据孤岛”连点成面成为可能。开放能力是原有业务移动化和新建应用上线的关键因素，钉钉具有 2000+ 的原生 API 接口、100+AI 能力 API、兼容 80 款以上硬件产品，以及具有超过 20 个典型场景的场景化能力覆盖和 190+ 的数据项开放，钉钉原生场景的开放都为“业务迭代”和“业务集成”的实现提供了可行的路径。

在企业生产安全上，如今也诞生出了新物种和新管理方法。钉钉物联 DIoT 正在与阿里云物联网、边缘一体机 AIBOX 深度结合，连通云—钉—端，让监测变得更加智能。其原理是物联网硬件采集信息，由云边一体服务进行分析，产生的告警事件将通过钉钉实时通知到个人，人们结合钉钉的待办等管理协同能力再进行快速处置。

过去，全靠保安坐在监控室里盯着几十个电子屏幕，靠肉眼去监测每一个角落，不光效率低，保安也很容易因疏忽而错过某个细节。现在，钉钉支持通过移动端实时查看现场视频。通过底层的图形识别功能，可以发现未佩戴安全帽和非法闯入、烟尘明火等案例，并结合钉钉群进行消息群发，一旦紧急程度上升，还可以通过 DING 消息来进行强提醒、强触达。

最后，钉钉坚守全面的安全保障机制为安全合规底线提供了整体场景中全链路的安全防护能力（见图 21-4）。

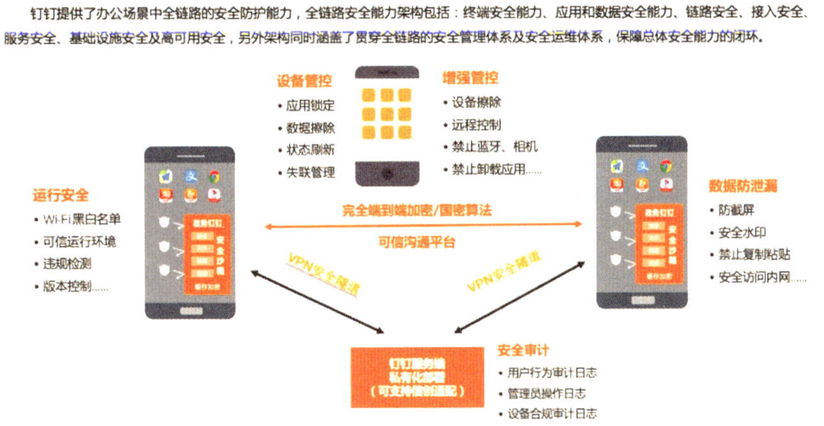

图 21-4　钉钉安全架构图

21.2.2 数智化的应急数据资源平台

阿里云以云计算、大数据、AI 等新一代信息通信技术能力作为支撑，积极探索数智化的应急数据资源平台建设。平台接入多源数据，并按照标准开展公共安全应急数据治理工作，形成公共安全应急所需的专题库、主题库、配置库（见图 21-5）。

图 21-5 公共安全应急数据资源平台

应急数据资源平台包括应急数据资源治理工具、应急数据治理服务、应急数据融合模型服务、应急数据服务总线、应急数据标准规范咨询服务等内容。

1. 应急数据资源治理工具

按照“数用分离，智能驱动”的思路，构建应急管理所需的一站式数据资源管理服务，包括应急数据接入、数据处理、数据标准、数据质量、周期管理的数据治理平台，为数据治理提供基础性、公共性的平台工具，实现应急领域海量数据的离线加工分析、数据挖掘的能力。

2. 应急数据治理服务

接入、汇聚并治理森林防火、危化品、煤矿、地质灾害、地震、气象灾害等行业领域的数据，并对数据进行统一抽取、转换、加载，形成应急管理原始库、资源库、主题库、专题库、配置库等应急基础数据资源池，根据安全生产监测预警、自然灾害监测预警、辅助决策指挥等业务提供数据应用和服务。

3. 应急数据融合模型服务

覆盖从算法服务、智能标签、数据探索、画像分析、数据 DNA 到全景监测全领域，实现标准数据模型管理、应用数据模型管理、数据质量管理、数据链路分析、智能标签体系建设、业务算法模型管理及应用、全局运行维护等主要功能。

4. 应急数据服务总线

基于数据服务网关，提供高性能、高可用 API 托管服务，为应用系统集成、数据共享开发能力提供重要的基础支撑，包括统一的 API 注册、发布、查询、调用，并提供 API 调用权限控制、认证、流量控制、监测预警等综合能力。

5. 应急数据标准规范咨询服务

围绕应急管理体系建设，在现有国家、地方法律法规和标准规范的基础上，建立救援力量标准、救援设备及物资标准、智能化平台标准等体系。规范信息资源采集、加工、处理、交换、共享、服务和应用等环节的系统建设，协调不同业务的协作进程，从而确保不同单位、各功能系统的互联互通、信息共享和业务协同。

依托视频监控、AI 图像分析及物联网感知技术，可以在高危行业中开展智能化实时监控。

例如，智慧安全生产视觉 AI 计算分析平台，利用视频捕捉和智能分析技术，初步在危化品企业设立了 6 个智能应用场景。从防控重大事故的角度，聚焦重点行业、高危场所的重大风险隐患，依托信息系统可以全面识别隐患、预警风险，建立政府应急、企业和部门三方联动的分级整改闭环机制（见图 21-6）。

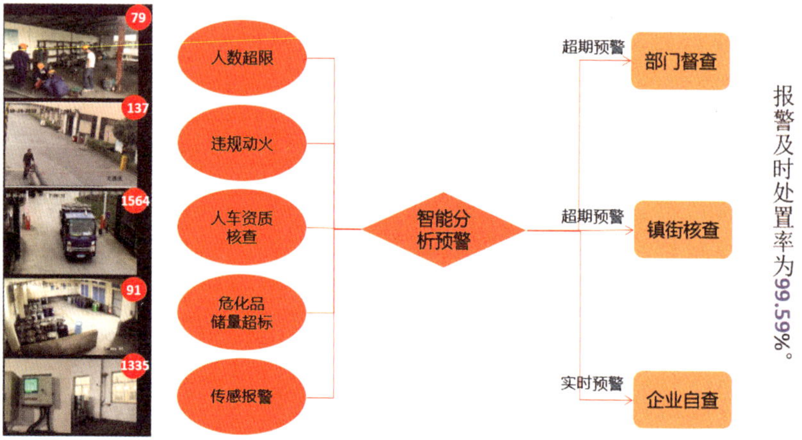

图 21-6　智慧安全生产视觉 AI 计算分析平台

智慧安全生产视觉 AI 计算分析的实现过程分为以下三步。

第一步是开展智能化实时管理，通过对 AI 算法过程进行加载，并基于用户预定义的规则进行视频分析；同时，通过加载过滤器，对特殊场景进行预处理，如灯光、雨雪抑制等；然后结合背景建模及更新，并自动学习更新背景情况。

第二步是提取跟踪前场景变化目标，检测并分析目标的活动；然后将目标分类，对跟踪目标属于什么物体进行分类，例如是人还是物；

最后进行视频分析，根据规则判断是否符合预定义的规则。

第三步是触发预警过程，确定目标活动的违反规则，根据数据反馈自动预警企业存在的隐患和风险，督促企业及时消除隐患，加强风险防控措施，实现精准高效监管。其中，主要算法包括人数超限、违规动火、人车资质核查、危化品储量超标、传感报警等。

在平台能力基础上，构建算法模型库，采取标签化的知识图谱技术、遥感 AI 算法、视觉 AI 算法等技术，可以进行公共安全应急管理数据分析，形成基于事故灾害的情报、基于监管对象的 AI 情报、历史事故报告分析推理、知识图谱模型等 *N* 个智能化数据应用。进而形成危化品爆炸预测、台风内涝预测、森林火灾预警、事故灾害遥感分析等 *N* 个专业领域模型，辅助支持监测预警、态势分析、智能研判，并通过 API 总线和界面集成等方式，服务于公共安全的监测预警、监管管理、决策指挥和资源管理等业务应用系统，为应急管理提供数据化的业务支撑。

21.2.3 基于数据的城市综合应急管理

城市综合应急管理从“部门整合式形态”日趋走向“平台融合式形态”。

基于 5G 等新一代信息通信技术海量接入、高速率、低延迟的特性，使得现场作业的数据可实时传送到后端平台，利用数据交互将传统现场作业的价值最大化。比如，传统的发动机生产质量检测依赖人工和经验，效率低、准确度低，基于机器视觉和工业摄像，通过产线部署内置 5G 通信模组的工业相机和边缘计算网关，可以进行移动测量和道边检测，从而提高效率和准确度。

数智化安全应急的高效实现与敏捷创新，既要依托丰富的数据资源、数据智能技术，打造全方位获取、全网络汇聚、全维度整合的海量数据资源池，也要整合与集成分散的、异构的业务系统，融合应急多跨场景，从而支撑推动现代应急管理体系的系统化、平台化、智能化。

政府通过新基建、数据治理和信息系统建设，不断地增强算力和升级算法，用信息化、数字化和智能化实现城市应急管理的综合协调，重构特大城市应急管理的理念、结构、流程和监督，从而实现精准发现风险隐患、高效处置突发事件的应急效能，推动城市综合应急管理的数智化转型（见图 21-7）。

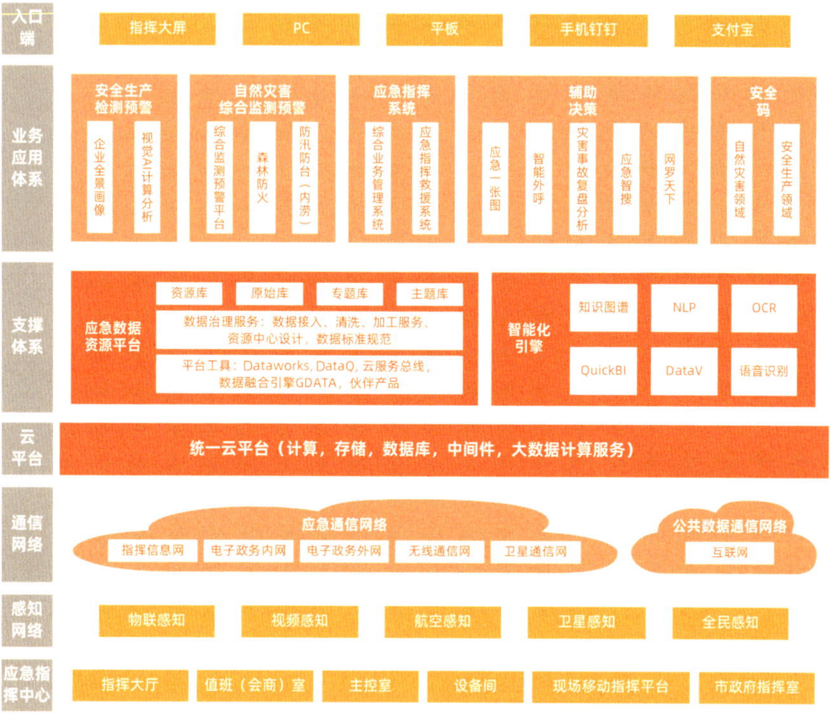

图 21-7 城市综合应急管理平台

底层基于统一的功能房间建设，并通过感知网络和通信网络等基础设施的连接，将信息进行互联，通过统一的云平台实现资源的复用和集约式管理，构建起支撑中台，将数据中台和智能中台作为两大支撑，支撑上层的业务应用体系；上层的应用体系主要包括安全生产、自然灾害防治及应急救援指挥等场景，并通过不同终端进行接入访问。

数据是安全应急管理业务开展的“千里眼”“顺风耳”。安全应急数智化转型从满足业务应用对数据的需求着手。比如杭州城市大脑应急系统先后接入了横向部门、纵向部门、公共事业/企业的数据，形成了数据资源体系；它有效地支撑了危化品事故防控、防台防汛、城市运行安全等应用场景；它让杭州市危化品防控“看得见”，打造了杭州城市大脑应急系统防台防汛应急联动场景，有效地提升了城市应急保障、联动处置能力。

基于城市大脑，杭州市还打造了面向城市应急与灾害救援管理等多个场景，比如在企业安全生产监测预警场景，支持安全生产感知数据接入、风险综合监测、风险智能评估、风险精准预警和风险趋势预测。城市大脑主要通过智能视频，主动识别高危区域人数检测、动火作业检测、装卸作业检测、危化品储量超标识别、可燃有毒气体报警，从而动态发现企业存在的事故隐患，为安全生产重点监管、精准执法、科学施策提供支撑，遏制重特大事故发生。

21.3　安全应急数智化转型新路径

信息与通信技术的革命和城市的快速发展正在相互融合。这种融合让城市的风险更能超前感知、提前认知、靠前智控，从城市综合应急管理走向城市综合风险管理，最终实现风险可防可控，城市整体智治。

21.3.1 数智应急指挥与辅助决策

数智化的综合应急指挥信息系统可以满足“平时”应急值守、“战时”应急指挥救援，主要支撑服务于事前预防与应急准备、事发监测预警、事中指挥调度与应急处置、事后评估与重建等突发事件全流程业务需要。

（1）应急综合业务管理系统。支持“平时”应急值守的综合业务管理需求：以提升应急能力为主线，进一步整合优化应急力量和资源，为应急指挥救援系统提供支撑。其主要内容包括应急值守、总结评估、案例推演、结构化预案、风险隐患管理、综合预测预警等。

（2）应急指挥救援系统。支持“战时”应急指挥救援的需求：满足突发事件事发、事中各项工作需求，重点实现综合分析研判、协同会商、辅助决策、指挥调度、信息发布、应急指挥体系管理、专题研判、指挥演练等。

（3）应急服务“一张图”。基于 GIS 的可视化展示，实现对应急业务各项资源的图层化标识展示，并根据业务应用方向的不同提供不同类别的“一张图”服务，包括应急资源“一张图”、监测分析“一张图”和业务专题“一张图”（地震专题“一张图”、林草火灾专题“一张图”、地质灾害专题“一张图”、洪涝灾害风险专题“一张图”、安全生产专题“一张图”、紧急疏散专题“一张图”）等支撑服务。

（4）智能外呼机器人。应急智能外呼机器人是达摩院专门针对应急外呼场景设计的智能外呼系统（见图 21-8）。它利用了世界领先的语音技术和自然语言处理技术，能够运用在大规模预警外呼、救援调度、灾情统计、信息采集等众多场景，帮助应急指挥部在关键时刻进行快速响应。

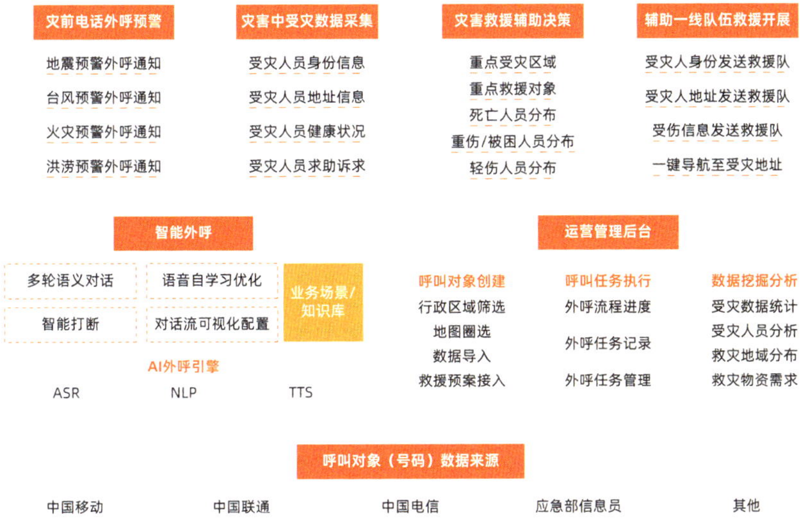

图 21-8　安全应急数智化服务平台

事前预警外呼：紧急事件发生前，自动外呼系统向受险人群进行紧急避险预警通知，争取响应时间、减少损失。

事中事后外呼：紧急事件发生后，进行紧急通知公告，同时快速采集人员的位置、诉求信息，辅助决策指挥。呼叫信息员自动采集受灾区域经济损失、灾情、房屋倒塌、农作物受灾情况等信息。

日常监管：针对日常应急管理工作和人员进行日常监管（如信息员在岗情况）。

智能外呼平台灵活支持三大运营商线路，同时基于阿里云的实时语音流识别技术、语音模型自学习技术及语音合成技术实现智能的呼出和信息的回采。

21.3.2 数智化助力防灾减灾预警

防台防汛等突发自然灾害事件是沿海地区安全应急管理的重点领域。

以互联网、大数据、云计算、AI、物联网为代表的新一代信息技术蓬勃发展，对经济发展、社会治理、人民生活都带来了巨大而深远的影响，大大增强了人们对事件的信息获取和感知能力，为应对各种突发事件提供了有力的武器。

数智化助力防灾减灾，可以帮助人们解决三个问题：一是要提前做好物资与装备、救援力量等应急准备；二是要提前精准转移、疏散受影响范围的人群；三是为应急管理部门提供了灾害主动防治及精准应对能力的支撑。

基于遥感AI、视频算法、数据智能等技术，可针对防汛抗旱、地震和地质灾害、森林火灾等建设不同的专题应用，实现减灾全域展示、汛情管理、地震灾害管理、地质灾害管理、森林火灾防救、区域智能信息推送等，并在单灾种防灾减灾基础上，实现多灾种综合监测预警、风险评估、灾害链与预案链分析等综合防灾、减灾、救灾、核灾业务功能，实现提前预测高危灾害影响范围。

在气象领域，短临预报对安全应急和防灾减灾至关重要。依托阿里巴巴在深度学习、计算机视觉等方向上的技术积累，达摩院AI Earth研发了数智地球产品，主要对卫星影像、无人机影像、气象数据、视频数据等多源地球观测数据进行融合分析，精准实现对建筑、土地、植被、河流等多种目标信息的智能解释及变化感知（见图21-9）。达摩院与国家气象中心强天气室合作研发的关于气象雷达外推的短期降水预测算法，就在业务系统中部署应用，其采用CNN（卷积神经网络）+GAN（生成式对抗网络）的方案，在0～3h预测指标上远超传统雷达外推算法。

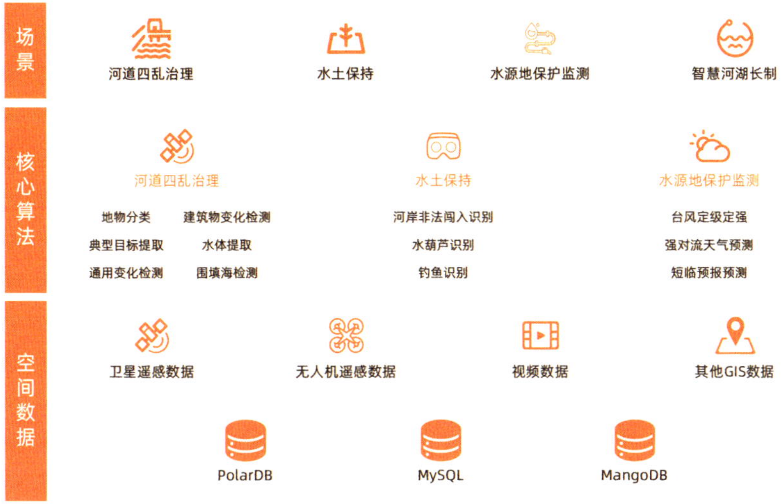

图 21-9　AI Earth 方案

气象预报根据预报时间的长短可分为短临、短期、中期和长期预报。短临天气预报运用天气雷达探测、气象卫星云图等气象监测手段，能较准确地预报出短时期内突发性的雷暴雨、雷雨大风、冰雹、龙卷风、强降水等中小尺度强对流天气。这些强对流天气往往具有突发性且来势猛、时效短的特点，因此及时、准确的短临天气预报能够有效指导防灾减灾、公众出行，在交通、水利等领域都具有重要作用。

防台防汛业务从线下转向线上，首先需要多部门联动配合，包括从领导应急指挥、防汛办协调人员、防汛成员单位和区县的协同，实现数据汇聚共享，流程再造。其次，通过数据汇集和算法分析手段，开展风险隐患预测预警，提升防台辅助决策能力，以提供精准的风险隐患分析和辅助决策。最后，数据的沉淀、流程的可视化和决策的留痕，支持事后评估和复盘总结，为业务数据分析、经验积累和案例沉淀提供依据。

在事前阶段，通过气象数据和自然灾害预警数据的接入，再通过模型的综合计算，算出风险区域的等级，以便事前重点预防。借助气象和自然灾害等预警数据，结合大数据的模型计算能力，能够在事前阶段综合评估各区域的风险水平，有的放矢地调配好监测和预防资源，对重点高风险的地区进行特别关注。

在事中阶段，通过基于海量大数据计算的自然语义分析模型对受灾区域的群众和政府发声情况进行监测，以便事中及时处置分析民众的受灾诉求。同时，收集自媒体和短视频的现场信息，可以帮助决策者做出决策。通过海量自然语义处理提取技术、语音识别技术和语音合成技术及支付宝端的普及能力，能够快速发现灾害事故现场的基本情况及民众诉求等，能够让决策者更好地调度处置资源。

在突发灾害发生和采取紧急应急举措时，如何及时、精准地通知到所有相关群众是至关重要的。支付宝支持建立社会动员渠道，发布灾害事故 E 键通小程序让群众有灾害事故的上报渠道，并且结合实时语音流识别技术、语音模型自学习技术及语音合成技术打造智能外呼系统。这样，其不仅具备了通过 AI 电话大规模采集灾情信息的能力，还建立了灾害事故发生过程中的信息采集和社会动员能力。

在事后阶段，通过建立灾害事故归档的案例库，并结合自然语义处理提取技术辅助进行灾害事故基本信息的结构化，为事后复盘和经验借鉴提供帮助。

基于自然语义，可以识别灾害事故案例库，更深层次地分析灾害事故的发生原因和规律。首先通过人工梳理 +AI 技术辅助的方式将沉淀的事故报告文档数据结构化，然后通过 NLP 训练调优，可逐步减少人工工作量，形成常态化机制，积淀灾害事故经验数据（见图 21-10）。

图 21-10　灾害事故案例分析流程图

例如，危化品事故容易对环境、人身财物等造成损失，影响极其重大，其发生原因、处置过程和事故调查往往备受关注。基于大量的危化品事故报告，阿里巴巴达摩院的 NLP 模型训练和抽取技术在不断调优，后期能够对文档格式的灾害事故报告的基本信息进行抽取并自动结构化归档，形成灾害事故案例库。整个过程需要有人工标注的样本数据，后续可以不断地新增报告的识别录入和统计分析，以便对大量的半结构化的报告数据进行利用，分析事故更深层次的原因，为后续灾害事故的演练和救援提供参考。

21.3.3　应急物资智能管理与储运

灾难无情，人间有爱。2021 年 7 月，河南省突遭特大暴雨。阿里巴巴、蚂蚁集团、马云公益基金会，紧急捐款援驰，筹措救灾、消杀防疫相关物资。盒马为 7000 个社区免费提供 45 万件蔬菜、粮油等生活日用品；阿里 1688 平台和淘特联合上线防汛物资直供专区，紧急调度山东临沂编织袋产业带和青岛皮划艇产业带等 9500 家工厂库存直供河南；菜鸟全力调动运输配送力量，24 小时响应，支援抢险救灾、居民生活的物资配送。

危急时刻，方显英雄本色。应急物资智能管理与储运是安全应急数智化中的关键一环。具体来说，就是要以物联网、大数据、AI 技术为支撑，建立全链路应急物资动态监管和调度体系，实现应急物资“说得清、管得好、调得出”，最终有效保障应急物资“用得上”（见图 21-11）。

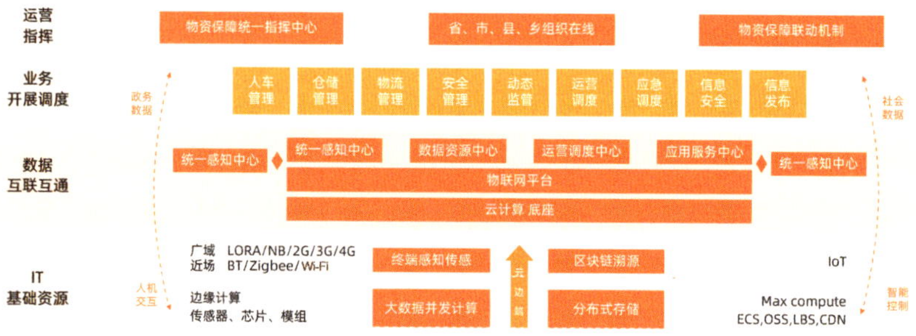

图 21-11 物资保障联动架构图

首先，要动态监管。建立物资全链路动态管理体系，说清物资来源、说清物资去处，实现“每一单”物资全链路可定位、可追溯。

其次，要智慧管理。打造未来仓储示范园区，充分利用 AI、物联网相关技术，逐步实现园区管理自动化、精细化、智能化。

最后，可应急调度。基于优化调度算法，结合物资实时数据，面向日常运营调度及应急调度提供全局优化调度建议与决策依据。

1. 应急物资储备基地管理平台

近年来，经济安全日益受到政府、企业和社会的关注。随着石油、煤炭、铁、铝、铜等基础金属及原材料和大宗商品价格的大幅震荡，应急物资储备和安全管理的范围也随之扩大。资产管理系统将有效优化储备基地资产管理并降低成本，以设备设施为核心，满足基地日常运营管控、安全管理要求。

建立和实施资产管理体系，以预防为主，以快速响应为辅，确保资产及设施的可用性，帮助客户通过运营资产获得效益，并带来持续提升。管理平台主要包括资产可视化等八个方面（见图 21-12）。

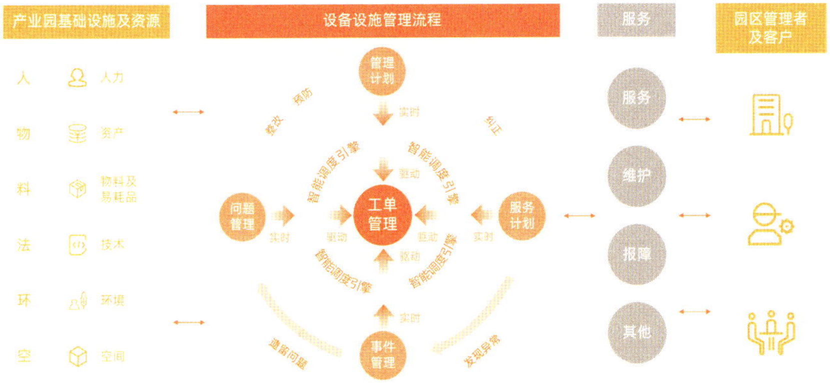

图 21-12　资产管理平台

2. 仓库管理系统

应急物资储备仓库通过系统进行入库、出库、仓库调拨、库存调拨和虚仓管理等功能操作，这个系统就是仓库管理系统（WMS）（见图 21-13）。通过对综合批次管理、物料对应、库存盘点、质检管理、虚仓管理、效期管理和即时库存管理等功能进行综合运用，从而实现有效控制并跟踪仓库业务的物流和成本管理的全过程。

3. 配送资源及配送管理

依托菜鸟全国配送网络及末端网络，可以建立多级配送资源保障体系，确保配送资源充足可靠（见图 21-14）。

图 21-13　仓储管理系统

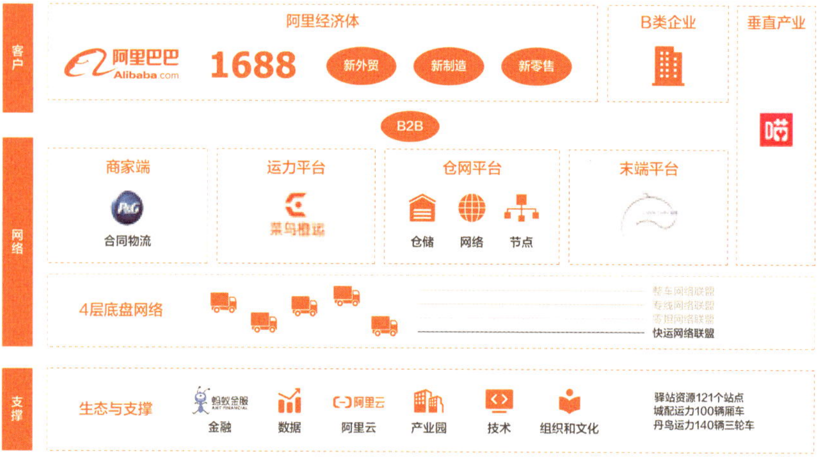

图 21-14　配送资源

通过物流运输管理系统，实现了物流公司从发货到签收的订单全流程管理。例如，货物实时在途跟踪，异常随时上报，多平台实时协同，保证应急物资运输的全程可控（见图 21-15）。

图 21-15　配送网络

4. 仓储智慧园区管理

基于物联网、边缘计算和 AI 的智慧园区解决方案，园区内的重要运行指标、数据接入物联网，包括但不限于消防、安防、能源、车辆、人员等各类园区及业务运行所需要或产生的数据。渗透到园区所承载的业务当中去，通过智能化手段，提高运行效率，进一步增加园区整体管理能力。

21.3.4　基于地图的数字应急管理

安全应急管理，在事中，时间就是生命。

在短时间覆盖广大地区，精准触达大量用户，对安全应急预警具有重要作用。

提升事故灾害应急处置效率，规范抢险救援力量以有序高效参与应急救援，需要打造抢险救援快速通行应用场景。一个快速通行的场景，不仅涉及应急、公安、交通等多个部门，还涉及省市县的救援队伍、救援物资、应急专家及众多流程的打通。这也就要求实现跨部门、跨层级、跨网络的业务协同和信息共享。

高德地图基于互联网出行平台的强大能力，可以将静态地图路网数据与实时路况数据整合，结合消防车自身特点规避道路限行因素等，为消防车辆的路径规划与导航定制适应救援场景的方案，保障应急车辆快速到达救灾现场。

高德地图的实时路况服务能够覆盖我国所有地级市的实时路况，基于5亿+的少量用户浮动车数据计算的实时路况准确率达到90%以上。依靠高质量的实时路况与优秀的导航路径规划算法，高德地图为安全应急管理提供了多方式、多策略的基础服务。

（1）基础业务支撑，多数基础业务都涉及与地理信息相关的内容，如风险点位、灾害点位、网格区域等，而这些业务后台数据需要整合或交互，这时就需要有一套统一而且有效的地图服务，保证点位区域统一，与现实情况统一。高德地图可为安全应急管理的各项业务提供基础地图的支撑服务，保证数据的现实性与统一性。

（2）应急救援导航，跨区域的抢险救灾需要争分夺秒，尤其是因为消防车辆区别于普通车辆的特殊性，消防车辆前往救灾现场的路径规划与导航一直是行业难题。高德地图每年为用户提供超过千亿次的专业驾车规划导航，利用精准的地图路网数据结合动态路况数据与交通事故数据为社会车辆提供多种策略的出行规划。

（3）辅助决策支持，辅助决策与分析研判是提升智能化的重要业务板块。基于应急大数据构建业务模型，进行风险程度与发展趋势的分析是提升应急分析研判水平的有效途径。高德LBS数据的城市人口分布特征与迁移特征分析可作为业务模型源数据的有效补充，以此来提升辅助决策的数据维度。

（4）公众舆情引导，重大灾害发生时，信息不互通往往成为阻碍救灾进度的重要因素。借助高德信息发布平台，可以快速有效发布相关的救助站点位、风险区域等重要信息，向公众及时推送，有效地提升了救灾的信息流转速度。

21.4　实践案例

21.4.1　云边一体综合预警护航城市安全

城市安全运行和管理模式正在经历三个转变，即从被动反应向主动保障转变，从事后处理向事前预防转变，从静态孤立监管向动态连续防控转变。构建城市安全风险综合监测预警平台，可以通过最大限度地提升城市韧性，来推动城市安全运行常态化、精细化治理，从而确保城市公共安全管理“关口前移”，提升应对各类城市安全突发事件的能力和水平。

阿里云针对城市安全运行和管理模式的转变，积极推动云边一体的城市安全风险综合监测预警平台建设。它基于“N+1+1+N”框架，包括多（N）个场景应用中心，1 个风险运营中心，1 个安全大数据专区，多（N）个城市单元边缘计算和传感器（见图 21-16）。

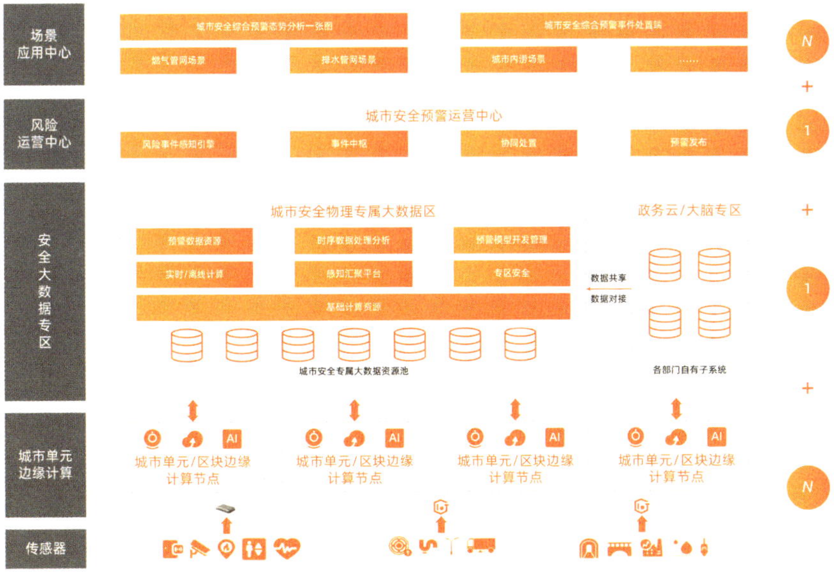

图 21-16　综合监测预警平台架构

城市安全数据涉及城市生产安全、公共安全、城市生命线安全、自然灾害风向等，涉及城市众多的基础设施，必须运行在安全的基础设施平台里，形成更加安全的综合监测预警运行底座。

构建独立于政府政务日常运行的IT环境，才能避免出现因职责不清、管理协调困难、故障处理不及时等可能影响监测预警平台正常运行的问题。这就需要建设专属大数据资源池、时序数据存储管理、数据资源处理、预警模型开发管理等资源模块。

其中，城市安全风险预警引擎，实现了各类风险统一预警归口，创建模型算法，对各类感知信息源实现AI风险感知，构建预警的标签体系，实现预警AI预处理，为预警分级、预警响应、专业警情事件研判提供了标准化、统一的预警支撑。

城市安全事件中枢，以各类预警分级分类响应为核心，驱动城市安全专项事件管理与协同联动。通过对各部门、各专项事件元素的整合，关联应急预案和处置流程，实现事件分发流转与跨领域协同，并提供事件管控、协同联动等生命周期全流程服务，根据处置节点形成事件时间轴。

风险监测感知层是城市风险监测感知的基础。针对城市生命线、公共安全、生产安全和自然灾害等风险，风险监测感知层支持实现全方位、立体化感知。它依托住建、城管、交通等行业主管部门及燃气、供水公司等社会企业建设的城市安全感知网，以“点、线、面”相结合的方式，统筹分析评估城市复杂耦合风险，进而形成一张人防、技防、物防有机融合的城市安全风险监测网。

城市安全边缘计算终端是城市单元空间区域自治的核心。针对不同城市、不同区域风险监测内容多样化、区域属性划分明显的情况，风险隐患本地处理、处置逐级上升的要求，需要构建分域自治、本地应用、统一管理的多级业务系统。

首先，不同城市根据区域的重要程度、人员密度、经济情况、行政区划等，结合城市风险评估结果，进行城市单元空间划分，每个单元空间相对独立监管。

其次，城市安全边缘计算终端完成对城市单元空间的安全监测和风险预警，对接获取各类感知数据，并提供给风险监测预警系统。将各个城市单元风险监测预警情况统一汇聚到城市安全综合监测预警平台，实现对城市安全风险状况的全面掌控（见图 21-17）。

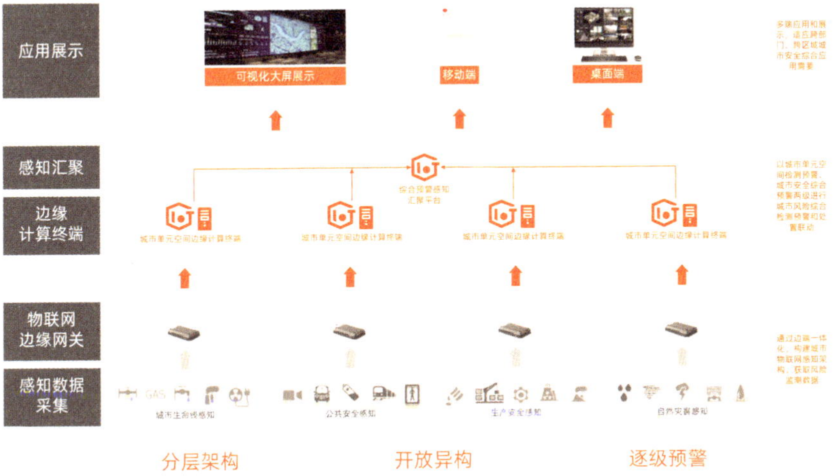

图 21-17　综合监测感知汇聚平台

最后，边缘计算终端集成数据管理、预警分析、预警发布、处置跟踪、预警解除、信息上报等功能，实现风险隐患处置的区域任务闭环（见图 21-18）。

在桥梁、消防、危化品企业等应用场景中，采用边缘计算终端设备，支持实现远端风险感知数据、视频数据的就近接入、计算、预警等功能。感知数据通过边缘网关进行汇聚和协议转换，按照城市单元空间划分，将所有网关汇聚感知数据汇聚到城市单元空间的边缘计算终端。

图 21-18 城市安全边缘计算终端平台

边缘计算终端的应用，一方面大幅节省了系统建设及运营过程中对网络带宽的要求和相应费用的投入，解决了单中心化出现的网络时延问题；另一方面避免了单中心故障导致的平台失效。

城市物联网平台，主要实现了设备管理、设备监控管理、数据采集分发、感知事件管理、感知应用管理。搭建城市安全感知资产中心，一是要统一对城市的物联网设备资产进行管理、监控、运维；二是要构建城市物联网设备管理中心，解决各个企业、委办局的设备“烟囱”和数据“烟囱”的问题；三是要统一物联网设备资产的供应商，实施单位、业主单位数据拉通，对物联网方案的部署运维进行统一管理。

城市安全风险综合监测预警平台建设，最重要的是要支持联动处置，建立报警、事件、联动一体化实战协同处置机制，搭建数字化、可视化、智能化的城市安全联动处置中枢，结合城市应急预案，建立科学高效的协同处置体系。

基于钉钉，可以搭建城市安全社会协同平台，推动政府、企业和其他社会力量、公众全用户在线、全动员联动的城市安全机制建设。实现数据实时采集、预警呼救实时触达，快速拉取周边闲置力量、创建指挥群组，建立指挥触角直接覆盖最小救助单元的扁平化、等级化、可视化的数字化指挥模式。

21.4.2　位置服务，安全应急管理的“千里眼”

2020 年 7 月，某市突发决堤。滚滚河水冲向圩区内的田地和村庄，救援迫在眉睫。千寻位置基于北斗高精度时空智能服务赋能无人机，以 340 多千米的航程，3034 张照片，拍下了 33.2 平方千米的受灾实况。得益于千寻位置强大的云端处理能力，无人机航摄的数据被同步上传至云端进行三维重建，3 小时内完成处理，速度比普通工作站快 8～10 倍，及时还原了当地的受灾状况，为防汛救灾提供了科学依据，大大地提升了效率，有效地保障了人民群众的生命财产安全。

实际上，防汛救灾的灾害评估只是千寻位置在安全应急领域的一个简单功能和应用实践，它的功能远不止如此。

这是一家以“互联网 + 位置（北斗）”为理念，通过北斗地基一张网的整合与建设，基于云计算和大数据技术，构建位置服务的云平台企业。千寻位置拥有全国最大的北斗精准时空服务平台，具备全国范围内动态厘米级、静态毫米级的北斗高精度定位增强服务能力，能够提供实时高精度、后处理高精度、增强定位、加速定位、位置数据等基础服务产品及全球范围内的加速定位服务产品。

千寻位置基于北斗卫星系统（兼容 GPS、GLONASS、Galileo）基础定位数据，利用遍布全球的地基增强站网、自主研发的定位算法及大规模互联网服务平台，为用户提供厘米级定位、毫米级感知、纳秒级授时的时空智能服务。它支持亿级规模的终端接入，支持物联网高精定位、自然资源及应急灾害、互联网精细农业、安全生产形变监测、智慧城市等多种场景。

通过北斗高精度、无人机、倾斜三维摄影测量、云计算、AI 等技术的运用，可以分享与位置相关的海量数据接入、存储、融合和开放的能力，打造城市运行数据底座与精准时空基准，物联感知网络，最终构建起城市应急与安全运行管理的综合体系。

系统通过现实世界到数字世界的精准映射，结合视觉计算、时空计算引擎、精准时空感知网络、时间感知 AI，建立超越现实，具备智慧化服务、智慧化管理及自我完善升级的未来之城（见图 21-19）。在应用层面实现智慧应急、城市治理、交通管理、环境治理等内容，保障城市的安全、健康发展。

图 21-19　城市安全运行方案架构

1. 时空数据底座

智慧时空数据底座以高精度时空基准与时空大数据为基础，汇集各领域业务数据、物联设备实时数据、结合 5G 通信技术和精准感知技术，并利用高效的数据更新机制，形成高时效性的数字孪生城市，为城市管理部门与服务部门提供了决策支撑服务，是城市安全运行、智能化服务的数据基石。

2. 精准时空感知网络与平台

由高精地图、高精位置专有服务、时空大数据组成的精准时空感知网络与平台是城市大脑建设的时空基础支撑平台。该平台依托于云计算、北斗高精度定位“一张网”、高精度二三维地图，为城市精细化管理及应用提供了精准的时空能力。

3. 物联感知网络

物联网基础平台包含了设备连接管理、开放平台等基础能力集，它们之间相互依赖和关联，共同为上层行业客户快速搭建智能场景应用提供基础支持。通过物联网基础平台，可获得集可扩展性、模块化与多功能性于一身的垂直行业解决方案。

4. 时空智能操作系统

时空智能操作系统是对物联网、时空网、互联网进行高度融合的新型基础设施，是面向城市大脑提供统一的时空基准，构建统一的城市时空大数据平台的必要条件，以实现未来城市在公共安全、城市交通、城市管理、城市规划、生态环境、应急管理等应用领域智能、精准、便捷的发展目标（见图 21-20）。

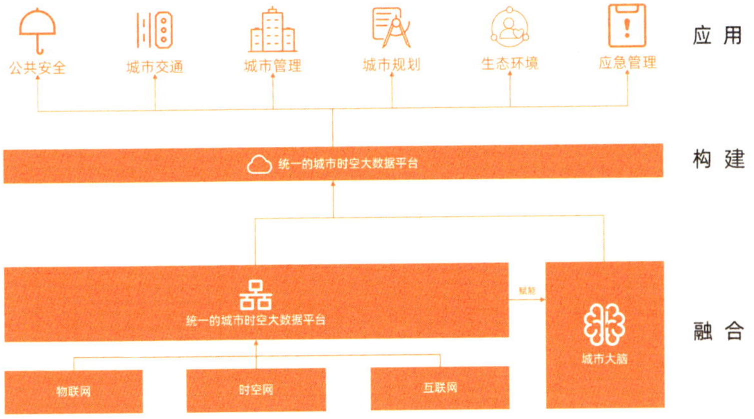

图 21-20 时空智能操作系统框架

基于上述平台和能力，城市监测与综合预警变得更加可控、可见和精准、细化，可通过高精度定位设备、物联设备对城市建筑、桥梁、隧道等进行形变监测、地质滑坡变形监测、重点企业安全监测，构建起城市监测与预警体系，将预警信息汇聚到城市安全与应急管理的相关部门。

【本章小结】

本章主要介绍了安全应急数智化转型的趋势、路径和实践。

安全应急数智化关键是两个融合：一个是安全与应急的融合，另一个是基于钉钉等平台的安全应急数据、技术与业务的融合。“平台驱动的数字化应急”，是基于新型数字基础设施，构建广泛联系公众、企业、公务员和相关职能部门和机构的平台，并在平台中持续地实现数字资源的能力化和数字能力的共享化。它对外提供优质的政务服务，对内提供高效的办公协同，实现政府组织数字化和应急业务数字化。

从事前、事中到事后，安全应急正在监测预警、交通物流、指挥决策、应急处置等领域开展全链路的数智化转型。构建人员、数据、物资、资源等全盘可视、整体联动和快速响应的综合应用平台，有利于实现全域多源数据接入、全生命周期治理、全面业务应用，让关键时刻人和物资“调得动”，数据信息“上得去”，指挥决策“下得来”。

横向来看，安全应急是一个涉及方方面面的多元主体交叉的综合业务，城市安全备受关注。纵向来看，安全应急是一个垂直管理体系，要实现系统平台的省、市、区（县）的纵向贯通，通过数据智能平台助力应急管理科学决策、及时预警和精准施策。这离不开创新企业和典型实践的推动。精准位置服务，云边一体城市安全风险综合监测预警等实践，也为安全应急数智化转型提供了有效支撑。

第 22 章 农业农村数字化

家是最小国，国是千万家。乡土情怀既是兴国安邦的思想基石，也是乡村振兴的重要动力。乡村振兴是一个历史使命和发展过程，必须具备战略定力，鼓足劲、加满油、把稳舵，劈波斩浪，久久为功。我国农业农村土地要素资源禀赋短期内难以改变，农业要发展，农村要振兴，核心还是要靠科学和技术。而数智化，也正在发挥越来越重要的作用。

22.1 数智助力的乡村振兴图景

22.1.1 乡村振兴，优先要解决城乡发展的不平衡和不协调问题

我国是一个农业大国，农村更是根植于每个国人心里的乡情，从蒙学之童就开始背诵“锄禾日当午，汗滴禾下土”。农村农民问题是关系国计民生的根本性问题，乡村发展始终关乎着社会发展。

未来，广大乡村要谋划出一幅农业高质高效、乡村宜居宜业、农民富裕富足的“富春山居图”，有几个问题必须考量：

在新形势下，谁来种地？谁来发展乡村产业？怎样种地？怎样提高农业供给质量效益和竞争力？农民如何持续较快增收？小农户如何分享乡村产业增值收益？要推动乡村产业振兴，必须优先解决好这些问题，而当前最大的挑战仍然是城乡发展的不平衡和不协调。

从外部看，城乡差距依然较大，最直接的问题还是经济差距。因“钱包”的丰厚程度决定了基础设施、公共服务的建设情况。在东部与西部、城市与农村都能看到所谓的“一条腿长、一条腿短”的不平衡情况。城乡差距不缩小，则很难解决“空心村”等社会问题，要打破城市和乡村经济之间的壁垒，这个问题需要通过一系列的框架制度和政策体系来解决。

从内部看，农业农村进入结构升级、方式转变、动力转换的平台期，适应新形势，亟待培育新动能。这个问题要运用数智化的技术手段来解决，加快弥合城乡“数字鸿沟”，推动数字乡村建设发展，形成乡村振兴新动能。

欧美等地区的工业化国家都有以数字化来解决“城市病”、推进城乡融合的经验；而日韩等工业化后发国家则以数字化推进乡村产业重构和乡村建设，实现城乡统筹。韩国信息化村、美国农村电子政务、英国农村上网中心、日本农业市场信息服务平台、法国智慧乡村等案例均表明，数字化技术的应用对促进乡村产业、文化、生态、人才等城镇化转变和融合发挥了重要作用。

实现中华民族伟大复兴“中国梦”，全面建成小康社会，实现国家现代化，短板在农业和农村，最艰巨、最繁重的任务也在农业和农村。

要振兴乡村，必须使农业强、农村美、农民富，而这三者都离不开一个内核——乡村产业的快速发展。

22.1.2　数智化技术，弥合“数字鸿沟”的新链接

解决城乡发展的不平衡和不协调问题，需要从内部和外部综合发力。

从内部层面看，数智化的技术手段，正是加快弥合城乡“数字鸿沟”的动能。其实，纵观这些年国家在乡村振兴和发展方面给出的指导意见细节，不难看出以“云大物智移”为代表的数智化技术、高端农机设备和新型农业技术，一直都是资金投入最多的方向。

在外部政策机制层面上，从 2016 年的“农业现代化”，到党的十九大报告首次提出乡村振兴战略，再到 2019 年提出的数字乡村发展战略纲要，最后到“十四五”规划中明确要加快推荐数字乡村建设（见图 22-1）。在这一系列的政策“组合拳”下，实现乡村振兴的目标、方向和举措越来越清晰。

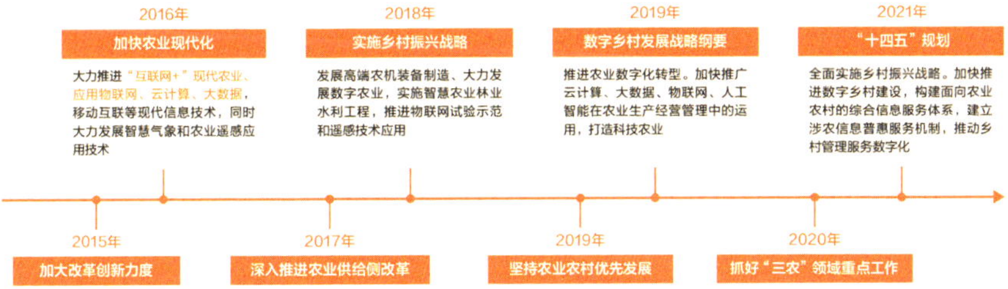

图 22-1　乡村发展政策路线图

中国人民大学聂石重老师在《城乡融合视角下的数字鸿沟弥合》一文中提出，城乡“数字鸿沟”可划分为“数字接入鸿沟、数字使用鸿沟、数字资源鸿沟”三个维度。第一个维度：“数字接入鸿沟”，主

要是指城乡之间在互联网基础设施和网络通信服务供给等方面的差距。通过运营商不断地改善基础设施，接入鸿沟目前正在逐步缩小。第二个维度："数字使用鸿沟"，随着城乡居民对互联网的认知和技能素养的提升，其差异也可改善。第三个维度："数字资源鸿沟"，主要是指城乡生活在"互联网+"领域中的海量数据资源差异和处理能力与应用方面的差异。而这正是谋求数字乡村与智慧城市同步实施、协同并进、融合创新发展新格局的关键所在。

数字信息技术和网络化对于鸿沟的弥合作用，其本质上是以计算机和信息通信技术为基础形成新型的社会关系网络，其立足点仍旧是作用于乡村居民。而乡村居民中的主体即"三农"中的农民，在数智化技术的助推下，一个新身份诞生了："新农人"。

"新农人"，是指具有科学文化素质、掌握现代农业生产技能、具备一定经营管理能力，以农业生产、经营或服务作为主要职业，以农业收入作为主要生活来源，居住在农村或城市的农业从业人员。

数智化技术，其实要填平的正是从农民到"新农人"的"人力鸿沟"，从解决技术可及性差异转向解决数字使用性差异。

22.1.3 数字乡村，乡村振兴的战略方向

数字乡村是伴随网络化、信息化和数字化在农业农村经济社会发展中的应用，以及农民现代信息技能的提高而内生的农业农村现代化发展和转型进程，既是乡村振兴的战略方向，也是建设数字中国的重要内容。

数字乡村，关键在于"数字"。在"未开垦"的广袤乡村，数字化建设仍需落地生根；在"已播种"地区，数字化建设还要挖掘潜力。

1．网络化，完善乡村信息基础设施

2020 年，数字乡村发展战略推进落地实施，各地区数字乡村建设发展取得良好成效，乡村信息基础设施建设不断完善。电信基础设施全面升级，全国行政村通光纤率和 4G 覆盖率均超过 98%，人工智能、5G、大数据等新一代互联网技术创新应用，乡村广播电视网络基本实现全覆盖；乡村智慧物流设施更加完善，对农村地区电商服务支撑能力显著加强；乡村电网、水利、公路等基础设施数智化升级改造不断加快（见图 22-2）。[①]

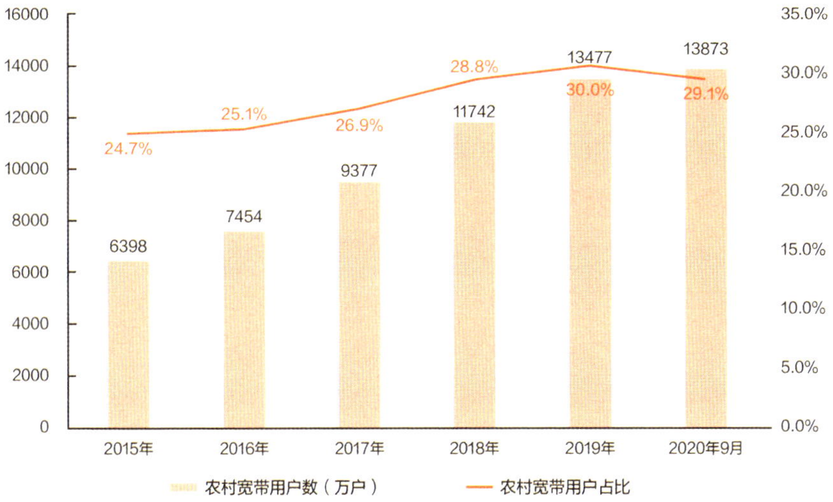

图 22-2　乡村基础设施——网络建设情况

随着农村地区互联网接入率得到显著改善，尤其是移动互联网和智能手机的更新迭代，城乡之间的互联网差异鸿沟已经在逐步弥合。

① 参见农业农村信息化专家咨询委员会发布的《中国数字乡村发展报告（2020 年）》。

2. 信息化，提升生产数字化水平

信息化技术已全面赋能农业的细分行业和各个环节。在种植业，传感技术的进步和感知体系的建设使得数据开放共享服务得到了显著提升；在养殖业，规模化、专业化的养殖提升了信息化平台投入建设的能力，直连直报系统实现了互联互动，基于网络的线上技术指导服务得以广泛开展；在渔业，产销对接平台逐渐普及，供需对接更加精准；在种业，数字化的基因育种平台正在研发应用。而在农机装备、农机作业、农业经营等方面，基础数据资源建设不断加强，流程数字化步伐也不断加快，农业生产数字化水平正逐步提升。

3. 数字化，发展农业农村大数据

农业农村大数据建设初见成效。数据资源采集体系逐步完善，数据资源体系建设稳步推进，数据资源共享、业务协同和数据开放水平进一步提高；数据资源应用范围广阔，形成了以重点农产品单品种全产业链数据采集、分析、发布、服务为主线的全链条数据应用体系，大数据系统应用领域不断增加。

在良好的基础设施、越来越丰富的数据资源支持下，“云大物智移”的新技术会促进数字乡村的建设，形成新的生产力。

22.2 乡村振兴“三板斧”：数字生产、数字产业、数字治理

数字化通过设施协同、资源共享和技术扩散等方式推动人才、资金、科技等要素在“城乡经济—社会—生态系统”中加速流动与转化。数字化也逐步渗透到农业农村的方方面面，带来了不一样的改变（见图 22-3）。

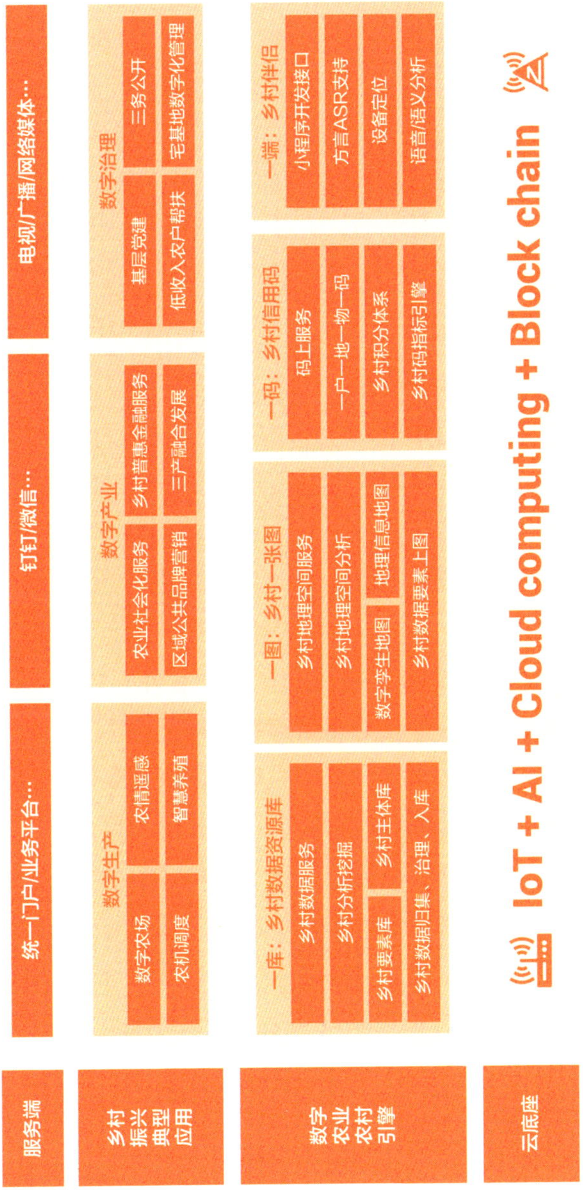

图 22-3　乡村振兴数字化整体框架

22.2.1 数字生产，智能化为农业生产减负

纵观世界各国农业发展，基本遵循了从以体力和畜力劳动为主的农业 1.0 时代，到以农业机械化为主要生产工具的农业 2.0 时代，再到以农业生产全程自动化装备支撑下的 3.0 时代，最后达到以物联网、大数据、云计算和人工智能为主要支撑的全要素、全链条、全产业、全区域的以无人化为主要特征的智能农业，即农业 4.0 时代。

我国是农业大国，但并不是农业强国。从二十世纪七八十年代开始，才由“靠天吃饭”的传统农业，进入到依靠机械、化肥、农药和水利灌溉等技术化的农业 2.0 时代。

而伴随着我国城镇化升级，人员逐步流向大城市务工，务农人员在逐年减少，并且他们的平均年龄越来越大。一方面导致了对农业生产提高作业质量、降低劳动强度的需求非常迫切；另一方面大龄的务农人员对新设备、新技术的接受又存在门槛限制。所以，我国农业如何走入 3.0 和 4.0 时代，一直是业界“头痛”的难题。

纵观国外的经验，无论是以色列的设施农业、日本的精准农业，还是美国的农业产业链等，核心都是给农业插上科技的“翅膀”。通过数智化手段，将土地、劳动力、资金、技术、市场等信息汇聚、归集、分析，实现大区域范围内的农业资源整体优化配置，使农业的生产方式、经营方式、管理方式和服务方式跃升到一种新的业态和形态。

国家大力推广云计算、大数据、物联网、AI 等手段，促进新一代信息技术与种植业、畜牧业、渔业、种业、农机装备、农垦全面深度融合应用，实现对大田种植、设施园艺、畜禽养殖、水产养殖、农产品物流等农业行业的数字化设计、在线化处理、智能化控制、精准化运行、科学化管理和无人化作业。

阿里云也一直在推动新技术在农村地区的应用，将科技优势下沉

到农村，以数字化为新生产力给传统农业带来发展机遇。以种植业为例，在大规模集约化的种植条件下，可综合利用遥感、摄像头、温湿度与光传感器等物联网设备，运用计算机视觉和机器学习技术监测农作物的生长情况，再通过计算结果执行如自动开关遮阴遮阳帘、自动滴灌等农事操作，即可实现为种植过程“减负”。

上海市首家盒马村，阿里巴巴翠冠梨数字农业基地中，每走几步路就能看到无人机、无人值守果园机器人、水肥一体化灌溉设施、数据传感器等。在崇明区农业农村委和阿里云的帮助下，果园还建立了溯源系统、农事管理系统、物联网云平台。

更重要的是，标准化种植的翠冠梨，将直供各大盒马线下门店和线上旗舰店，不用担心销路，农民们率先享受到订单农业带来的惠利。这个盒马村，是崇明区首家阿里数字农业基地。崇明区作为上海市重要的“菜篮子”，承担着市区 1/7 的蔬菜供应量，是盒马优质生鲜农产品的重点直采基地。以该盒马村为中心，数字农业的新模式将辐射上海农村，改变农民的生产、生活方式。

数字农业不仅被运用在富庶的长三角地区，而且还深入大西北地区，如在“三秦”大地上建设了“数字农场”。阿里云独特的 AI 养羊技术，通过远程视频和智能终端，不仅可以自动清点羊群数量，而且能够管控羊舍环境、掌握羊子饲养状况并判断羊子品质。对农民来说，只用一部手机，就能获得“数字农场”完整的数字档案和标准化的生产管理信息，大大提高了生产经营质量和效率。

22.2.2　数字产业，助力全产业链升级

农业产业链链条长、覆盖范围广。传统意识里，人们认为农业属于第一产业，但实际上从产业角度来讲，它还涉及了第二三产业的多个部门。

在由传统农业向现代农业转型过程中，要打破只重视第一产业的生产环节的思维模式，推动农业中的第二三产业发展。

从农业产业链延长的方向上看，分为向前延长，如研发种子、提供生产资料等；增加中间环节，如生产过程的社会化服务、农机的智能化等；向后延长，如加工、设计、储藏、包装、运输、销售等。

1．数字仓储物流

依赖人力的仓储物流行业正在从劳动密集型向技术密集型转变，从传统模式向智慧仓储物流升级。面对仓库管理的货物种类不断增加、出入库频率剧增，以及仓库管理作业的复杂化和多样化，传统的人工仓库作业模式和数据采集方式已难以满足仓库管理的要求，因此物流仓储管理正在逐渐走向标准化、精细化，以实现降低成本、提高效益。

基于云计算、大数据、AI、物联网等技术，通过三维建模和 RFID（射频识别）定位技术可实现“数字货仓”，能满足自动化数据采集、资产可视化管理，以数据驱动运营，实现库房精细化管理。

而自动搬运机器人和送货无人车的应用，则大大节省了仓库内和物流运送末端的人力成本。

2．数字营销

中国在发展数字营销、用电商促进农产品上行方面，有着自己的鲜明特色。农业农村部会同相关部门组织实施“互联网 +”农产品出村进城工程，在 110 个县（市）开展试点，建立完善适应农产品网络销售的供应链体系、运营服务体系和支撑保障体系。电商进村综合示范项目取得显著进展，邮政在农特产品进城中的渠道作用不断增强；短视频平台大大提升了乡村旅游重点村的知名度，形成了“数字文旅”“智慧旅游”等新型服务模式。

有关数据显示，2020 年全国网上零售额达 11.76 万亿元，同比增长

10.9%，实物商品网上零售额达 9.76 万亿元，同比增长 14.8%，其中全国农产品网络零售额超过 5500 亿元。全国农村网络零售额达 1.79 万亿元，同比增长 8.9%。贫困地区的网络零售额增速高于全国水平，2020 年全国 832 个国家级贫困县网络零售总额 3014.5 亿元，同比增长 26.0%。

新冠肺炎疫情发生以来，数字平台成为农产品销售的重要渠道，也成为农业品牌营销推广的重要阵地。各地各部门紧跟市场需求变化，结合产业发展实际，搭建数字化营销平台（见图 22-4）。

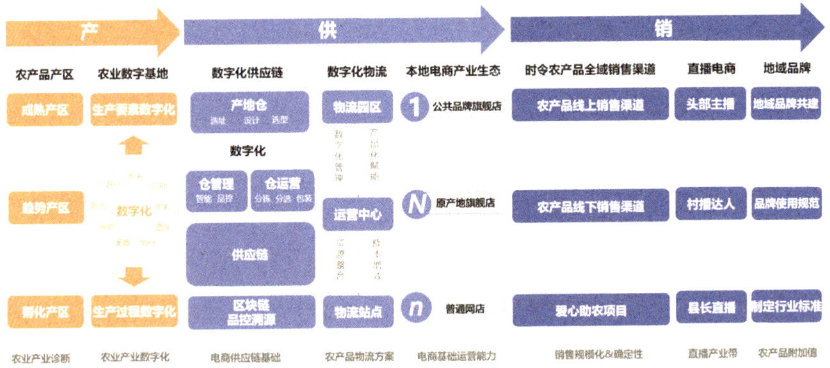

图 22-4　产业服务升级方案

总体来看，中国农业产业的聚集效应不强而区域差异性大，适合推广“一县一业”“一村一品”的策略，通过打造品牌农业，推动生产智能化，开展供应链创新，促进产销对接，从销售端反哺到生产端。利用数字化手段，赋能全产业链。

专栏　商流链，助力品牌重塑

“酥脆浓甜”是砀山酥梨的品质标签，在 20 世纪 80、90 年代，全国水果商人汇集砀山收购砀山酥梨。然而，随着砀山酥梨被引种出去，

“砀山种”产量占到全国梨产量的48%，这种激增让产品势能快速耗散，2003年和2004年，产地批发价降到了20世纪90年代的五分之一。

随着电子商务模式的兴起，我们在网上搜索“砀山酥梨”时会发现名为“正宗砀山酥梨”的产品比比皆是，而其品质参差不齐，消费者难辨真伪。

蚂蚁区块链为原产地砀山酥梨品质溯源，让每颗梨都有“身份证”，保障源头可信、种植技术可信、流通可信和政府监管可信，建立了消费者心智。

溯源的数据来自产业链全链路的数智化升级：阿里巴巴数字农业在生产端引入“数字农场”；菜鸟网络从仓配等环节优化供应链；在销售端更是以淘宝、天猫、盒马等线上线下新零售渠道贯通式“开卖”，并引入淘宝直播等创新营销模式拉动流量。

而商流链不仅为消费者提供了品牌保障，更为企业提供了新的业务模式。以往，本地电商企业采购农产品需要结清现款，资金压力大。阿里巴巴的商流链让企业在淘宝、天猫等平台进行销售、发货，这些数据都可以作为银行对企业信用评估的一部分，信用良好的企业可以获得银行的无抵押贷款。

2020年9月17日，阿里巴巴集团在砀山县落地“中国区块链第一村”，并以此为示范基地，向全国特色农业产业区域推广。

22.2.3 数字治理，把握社会末端治理单元

乡村治理是国家治理体系的重要组成部分，是治理体系中最基本的治理单元。近年来，中国乡村治理的数字化水平大幅提升。“先锋乡村”的“互联网＋党建”模式引领着乡村的精神建设；“活力乡村”的“互联网＋政务服务”模式从城市延伸向农村，“放管服”电子审批在农业三资方面的应用也初见成效；“平安乡村”的建设立足乡镇，通过数字

化平台与省、市、县互相联通；“美丽乡村”解决了居住环境和生态保护的问题；“幸福乡村”提升了乡村公共服务的效能（见图 22-5）。

图 22-5　乡村治理概念图

中国数字乡村建设仍需加强规划布局，末端治理将是国家重点关注的领域。随着人员在城乡中间的加快流动，城乡融合发展，也需要统筹发展数字乡村与智慧城市。这就需要新的沟通协同工具来创新数字乡村治理模式，助推城乡融合发展，最终激发乡村内生动力。

专栏　乡村钉服务乡村治理，保障基层社会和谐稳定

2019 年 9 月以来，长顺县以作为黔南州创建市域社会治理现代化试点县为契机，与阿里钉钉展开合作，探索出一条具有长顺特色的“数字乡村”基层治理新模式。

（1）搭建三级线上“一中心”，智慧治理提效能。一是推动组织体系化，突出纽带作用，形成联动格局。借助钉钉能迅速搭建组织构建优势，搭建县、镇、村三级线上“综治中心”，配套完善各级通讯录和居民电话簿，通过群组即时通信功能和钉钉电话，实现重要工作及时传达部署、紧急事态定点找人；按照县级研判推送、镇级严密组织、

村级具体实施的步骤和职责建立线上枢纽，形成发现、推送、采集、处置、反馈的运作模式，构建了跨组织、跨单位、跨部门的联动处置格局。

二是推动信息精准化，依托智能分析，提供决策依据。将脱贫攻坚队精准采集的人口信息、集体产权、基础设施等信息及“七普”数据植入“数字乡村”平台，形成社会治理基础数据，依托智能分析功能，找准基层治理工作中的薄弱环节和问题症结，为推进乡村规划、产业发展、治安防范等工作提供信息支持。

三是推动政务透明化，接受民主监督，深化“鱼水关系”。在平台建立的“村里事”模块之中，单独设立党务公开、居务公开、服务公开等栏目。其中，通过党务公开，可以展示党的政策方针、党员干部开会、学习及集体决策议事等信息，让广大群众了解并支持村级事务。

（2）织牢村民自治“一张网”，丰富手段固成果。一是推动治理主体多元化，延伸管理触角。通过平台标注村寨内“四支队伍”“两代表一委员”“党员干部”“寨老乡贤”“法律明白人”等社会各界力量，激发该群体参与村级事务发展的积极性，有效充实基层治理主体破解党委政府推动基层治理“单打独斗”的局面。

二是推动为民服务高效化，畅通互动渠道。平台建立“基础公共服务”和“社区治理服务”模板，设立“开具证明”“维修服务”“困难救助服务”“矛盾纠纷调解服务”“红白喜事申报”等电子填报审批事项，推行一站式服务，村民足不出户便可实现网上办事、反映问题。

三是推动宣传培训多样化，巩固脱贫成果。平台建立“公告栏”“乡村学堂”“务工资讯”等模块，及时发布相关政策法规、疫情防控知识、安全防范知识、种植养殖技术知识、务工信息等，切实增强村民的安全防范意识，尽力提高致富本领，扩宽就业选择，以防发生返贫情况，持续巩固脱贫攻坚工作成果。

现在，长顺县“数字乡村”平台构架已基本建设完成，共搭建“综治中心”96 个。通过“数字乡村”管理平台的实践运用，明显改善了干群关系。

22.3 数字乡村建设：遂昌的数字金矿新赛道

拥有 1300 多年金矿开发史的浙江省丽水市遂昌县现在正在转向挖掘新的“金矿”——数字金矿，期望在共同富裕示范区建设中，寻找新的赛道，实现山区欠发达县域的跨越式高质量发展。

遂昌县是浙江省需要加快发展的 26 个山区县域之一。近年来，浙江省明确提出，要对 26 个山区县域“聚焦特色、一县一策”，超常规举措推动山区跨越式高质量发展。

在遂昌县政府的统领下，遂昌县数字乡村平台作为县域乡村振兴发展的综合平台，借助阿里云的数字化、网络化、智能化等先进技术打造遂昌县域乡村振兴的数字化引擎，建设遂昌产业数字化示范区、乡村治理示范区，努力建设安居乐业的幸福家园，让美丽乡村不仅看得见山、望得见水、记得住乡愁，而且充满勃勃生机与活力，形成具有浙西南特色的乡村振兴样板。

22.3.1 打造数字乡村引擎

乡村振兴的建设不是一蹴而就的，随着乡村振兴的持续发展，乡村的应用场景越来越丰富，需要一套功能强大的数字乡村引擎作为支撑，保障乡村的应用场景多而不烦、杂而不乱。

数字乡村引擎是基于 AI、大数据、云计算能力，充分挖掘乡村数据价值，快速实现乡村应用服务场景，需要建立以“乡村专题库、乡村一张图、乡村信用码和乡村百姓通”为核心的“一库、一图、一码、一端”的引擎。

通过对遂昌县域涉农数据的统一归集，整合了30多项事务，制定了标准化、规范化、可扩展的乡村数据标准规范，清洗全域涉农信息系统数据资源，建立遂昌县数字乡村专题库，存储数字乡村数据资源，实现全领域涉农数据开放共享、上联下通。

充分利用数据可视化应用工具对遂昌县域数字乡村数据进行开发，通过多源数据接入，数据建模分析、数据交互分析等建立遂昌数字乡村“一张图”，通过可视化方式系统、全面地分析遂昌产业发展、乡村治理、乡村服务等情况，真实反映乡村的现状和问题，为产业结构、有效治理和村民服务提供数据参谋和决策支撑。

22.3.2 建设乡村产业数字化系统

乡村产业的发展需要通过数字化的手段对产业的生产、加工、营销等关键环节进行数字化的建设和连接，打造标准化、高质高效的农业生产体系和供应体系。乡村产业的发展需要示范引领，为此以蕉川村育种基地作为示范，打造乡村产业数字化示范村，夯实“一村一品”的建设。乡村产业数字化系统是基于智能传感器、视频图像采集、无线传输技术、大规模数据处理与远程控制等物联网核心技术开发的，集土壤及环境参数在线采集、作业信息查看、远程控制、无线传输、数据处理、预警信息发布、决策支持、一体化控制等功能于一体的现代种业管理系统。农户可以通过手机等操作终端，实时掌握育种过程的环境信息，及时获取异常报警信息及环境预警信息，并可以根据环境监测结果，实时调整控制设备，实现科学育种与管理，使“手机成为新农具、数据成为新农资”。

在遂昌县新路湾镇，有一个形似芭蕉叶的小山村——蕉川村，这里是浙江省最大杂交水稻制种基地的核心区域。有着数十年水稻制种经验的农民们,因为一些“新朋友”的到来其制种观念开始发生了变化。

制种田内，几根约 4 米高的白色长杆立于田埂上。乍一看跟普通电线杆无异，走近细看才发现上面装配着各种各样的高科技设备。

这根白色长杆叫“一杆农眼”，上面安装了空气温湿度传感器、空气 PM2.5 传感器、光照传感器等，能实时监测区域内光照强度、空气温湿度、气压、PM2.5、风速、风向、雨量等。

此外，感知设备还能实现土壤温度、土壤电导率、土壤 pH 值、二氧化碳含量等土壤关键指标解析，并结合气象指标实现生长环境整体预判,指导农户及时进行农事干预,保证农作物始终处于正常生长态势。

“一杆农眼”的另一端则连接着数百米外的村级指挥中心数字农业监测大屏。阿里云技术支持的数字农业管理平台能对稻种生长态势实时感知、涉农灾害实时预警、农事作业实时观察，农业专家不管身在何方，都可以根据实时的农业数据预测产量并进行研究，对农业作业过程进行远程指导。

“云数据”成为农民的“新农资”,把农民从传统的农事中解放出来;面向市场的产业化运作、区域品牌化经营，线上卖货也成为农民的“新农活”。

2021 年 1 月至 5 月，遂昌县农产品网络零售额 3.74 亿元，增幅达 1296.1%，位居浙江省第一位，其中茶叶网络零售额为 1.8 亿元，同比增幅 760%。

遂昌县委书记张壮雄表示，数字时代，一线城市和偏远山村都能享有技术红利，数字经济是山区县域谋求“换道超越”的机会，互联网技术有望让山区县和城市的“鸿沟”真正拉平，在共同富裕的道路上“不掉队”。

22.3.3 建设乡村治理数字化系统

打造大田村、蕉川村乡村治理数字化示范村，通过集成乡村“百姓通”面向村民提供数字乡村服务，通过“我要报名、农村家宴、我的补贴、村内代办、我要办事、惠农资金”等提供多种助农服务，实现村民少跑路、多办事；与“浙里办”最多跑一次集成，筛选涉农高频服务，提供快捷入口，方便农户快速进行政务事项办理。通过建设和集成惠农便民卡，实现村民惠民账户与财政涉农补贴集成，第一时间提示用户补贴到账情况。通过代办百科实现涉农政策、代办事项操作流程的精准解读，大力提升基层代办员业务能力，提供服务一次办理成功率，更好为农户提供代办服务；通过构建乡村数字化服务、建设乡村“百姓通”数字化生活基础设施，打造惠农卡线上查询、生态惠农码、农村线上代办服务建设，提升基层农户数字生活体感，实现数字化便农、惠农，让农户更好分享数字化转型建设成果。

同时，为探索党建引领“未来乡村”治理体系和治理能力现代化路径,也为进一步创新“未来乡村”基层社会治理新模式打造信用乡村，以大田村、蕉川村为示范村建立遂昌数字乡村信用码，以八条底线为标准建立乡村积分体系，实现全村各户的信用分和“绿黄红”三色码动态管理，形成以“未来村治，信用先行”为导向，构建诚实、守信、自律的基层社会治理良好风气。打造具有遂昌特色的乡村“百姓通”，通过建立和完善形成村民百姓的生活伴侣，让农户足不出户便知乡村事，实现党建生活、三务公开、村民共治实现数字化乡村治理新风尚。

遂昌县的数字民生服务实现了城乡同享。“i 遂昌”门户和“百姓通”应用由整合浙江政务服务网“浙里办”App 常用服务事项形成。在蕉川村，村民通过门户可一键查询惠农资金、涉农补贴、农村家宴、公交信息等，也可以一键办理社保、民政、公安、卫健等系统的服务事项，对高血压、糖尿病等常见病进行监测治疗，村民还能不离村获得上海、杭州等地区大医院的线上诊疗。对不方便办事的村民可以一键代办、一网通办。为了方便农村老人，平台还开发了电视端办事功能。

数字化改革还推进了社会治理和谐相融。入选国家地理杂志“最美古村落”的遂昌县蔡源乡蔡和村，过去是上访大村，2019 年，蔡和村围绕法治、德治、自治、智治“四治融合”，创新推出信用乡村机制，打通浙江省公共信用信息平台，叠加本地 24 项特色赋分，以“绿黄红”三色码集纳村民从高到低的信用分，并给予不同的优惠和约束。2020 年，蔡和村实现零上访，该信用码机制也获评 2020 年度中国十大社会治理创新典范。

【本章小结】

数字生产从根本上提升了农业的效率，数字产业帮助增产后的农产品更好地变现销售，而数字治理则给了所有的乡村居民更安全、稳定的生活环境。在整个乡村振兴的伟大历程中，数智化带来的各种新模式、新场景、新思路，都必将成为其中浓墨重彩的一笔。

后记

终于，在众多卓越伙伴们的共同努力下，在非常短的时间内，我们相对高质量地完成了数智化转型系列丛书的写作和出版，包括：

- 数字政府领域：《数智化：数字政府、数字经济与数字社会大融合》
- 金融领域：《数智金融与产业赋能》
- 新零售领域：《新零售之旅：数智化转型与行业实践》
- 组织领域：《数智化敏捷组织：云钉一体驱动组织转型》
- 产业互联网领域：《消费互联网和产业互联网：双轮驱动新增长》
- 乡村振兴领域：《数智驱动乡村振兴》

在对图书的研究和编写过程中，经常有人问我：为什么要写这一系列图书？为什么是跨度如此大的一系列图书？我又是如何在阿里云和阿里云研究院，如内外部培训分享会、内外部资源整合和业务拉通、各种会议的众多事务中，多任务并行，腾出时间和精力精研细厉、沉淀思考“著书立说”的？

这一切的缘起，可追溯到2021年5月，阿里巴巴集团董事局主席、CEO张勇（花名：逍遥子）和阿里云智能总裁、阿里巴巴达摩院院长张建锋（花名：行癫）对我的工作岗位进行调整（阿里巴巴区别于其他组织的核心特色文化之一是“拥抱变化”，组织变动是经常的事，我们要不断拥抱变化、创造变化、引领变化，造风前行），从原来分管阿里云智能新零售行业到创建阿里云研究院，将原阿里云研究中心和阿里云CIO学院合并组建阿里云研究院，负责重新建立和传播阿里云智能的心智。

经过深入了解团队情况、业务现状调研和共创，我们迅速明确了自己的定位，是阿里云智能事业群（现调整为阿里云 & 科技事业群）数智化转型智库机构，使命为“著书立说布道场，数智驱动新增长”，汇聚来自数字科技头部企业、国际知名咨询机构和国家高端研究平台的资深专家，以“定义行业、洞察态势、拓展赛道、引领心智”为愿景，以“引领数智化转型新思想”为目标，致力于“用科技探索新商业边界”。

阿里云研究院的研究领域涵盖云计算、人工智能、大数据与产业互联网，以及数字政府、新零售、新制造、新金融、新能源等政企各行各业数智化转型路径和商业实践，关注前沿科技趋势、数字创新、数字治理、新基建等方向。依托指数分析、战略顶层设计、行业数智洞察、产业研判、案例透视等多种类型的研究产品，阿里云研究院联合国家科研机构、顶尖智库、头部高校、行业协会、咨询机构、合作伙伴和客户，拉通阿里巴巴集团各事业群，共建研究新生态，共拓数字新未来。

阿里云研究院与全球知名商学院共同开设数智创新学院，举办高端企业家和高管培训，培育面向未来的数智化创新领袖。同时，为推动企业创新与数智化升级，阿里云研究院打造“数智创新营”，针对各级政府和企业高管举办“十全”高质量培训及活动，构建一个走进阿里巴巴，了解阿里战略、文化与业务生态，学习最新科技趋势的平台。阿里云研究院开展的活动包括“CXO 班”“业务共创会”“企业专班”“走进标杆企业”“年会”“行业沙龙”“线上定制课程”等多种形式。

目前，阿里云研究院已组织线上线下活动超过 500 场，累计超过 240 万人次线上观看，线下深度链接 4500 多位 CXO，线上汇聚了 20 多万 CXO 和 IT 专业人士的钉钉群。

针对以上定位、愿景、目标与业务板块进行梳理后，我们确定了阿里云研究院近期的四个方向：行业应用研究，包括精品图书、专题深度白皮书和报告、典型案例和精品文章等；打造智库，与头部高校、协会、智库深入合作；开展重点客户和战略伙伴合作，促进价值共创；持续运营链接 CXO 群的数智创新营，持续为产业赋能。

秉承“著书立说布道场，数智驱动新增长”的使命，阿里云研究院近期最重要的任务之一就是要编写 6 本紧扣数字政府、金融、新零售、组织、产业互联网、乡村振兴等核心行业和主题的图书，呈现阿里云的实践思考和研究成果。这 6 本图书的主题、侧重点乃至书名，都是在阿里云研究院宏愿的基础上反复推敲、打磨、优化确定的。

一开始，同时编写 6 本书的决定几乎遭到了所有人的反对，他们都认为不可能，“难如上蜀道”。因为很多研究院同学虽然有编写白皮书、案例和文章的经验，但没有写书的经验，编写图书尤其是编写精品图书的难度不是一般的大。不少人认为，在这么短的时间内，集中所有人的精力编写一本相对高质量的图书已属不易，但我还是坚持要同时编写这 6 本书，挑战“不可能完成的任务”。为什么？又如何做？总结来说主要有以下 7 点：

1. 客户第一，满足客户对数智化转型的迫切需求

时代在发生巨变，消费者获取资讯和消费习惯在快速变化，在加速在线化、数字化，倒逼政企必须加速在线化、数字化和智能化，以便快速反应并且满足需求。而云计算、大数据、物联网、移动互联网、人工智能、区块链、智能机器人等各种新兴科技在快速成长、成熟和跨界融合，在加速和政企、各行各业、各种场景的深度融合，大量政企类客户都有强烈的需求，想了解为什么要数智化转型、如何进行数智化转型、数智化转型先行者到底进展如何、有哪些经验教训可借鉴。

阿里云之前的主要客户是互联网客户，他们对自己的业务和技术都非常了解，只需要了解并运用好阿里云基础设施（Infrastructure as a Service，IaaS）的相关产品和技术即可，阿里云之前已经组织编写并出版了《弹性计算》《大数据之路：阿里巴巴大数据实践》《机器学习在线：解析阿里云机器学习平台》《尽在“双 11”——阿里巴巴技术演进与超越》《逆流而上：阿里巴巴技术成长之路》《阿里云数字新基建系列：混合云架构》《阿里云数字新基建系列：云原生操作系统 Kubernetes》《阿里云数字新基建系列：云数据库架构》《企业迁云实战》《阿里云运维架构实践秘籍》《云原生应用管理：原理与实践》《阿里云云原生架构实践》《企业级云原生架构：技术、服务与实践》等一系列与技术相关的丛书，可以比较快速、高效地满足他们的需求。

而数字政府、金融、新零售是阿里云客户需求最大的三大行业，存在大量迥然不同的需求，他们不只关心技术本身，更关心行业未来发展趋势，以及政企实际存在的各种“痛点、断点、堵点、卡点、弱点、痒点”，如何通过数智化的方法手段解决，先行者都有哪些方面的实践和探索；同时，组织到底如何数智化转型，是所有政企行业最关心、最“头痛”的问题。云钉一体是阿里云 2.0 的核心战略之一，需要深入研究如何落地，如何更好地帮助客户解决这些疑惑；消费互联网与产业互联网双轮驱动是阿里巴巴集团最关心且接下来要持续攻坚解决的课题之一，需要深入研究其中的机理，需要更多的实践和案例验证；乡村振兴是国家最重要的战略之一，数智如何驱动乡村振兴是一个新的时代命题，也需要我们主动肩负起这个责任。简而言之，这6本书选题的根本原因是有大量的真实客户需求，这6本书将覆盖阿里云服务的19大行业的主要客户（当然每个细分行业还需要持续深入研究）；我们期待通过这6本书，把阿里云在数智化转型的实践探索做一个阶段性的总结，为行业提供一些理论探索、经验教训和案例，展望数智化的未来前景，为同路人提供一些借鉴和参考。

2. 坚持做难而正确、有价值、有意义的事

困难？肯定是有的！没有困难是假的，而且是大困难、大挑战！但正如阿里巴巴土话所说，“不难，要我们干吗？！”“此时此刻，非我莫属！”“If not me，who? If not now，when?”我们存在的意义和价值就是变不可能为可能！把本来需要5～10年才能干好的事情用1～2年干好！我非常认同《苏世民：我的经验与教训》一书里的一些观点：“做大事和做小事的难易程度是一样的。所以要选择一个值得追求的宏伟目标，让回报和你的努力相匹配。”“一个人的信念必须超越自我和个人需求，它可以是自己的公司、祖国或服役义务。任何因信念和核心价值观的激励而选择的挑战都是值得的，无论最终的结果是成功还是失败。”“处于困境中的人往往只关注自己的问题，而解决问题的途径通常在于你如何解决别人的问题。”要解决社会的、整个集团的、阿里云的、客户的问题，可干的事很多，我们要干就干个大的！“别小芝麻捡了一堆，却错过了本应我们去拿下的大西瓜！”书途维艰添胆色，无限风光在险峰！实战过程中也可以倒逼整个团队的快速成长，有困难陪团队一起克服、一起学习、一起成长，一起经历、一起打胜仗才是最好的团建！

之前我已发表过100+篇文章，出版过5本图书，有一定的相关写作经验；同时，我带领云智能新零售团队帮助数百家、各行各业的头部企业全链路数智化转型升级，有较为丰富的数智化转型实战经验。2021 年 4 月出版的《数智驱动新增长》一书，一经面市迅速成为淘宝、天猫、京东、当当等各大电商平台排名第一的畅销新书，短时间内多次加印，说明客户需求确实非常旺盛。以《数智驱动新增长》这本书打底，再加上给配套写作团队进行有针对性的系统培训和视频讲解等，我有愿力、有信心、有能力快速基本拉齐整个写作团队的认知。理论和实践紧密结合是我的强项，过去我一直在理论和实践之间来回穿梭，实践一段时间然后升华到理论，理论总结后再到更多实践场景去检验优化，“知行合一”是我的信念和价值主张，“立德立功立言”是我持续的追求。我坚信：“没有理论指导的实践是蛮干，没有实践支撑的理论是空想”。阿里云过去多年对政企各行各业已经有了丰富的实践探索，有对各行各业相对完整的产品和解决方案，我想写一套理论与实践合一的数智化丛书，把之前的积累进一步提炼总结出来，帮助更多客户少走弯路，少掉进各种“坑”，帮助客户持续开源、节流、提效、创新。

3. 找到同路人一起精心设计，快速推进

强强联合，迅速精准找到相关领域内顶级的专家团队一起来研讨，取长补短，同时我明确了 10 条写作目标、规范和要求。

- 写书要开门见山、开宗明义，前面一定要破题，不破不立、先破后立、一系列对比不是什么是什么，澄清一些似是而非的概念和观念；提炼总结要立得住、立得稳，直指本质；明确定义对象、问题、目标，讲清楚 WHY 的重要性，不要无“病”呻吟，为赋新词强说愁；不要自觉非常厉害、功能强大，讲得慷慨激昂、唾沫横飞，可读者和听众却说与我无关，因为我没有这“病”、根本没这需求；望闻问切，讲清楚“痛点、堵点、卡点、断点、弱点、痒点”，有问题、有需求才有读下去的兴趣和动力；先讲清楚业务和业务价值，再谈背后的体系和技术支撑，不要为了

讲技术而讲技术，只讲和这部分业务相关度较高的技术，无关的内容大胆舍弃；没有价值宁可不写、不说。

- “对症下药，药到病除”，前面理论阐述过程中可以有一些应景的小案例快速闭环验证，增强可读性，后面有一系列的大案例完整地验证理论框架和体系。后面的解决方案和实践案例，要前后呼应。管理学大师彼得•德鲁克说：“管理是一种实践，其本质不在于‘知’而在于‘行’；其验证不在于逻辑而在于成果；其唯一权威就是成就！”我们可以看看案例前后业务的流程变化、组织变化、系统变化和效果变化，“药方”“疗效”和“病症”一定要形成闭环，无关的、药方解决不了的病症要去掉！尽可能量化对比研究说明疗效，事实和数据更有说服力！
- 明确主要受众，要精心准备，想清楚他们关心哪些问题，要让他们有收获，不能浪费别人的时间，否则就是帮倒忙！
- 提纲挈领：先明确目录结构、核心大图、各章节小图、核心观点，行文过程持续反复打磨，反复迭代，反复优化，持续精进（满分 10 分的情况下一定是 1 分、2 分、2.5 分……8 分、9 分持续提升）；既见森林，更见树木，有骨架也要有血有肉；做学问、做事情最怕“认真”二字！PM 每周对焦，确保在轨道上，拉通进展和计划。时间是挤出来的，不断通晒！比学赶超！写作团队白天、晚上、周末、假期都在用功，伟大都是拼出来的！伟大都是熬出来的！
- 主题聚焦，详略得当，行文风格统一，简明畅快，可读性强，直指本质的图文并茂、多一些对比表，反复打磨，精雕细琢，多轮自查 + 交叉修改 + 最后统稿统一文风，阿里云研究院出品必属精品；重点的大幅笔墨讲透、讲明白，多一些隐喻、类比、小故事、小案例，多讲场景、讲“痛点”、讲效果、做闭环；幽默表达；有关的留下并且再次编辑加工，我们定位不是入门级的学术科普，关系不大或无关的内容要大胆舍弃！

- 前提是大量阅读，大量占有素材，如数家珍，下笔如有神，旁征博引，信手拈来，行业大咖，懂得鉴别，正正反反反复研讨，理不辩不明；签署好保密协议并强调责任落实，材料及时共享研讨；懂得取舍，慧眼识珠；非“我注六经”，而是“六经注我”“六经皆着我之色彩！”
- “高度 + 宽度 + 深度 + 角度”，目标框架决定了从哪个独特的角度切入，决定了我们的调研提纲，补充现有素材不够的部分，一定要接地气，案例提前学习消化素材，提前内部的多部门对齐以提高效率，多去不同类型的实际案例现场不同层级、不同部门、不同人多轮沟通交流，有足够的时间才可能有更好的体感，去之前一定要对好调研提纲（回来之后可再次优化，要及时复盘总结），要能不断超越和抽离，抽象总结、提炼能力才更具有普适性，才能真正成为行业专家！
- 时间轴拉长：透过现象看本质，直击本质，回溯行业本质！时空拉宽到古今中外，展望未来至少引领 10～20 年不过时、不出现大偏差，观点一定要经得起时间检验：大胆假设小心求证，不要闹低级笑话，正向反向都要经得起推敲；敢立潮头、善于创新，不要因为别人没有提过这个概念就不敢提，但一定要能自圆其说、逻辑自洽，能自证梦想！
- 始终记得拉回自己的主战场，和我们的优势及可复制的产品和解决方案紧密结合，善于学习借鉴，不要人云亦云，要敢于差异化、敢于剑走偏锋、敢于标新立异、敢于和而不同，经得起时间检验的、差异化的独特价值才可能被记住，才可能成为经典！

- 目标确保每本书都有自己的独特价值、独特观点、独特视角、知行合一，理论和实践紧密结合，文字要简练，适当幽默轻松，别含混、晦涩，要有适度科普的写法，不要让人看不下去或不愿意往下看，可读性一定要强，读者或听众愿意主动分享和推荐才算成功，才是被广泛传阅传颂的精品！

我对以上写作目标、规范和要求反复强调，写作过程中发现有不符合情况的行为迅速拉通写作团队举一反三、持续学习、消化和理解，边干边学，边学边干，干中学，学中干！一起持续精进！

4. 精彩和精品是精心设计出来的

图书立项后，我花了近两个月的时间亲自和研究院团队一起对每本书的大图、目录结构和核心观点反复打磨，提纲挈领、纲举目张，同时一起拉通阿里巴巴内部各相关 BG（事业群）、BU（事业部）的架构师（SA）和客户成功经理（CBM）、产品和技术部等相关同学，快速了解、学习相关产品和解决方案、客户案例和实践。

5. 多轮对焦做好过程管理持续优化

对写作过程中存在的不合适的观点及时提出并进行修正，对材料和案例不足的情况进行及时补充，很多客户案例到现场调研访谈、沟通、确认；在案例和视角等不足的时候给所有写作团队进行“跳出盒马看盒马”“跳进盒马看盒马”“科技与商业”“消费互联网和产业互联网双轮驱动”等主题的分享和研讨，以开阔视野；过程中各种自查、交叉检查，及时修正和完善；团队碰到困难和挑战士气下降时给团队多打气。

6. 倾听多领域专家反馈持续精进

为了确保精益求精，打造精品，在稿件内部评审通过的情况下，对每本书专门组织外部相关不同领域的专家进行评审，根据专家反馈的很多不同视角的宝贵修改意见进一步完善。

7. 流程前置，任务切小，多任务并行抢占时间

合作的出版社也非常重视，多个编辑前置，前期就同步介入，参与各种校稿、审稿、优化等，大量工作并行以节省时间。

“打大仗、打硬仗、打胜仗”必须有目标、有方法、有过程、有团队。

“著书立说布道场，数智驱动新增长”是阿里云研究院的使命，那我们就逢山开路，遇水架桥，使命必达！经过这场大的“战役”，回首凝望，有收获、有体会——打磨了一套快速编写高质量图书的方法论体系，也在实战中产出了数智化转型的系列丛书，部分填补了数智化转型的理论和实践空白；有欣喜、有骄傲——锻炼了一支能“打硬仗”的团队，阿里云研究院出品必属精品，借事修人，因人成事，因事成人，关爱人成就事；有前途、有未来——数智化转型是生机勃勃的大事业，“凡属过往，皆为序章”，中国和全球数智化未来可期，数智经济时代的大幕才刚刚开始，精彩才刚刚开始！

针对《数智化：数字政府、数字经济与数字社会大融合》一书，我也想再做一个简要的总结。

首先，非常感谢大家购买这本书，愿意花时间和精力来阅读这本书。自媒体和碎片化时代，读书是一件奢侈的事情，既是一种给予和接受，也是一种享受和自由。

数字政府、数字经济和数字社会，每一个模块都是一个大命题、大课题、大话题，也在不断地交叉、渗透、融合与发展。阿里云作为一家技术驱动的企业，我们希望能够从企业和技术的视角，去分享和透传我们对数字政府建设、数字经济发展和数字社会构建的理解、思考和判断，去传递和阐述我们在数智化转型发展上的能力、经历与经验，去打造和引领一个融合互动、共创交流、合作共赢的平台与载体。

阿里巴巴是一家商业和科技驱动的公司，阿里云也是一家科技创新驱动的公司。我们在和平与发展的伟大时代搭上了信息化、数字化的高铁，成长为一家平台公司、一家国际公司、一家科技公司，也走过了不少弯路，踩过不少“坑”，也交了不少学费。这是一个技术、经济和社会急剧变化的时代，不确定性是最大的确定。但是，我们依然决定面向未来，拥抱变化，接受不确定性。

我们相信，科技创新是社会发展的基础驱动力。

技术发展可能有波折，但不会走回头路。从机器到技术，从技术到产业，从产业到社会，未来是一个数字化、智能化、智慧化的时代。今天，我们谈技术，从不讳言技术的双面性。数字化、智能化、智慧化，都是一种技术、工具或手段。但是，我们愿意相信技术美好的一面，去实践，去探索，去承担风险，在发展中规范，在规范中发展。我们相信，站在技术前沿的阵地，才能看穿烟火的迷雾，及时变阵，找准打法。

我们看到，云计算、大数据、人工智能正在发挥越来越大的作用，数智化也在其中扮演着越来越重要的角色，甚至成为部分政企转型发展升级的目标。我们也看到，数智化本质上是一个认知和思维的问题，是一个发展过程，是一个个性问题，不存在统一的发展路径，但是有其思维观念、技术方法和特征指引。我们还看到，国家、地方、企业都在积极推进数字化的理论探索和发展实践，在政企数智化转型的实践中，也涌现出了一大批样板、典型和标杆，值得我们去参考借鉴。

当然，企业的视角难免偏颇，我们看到的数字政府也好，数字经济也好，数字社会也好，可能都只是思维的一面、技术的一面、生态的一面。我们在数智化领域探索与实践了很久，但这本书能浓缩和融入的也可能只是阿里巴巴的一面，只是我们政企广大探索实践的一部分。我们希望这本书有时代感、有技术想象力、有具体鲜活案例，将技术、经济与社会的“大融合”呈现出来。我们真诚地欢迎各位领导、专家、学者、企业家、工程师及广大读者批评、指正。

在此，我们也要感谢我们的写作团队，包括阿里云研究院、阿里云政企行业线、中国人民大学等，这是一个有着不同专业背景的合作团队。大家因为一个共同的目标快速地实现了积聚、磨合、融合与共创。跨部门、跨地域、跨团队的沟通协作不容易，即使我们身处数智时代，身处互联网平台，身处一个扁平化的组织；即使拥有各种“云端一体”的协同办公平台与组织沟通工具，组织召开一次高效有结果的会议依然充满挑战。难能可贵的是，我们有过程，有结果，有争议，有坚持，也有妥协。这是一个文化、技术与思想碰撞的过程，一个理论、技术与业务融合的结果。这是一群有情有义的人编写的一本有血有肉的书，也希望大家能从中看到相信的力量，收获春华秋实。

最后，要感谢阿里巴巴集团董事局主席、CEO 张勇先生的多次感召和支持，让我有机会亲身参与阿里巴巴集团，参与集团新零售、云智能新零售、阿里云研究院的相关工作，有机会接触不同行业、不同发展阶段的更多政府和企业，并探索数智化转型升级之路。他对阿里巴巴商业操作系统（ABOS）的深刻理解和洞察让我受益匪浅。

感谢阿里云智能总裁、阿里巴巴达摩院院长张建锋先生的理解和支持，在他的带领和指导下，阿里云研究院牵头与阿里云政企行业线等研究与业务团队，以及外部专家组成了强大的写作阵容。他对战略、管理、技术与业务的洞见和理念，对创新的认识、产品的专注，对服务的重视，对阿里巴巴一路创新突破和文化传承的深刻理解也都让我受益良多。

阿里巴巴集团副总裁、阿里云智能政企行业事业部总裁许诗军及团队，针对政企的数智化转型发展升级开展了大量的探索和实践，并在本书中面向未来，基于经历、经验和能力，组织团队贡献了大量的素材、案例和思考，对未来的数智化作了沉淀、总结、共创和展望。

感谢许诗军、李津、刘伟光、袁千、刘湘雯、任庚、朋新宇、蒋小伟、周明、蒋雁翔、李飞飞、贾扬清（扬青）、叶军、方晓敏、高世芳、司为、公和、张启、安筱鹏、杜胜海、荆慧等，以及阿里云全体小伙伴的理解和支持。特别感谢阿里巴巴集团及蚂蚁集团的王卫华、余健、田群喜、苏凡、张凯、王玉红、李佳、徐婷及其研究、业务团队等对本书的大力支持。一起拼，一起赢，为阿里云众多小伙伴的一路同行深感骄傲！

特别感谢肖剑、孟晔、任妍、张靓、陈雪琴、谢婞敏、余婧、张宇泽、崔维云、王佩杰、秦钖、胡臣杰、杨博威、林剑、左延鹊、陈翌翊、周长远等阿里云研究院小伙伴及众多外包伙伴的高质量支持！一起打造精品！一起打造影响力！本书写作小组核心成员、阿里云研究院战略总监刘建强多次协调业务部门、技术部门、客户、专家等进行调研访谈，组织多次内外部专家研讨。在参与内容写作的同时，对图书目录大纲与书稿内容进行反复精雕细琢，为确保本书的质量和进度做出了巨大贡献。

感谢电子工业出版社编辑张彦红老师、李淑丽老师及其团队的专业指导和大力支持。

感谢区域和地方及各行各业的数智化转型先行者、实践者和探索者。

要感谢的客户、伙伴和同事特别特别多，就不再一一列举，一并深深谢过！一起探索、实践、提炼、升华的经历非常难忘。

学习和工作上“拼命三郎”的我，特别感恩父母、岳父母、兄弟姐妹、爱人和小朋友们的理解、包容和无条件支持！让我可以心无旁骛一路向前冲！追求卓越，享受过程！

本书虽然经过众多专家和同行深入的讨论及多轮修改，但由于研究的领域宽、范围广、时间紧，同时各行各业的数智化转型实践迭代很快，依然存在局限与不足，也期待广大读者多多批评、指正。

数智化的商业时代已经到来，数智化的产业时代很多人也已经看见。回到我们写这本书的初心，我们希望分享对数智化和融合发展的认识、理解和思考，希望更多的人开始思考、走上和实现数智化转型发展，也希望科技创新在实现其商业价值的同时，能创造更多的就业机会，能促进更均衡、更普惠、更协同、更融合的社会发展。当然，数智化的路不会一路坦途，我们希望找到数智化转型的同路人，一起并肩前行，共同成为数智化升级大时代的弄潮儿。阿里云和阿里云研究院愿与大家一起手牵手、肩并肩，一起创业创新、造风前行，为高质量发展的共同富裕与高品质的美好生活而共同奋斗！

肖利华

阿里巴巴副总裁、阿里云研究院院长